Siegfried Zepf
Allgemeine psychoanalytische Neurosenlehre,
Psychosomatik und Sozialpsychologie
Band I

D as Anliegen der Buchreihe BIBLIOTHEK DER PSYCHOANALYSE
besteht darin, ein Forum der Auseinandersetzung zu schaffen, das der
Psychoanalyse als Grundlagenwissenschaft, als Human- und Kulturwissenschaft
und als klinische Theorie und Praxis neue Impulse verleiht. Die verschiedenen
Strömungen innerhalb der Psychoanalyse sollen zu Wort kommen, und der kritische Dialog mit den Nachbarwissenschaften soll intensiviert werden. Bislang
haben sich folgende Themenschwerpunkte herauskristallisiert:

Die Wiederentdeckung lange vergriffener Klassiker der Psychoanalyse – wie
beispielsweise der Werke von Otto Fenichel, Karl Abraham, W. R. D. Fairbairn, Sàndor Ferenczi und Otto Rank – soll die gemeinsamen Wurzeln der von
Zersplitterung bedrohten psychoanalytischen Bewegung stärken. Einen weiteren Baustein psychoanalytischer Identität bildet die Beschäftigung mit dem
Werk und der Person Sigmund Freuds und den Diskussionen und Konflikten
in der Frühgeschichte der psychoanalytischen Bewegung.

Im Zuge ihrer Etablierung als medizinisch-psychologisches Heilverfahren
hat die Psychoanalyse ihre geisteswissenschaftlichen, kulturanalytischen und
politischen Ansätze vernachlässigt. Indem der Dialog mit den Nachbarwissenschaften wieder aufgenommen wird, soll das kultur- und gesellschaftskritische
Erbe der Psychoanalyse wiederbelebt und weiterentwickelt werden.

Stärker als früher steht die Psychoanalyse in Konkurrenz zu benachbarten
Psychotherapieverfahren und der biologischen Psychiatrie. Als das anspruchs-
vollste unter den psychotherapeutischen Verfahren sollte sich die Psychoanalyse der Überprüfung ihrer Verfahrensweisen und ihrer Therapie-Erfolge durch
die empirischen Wissenschaften stellen, aber auch eigene Kriterien und Konzepte zur Erfolgskontrolle entwickeln. In diesem Zusammenhang gehört auch
die Wiederaufnahme der Diskussion über den besonderen wissenschaftstheoretischen Status der Psychoanalyse.

Hundert Jahre nach ihrer Schöpfung durch Sigmund Freud sieht sich die
Psychoanalyse vor neue Herausforderungen gestellt, die sie nur bewältigen
kann, wenn sie sich auf ihr kritisches Potential besinnt.

BIBLIOTHEK DER PSYCHOANALYSE
HERAUSGEGEBEN VON HANS-JÜRGEN WIRTH

Siegfried Zepf

Allgemeine psychoanalytische Neurosenlehre, Psychosomatik und Sozialpsychologie

Ein kritisches Lehrbuch.

Band I

Zweite erweiterte und aktualisierte Auflage

Psychosozial-Verlag

Bibliografische Information Der Deutschen Bibliothek
Die Deutsche Bibliothek verzeichnet diese Publikation in der Deutschen
Nationalbibliografie; detaillierte bibliografische Daten sind im Internet
über <http://dnb.ddb.de> abrufbar.

Zweite erweiterte und aktualisierte Auflage der Ausgabe aus dem Jahr 2000
© 2006 Psychosozial-Verlag
Goethestr. 29, D-35390 Gießen.
Tel.: 0641/77819; Fax: 0641/77742
E-Mail: info@psychosozial-verlag.de
www.psychosozial-verlag.de

Umschlaggestaltung nach Entwürfen des Ateliers Warminski, Büdingen.

Gesamtherstellung:
Majuskel Medienproduktion GmbH, Wetzlar
www.digitalakrobaten.de

ISBN 3-89806-459-X

Inhalt

Vorwort zur 2. erweiterten und aktualisierten Auflage

Die erste Auflage dieses Lehrbuches erschien in 2000 und wurde von verschiedenen Rezensenten mehrheitlich sehr positiv beurteilt. Es war davon die Rede, dass die »Psychoanalyse in einer Weise als kritische Wissenschaft vom Subjekt vorgestellt [wird], die aufgrund des durchdrungenen Zusammenhangs ihrer Konzepte einzigartig ist«, sie wurde mit Freuds Traumdeutung in der Hinsicht gleichgestellt, dass sie zwar »ein ganz anderes, aber zugleich ähnlich ›ausuferndes‹ Grundlagenwerk« darstelle, welches die Basis für den »Fortbestand der Psychoanalyse im 21. Jahrhundert bilden« kann. Natürlich erfreuen solche Rezensionen jeden Autor und ich erinnerte mich, dass von Freuds Traumdeutung in den ersten zehn Jahren nach ihrem Erscheinen ganze 800 Exemplare verkauft wurden und die 1. Auflage meines Buches diese Verkaufszahlen bereits nach zwei Jahren überschritten hatte.

Gleichwohl hinterließ dieser Vergleich auch Irritationen. Im Unterschied zu Freud hatte ich nichts Neues gedacht, sondern lediglich über das bereits Vorgedachte nochmals nachgedacht und versucht, in kritischer Würdigung bestehender Konzepte das darin Enthaltene zum Vorschein und in einen systematischen Zusammenhang zu bringen. Und auch wenn einige meiner Kollegen das Buch aus denselben Gründen erstanden haben mögen, aus denen es geschrieben wurde, so habe ich doch Zweifel, ob sich in den Verkaufszahlen ein gemeinsames Unbehagen am derzeitigen, durch Eklektizismus und Meinungspluralität gekennzeichneten Zustand der Psychoanalyse widerspiegelt. Wirksam ist jedenfalls die in meinem Buch vorgetragene Kritik nicht geworden. Statt systematischer Praxis- und Theoriedebatten – zumal epistemische und insbesondere kritisch angelegte – finden auch heute mehrheitlich kurzlebige Aufsätze Eingang in die psychoanalytischen Journale, deren konzeptuelle Beliebigkeit und Argumentationsstruktur einen Erkenntniswert kaum mehr erkennen lassen. Die längst aufgegebene Suche nach einem konzeptuellen, für jede Wissenschaft unabdingbaren »common ground« wurde nicht wieder aufgenommen. Um sich gleichwohl das Epitheton ornans »wissenschaftlich« zu bewahren, wurde stattdessen selbst die jeweils einmaligen Konstellationen von Analytiker, Verfahren und Patient, in der die Wirksamkeit von Psychoanalyse gründet, inzwischen zur

Prüfung der Nomologie, der Wissenschaft vom Allgemeinen überantwortet, die genau von dem abstrahiert, was für die Psychoanalyse wesentlich ist.

Nicht Unbehagen an, sondern eine weitgehende Gleichgültigkeit gegenüber der inhaltlichen Entwicklung ihres Fachgebietes scheint für Haltung der psychoanalytischen Mehrheit charakteristisch. Implizit längst dem Diktum Whiteheads verschrieben – eine Wissenschaft, die überleben will, muss ihre Gründer vergessen –, bewegen sich Psychoanalytiker mehrheitlich unverändert in privatistisch eingefärbten Sammelsurien von Bruchstücken heterogener und in sich widersprüchlichen Konzeptionen, die als gleichermaßen gültige Sichtweisen gelten, obwohl sie miteinander unvereinbar sind. Es scheint in der Tat, als würden die Psychoanalytiker nicht nur »mehr und mehr in Frieden mit allem außerhalb ihres wohlabgegrenzten Bereiches« leben (Horkheimer 1948), sondern inzwischen auch mit allem innerhalb ihres Bereiches. Statt sich mit dieser, einer Wissenschaft kaum angemessenen Lage auseinander zusetzen, lassen sie sich offensichtlich von der Geborgenheit des Unwissens verführen. Ihre »Weisheit« ist jedenfalls die »derjenigen [geworden], welche sichere und brauchbare Begriffe in ihrer Schmelzküche so lange übertreiben, abziehen und verfeinern, bis sie in Dämpfen und flüchtigen Salzen verrauchen« (Kant 1763, 126).

Die Folge ist, dass diesen Weisheiten auch jede grundsätzliche Kritik so substanzlos erscheint wie es ihre eigenen Dämpfe und flüchtigen Salze objektiv sind. Aber auch wenn die Kritik in den jeweils eigenen Dämpfen und flüchtigen Salzen der Psychoanalytiker verraucht und bestenfalls als eine der diskrepanten Sichtweisen in den psychoanalytischen Betrieb eingegliedert wird, sollte Gleichgültigkeit ihr gegenüber jene nicht verstummen lassen. Immerhin erinnert sie noch an eine Psychoanalyse, die sie der Möglichkeit nach hätte werden können.

Vielleicht auch wegen der Überzeugung, dass die Zukunft der Psychoanalyse nicht in ihrer Gegenwart liegt, sondern gegenwärtig in ihrer Vergangenheit zu suchen ist, hat sich der Verlag für eine 2. Auflage entschieden. Dafür bin ich dankbar. Neu hinzugekommen ist ein Kapitel über den Traumabegriff und die traumatische Neurose – dass dieses Kapitel in der 1. Auflage fehlte wurde in einer Rezension zurecht bemängelt –, der Abschnitt über die vorsprachliche Abwehr wurde um den plötzlichen Kindstod und den infantilen Autismus ergänzt, und Exkurse über das abstrakt-theoretische und das anschaulich-bildhafte Denken, über die zunehmend in Mode kommende Bindungstheorie sowie über die nomologische Prüfung der Wirksamkeit des psychoanalytischen Behandlungsverfahren wurden eingefügt. Die Begriffe »Ich-dyston« bzw. »Ichsynton«, »Rationalisierung«, »Idealisierung«, »psychoanalytischer Prozess«, »Primär- und Sekundärvorgang«, »psychische Realität«, das psychosomatische Konzept von Wilma Bucci sowie die konstruktivistische Ausrichtung der Psychoanalyse wurden in eigenen Abschnitten dargestellt und näher erläutert. Ferner wurde der Übergang vom affektsymbolischen zum sprachbegrifflichen Denken präziser gefasst und das Kapitel über die Affektkonzepte wurde um das von Iréne Matthis ergänzt. Deren Affektkonzept war vom International Journal of Psycho-Analysis in 2000 im Internet ausgelegt worden und hatte eine ebenfalls im Internet durchgeführte Debatte nach sich gezogen. Neben einem Konzept, welches erlaubt, die unterschiedliche Intensität erlebter Gefühle in den dargelegten begrifflichen Zusammenhang einzufügen, wurde die »systematische Isolierung« als Möglichkeit neu entwickelt, welche erlaubt, den Einfluss neurotischer Grundkonflikte auf die Persönlichkeitsstruktur einzugrenzen, sie zu dissoziieren. Im Lichte dieses Phänomens musste auch die Struktur des analytischen Prozesses neu bedacht werden. Genauer expliziert wurde auch der Zusammenhang zwischen der syntakischen Ordnung sprachlicher Zeichen und dem Bewusstsein, Vorbewussten, des anschaulich-bildhaften Denkens und der sekundären Bearbeitung des Traumes sowie der Zusammenhang von körperlichen Zeichen und Bewusstsein, Vorbewusstem und Unbewusstem auf vorsprachlicher Ebene. Des Weiteren wurden die Darstellungen des Verhältnisses von Primär- und Sekundärvorgang, von »Urverdrängung« und »eigentlicher Verdrängung«, der Konzepte der »Regression im Dienste des Ich«, »projektiven Identifizierung«, »Identifizierung mit dem Angreifer«, »altruistische Abtretung eigener Triebwünsche«, »Isolierung«, »Übertragung«, »Übertragungsneurose«, »Empathie«, »Abstinenz«, »Neutralität«, des »Agieren«, »Durcharbeiten«, »gesellschaftlichen Unbewussten«, der »Spaltung« und der vorsprachlichen Abwehr überarbeitet. Neuere Literatur, die mir relevant erschien, wurde an den entsprechenden Stellen einbezogen.

Zu danken habe ich den Kollegen und Kolleginnen, die sich in Laufe der Zeit auf eine Debatte einließen und mit mir einzelne Teile meiner Überlegungen erörterten, die in die erste Auflage Eingang fanden. Zu den Personen, deren kritischen Stellungnahmen mir wichtig geblieben sind, gehören Marie-Agnes Arnold, Jutta Baur-Morlok, Brigitte Boothe (ehemals Weidenhammer), Hellmuth Dahmer, Susanne Davies-Osterkamp(†), Alfred Drees, Hellmuth Freyberger sen., Ekkehard Gattig, Norbert Hartkamp, Anneliese Heigl-Evers(†), Klaus Horn(†), Peter Indefrey, Jürgen Körner, Rainer Krause, Hans-Werner Künsebeck, Reinhardt Liedtke, Detlef Michaelis, Stefan Nagel, Bernd Nitzschke, Michael v. Rad, Ullrich Rosin, Cornelia Sänger-Alt, Dietmar Seel, Gerhardt Standke, Evelyn Steimer-Krause, Ulrich Streeck und Burkhardt Ullrich. Längere Zeit habe ich ferner meine Ideen mit Alfred Lorenzer(†) diskutieren können, durch dessen Arbeiten ich überhaupt erst ein kritisches Verständnis von Psychoanalyse entwickeln konnte. Mein ständiger Diskussionspartner in all den Jahren war Sebastian Hartmann, dessen Einsichten sich mit den meinen in dieser Zeit so verschränkten, dass es schwer fallen dürfte, die Richtung der Anregungen auszumachen. Ihnen beiden bin ich besonders verpflichtet.

Wie in den vergangenen Jahren war auch bei der Erörterung der Überarbeitungen und Neuerungen Sebastian Hartmann der mir wichtigste Diskussionspartner. Hilfreich waren mir darüber hinaus Anmerkungen von den Frank Dirkhoff, Ute Mengele, Gernot Schiefer, Philipp Soldt und Judith Zepf.

Im Januar 2006

Einführung

> [I]n der Welt der Neurosen [ist] die psychische Realität die maßgebende.
>
> Sigmund Freud (1916-17a, 383)

> Der Analytiker bestellt den Patienten zu einer bestimmten Stunde des Tages, lässt ihn reden, hört ihm an, spricht dann zu ihm und lässt ihn zuhören ... Weiter nichts als das? Worte, Worte und wiederum Worte, wie Prinz Hamlet sagt.
>
> Sigmund Freud (1926e, 213f)

Gemeinhin verfolgen Lehrbücher das Ziel, den Leser über den »state of the art« des Gebietes zu informieren, von dem sie handeln. Vorgetragen wird der aktuelle Kenntnisstand, die herrschende Lehrmeinung, die scheinbar von der Mehrheit der auf diesem Gebiet Arbeitenden geteilt wird. In guten Büchern werden andere Konzepte daneben gestellt, gelegentlich auch als historische und überholte qualifiziert, wobei allerdings oft – und dies gilt insbesondere für psychoanalytische und psychotherapeutische Lehrbücher – eine kritische und die Abweisung begründende Diskussion fehlt. Ein solches Buch ist das vorliegende nicht. Wie der Untertitel verspricht, ist es ein kritisches. Es stellt wesentliche psychoanalytische Konzepte kritisch dar und zeigt zugleich das kritische Potential, das der Psychoanalyse der Möglichkeit nach auch heute noch innewohnt, wenn man sie ihrer vielfältigen Ummantelungen entkleidet. Es ist eine Anleitung zum Nachdenken über das Vorgedachte und richtet sich vor allem an diejenigen, die aus ihrer Beschäftigung mit der Psychoanalyse mit Fragen hervorgingen.

Meine Kritik an psychoanalytischen Konzepten resultiert aus einer nunmehr über vierzig Jahre währenden Auseinandersetzung. Diese Kritik, die sich auf verschiedene wissenschaftstheoretische Verortungsversuche der Psychoanalyse, ihre theoretischen Konzepte sowie auf die psychoanalytische Psychosomatik bezieht und die in verschiedenen Arbeiten publiziert wurde, habe ich in überarbeiteter, korrigierter Form und gelegentlich etwas anders zentriert in den vorliegenden Text wieder aufgenommen[1]. Die daraus entwickelten Konzeptualisie-

---

[1] Einige Inhalte des Kap. 1 finden sich in Zepf (1997a; 2000b), der Kap. 3, 6, 7, 8 in Zepf (1997b; 2005a; 2005b; 2006), Zepf u. S. Hartmann (2005), Zepf u. Soldt (2005), der Kap. 4 und 9 in Zepf (1985a), des Kap. 10 in Zepf (2001a), des Kap. 11 in Zepf (1997a; 2000c), der Kap. 12, 15, 16 in Zepf (2001b), Zepf u. S. Hartmann (1989; 1990; 2002a; 2003c; 2003d; 2006), Zepf et al. (2002a), des Kap. 13 in Zepf u. S. Hartmann (2002b; 2003a; 2003b), Zepf et al. (2002b), des Kap. 14 in Zepf (2005c), des Kap. 17 in

rungen von Sachverhalten, die in der Bildung der Neurosen und psychosomatischen Erkrankungen, im psychoanalytischen Therapieverfahren und in einer analytischen Sozialpsychologie an zentraler Stelle stehen, sind sicherlich nicht die einzigen, die sich aus einer Kritik gewinnen lassen. Sie unterscheiden sich jedoch von denjenigen anderer Autoren in zweifacher Weise: Zum einen werden ihre kategorialen Inhalte in der psychischen, sich in Repräsentanzen gliedernden Realität verankert, welche der gemeinsame Gegenstand der psychoanalytischen Erkenntnis, Therapie, Psychosomatik und Sozialpsychologie ist. Sämtliche theoretischen Begriffe beziehen sich auf die Repräsentanzwelt und werden als Abstraktionen ausgewiesen, welche die im psychoanalytischen Verfahren erfassbare Repräsentanzwelt analytisch aufgliedern, ihr innewohnende Aspekte mit dem Ziel auf Begriffe bringen, das historisch gewordene Zusammenwirken der seelischen Repräsentanzen zu verändern und im Vorgang einer theoretischen Rekonstruktion als Gedankenkonkretum durchsichtig zu machen. Sie ziehen in die Repräsentanzwelt Perspektiven ein, in denen sie zu untersuchen ist. Zu diesen *theoretischen* Begriffen gehören *Trieb, Libido, Ödipus-Komplex, Narzissmus, Affekt, Bewusstsein, Vorbewusstes, Unbewusstes, Abwehrmechanismen, Fixierung, Es, Ich, Über-Ich, Ich-Ideal, Trauma, Primär- und Sekundärvorgang, Wiederholungszwang* und das *Lust-Unlust-Prinzip*. Die Termini *Behandlungsbündnis, Übertragung, Übertragungsneurose, Agieren* bzw. *enactments, Widerstand, Gegenübertragung, Gegenübertragungswiderstand* sind *therapeutische* Begriffe. Sie beziehen sich auf Phänomene, in deren Gestalt die »psychische Realität« in der analytischen Situation erscheint, und werden gemeinsam mit den theoretischen Begriffen zur Analyse des therapeutischen Prozesses verwendet. *Freies Assoziieren,* gleichschwebende Aufmerksamkeit, *Einfühlung* bzw. *Empathie, Abstinenz* bzw. *Neutralität, Durcharbeiten, Klarifikation, Konfrontation, Deutung* sind *methodische* Begriffe. Sie weisen den Psychoanalytiker bzw. den Analysanden an, wie sie verfahren haben, wenn im psychoanalytischen Therapieverfahren die psychische Realität des Analysanden verändert und erfasst werden soll.

Zum anderen werden die Begriffe innerhalb eines einheitlichen Bezugsrahmens definiert. Sie werden nicht aus verschiedenen Bezugssystemen herausgelöst und bloß anders zusammengebunden, sondern aus einer kritisch-begriffstheoretischen Debatte entwickelt[2]. Wie in jeder anderen Wissenschaft sind auch psychoanalytische Erkenntnisse nicht in einzelnen Begriffen, sondern im systematischen Zusammenhang enthalten, in dem die Begriffe stehen[3]. Freuds An-

Zepf (1986b), Zepf u. S. Hartmann (2001), des Kap. 18 in Zepf (1986b) und des Kap. 19 in Zepf (1993a; 1994b; 1995).

[2] In diesem Sinne stellt dieses Lehrbuch die Resultate einer Art »Konzeptforschung« (Dreher 1998, 9) dar.

[3] Die wechselseitige Abhängigkeit der Begriffe in einer Theorie ist in der Geschichte der Wissenschaften nichts Neues. Man denke etwa an die Wechselbeziehung der Beg-

sichten über die Seele hängen von bestimmten theoretischen Schlüsselbegriffen ab, von denen sich jeder nur mit Hilfe der anderen verstehen lässt[4]. Blieben ihre Beziehungen offen, hätten die einzelnen Begriffe lediglich den Status empirischer Verallgemeinerungen, welche die Erscheinungen auf begrifflicher Ebene duplizierten. So die Inhalte der Begriffe auf der Repräsentanzebene bekannt sind, wären sie zwar benannt, aber nicht in ihrer Genese und Funktion begriffen. In Gestalt einer bloß sinnlichen Erkenntnis bliebe man der Ebene der Erscheinungen verhaftet. Die Zusammenhänge zwischen den Phänomenen, die mit diesen Begriffen bezeichnet werden, können nicht unmittelbar der sinnlichen Erfahrung entnommen werden. Sie fordern zu einem Nachdenken über die sinnliche Erfahrung auf, einem Nachdenken, das sich an der Entwicklungslogik des eigentümlichen Subjekts zu orientieren hat. Vermutet man bei einer Patientin etwa eine hysterische Persönlichkeitsstruktur mit narzisstischen Anteilen und in der Ödipus-Situation unbewusst gewordene Triebwünsche, ein bestimmtes Über-Ich, Ich-Ideal sowie die Abwehrmechanismen der Verdrängung, Verschiebung und Konversion, würde die Verwendung dieser Begriffe ein Begreifen solange bloß suggerieren, wie die Zusammenhänge dieser Inhalte – z. B. von Trieb, unbewusst, Ödipus-Komplex, Narzissmus, Über-Ich, Verdrängung etc. – nicht theoretisch durchdrungen sind. Um mit Poincaré (1906) zu sprechen: Man hätte lediglich einen »Steinhaufen«, aber noch kein »Haus«[5].

In einer allgemeinen psychoanalytischen Neurosenlehre sind die Beziehungen zwischen den theoretischen Begriffen und der Repräsentanzwelt und ihr systematischer Zusammenhang darzustellen. Daraus scheint zu folgen, dass eine psychoanalytische Neurosenlehre mit der Konstituierung ihres Gegenstandes, der Repräsentanzwelt, zu beginnen hat. Eine qualifizierte Analyse der Bildung der Repräsentanzwelt setzt aber bereits ein begriffliches Instrumentarium voraus, etwa die Begriffe des Triebes, des Bewussten und Unbewussten, der Affekte und des Narzissmus. Deren Erörterung ist somit voranzustellen.

---

riffe »Masse«, »Kraft« und »Geschwindigkeit« in der Newtonschen Mechanik oder der Begriffe »Proton«, »Neutron« und »Elektron« in der Atomphysik.

4 So sagt bspw. auch Altman (1993; s. auch Cavell 1991): »The meaning of a concept ... is a function of the network of concepts in which it is embedded«. Er wiederholt damit eine Feststellung von Lampl-De Groot (1968): »[I]n every science we take the meaning for the concept in *relation* to the other concepts of that particular science. Of course, in psychoanalytic science that means a concept that applies to, or has a meaning in, metapsychology«. Sie ist der Ansicht, »that one of the first things that a candidate should learn is really to think ... to learn to do some methodological research in order to acquire a scientific attitude« (1968).

5 »[M]an stellt die Wissenschaft aus Tatsachen her, wie man ein Haus aus Steinen baut; aber eine Anhäufung von Tatsachen ist so wenig Wissenschaft, wie ein Steinhaufen ein Haus ist« (Poincaré 1906, 143).

Bei der Diskussion dieser Konzepte werde ich mich im Wesentlichen an den Auffassungen Freuds orientieren und auf eine ausführlichere Würdigung neuerer Ansichten – ein Ausnahme bildet die Erörterung verschiedener psychosomatischer, Affekt- und Narzissmus-Konzepte – verzichten. Angetrieben vom Bestreben, meine früheren Auseinandersetzungen zu aktualisieren und die Bereiche, die mir in diesen Auseinandersetzungen problematisch geblieben sind, weiter auszuleuchten, habe ich die psychoanalytische Literatur der letzten Jahre durchgesehen. Bis auf einige wenige Ausnahmen blieb mir jedoch ein Erkenntniszugewinn, der über Freud hinausgeht, im Dunkeln. Die Arbeiten lassen sich grob in zwei Gruppen gliedern. Ohne zu bedenken, dass der wesentliche Aspekt des psychoanalytischen Gegenstandes, das Unbewusste, nur als Bewusstes erkennbar wird – Freud (1915e, 264) antwortet auf die selbstgestellte Frage: »Wie sollen wir zur Kenntnis des Unbewussten kommen? Wir kennen es natürlich nur als Bewusstes, nachdem es eine Umsetzung oder Übersetzung in Bewusstes erfahren hat«[6] und nennt deshalb als einen »der Ruhmestitel der analytischen Arbeit, dass Forschung und Behandlung bei ihr zusammenfallen« (1912e, 380) –, lösen die Autoren der einen Gruppe das Freudsche (1927a, 293) »Junktim zwischen Heilen und Forschen« auf und verpflichten sich auf das einheitswissenschaftliche Ideal des logischen Empirismus. Ebenso unbedacht bleiben auch die Folgen, die aus der expliziten oder doch impliziten Trennung des psychoanalytischen Therapie- vom Erkenntnisverfahren für den psychoanalytischen Gegenstand resultieren und ohne auch nur die Argumente zu benennen, geschweige denn zu entkräften, die gegen derartige Versuche in der wissenschaftsgeschichtlichen Entwicklung der Psychoanalyse vorgebracht wurden, werden in diesen Arbeiten die Befunde nomologisch operierender empirischer Sozialwissenschaften dem psychoanalytischen Theoriekorpus blind und meist als »weiterführende« Einsichten einverleibt. Sie wissen sich auf der Höhe der Zeit und stehen doch in einer Tradition, die sich längst überlebt hat[7]. In den

---

[6] Bereits 1911 ist Freud dieser Ansicht: Wir »können ... einen unbewussten Vorgang überhaupt nie erkennen, sondern nur im Bewusstsein wahrnehmen« (Nunberg u. E. Federn 1974, 295).

[7] Ein Exempel für ein solches Unternehmen ist die kürzlich erschienene »Allgemeine Psychoanalytische Krankheitslehre« von Krause (1997; 1998a). Ich nenne einige Beispiele. U. a. heißt es: »Die meisten Modelle der Metatheorie sind aus der psychoanalytischen Situation alleine heraus nicht zu entwickeln. Wenn dies geschieht, sind sie Metaphysik. Freud hatte den Titel Metatheorie sehr bewusst zur Kennzeichnung des spekulativen dieses Teils seiner Überlegungen gewählt« (1997, 13). Eine Metatheorie ist eine Theorie über die Theorie. Sie kann überhaupt nicht auf der Grundlage der psychoanalytischen Situation konstruiert werden. Vielmehr ist sie aus der Erkenntnistheorie zu entwickeln. Darüber hinaus verwendet Freud weder den Begriff »Metatheorie« noch hat er der Metapsychologie, die Krause offensichtlich meint, einen spekulativen Charakter attestiert (s. Kap. 12). Dass es über den Status der Metapsychologie eine seit langem andauernde Debatte gibt, erfährt der Leser nicht. Des Weiteren heißt es: »Ich finde fast

Arbeiten der zweiten Gruppe werden die Überlegungen Freuds oft wie ein Steinbruch behandelt. Ohne sich um den systematischen Zusammenhang zu kümmern, in dem die Überlegungen stehen, werden einzelne eklektizistisch herausgebrochen, totalisiert oder mit den Konzepten anderer Autoren zusammengebunden, entsprechend dem »Zeitgeist« sprachlich neu verpackt und mit Fallvignetten »bewiesen«. »[A]nalysts, although nominally an adherent of a specific psychoanalytic school ... are ... in fact ... increasingly eclectic«, urteilt Pulver (1993; s. auch Arlow u. Ch. Brenner 1988; Thomä 1999). Vermutlich hätte Freud (1933a, 149) die Autoren dieser Gruppe einer »Pufferschicht zwischen der Analyse und ihren Gegnern« zugerechnet, »die etwas an der Analyse gelten lassen ... dafür anderes ablehnen. Was sie bei dieser Auswahl bestimmt, ist nicht leicht zu erraten. Es scheinen persönliche Sympathien zu sein«, und er fügt hinzu: »Dass das Gebäude der Psychoanalyse, obwohl unfertig, doch schon heute eine Einheit darstellt, aus der sich nicht jeder nach seiner Willkür Elemente herausbrechen kann, scheint für diese Eklektiker nicht in Betracht zu kommen«.

---

alle Theorien interessant ... und bewege mich gerne in ihnen ... Für die Abschätzung ihrer Geltungsbereiche ziehe ich allerdings die Methoden empirischer Forschung in all ihrer Begrenztheit vor und heran, wohl wissend, dass diese Methoden auch Mythen darstellen, aber, als Gegengift gegen die analytische angewandt, erlauben sie manchmal eine vernünftige Synthese und Fortentwicklung« (1997, 14). Woran sich die Vernunft und die Güte der Fortentwicklung bemessen soll, bleibt ebenso offen wie die kritische Diskussion des Verhältnisses der Befunde, die eine hermeneutisch operierende Psychoanalyse ermittelt, zu den Daten, die von der nomologisch verfahrenden Psychologie gewonnen werden, verschwiegen wird. Man erfährt auch nichts von der kritischen Erörterung der Fragen, ob sich etwa das Konzept der »sozialen Rolle«, wie es von »Parsons« entwickelt wurde (1997, 21f) und mit dem Krause im Zusammenhang mit psychoanalytischen Begriffen das Verhältnis von Gesellschaft und Krankheit ausleuchten will, überhaupt für ein derartiges Unternehmen eignet, oder ob die theoretischen Aussagen der Psychoanalyse notwendigerweise verallgemeinerungsfähig sein müssen, um als wissenschaftlich gelten zu können. Stattdessen findet man Behauptungen: Es scheint »sinnvoll, die bewusste und unbewusste Rolle des Krankseins einer je einzelnen Person in einer gegebenen Kultur mit dem Wissen der Experten dieser Kultur als Rahmen zu wählen« (1997, 21) und »was das Verhältnis von Kultur, Gesellschaft und Krankheit betrifft ... einen soziologischen [Gesichtspunkt] im Sinne einer Rollenkonzeption ... zu berücksichtigen« (1997, 23). »Alle Modelle« – gemeint sind die »strukturelle Diagnose«, die »Abwehrdiagnose« und die »Ich-Diagnose« – »sollen wissenschaftlich abgesichert sein und über die Grenzen der Psychotherapiesituation hinaus Geltung haben. Nur dann könnte sich die Theorie und die Behandlung wissenschaftlich fundiert nennen« (1997, 43). Wie in der Psychologie heute üblich, scheint Krause in seiner blinden nomologischen Empiriegläubigkeit nur eine Wissenschaft vom Allgemeinen zu kennen. Jedenfalls ist die von ihm entworfene Krankheitslehre mehr in der Psychologie und nicht so sehr in der Psychoanalyse beheimatet (s. dazu Kap. 5).

Die daraus resultierenden, mit »Suppenlogik« und aus »Knödelargumenten« zusammengefügten Konzepte, welche in der Auffassung Freuds (1915a, 315) psychoanalytischen Einsichten unzugänglichen »Naturkinder[n]« zu verschreiben sind, können aber nur die zufrieden stellen, die wie diese Naturkinder blind arbeiten und auch weiterhin blind arbeiten wollen.

Im Urteil der Gutachter psychoanalytischer Zeitschriften scheint dies für die Mehrheit der Psychoanalytiker zu gelten. Dies zeigt bspw. die Ablehnung einer anspruchvolleren Arbeit eines Kollegen. Da das Ablehnungsschreiben die gegenwärtige Wissenschaftspraxis in der Psychoanalyse recht gut dokumentiert, gebe ich die entscheidenden Passagen dieses Schreibens wieder (Kursivierungen, S. Z.):

>»Leider muss ich Ihnen mitteilen, dass wir uns nicht entschließen konnten, [Ihren] Beitrag bei uns aufzunehmen und zwar aus folgenden Gründen: Zum einen erschien uns der Inhalt des Aufsatzes ein wenig klinikfern, *wenngleich in sich logisch diskutiert und geschlussfolgert.* Gerade die unter unseren Lesern sehr häufigen klinisch arbeitenden Psychoanalytiker könnten die Darstellung etwa sehr abstrakt finden. Was aber vielleicht noch schwerer ins Gewicht fällt, ist die Art ihrer Darstellung und ihrer Sprache. Der Leser empfindet ihre Darstellungsweise *(vielleicht gerade wegen ihrer Stringenz)* als sehr zwingend, dadurch anstrengend, wenig einladend. Es ist, als sollte er nicht überzeugt, sondern gezwungen werden, einen bestimmten Gedanken ganz zu verfolgen und ihn auch zu akzeptieren. Das löst für gewöhnlich Widerstände aus, die dann der Sache und dem Aufsatz selbst und seinem Inhalt gar nicht angemessen sind«.

Es ist klar, dass eine logische Argumentation eine unverzichtbare Bedingung jedweder Erkenntnisgewinnung ist und dass jede Argumentation gerade dadurch, dass sie zwingend ist, ihre Überzeugungskraft gewinnt. Wenn ihre Überzeugungskraft aber ihre Ablehnung bewirkt, werden die Theorie und damit auch die Praxis ins Belieben gestellt. Sie wird zu einem bloßen Hantieren und ist jedenfalls keine wissenschaftliche mehr.

In ähnlicher Weise wurde eine von mir verfasste Arbeit von zwei englischsprachigen psychoanalytischen Zeitschriften abgelehnt, in der eine kritische Auseinandersetzung mit dem Konstruktivismus in der Psychoanalyse geführt wurde. Von den Gutachtern der einen wurde zunächst festgestellt:

>»We applaud your attempt to grapple with the theoretical underpinnings and weaknesses of this concept. As such yours is a welcome and needed critical overview of the applications of constructivism and the postmodern perspective in psychoanalysis … Its analysis of constructivism in terms of the history of philosophy is fascinating«.

Ein Gutachter der anderen Zeitschrift schrieb:

>»I admire … this paper very much. It is well written and highly articulate intelligent voice. Its philosophical scholarship is impressive«.

Ein zweiter Gutachter urteilte:

>»I appreciate the author's taking on a difficult task of summarizing and critiquing constructivism in psychoanalysis. Moreover, I valued [his] attempt« to identify what they argue are significant flaws in constructivism not only with regard to its philosophical position but also clinical perspective«,

und der dritte Gutachter war der Meinung, die Arbeit

>»is a very thoughtful and scholarly paper providing a much needed critique of the use of constructivisitic models in contemporary psychoanalysis«.

Mit den Argumenten, dass sie »in a manner foreign of a typically clinical psychoanalytic journal« geschrieben sei bzw. dass »no one would read this paper among our readers«, wurde aber eine Publikation in beiden Zeitschriften abgelehnt.

Es ist schwer vorstellbar, dass mit diesen Argumenten von wissenschaftlichen Zeitschriften aus anderen, nicht-psychoanalytischen Wissenschaftsbereichen Arbeiten abgelehnt würden – es sei denn, dass für publizierbare Arbeiten etwa in Zeitschriften der Physik gefordert würde, dass sie auf dem Niveau des Fallgesetzes angesiedelt sein müssen, weil nur sie von Lesern gelesen und verstanden werden können.

Die Folge dieser theoretischen Blindheit ist, dass die Theorie in eine Vielfalt nicht nur unterschiedlicher, sondern auch heterogener Meinungen ausfranst. Beginnend mit Anna Freuds (1970, 2556) Feststellung, dass es »nicht ein einziges Stück in der Theorie [gibt], das nicht von dem einen oder anderen Autor in Zweifel gezogen wird«, wurde genau diese Heterogenität der Konzepte immer wieder vermerkt. 1976 weist E.D. Joseph (1976; s. auch E.D. Joseph u. Widlöcher 1984) auf der Haslemere Konferenz darauf hin, dass die berufliche Identität der Psychoanalytiker nicht mehr in den Schiboleths Freuds – Freud (1914d, 54, 101; 1923a, 223) rechnet dazu die Annahme unbewusster seelischer Vorgänge, die Lehre von der Übertragung, dem Widerstand, der Verdrängung und dem Traum, den Ödipus-Komplex sowie eine bestimmte Einschätzung der Sexualität – gründet, 1981 urteilt Holt (1981): »The present situation of psychoanalytic theory is, in two words, confused and confusing«, 1985 moniert Compton (1985; s. auch Edelson 1984), dass seit vierzig Jahren eine Klärung des Zusammenhangs und der historischen Entwicklung einzelner Begriffe fehlt[8], und 1987 stellt E. Goode (1987) fest:

> »Psychoanalysis is clearly in crisis ... Even to an outsider ... it is apparent that the issues raised at the conference – far from being resolved – have grown only more pressing during the intervening years«.

Auch in der von der American Psychoanalytic Association eingerichteten »Cope study group« – zu ihr gehörten u. a. Abend, Abrams, Boesky, Compton und Weinshel –, die ihre Auffassungen des psychoanalytischen Prozesses mit dem Ziel miteinander zu diskutieren sollten, einem Konsens zu finden, konnte in keine Übereinstimmung gefunden werden (G. Frank 1998). Als Fazit dieser »study group« wiederholt Abend (1990) Holts (1981) Feststellung in anderen Worten: »Psychoanalysis today is faced with a profusion of theories« und fügt an:

> »The question of whether we have one psychoanalysis or many, of whether these are variations on a common ground or a disparate family with little in common but its ancestor, has never been more important, or more troublesome, than at the present time«.

---

8 Diese begriffsanalytische Klärung, fügt Compton (1985) an, wurde »generally ... recognized as an unpopular task«.

Acht Jahre nach Abend hat Tuckett (1998; s. auch Rangell 1997) begründete
Zweifel, »whether ... practitioners [der Psychoanalyse] share sufficient common
ground to belong to the same discipline«, und zwei Jahre nach Tucketts Feststellung schreibt Ch. Brenner (2000b):

> »Most analysts ... read the same professional publications and attend the same
> meetings and conferences. But what comes under the heading of psychoanaly-
> sis, both in theory and practice, is fascinatingly diverse«.

Und zwei Jahre nach Ch. Brenner sagt A. Goldberg (2002):

> »Psychoanalysis ... is a diverse and heterogeneous bundle of claims and tech-
> niques held together by a somewhat vague allegiance to the seminal ideas of
> Sigmund Freud ... The field is seen either as a mess or as a victim of bad science
> in need of straightening out«[9].

Und drei Jahre nach A. Goldberg hält Green (2005) den »theoretical pluralism«
für einen Ausdruck, welcher die gegenwärtige Lage noch beschönige, weil

> »pluralism presupposes that between different viewpoints assembled there are at
> least exchanges that give the reasons for the differences, whereas these have ne-
> ver in fact taken place«[10].

In Wirklichkeit handele es sich nicht um einen theoretischen Pluralismus, sondern um einem »theoretical chaos« des »[a]nything goes«[11].

Zwar sah Wallerstein (1990; 2005) noch einen »common ground« im therapeutischen Handeln der klinischen Praxis, wobei er sich im Wesentlichen auf
den Umgang mit Übertragung, Widerstand und Abwehr bezog. Aber auch dieser klinische »common ground« steht in Zweifel. Wie Thomä (1999) aus der
Untersuchung der Arbeitsweise von 65 Psychoanalytiker (davon 62 Mitglieder
der IPV) von V. Hamilton (1993; 1996) folgert, herrscht aber »in der Psychoanalyse ein kaum mehr überschaubarer Pluralismus, Subjektivismus und Eklektizismus« nicht nur auf theoretischer Ebene, sondern auch im Hinblick auf die

---

[9] »Um die Begriffsverwirrungen aus einem System zu entfernen, ist aber nicht« – wie
einige meinen – »harte experimentelle, sondern harte begriffliche Arbeit vonnöten« (Ry-
le 1953, 466). Dass diese notwendige »harte begriffliche Arbeit« eine wissenschaftliche
ist, entzieht sich offensichtlich den psychoanalytischen Fachgesellschaften. So wurden
in den in 2004 neu konstituierten sog »wissenschaftlichen Beirat der DPG (Deutsche
Psychoanalytische Gesellschaft) ausschließlich Wissenschaftler berufen, der wissen-
schaftstheoretisches Verständnis explizit oder implizit ein nomologisches ist und die
Wissenschaft nur als empirische Untersuchung gelten lassen.

[10] Und Green (2005) fügt an: »Reflexion on the fundamental postulates of divergent
theories is not the most beloved exercise of psychoanalysts, who actually prefer in-
nocuous and mutually gratifying conversations to rigorous discussion«.

[11] »Anything goes: the frankly outmoded nature of Freudian thought: the imperialism
of a thinking based on a remarkably impoverished conception of childhood; the over-
weening faith in a prevalent relational viewpoint that lacks clear proof of its validity – a
highbrow miscellany of cognitivism and neuroscience, often poorly understood« (Green
2005).

»Handhabung behandlungstechnischer Regeln« vor. Auch Fine u Fine (1991) teilen als Ergebnis ihrer Untersuchung mit,

> »that there are significant differences at least among four major theoretical groups in psychoanalysis in the areas of the interpretation of transference, of defense and resistance …«.

Ebenso ist A. Goldberg (1994) der Ansicht,

> »that we surely do not have a common ground of practice … we perhaps do share a set of beliefs about just how we listen and interpret«.

Sechs Jahre später konstatiert auch G. Frank (2000),

> »that our conceptualizing and our clinical practice primarily reflect each analyst's personal beliefs about the nature of personality, psychopathology, and practice«,

und fügt an:

> »If that is true, psychoanalysis should be referred to, not as a science, but, rather, as has become the fashion in some circles, as a hermeneutic venture, where anyone's interpretation of the data is as good or as valid as anyone else's«.

Dass auch diese »beliefs« unterschiedlich sind, zeigt Kernberg (1993a), und bezogen auf die Übertragung hat inzwischen auch Wallerstein (1998) Zweifel bekommen, ob die Psychoanalytiker nicht mehr »diversity and pluralism« zelebrieren als nach einem »consensual common ground« suchen[12].

Obwohl seit über dreißig Jahren kritisiert, hat sich an diesem Meinungspluralismus in der Psychoanalyse nichts geändert – außer, dass er noch mehr zunahm. Die Folge dieses Meinungspluralismus ist, dass die Theorie durch die Praxis nicht mehr systematisch affiziert und verändert werden kann. Angesichts der Feststellung von Ch. Brenner (2000b), dass »pluralism in theory is to be avoided in psychoanalysis as in every branch of science«, wird dessen Konsequenz für die Psychoanalyse offensichtlich. Wie auch G. Frank (2000) feststellt, zerfällt ihr wissenschaftlicher Status, das Epitheton »wissenschaftlich«, mit dem sich die »psychoanalytic community« schmückt, wird zu einem Epitaph, das diese »community« zugleich als eine zunftartiges Gebilde[13], als eine Art Hand-

---

[12] Ein Grund hierfür für die desolate Situation mag auch in der Art und Weise liegen, in der in den psychoanalytischen Ausbildungsinstituten Dozenten und Lehranalytiker rekrutiert werden. Während bspw. in der BRD von einem künftigen Dozenten etwa in der Medizin mehrere Vorträge auf nationalen und internationalen Kongressen, 12 - 15 wissenschaftliche Publikationen in den internationalen Zeitschriften seines Fachgebietes und eine Habilitationsschrift abverlangt werden, bedarf es in der Psychoanalyse hierzu keines überregionalen Nachweises der wissenschaftlichen Dignität des künftigen Dozenten oder Lehranalytikers. Um Dozent zu werden müssen seit dem Abschlussexamen lediglich drei Jahre verstrichen sein, als Eignungsnachweis genügt meist ein Vortrag zu einem beliebigen Thema vor den Institutsmitgliedern, und Lehranalytiker werden von den Mitgliedern gewählt bzw. von dem Lehranalytiker-Kremium meist ohne weitere Qualitätprüfung, sozusagen nach privatem Gutdünken ernannt.

[13] Angesichts des Theoriepluralismus plädiert bspw. A. Goldberg (2002) genau für einen derartigen, ehemals die Zünfte charakterisierenden psychoanalytischen Pragmatismus, der gegenüber theoretischen Konzepten gleichgültig ist und sich als »a collection

werkerkammer sichtbar werden lässt, deren Mitglieder sich im Wesentlichen noch zur Durchsetzung von persönlichen und Standesinteressen zusammenfinden.

Angesichts des raschen Wandels der Konzepte und der konzeptuellen Vielfalt kommen deren Autoren jenem Helden verdächtig nahe, der noch vielredend auf der Bühne umherstolziert, aber längst nichts mehr Wesentliches mitzuteilen hat, und den Shakespeare (1876a, 1003) gegen dessen Ende in selbstkritischer Wendung sagen lässt: »A poor player who struts and frets his hour upon the stage and then is heared no more«[14]. Jedenfalls hat mir meine Lektüre unzweideutig klar gemacht, dass aus dem psychoanalytischen Theoriemarkt ein post-moderner wurde, der durch eine pluralistische Beliebigkeit[15] und ein partikularistisches Denken gekennzeichnet ist, und auf dem – wie Rauschenberger (zit. n. Leuzinger-Bohleber 1996) meint – »everything goes and nothing really matters«[16]. Wenn die gegenwärtigen theoretischen Konzepte über das Wesen

---

of tools for accomplishing goals« versteht. Wenn das psychoanalytische Therapieverfahren aber theoretisch nicht oder nur mehr vielfältig – und d. h. spekulativ – begründbar ist, kommt es dem Gesundbeten von Quacksalbern oder den Tanzritualien indianischer Medizinmänner, die ebenfalls erfolgreiche »tools for accomplishing goals« darstellen, verdächtig nahe.

[14] Genau diese Folgerung zieht Chessik (2001): »If we do not clearly articulate and maintain our basic ideals, which still are best expressed in the work of Sigmund Freud, we ... are liable to progressively degenerate into groups of squabbling physicians accompanied by a cacophony of tediously disputatious psychologists and social workers. The entire field of psychoanalysis will become marginalized in our culture and regarded as just another mystical cult without any empirical or scientific grounding and without any basic orientation. No emperor will be required to shut these schools down; they will just die by attrition and neglect, much to the joy of the insurance company executives«.

[15] Im Gegensatz zu den angeführten Autoren wenden Kernberg (1999) und Thomä (1999) den theoretischen Pluralismus im Wesentlichen ins Positive und sehen in ihm einen Ausdruck »von Kreativität« (1999). Ich habe jedoch Zweifel, ob in anderen Wissenschaften Thesen wie »Die Erde erscheint als eine Kugel, aber in Wirklichkeit ist sie eine Pyramide«, »Der Regen entsteht durch das Quacken der Frösche«, oder »Kinder können auch durch die elektromagnetischen Wellen, die beim Telephonieren mit Handys entstehen, erzeugt werden«, in denen längst verworfene Gedanken in neuem Gewande erscheinen und die manchen psychoanalytischen durchaus analog sind, als »kreativ« bezeichnet würden. Eine Idee ist jedenfalls nicht allein aufgrund ihrer Neuartigkeit Ausdruck von Kreativität. Kreativ sind Überlegungen, in denen vorliegende Daten in neuartige, über das bisherige Wissen hinausgehende Zusammenhänge gestellt werden, deren Erklärungskraft weiter reicht als die bestehenden. Insofern waren Galileos These, die Einsteinsche Relativitätstheorie oder Freuds Traumdeutung nicht nur neu, sondern auch kreativ.

[16] »Mit dem Verblassen der Wirkung Freuds«, schreibt bspw. auch Ermann (1999), »hat sich ... nicht jener kreative Pluralismus entwickelt, den Schafer (1990) im Sinn hatte,

des psychoanalytischen Gegenstandes allesamt als gleich*gültig* be- und gehandelt werden, ist dessen Wesen in der Tat *gleich*gültig geworden[17].

Obwohl als gleich*gültig* behandelt, sind die unterschiedlichen Konzepte in epistemischer Hinsicht natürlich nicht gleichwertig. Bei der Lektüre der neueren Arbeiten kann kaum entgehen, dass in den meisten immer wieder dieselben epistemologischen Fehler in neuem Gewande reproduziert werden. Gewiss, jeder kritische Gedanke sollte sich »von den konkreten Gestalten des Bewusstseins leiten lassen, gegen die er angeht und wiederkäuen, was sie vergaßen« (Adorno 1963, 99). Weil es in der Substanz nichts Neues bringt, ermüdend ist und auch wenig sinnvoll sein kann, immer wieder dieselben – und längst bekannten – Mängel im Strickmuster neuer Gewänder sichtbar zu machen, wenn sie gegenwärtig ohnehin nicht zu beseitigen sind, werde ich mich darauf beschränken, sie exemplarisch bei der Diskussion der verschiedenen psychosomatischen, Affekt- und Narzissmus-Konzepte[18] vergangener Jahre zu erörtern. Da ferner nicht entschieden werden kann, ob in der nomologischen Forschungspraxis der Sozialwissenschaften Erkenntnisse und nicht bloß als Erkenntnis etikettierte Produkte gewonnen werden können[19], in denen – wie etwa der Versuchsleitereffekt (R. Rosenthal 1963) zeigt – die jeweiligen Untersucher ihre Kopfgeburten, ihre Hypothesen im jeweiligen Gegenstand materialisieren (Zepf 1994e) und man darüber hinaus sicher gut beraten ist, wenn man Arbeiten nicht – wie frische Eier – nach ihrem Entstehungsdatum, sondern nach ihren Inhalten beurteilt, hielt ich es für besser, mich auch in einer allgemeinen Neurosenlehre vorwie-

---

sondern eine postmoderene Beliebigkeit, die den Widerspruch gleichgültig werden lässt. An die Stelle des Verhinderns trat die Unverbindlichkeit«.

[17] Möglicherweise bildet sich in diesem gleich*gültigen* Theoriepluralismus jene objektive *Gleich*gültig gegenüber den Subjekten ab, die einer Gesellschaft innewohnt, die im Wesentlichen das Selbstverwertungsinteresse des Kapitals exekutiert. In dieser Gesellschaft sind die Subjekte wirklich »entindividualisiert ... und unpersönlich« (Jacoby 1975) und im überindividuellen Netzwerk sozialer Verkehrsformen zu »bloßen Verkehrsknotenpunkten der Tendenz des Allgemeinen« (Horkheimer u. Adorno 1947, 184) verdinglicht. Es ist allerdings auch nicht auszuschließen, dass der wesenlose Theoriepluralismus der theoretisch Ausdruck eines wesenlosen, eines in Wirklichkeit subjektlosen gewordenen Subjektes ist. Dann hätte die Psychoanalyse ihren Gegenstand verloren und wäre selbst überflüssig geworden.

[18] Auch die verschiedenen psychoanalytischen Selbstpsychologien werden nicht im Detail, sondern bei der Diskussion der Narzissmuskonzepte lediglich exemplarisch anhand der Selbstpsychologie Kohuts kritisch erörtert.

[19] Auf manche dieser Arbeiten trifft das Urteil zu, das Freud 1906 über Semons Buch »Mneme als erhaltendes Prinzip im Wechsel des organischen Geschehens« abgab: Er »habe aus dem Buche Semons nur erfahren, dass Gedächtnis auf Griechisch Mneme hieße. – Das Buch sei bezeichnend für jene Pseudo-Wissenschaftler, die Exaktheit imitieren und meinen, schon etwas geleistet zu haben, wenn sie mit Zahlen und Begriffen operieren« (Nunberg u. E. Federn 1962, 48).

gend und kritisch mit den Denkfiguren des Altmeisters auseinander zusetzen, die ob dieser Neuerungen nicht selten in Vergessenheit geraten sind. Hinzu kommt, dass man die Psychoanalyse, wie Freud (1923a, 211) schreibt, »noch am besten [versteht], wenn man ihre ... Entwicklung verfolgt«, so dass auch die heutigen psychoanalytischen Konzepte nur verständlich und kritisch betrachtet werden können, wenn ihre Quellen bekannt sind. Auch deshalb ist es angebracht, sich mit dem Freudschen Denken vertraut zu machen.

Diese Vorgehensweise liegt nicht im mainstream und steht auch quer zu den Anmerkungen von Knight (1953) und Cremerius (1989).

> »Perhaps we are still standing too much in the shadow of that giant, Sigmund Freud, to permit ourselves to view psychoanalysis as a science of the mind rather than as the doctrine of a founder«,

schreibt Knight (1953) und Cremerius (1989) fügt sechsunddreißig Jahre später – Wallerstein (1988) zitierend[20] – hinzu, »dass ›eine Wissenschaft, die zögert, ihre Gründer zu vergessen, verloren ist‹«. Um die Psychoanalyse als »a science of the mind« weiter entwickeln und Freud vergessen zu können, wäre aber der Gegenstand, der diesen Schatten wirft und der zu entwickeln ist – die Freudsche Psychoanalyse –, erst einmal in ihrer Systematik sichtbar zu machen. Ob deren Systematik bisher transparent gemacht wurde, ist aber zumindest fraglich. Meiner Ansicht nach ist jedenfalls die »Behauptung«, wie Adorno (1966a, 90) vor vierzig Jahren schrieb, Freud »sei überholt«, auch heute noch »bloßer Ausdruck des Obskurantismus«; noch immer wäre er »erst ... einmal einzuholen«[21]. Damit ist zum einen nicht gemeint, dass Freud als Person einzuholen ist und man aufgrund biographischer Daten, Briefe etc. versuchen sollte, Einblicke in sein Innenleben zu gewinnen, um damit Antworten auf die Fragen zu finden, inwieweit sein Innenleben ihn veranlasste, in bestimmten Zeiten seines Lebens bestimmte theoretische Überlegungen anzustellen, bestimmte Phänomene zu sehen und andere nicht zu sehen. Biographische und andere äußere Daten können über Freuds Innenleben ebenso wenig valide Auskunft geben wie seine Psychologie über den manifesten Inhalt seiner Gedanken und diese unmittelbar über deren latente Inhalte informieren können. Gewiss, die Gedanken eines Wissenschaftlers sind nicht unabhängig von seinem Seelenleben. Aber auch für Psychoanalytikern sollten zwei Dinge unstreitig sein: Erstens, dass sie über Freuds Seelenleben nur Mutmaßungen anstellen können und zweitens, dass seine Psychodynamik für eine wissenschaftliche Betrachtung seiner Überlegun-

---

[20] Auch Wallerstein (1988) zitiert zustimmend dieses Diktum von Whitehead: »»A science that hesitates to forget its founders is lost«« (zit. n. Kuhn 1962, 138).

[21] Desgl. sagt Green (2005): »[I]t is indisputable that a premature conclusion has been reached that Freud was no longer an author worth reading«, obwohl »as yet there is no serious study of Freudian thought in existence today by psychoanalysts«.

gen so irrelevant ist wie das Innenleben Einsteins für eine Untersuchung seiner Relativitätstheorie.

Auch ist zumindest Zweifel angebracht, ob Freud zu einem »giant« wurde, weil er die Psychoanalyse sozusagen aus sich selbst heraus entwickelte. »Tatsache ist«, schreibt Anzieu (1988, 515f),

> »dass die Entdeckung der Psychoanalyse um 1895 in der Luft lag. Seit 1890 er-
> freuten sich der Traum, die Hypnose, die Verdoppelung der Persönlichkeit und,
> seit 1880, die infantile Sexualität, sowie die sexuellen Perversionen der Erwach-
> senen eines wachsenden Interesses ... Nach der Romantik verwendeten die Phi-
> losophie, die Psychologie, die Psychiatrie mehr und mehr und zwar in einer dy-
> namischen Perspektive, den Begriff des Unterbewussten«.

Ich will in diesem Zusammenhang daran erinnern, dass die Untersuchung eines Gegenstandes zweierlei voraussetzt: Zum einen muss sich der Gegenstand in seiner Besonderheit aus dem Vorhandenen ausgegrenzt haben und zum andern muss ein gesellschaftliches Interesse an dieser Besonderheit vorliegen. Erkenntnismöglich-keit und Erkenntnisnotwendigkeit, beides sind unerlässliche Voraussetzungen. Oh-ne sie könnte ein Gegenstand nicht untersucht werden bzw. würde er nicht unter-sucht. Für den psychoanalytischen Gegenstand – menschliche Subjektivität – kann man annehmen, dass er mit Beginn des kapitalistischen Zeitalters sichtbar wurde. Die an der Selbstwertung des Kapitals orientierte Produktionsweise jedenfalls war und ist gegenüber menschlicher Subjektivität gänzlich gleichgültig und legte sie frei als ein Moment, dass eben diesen selbstgenügsamen Ablauf der Kapitalverwertung stören konnte und welches in den von Anzieu beschriebenen Formen in das gesell-schaftliche Bewusstsein Eingang fand. Man kann mit einiger Berechtigung anneh-men, dass diese Störung das gesellschaftliche Interesse auf sich zwang. Freuds Ge-nius bestand dann darin, dass er als erster die gesellschaftlich hergestellte Erkennt-nismöglichkeit realisierte und nicht nur das Unbewusste feststellte, sondern über diese Kategorie das menschliche Subjekt in kritischer Wendung gegen das Beste-hende auch als ein solches Störmoment abbildete (s. Kap. 19).

Zum anderen heißt Einholen auch nicht, die Freudschen Überlegungen einer scholastischen Begriffsexegese zu unterziehen. Nicht eine Bibelinterpretation ist gemeint, die entweder zu Formulierungen führt, die mit den seinen inhaltlich konsistent bleiben, oder an deren Ende jene seiner Konzepte als überholt de-klariert werden, die dem eigenen Glauben widersprechen. Auch in der Hoff-nung, dass die Entwicklung der Psychoanalyse noch nicht jenen »point of no return« erreicht hat, von dem aus ihr nurmehr ein Weg in die Mülldeponie der Geschichte offen steht, fokussiert meine Auseinandersetzung vielmehr auf die Konsistenz des Begründungszusammenhanges, in den einzelne Konzepte ge-stellt werden, fragt nach dem, was sich in seinen Konzepten möglicherweise mystifiziert darstellt und versucht, unter Einbeziehung neuerer Einsichten des-sen Lücken zu schließen und die Widersprüche, die ihnen innewohnen und in denen sie zu neurophysiologischen (und relativ unstrittigen psychologischen)

Befunden stehen, durch eine inhaltliche Veränderung der Konzepte auszuräumen[22].

Mit der psychoanalytischen Zentralkategorie, dem Triebbegriff, werde ich beginnen (Kap. 1). Dem folgt die Darstellung des Libidobegriffs (Kap. 2), der psychoanalytischen Konzepte des Bewusstseins, des Vorbewussten und Unbewussten (Kap. 3), des Narzissmus, des Lust-Unlust-Prinzips und der Funktionslust (Kap. 4). Im 5. und 6. Kapitel werde ich die verschiedenen Affektkonzepte und im nächsten Kapitel (7) die Bildung der Repräsentanzen diskutieren. Die Abwehrmechanismen, das Konzept der Ersatzbildung, des neurotischen Konflikts, des Primär- und Sekundärvorganges und der Fixierung werden in Kap. 8 dargestellt. Im 9. Kapitel werde ich die psychischen Strukturen Ich, Ich-Ideal und Über-Ich, im 10. Kapitel den Traumabegriff, die Spaltung und die traumatische Neurose erörtern und danach den Ödipus-Komplex (einschließlich der Verführungstheorie und des Wiederholungszwanges) diskutieren (Kap. 11). Nach Abschluss der Diskussion der theoretischen Begriffe werde ich der Frage nachgehen, was für eine Wissenschaft die Psychoanalyse ist (Kap. 12). Bei der Erörterung werde ich mich insbesondere mit den wissenschaftstheoretischen Ortungsversuchen von Ch. Brenner, G.S. Klein und A.H. Modell, die für die unterschiedliche Einschätzung des wissenschaftstheoretischen Status' der Psychoanalyse exemplarisch sind, und mit den unterschiedlichen Beurteilungen der Funktion der Metapsychologie sowie mit dem impliziten wissenschaftstheoretischen Selbstverständnis auseinandersetzen, welches dem Freudschen Denken innewohnt. Danach werde ich die therapeutischen und technischen Begriffe der Psychoanalyse erläutern (Kap. 13), im 14. Kapitel eine komprimierte, auf das Wesentliche reduzierte Darstellung der Struktur des psychoanalytischen Prozesses präsentieren, und im nachfolgenden Kapitel (15) das Problem erörtern, ob und wenn ja, wie psychoanalytische Einsichten im psychoanalytischen Verfahren verifiziert werden können. Dem folgt eine Erörterung der Frage, welchen Einfluss die sog. neurotischen »Resterscheinungen« (Freud 1937c, 73) auf Seiten des Analytikers auf den psychoanalytischen Prozess ausüben können (Kap. 16). In den Kapiteln 17 und 18 wird in Auseinandersetzung mit den psychosomatischen Konzepten von Franz Alexander, Max Schur, George Engel u. Arthur Schmale jr., Alexander Mitscherlich, der französischen Schule um Pierre Marty, Thure v. Uexküll und Wilma Bucci eine psychoanalytische Theorie psychosomatischer Erkrankungen entwickelt und im letzten Kapitel (19) werde ich versuchen, dem Bereich Kontur zu geben, in dem sich die analytische Sozialpsychologie bewegt und in Abgrenzung von psychoanalytischen Therapieverfahren die Methoden zu profilieren, mit denen sie operieren kann.

---

[22] Ich bin einig mit Green (1975), dass »die Psychoanalyse ... einen Teil der Karten in der Hand hält, die über ihr Schicksal entscheiden werden. Ihre Zukunft hängt davon ab, wie sie das Freudsche Erbe bewahren und die späteren Erwerbungen integrieren wird«.

Am Schluss will ich noch anmerken, dass meine Vorgehensweise, in welcher die psychoanalytischen Begriffe in einen systematischen Zusammenhang gestellt werden, selbstverständlich nicht die inhaltliche Richtigkeit der vorgetragenen Auffassungen verbürgen kann. Als formaler Garant einer wissenschaftlichen Theorie ist sie aber zumindest eine unabdingbare Voraussetzung dafür, dass die gewonnenen Einsichten überhaupt in eine erkenntniskritische Debatte eintreten können.

Eine letzte Bemerkung betrifft die Auswahl der Zitate. Ich habe es vorgezogen, bei der Erörterung der einzelnen Themenbereiche nicht die gängigen Auffassungen, sondern vorwiegend Ansichten der Autoren in Zitaten zur Sprache zu bringen, die zu anderen Resultaten kommen. Der Grund liegt darin, dass in den gängigen Darstellungen die Autoren, welche die gängige Lehrmeinung vertreten, ausführlich zitiert werden, während die Auffassungen dieser Autoren oft in ihrem Namen hinter einem Begriff verborgen bleiben. Ihre Ansichten sollten nicht in Vergessenheit geraten.

1
Der Triebbegriff

D as Freudsche Triebkonzept ist kein einheitliches. Es reicht von der Auffassung, dass es sich bei den Trieben um konkrete Motivationen – Bedürfnisse und Wünsche – handelt, die das Subjekt in Beziehung zur Umwelt setzen, bis zur Überzeugung, dass die Triebe »mythische Wesen, großartig in ihrer Unbestimmtheit« (Freud 1933a, 101) sind, Kräfte, »die wir *hinter den Bedürfnisspannungen des Es* annehmen« (1940a, 70, Kursivierungen, S. Z.). Bei aller Verschiedenheit des Triebbegriffs wird aber in den Schriften Freuds eine Ansicht, welche die Triebe auch in der Repräsentanzwelt verortet, konsequent durchgehalten, nämlich dass der »›Trieb‹ ... nichts anderes [ist], als die psychische Repräsentanz einer kontinuierlich fließenden, innersomatischen Reizquelle ...« (1905d, 67; vgl. auch 1915c, 214).

Die sexuellen Triebe

Freud gliedert zunächst die Triebe in sexuelle und Selbsterhaltungs- oder Ichtriebe auf. »Von ganz besonderer Bedeutung für unseren Erklärungsversuch«, schreibt er, »ist der unleugbare Gegensatz zwischen den Trieben, welche der Sexualität, der Gewinnung von Lust, dienen und den anderen, welche die Selbsterhaltung des Individuums zum Ziele haben, den Ichtrieben« (1910i, 97f). Mit diesem »Gegensatz«, der ihm die Annahme zweier Triebarten aufnötigt, macht Freud von vornherein klar, dass in seinem Verständnis die Psychoanalyse konfliktzentriert angelegt ist. Ausdrücklich heißt es: »Die Unterscheidung von ... Sexual- und Selbsterhaltungstrieben ist uns durch die Einsicht in den Konflikt aufgedrängt worden, aus welchem die Übertragungsneurosen hervorgehen« (1916-17a, 435). Er sieht in den Ichtrieben die »andere Partei im pathogenen Konflikt«, der zwischen den Ichtrieben[1] und den Sexualtrieben« besteht (1916-17a, 363).

---

[1] Diese »andere Partei im pathogenen Konflikt« verändert sich mit der Entwicklung seiner Überlegungen. Als sie ihn zu der Annahme führten, »dass auch ein Teil der ›Ichtriebe‹ libidinöser Natur ist, das eigene Ich zum Objekt genommen hat«, wandelte sich der »Gegensatz zwischen Ich- und Sexualtrieben ... in den zwischen Ich- und Objekt-

An sexuellen Trieben unterscheidet Freud durchgängig vier Aspekte: Quelle, Ziel, Drang und Objekt, wobei die differentia specifica eines Triebes, seine inhaltliche Besonderheit, aus seiner Quelle und seinem Ziel resultiert: »Was die Triebe voneinander unterscheidet und mit spezifischen Eigenschaften ausstattet, ist deren Beziehung zu ihren somatischen *Quellen* und ihren *Zielen*« (1905d, 68). Quelle ist ein »somatische[r] Vorgang in einem Organ oder Körperteil« (1915c, 215), welcher die »*erogene Zone* des von ihm ausgehenden sexuellen Partialtriebes« ist (1905d, 68) und das Ziel ist die Befriedigung, das lustvolle Aufheben des Bedürfnisses, der Erregung an der somatischen Quelle, durch eine »zielgerechte (adäquate) Veränderung der inneren Reizquelle« (1915c, 212). Drang ist das »Maß der Arbeitsanforderung«, die ein Trieb auf dem Weg von seiner Quelle zu seinem Ziel der psychischen Tätigkeit auferlegt und Objekt »ist dasjenige, an welchem oder durch welches der Trieb sein Ziel erreichen kann« (1915c, 215). Psychisch wirksam und damit zu einer subjektiven Tatsache werden die Triebe auf dem Weg von der Quelle zu ihrem Ziel, der Wiederholung einer lustvoll erlebten besonderen Reizung bestimmter Körperzonen durch ein Objekt.

Auch wenn es Freud nicht ausdrücklich erwähnt, gilt diese mehrgliedrige, für die Sexualtriebe getroffene Triebdefinition auch für die Selbsterhaltungs- oder Ichtriebe. Sie werden allerdings nicht weiter untersucht. Selbsterhaltungs- und Sexualtriebe »treten uns nur als Benennungen für Energiequellen des Individuums entgegen«, schreibt Freud (1916-17a, 428), sie üben einen imperativen Drang aus, »bedürfen« zur Befriedigung »der Objekte«, denn ohne sie »muss das Individuum zugrunde gehen« (1916-17a, 368f).

Obwohl Selbsterhaltungs- und Sexualtriebe miteinander in Konflikt geraten können, entstehen die letzteren in Anlehnung an die Befriedigung der lebenswichtigen, sog. »großen Körperbedürfnisse« (1900a, 571) wie »Hunger und Durst«, die Freud eben diesen Selbsterhaltungs- oder Ichtrieben zurechnet (1916-17a, 427; 1916d, 217):

> »Das Sexualziel des infantilen Triebes besteht darin, Befriedigung durch die geeignete Reizung der so oder so gewählten erogenen Zone hervorzurufen. Diese Befriedigung muss vorher erlebt worden sein, um ein Bedürfnis nach ihrer Wiederholung zurückzulassen ... Die Veranstaltung, welche diesen Zweck für die Lippenzone erfüllt ... ist die gleichzeitige Verknüpfung dieser Körperstelle mit der Nahrungsaufnahme« (1905d, 85; s. auch 1914c, 153; 1916-17a, 324; 1923a, 221; 1940a, 76).

An diesem Punkt trennen sich die späteren Auffassungen. Unter Berufung auf eine von Freud vorgetragene Ansicht wird in der einen angenommen, dass die

---

trieben, beide libidinöser Natur« (Freud 1920g, 66). Mit der Einführung der Lehre vom Eros und Thanatos, in der die Ichtriebe mit dem Todestrieb und die Sexualtriebe mit dem Lebenstrieb gleichgesetzt werden (1920g, 57), wurde daraus ein Konflikt zwischen Eros und Thanatos.

Triebe eine biologisch vorgezeichnete periodische Entwicklung durchlaufen, die mit der oralen Phase beginnt und über die anale und phallische in die genitale führt, mit der sie zum Beginn der Latenzzeit einen vorläufigen Abschluss findet. Diese

>Entwicklung [ist] eine organisch bedingte, hereditär fixierte und kann sich gelegentlich ganz ohne Mithilfe der Erziehung herstellen. Die Erziehung verbleibt durchaus in dem ihr angewiesenen Machtbereich, wenn sie sich darauf beschränkt, das organisch Vorgezeichnete nachzuziehen und etwas sauberer und tiefer auszuprägen« (1905d, 78)[2].

Wenn körperliche Reize erst durch ihre psychische Repräsentanz als Trieb – genauer: als Triebwunsch, denn »[d]er Kern des *Ubw* besteht aus Triebrepräsentanzen ... also aus Wunschregungen« (1915e, 285) – subjektiv wirksam werden können, muss mit der Auffassung, dass sich die Entwicklung wirksamer Triebwünsche aus sich selbst heraus entfaltet, schon die Biologie als beseelt unterstellt werden. Unabhängig vom individuellen Erleben vermag sie ihre Repräsentanzen selbst zu schaffen. Von daher wird auch die Behauptung Freuds (1915c, 215) verständlich, dass in der Ontogenese das »Objekt des Triebes ... das variabelste am Triebe [ist], nicht ursprünglich mit ihm verknüpft, sondern ihm nur infolge seiner Eignung zur Ermöglichung der Befriedigung zugeordnet« wird. Die Triebwünsche sind präexistent und werden, wie Freud (1937c, 86) schreibt, der »archaischen Erbschaft«, den »Niederschläge[n] frühmenschlicher Entwicklung« entnommen. Dabei handelt es sich nicht um bloße Dispositionen. Ausdrücklich wird festgehalten, »dass die archaische Erbschaft des Menschen nicht nur Dispositionen, sondern auch *Inhalte* umfasst, Erinnerungsspuren an das Erleben früherer Generationen« (1939a, 206, Kursivierungen, S. Z.). Da aber das empirische Substrat des Subjektbegriffs die Welt der seelischen Repräsentanzen ist, wird in dieser Auffassung der Mensch bereits als Subjekt geboren.

Genau dies wird bei einer ahistorisch hypostasierten inneren Triebnatur zum Problem. Im Zuge der Ontogenese wird ihr in einer Individualisierung des phylogenetischen Erbes der Gattung die Sozialisation bloß übergestülpt, so dass die Vergesellschaftung des Individuums, wie Habermas (1983) zurecht einwendet, nur noch formal, aber nicht mehr inhaltlich als Subjektivierung, als Vermenschlichung, sondern nur noch dazu kontradiktorisch als Einpassung in das Bestehende begriffen werden kann. Sowohl in psychoanalytischer wie auch in soziologischer Perspektive erlaubt diese Auffassung nur noch, die Bildung des Subjekts als Umformungsprozess ahistorisch präformierter Inhalte zu erschließen.

---

2 Zehn Jahre später wird aus dieser Feststellung eine Vermutung: »Die Ablösung der einzelnen Phasen der Libidoentwicklung folgt *wahrscheinlich* einem vorgeschriebenen Programm« (Freud 1916-17a, 364f, Kursivierung, S. Z.).

In der anderen Auffassung wird die These, dass die Triebe in Anlehnung an die Befriedigung der »großen Körperbedürfnisse« entstehen, radikal und von einer autonomen Sequenzregel der Triebentwicklung Abstand genommen. Zunächst scheint es freilich, als ob auch diese Auffassung der gleichen Kritik unterliegt, die an der ersten zu üben ist. Unterstellt man nämlich, dass sich in Gestalt der »großen Körperbedürfnisse« auch die Selbsterhaltungstriebe als phylogenetische Erinnerungsspuren tradieren und schon bei der Geburt als subjektive Tatsache vorliegen, dann unterschiede sich das in der Anlehnungshypothese explizierte Triebverständnis nicht wesentlich von dem oben dargestellten. Diese Unterstellung erscheint naheliegend, denn es ist gewiss unstreitig, dass das Neugeborene – um sich am Leben zu erhalten – bestimmte Nahrungsmittel, eine bestimmte Flüssigkeitszufuhr, Sauerstoff u. a. benötigt. Da ein Bedürfnis immer ein Bedürfnis nach etwas ist, scheint es also auch durchaus legitim anzunehmen, dass das Neugeborene mit bestimmten Bedürfnissen auf die Welt kommt. Die weitergehende Annahme aber, dass diese objektiven Körperbedürfnisse auch schon subjektiv, d. h. für das Neugeborene selbst, in intentionaler Form als Bedürfnisse existieren, wäre jedoch problematisch. Wie sollte das Neugeborene bereits intrauterin – in welch rudimentärer Form auch immer – wissen, dass extrauterin ein bestimmtes Nahrungsmittel, z. B. die Muttermilch, vorhanden ist, auf das sich dann sein Bedürfnis richten könnte? Es ist nicht zu begründen, warum und wie dieses besondere Nahrungsmittel in ihm bereits vor seiner Erfahrung registriert sein soll. Damit ein körperlicher Zustand, in dem ein objektiver Mangel herrscht, auch subjektiv zu einem Bedürfnis wird, muss dieser Mangel erst inhaltlich definiert und psychisch repräsentiert sein. Dazu muss der Mangelzustand in Beziehung gesetzt werden zu Aktion und Gegenständen, die ihn beheben und die nirgendwo anders als im Prozess der Befriedigung des körperlichen Bedarfs erfahren werden können[3].

Auch Freud teilt diese Ansicht. Für ihn ist die Genese der psychische Repräsentanzen der Selbsterhaltungstriebe, der »großen Körperbedürfnisse«, eine soziale:

> »In der Form der großen Körperbedürfnisse tritt die Not des Lebens zuerst an ihn [den Säugling] heran ... Das hungrige Kind wird hilflos schreien oder zappeln. Die Situation bleibt aber unverändert ... Eine Wendung kann erst eintreten, wenn auf irgendeinem Wege, beim Kinde durch fremde Hilfeleistung, die Erfahrung des *Befriedigungserlebnisses* gemacht wird, das den inneren Reiz aufhebt. Ein wesentlicher Bestandteil dieses Erlebnisses ist das Erscheinen einer gewissen Wahrnehmung (der Nahrung im Beispiel), deren Erinnerungsbild von jetzt an mit der Gedächtnisspur der Bedürfniserregung assoziiert bleibt. Sobald dies

---

3   Z. B. haben schon vor Jahren Untersuchungen an fettsüchtigen Patienten (Nisbett 1968) wahrscheinlich machen können, dass Hunger kein angeborenes biologisches »Wissen« ist. Bruch (1971) fasste das Ergebnis ihrer Untersuchungen dahingehend zusammen, »that hunger awareness is not innate biological wisdom but that learning is necessary for this biological need to become organized into recognizable patterns«.

Bedürfnis ein nächstesmal auftritt, wird sich, dank der hergestellten Verknüpfung, eine psychische Regung ergeben, welche das Erinnerungsbild jener Wahrnehmung wieder besetzen ... also eigentlich die Situation der ersten Befriedigung wiederherstellen will. Eine solche Regung ist das, was wir einen Wunsch heißen« (Freud 1900a, 571).

In diesem Prozess findet auch die »primäre[.] kindliche[.] Objektwahl« statt: »Wir ersehen aus ihr, dass die Sexualtriebe ihre ersten Objekte in der Anlehnung an die Schätzungen der Ichtriebe finden, gerade so, wie die ersten Sexualbefriedigungen in Anlehnung an die zur Lebenserhaltung notwendigen Körperfunktionen erfahren werden« (1912d, 80). Durch die Objekte werden Quelle, Ziel und Drang eines sexuellen Triebes in Anlehnung an die Befriedigung der »großen Körperbedürfnisse« in einem Prozess miteinander verbunden, in welchem sowohl die Selbsterhaltungs- wie auch die sexuellen Triebe inhaltlich als Wünsche qualifiziert werden, die an dasselbe Objekt adressiert sind. Über das Triebziel, der besonderen Reizung durch das Objekt, werden die sexuellen Triebe inhaltlich und ebenso zu einem psychologischen Sachverhalt[4] wie es die »großen Körperbedürfnisse« durch die Befriedigung des imperativen Körperbedarfes werden. Das Objekt ist hier nicht der »variabelste«, sondern der Teil an den sexuellen Trieben, der sie zu wirksamen Wünschen macht. Der erlebbare und subjektiv wirksame Triebinhalt – die an ein Objekt gerichtete sexuelle Wunschregung – verdankt sich der sensorischen Stimulation von Körperzonen durch das Objekt. Was für die »großen Körperbedürfnisse« Geltung hat, gilt auch für die konkreten Triebbedürfnisse. Generell werden auch sie inhaltlich durch die Form ihrer Befriedigung hergestellt. Die Lippen werden z. B. zu einer erogenen Zone über eine »Reizung durch den warmen Milchstrom«, der »die

---

[4] Seit über 50 Jahren ist dies in der Psychologie bekannt. Davies et al. (1948) bspw. untersuchten die Konsequenzen einer ausschließlichen Tassenernährung von Geburt an. Im Gegensatz zu brust- und flaschenernährten führte bei Säuglingen, die das Saugen nicht gelernt hatten, Nichtsaugen zu keiner Frustrationsreaktion. Auch Sears u. Wise (1950) konnten zeigen, dass im Vergleich mit frühentwöhnten später entwöhnte Säuglinge weit häufiger Frustrationssymptome und häufigeres Daumenlutschen aufwiesen. Es gelang ihnen ferner nachzuweisen, dass für das Daumenlutschen nicht die Intensität der Entwöhnungsfrustration, sondern die Intensität des oralen Triebes verantwortlich war, die wiederum von der Dauer der Brust- oder Flaschenernährung abhing (s. auch Halverson 1940; Isaacs 1933; D. Levy 1928; Marquis 1944; Roberts 1944; de Waele 1961; Wells 1963). Sears (1942, 7) resümierte die damaligen empirischen Untersuchungen der Entwicklung des oralen Triebes in folgender Weise: »Freud ... suggested that the lips become the locus of sensations that required sucking to dissipate them because sucking accompanied the highly pleasurable taking of nourishment. This proposition might be converted into the statement: pleasure-sucking is a function of practice at sucking in association with eating«. Bezogen auf die als phasenhaft konzipierte Triebentwicklung schreibt Compton (1983): Wenn es diesen sequentiellen Ablauf gibt, zeigen viele Arbeiten, »that the unfolding of the genetic program depends upon the opportunity for zonal interaction with the environment«.

Ursache der Lustempfindung« war (1905d, 82). Dies gilt nicht nur für die oralen, sondern ebenso auch für die analen, phallischen und genitalen Triebregungen. Auch hier werden in der Auffassung Freuds die entsprechenden erogenen
Zonen durch Lustempfindungen qualifiziert, die sich äußerer Stimulation verdanken und z. B. »bei der Entleerung von Harn und Darminhalt« (1916-17a,
325) anfallen, »durch die Waschungen und Reibungen der Körperpflege und
durch gewisse akzidentelle Erregungen« (1905d, 88) hervorgerufen werden.
Ausdrücklich wird festgehalten:

> »Der Verkehr des Kindes mit seiner Pflegeperson ist für dasselbe eine unaufhör-
> lich fließende Quelle sexueller Erregung und Befriedigung von erogenen Zonen
> ... zumal da letztere – in der Regel die Mutter – das Kind selbst mit Gefühlen be-
> denkt, die aus ihrem Sexualleben stammen, es streichelt, küsst, wiegt und ganz
> deutlich zum Ersatz für ein vollgültiges Sexualobjekt nimmt. Die Mutter würde
> wahrscheinlich erschrecken, wenn man ihr Aufklärung gäbe, dass sie mit all ih-
> ren Zärtlichkeiten den Sexualtrieb ihres Kindes weckt und dessen spätere Inten-
> sität vorbereitet« (1905d, 124)[5].

Diese Auffassung mündet 1933 in die Aussage, dass »die Verführerin ... regelmäßig die Mutter« ist, welche über die körperlichen Kontakte bei der Pflege des
Kindes »Lustempfindungen« hervorruft und vielleicht »sogar zuerst erwecken
musste« (1933a, 129). Auf diese, durch die Stimulation der Objekte hervorgerufenen »Lustempfindungen« richtet sich dann das Triebbedürfnis, in dessen Befriedigung es darauf ankommt, eine »*zentral bedingte*, in die peripherische erogene
Zone projizierte Reizempfindung ... durch denjenigen äußeren Reiz zu ersetzen,
welcher die Reizempfindung aufhebt« (1905d, 85). Die triebhafte Bedürftigkeit
erweist sich in dieser Auffassung also nicht nur der Form, sondern auch dem
Inhalt nach durch die Objekte, d. h. sozial bestimmt.

   Die These, dass erst durch die Objekte aus den Trieben subjektiv wirksame
Triebwünsche werden, scheint gegenläufig zu der Ansicht zu stehen, dass das
Objekt das »variabelste am Triebe« ist (1915c, 215). Dieser Widerspruch hat
jedoch nur Bestand, wenn man an der These, dass die Triebbefriedigung gegenüber den Objekten gleichgültig ist, auch dann festhält, nachdem sich die
Triebwünsche in der Ontogenese gebildet haben. Diese Annahme verbietet a-
ber die Freudsche (1916-17a, 360f, Kursivierung aufgehoben, S. Z.; s. auch
1918b, 151) Auffassung von der »Klebrigkeit der Libido«, mit der Freud nicht
nur für die Perversionen und Neurosen, sondern auch für den »Normalen« ein
Festhalten an der getroffenen »Objektwahl« begründet. Auch deckt sich die
These, dass die Soziogenese der Triebwünsche in einer Stimulation durch die

---

5   Quer zu diese Ansicht steht allerdings folgende, in derselben Arbeit vertretenen Auf-
    fassung: »Der Geschlechtstrieb ist wahrscheinlich zunächst unabhängig von seinem
    Objekt und verdankt wohl auch *nicht den Reizen* desselben seine Entstehung« (1905d, 47,
    Kursivierung, S. Z.).

Objekte, d. h. einer Objektbeziehung gründet, mit einer anderen, ebenfalls von Freud vertretenen. »Im Seelenleben des Einzelnen«, schreibt Freud (1921c, 73),

> »kommt ganz regelmäßig der Andere ... als Objekt, als Helfer und als Gegner in Betracht und die Individualpsychologie ... kommt ... nur selten, unter bestimmten Ausnahmebedingungen, in die Lage, von den Beziehungen dieses Einzelnen zu anderen Individuen abzusehen«.

Lebens-, Todes- und Aggressionstrieb

Allerdings steht sie quer zu einer anderen Ansicht. Freud (1920g, 23) klassifizierte sie als eine »weitausholende Spekulation«, von der er nicht wusste, »wie weit ich an sie glaube« (1920g, 64): der Lehre vom Eros und Thanatos, vom Lebens- und Todestrieb[6]. Der Lebenstrieb verfolge

> »das Ziel ... das Leben durch immer weitergreifende Zusammenfassung der in Partikel zersprengten lebenden Substanz zu komplizieren, natürlich es dabei zu erhalten«,

während dem

> »*Todestrieb* ... die Aufgabe gestellt ist, das organisch Lebende in den leblosen Zustand zurückzuführen«, wobei »beiden Triebarten ... ein besonderer physiologischer Prozess (Aufbau und Zerfall) zugeordnet« (1923b, 269)

ist. In diesen Zusammenhang sucht Freud auch die Aggressionen theoretisch einzuordnen. Im Gegensatz zu früher, wo er sich in Auseinandersetzung mit A. Adler »nicht entschließen« konnte, »einen besonderen Aggressionstrieb neben und gleichberechtigt mit den uns vertrauten Selbsterhaltungs- und Sexualtrieben anzunehmen« (1909a, 371), nimmt er nun einen Aggressionstrieb an. Er definiert ihn vom Ziel her, nennt ihn deshalb »Destruktionstrieb« (z. B. 1933a, 110-112) und führt ihn auf den Todestrieb zurück, von dem sich »ein Anteil ... gegen die Außenwelt wende und dann als Trieb zur Aggression oder Destruktion zum Vorschein komme« (1930a, 478; 1923b, 233).

Problematisch an dieser Freudschen Lebens- und Todestrieb-Hypothese[7] ist zunächst, dass sie zu Widersprüchen führt, wenn man sie im Rahmen seiner mehrgliedrigen Triebdefinition liest, an der er zeitlebens festgehalten hat. Noch zwölf Jahre nach der Einführung dieser Hypothese schreibt er:

---

[6] Allerdings schreibt Freud (1930a, 478f) zehn Jahre später: »Ich hatte [diese] Auffassungen anfangs nur versuchsweise vertreten, aber im Laufe der Zeit haben sie eine solche Macht über mich gewonnen, dass ich nicht mehr anders denken kann. Ich meine, sie sind theoretisch ungleich brauchbarer als alle möglichen anderen, sie stellen jene Vereinfachung ohne Vernachlässigung oder Vergewaltigung der Tatsachen her, nach der wir in der wissenschaftlichen Arbeit streben«.

[7] Gerson (1954, 7, zit. n. Liban u. Goldman 2000) ist der Ansicht, dass der Todestrieb in Freuds Überlegungen keine wesentliche Rolle spiele und »a product of his bourgeois upbringing« wäre.

»Man kann am Trieb Quelle, Objekt und Ziel unterscheiden. Die Quelle ist ein Erregungszustand im Körperlichen, das Ziel die Aufhebung dieser Erregung, auf dem Weg von der Quelle zum Ziel wird der Trieb psychisch wirksam« (1933a, 103; s. auch 1940a, 73).

Zwei Lesarten sind in diesem Rahmen möglich. Man kann einmal die körperlichen Abbauprozesse mit der Quelle des Todestriebes identifizieren. Dann gerät man jedoch, wie bereits Fenichel (1935b) anmerkte, in Widerspruch zu der Zieldefinition: Der Todestrieb macht ja keineswegs die somatischen Veränderungen seiner Quelle rückgängig, sondern im Gegenteil, er soll die Abbauprozesse gerade befördern. Zum anderen erlauben seine Überlegungen aber auch, seine These mit umgekehrter Quellenzuordnung zu lesen. So heißt es in Anlehnung an die »Theorie E. Herings«, dass

»in der lebenden Substanz ... unausgesetzt zweierlei Prozesse entgegengesetzter Richtung ab[laufen], die einen aufbauend – assimilatorisch, die anderen abbauend – dissimilatorisch. Sollen wir es wagen, in diesen beiden Richtungen der Lebensprozesse die *Betätigung* unserer beiden Triebregungen, der Lebenstriebe und der Todestriebe, zu erkennen?« (Freud 1920g, 53, Kursivierungen, S. Z.).

Entschließt man sich zu dieser Auffassung, könnte man annehmen, Freud unterstelle dem Lebenstrieb die dissimilatorischen Prozesse als Quelle, denen er dann entgegen wirkt und dem Todestrieb die assimilatorischen Prozesse, gegen die er sich wendet. Das Ziel des einen wäre dann jeweils die Quelle des anderen Triebes. Allerdings ließe sich dann aber u. a. nicht mehr verstehen, warum Menschen überhaupt noch sterben. Da assimilatorische Prozesse zu Strukturbildungen führen, müsste die zunehmende Strukturierung im Alterungsprozess als ein Obsiegen des Lebens- über den Todestrieb interpretiert werden. Diesem Problem könnte man noch mit der Annahme entgehen, dass durch diese Strukturbildung die Quelle des Todestriebes so aufgeladen würde, dass sie schließlich in einem Prozess zur Entladung kommt, der zum Tode führt. Jedoch stünde diese Annahme wiederum in Widerspruch zu der Erkrankungshäufigkeit älterer Menschen, müssten doch diese Erkrankungen dann als eine partielle Entladung des Todestriebes verstanden werden.

Man könnte allerdings dieser Kritik entgegenhalten, dass Eros und Thanatos nicht innerhalb, sondern außerhalb des Rahmens seiner Triebdefinition liegen, denn auch diese Auffassung lässt sich den Freudschen Überlegungen entnehmen. Er begreift nämlich die »zwei Grundtriebe«, den »Eros« und den »Todestrieb«, als jene »Kräfte, die wir *hinter* den Bedürfnisspannungen des Es annehmen« (1940a, 70f, Kursivierungen, S. Z.). Das »Es«, so wird angenommen, »sei am Ende gegen das Somatische offen, nehme da die Triebbedürfnisse [gemeint sind die beiden Grundtriebe] in sich auf, die in ihm ihren psychischen Ausdruck« in Gestalt von »Wunschregungen« finden (1933a, 80), so dass es sich bei den »Triebregungen, die wir verfolgen können« und auf die sich seine Triebdefinition explizit bezieht, nicht um die beiden Grundtriebe, sondern lediglich um ihre »Abkömmlinge« (1923b, 275) oder ihre »Exponenten« (1940a, 73) handelt. So werden sowohl der »Selbsterhaltungs- und Arterhaltungstrieb« wie auch die sexuellen Triebe, die bei Freud (1940a, 71; s. auch 1926f, 302) der »Ichliebe« bzw. der »Objektliebe« zugrunde liegen, als Erscheinungsformen des »Eros« angesehen. Klammert man allerdings die beiden Grundtriebe aus der – psychologischen – Triebdefinition aus und lokalisiert sie als allgemeine Tendenzen in der Biologie der menschlichen Natur[8], dann werden begriffliche Abstraktionen, in denen identischen Momente der »ganze[n] Buntheit der Lebenserscheinungen« (1940a, 71) herausgehoben werden, in – falscher – Konkretion in den Gegenstand zurücktransportiert und dort als wirksam unterstellt[9]. Da sich aber weder in der humanen noch in der nicht-humanen Biologie Beobachtungen finden lassen, welche die Annahme eines Todestriebes rechtfertigen könnten – wie insbesondere Brun (1953/54) und Benedek (1973)[10] zu zeigen vermochten, steht diese Annahme in Widerspruch zu sämtlichen biologischen Prinzipien – , werden in den Abstraktionen des Lebens- und Todestriebes allerdings nicht die Invarianzen der menschlichen Natur in Begriffen gefasst. Vielmehr wird die Allgemeinheit der Begriffe in der Natur materialisiert, so dass auch in den Subjekten in Gestalt ihrer sexuellen Triebe nicht mehr ihre konkrete Natur, sondern nurmehr deren abstrakte Bestimmung in Erscheinung tritt. Wenn darüber hinaus gelten soll, dass das »Mit- und Gegeneinanderwirken der beiden Grundtriebe« für »die ganze Buntheit der Lebenserscheinungen« verantwortlich ist (Freud 1940a, 71), wird damit auch angenommen, dass das Konkrete sich nicht mehr aus Konkretem, sondern aus Abstraktionen entwickelt und durch sie reguliert wird, dass das ganze Leben der Subjekte nicht mehr durch ihr Leben, sondern durch eine je spezifische Verbindung von abstrakten, der Biologie als Intentionen unterstellten Kopfgeburten bestimmt ist.

Aus der weiteren, vielfältigen und dezidierten Kritik an Freuds naturphilosophischen Spekulationen will ich hier lediglich nochmals festhalten, dass es für eine Reduktion der menschlichen Natur auf diese beiden Grundtriebe keine wissenschaftliche Begründung gibt[11]. Auch eine logisch-historische Analyse des

---

[8] In diesem Sinne interpretiert etwa Edward Bibring (1936) die Freudschen Überlegungen: »The instincts of life and death are purely biological instincts, which operate in the organic sphere but which are reflected in some form or other in the mental sphere. The sexual instincts are only a specialized form of the life instincts. The same is true of the concept of the destructive instincts«.

[9] So sagt auch Gabbard (2000, Kursivierung, S. Z.): »I find the death instinct an *abstraction* that is not securely anchored to clinical observation. The phenomena associated with the death instinct can just as easily be explained by aggression turned inward and self-destructive paradigms of internalized object relations«.

[10] »Death«, sagt Benedek (1973), »is indeed innate to life, but there is no death instinct«.

[11] Für eine detaillierte Kritik der Lebens- und Todestrieb-Hypothese Freuds s. Andreski (1972), E. Becker (1973), Edward Bibring (1936), Braun (1979), Fenichel (1945a, 90–

Tier-Mensch-Übergangsfeldes, in welcher die spezifische Existenzweise dieser
beiden Triebe in der menschlichen Natur als entwicklungsnotwendiges Produkt
ihrer animalischen Vorläufer aufzuweisen wäre, liefert diese Begründung nicht
(vgl. Holzkamp-Osterkamp 1977; 1978). M.E. handelt es sich bei der Lehre
vom Lebens- und Todestrieb um eine spekulative und wissenschaftlicher Erkenntnis widersprechenden Teleologisierung der menschlichen Natur. Wendet
man die generelle Freudsche Triebdefinition auf sie an, offenbart sie sich als
widersprüchlich, liest man sie außerhalb dieser Definition, deckt sie sich weder
mit der Empirie noch kann sie einer erkenntnistheoretischen Kritik standhalten.

Wenn es nicht gelingt, die somatische Quelle des Todestriebes aufzuweisen,
bleibt natürlich auch die somatische Quelle des postulierten Destruktionstriebes
im Dunkeln. Wie der Todestrieb kann damit auch er nicht mehr als ein eigen-
ständiger Trieb reklamiert werden[12]. Legt sich also die Psychoanalyse auf der
Grundlage der Freudschen Überlegungen gleichwohl auf die Annahme eines
eigenständigen Aggressions- oder Destruktionstriebes fest, dann verpflichtet sie

---

92), Holt (1965), E. Jones (1962b, 315ff), Kapp (1931), Lichtenstein (1935), Penrose
(1931), W. Reich (1933, 244ff).

[12] Es »gibt ... keinen Beweis dafür, dass [aggressive Antriebe] stets und notwendig dadurch entstanden sind, dass ein zunächst eher selbstzerstörerischer Antrieb nach außen
gewandt wurde«, schreibt Fenichel (1945a, 90f) und auch in der postfreudianischen Ära
ist es nicht gelungen, diesen Nachweis zu führen oder eine somatische Quelle eines
Aggressionstriebes ausfindig zu machen. Ch. Brenner (1971) hält fest, »we are not ... in
a position to specify any source for aggression which is comparable to the erotogenic
zones and those sexual hormones which act directly on certain brain cells as sources of
sexual drive«. Compton (1981c; 1983) ist der gleichen Ansicht: »[T]he background of
supporting, physiologic, and directly observable evidence for sexuality [as a drive] is
totally absent for aggression ... The somatic referents for aggression seem to occur sec-
ondarily, as responses to environmental stimuli, rather than primarily as somatic stimuli
leading to search for an appropriate object (environment), and physiologically are of
general nature for preparations for action, unlike the specific changes seen in sexual
behavior« (1983). Die Annahme, dass der muskuläre Apparat als Quelle des Aggressionstriebes angesehen werden könne, wurde von Gillespie (1971) mit dem berechtigten
Argument zurückgewiesen, das die Muskulatur zwar als das Instrument, aber nicht die
Quelle der Aggression angesehen werden kann, so dass die Annahme eines angeborenen primären Aggressionstriebes, die bspw. R.M. Loewenstein (zit. n. Lussier 1972)
vertritt, hinfällig wird, wenn man sich an die Freudsche Triebdefinition hält. Auch für
Freud (1923b, 269, Kursivierung aufgehoben, S. Z.) war die Muskulatur lediglich ein
Organ, über das sich der neutralisierte Todestrieb der Einzelzelle »als Destruktionstrieb
gegen die Außenwelt und andere Lebewesen äußer[t]«. Generell urteilt Anna Freud
1972 über die entsprechenden Arbeiten der letzten dreißig bis vierzig Jahre, dass es in
ihnen nicht gelungen ist, »uncertainties concerning the status of aggression in the theory
of drives« auszuräumen und argumentiert, dass der Triebstatus der Aggression im
Rahmen der Freudschen Begrifflichkeit auch nicht vom Ziel her begründet werden
könne, denn »libidinal aims ... are always specific to the drive« während »aggression can
associate itself with aims and purposes of extraneous kinds, lending them there force«.

sich auch auf die Lehre vom Eros und Thanatos. Nach 45 Jahren würde sie damit den Vorwurf legitimieren, den u. a. Weitbrecht (1955, 5ff) formulierte, nämlich dass die Psychoanalyse Wissenschaft auf der Basis unreflektierter, metaphysischer Vorannahmen praktiziere. So gewiss Triebe inhaltlich in das menschliche Erleben eingehen und es bestimmen, so gewiss ist auch, dass sie dies nicht in Form geschichtsloser, »unbeherrschbare[r], unbekannte[r] Mächte[.]« (Freud 1923b, 251), sondern als konkrete Bedürfnisse tun, die in der Sozialisation hergestellt werden. Die Qualifizierung der »sozialen Kontaktstellen der Libido« (Cremerius 1957/58) – die Bestimmung einer Zone als »erogen« – verdankt sich der stimulierenden Wirkung der ersten Erziehungspersonen bei der Befriedigung des imperativen Körperbedarfs[13].

Das Triebkonzept in der Theorie der Interaktionsformen

Wenn man mit Elias (1939, 41f) der Ansicht ist, dass »[d]as neugeborene Kind … zunächst nicht mehr als der Entwurf eines Menschen«, ein Mensch der Möglichkeit nach darstellt, dessen wirkliche, wirksame Bedürfnisstruktur von den gesellschaftlichen Verhältnissen bestimmt ist, in denen er lebt, dann ermöglicht dieses sozialisationstheoretisch geläuterte Triebverständnis, auf das sich etwa Lorenzer in seiner »Theorie der Interaktionsformen« verpflichtet, eine genaue Analyse des Prozesses, in dem aus dem »Entwurf eines Menschen« ein wirklicher Mensch wird. Auch er untersucht das psychoanalytische Verständnis der sexuellen Triebe in verschiedenen Frageperspektiven und bringt seine Antworten auf den Punkt in Formulierungen wie »Trieb … ist Niederschlag realerfahrener körperbestimmter Interaktion« (Lorenzer 1972, 17) und »Das konkrete

---

[13] Aus den entsprechenden empirischen Untersuchungen schloss Wells (1963, 38) schon vor fast 40 Jahren: »The conclusion in regard to Freud's theory of infantile sexuality was that there is no experimental evidence supporting the generalizations, while there is plenty of support for the fact of infantile sexuality. This activity, however, is determined primarily by environmental factors rather the by preordained sequential phases«. Diese Erkenntnis fand auch Eingang in das psychoanalytische Triebverständnis. Ch. Kaufman bspw. schreibt schon 1960: »[W]e may view the manifestations of sexuality in terms of an ontogenetic development of inborn sensori-motor patterns, achieving a maturational, hierarchical, unitary structure by progressive synthesis of components through a series of transactional experiences, in the course of which the goals and thereby the drive are acquired«. Beres (1965a), G.L. Engel (1962, 38), Loch (1971, 26) und Schur (1960a) formulierten in ähnlicher Weise. Implizit ist diese Auffassung auch in der Freudschen (1905d, 84f) Überlegung enthalten, dass es einerseits Körperstellen gibt, die als »erogene Zonen« prädestiniert sind, dass aber andererseits »jede beliebige andere Körperstelle mit der Erregbarkeit der Genitalien ausgestattet und zur erogenen Zone erhoben werden« kann. Überhaupt gilt, dass »die Erogenität als allgemeine Eigenschaft aller Organe anzusehen« ist (1914c, 150).

›Es‹ ist als reale Triebpotenz ein Komplex hergestellter Interaktionsformen«
(1974, 120, Kursivierungen aufgehoben, S. Z.), in denen sich die realen Interaktionen psychisch repräsentieren. Sexuelle Triebbedürfnisse werden nicht als
ahistorische Radikale, sondern als repräsentierte, als »eine verinnerlichte erlebte
Erfahrung, ein geronnenes Schema mit emotionalen, conativen und cognitiven
und nicht zuletzt motorischen Komponenten« (Loch 1971, 25), als Interaktionsformen aufgefasst (s. dazu Zepf 1994a; 1997a)[14], die sich wie die »großen
Körperbedürfnisse« im Prozess der Befriedigung, d. h. im realen Interagieren
bilden[15]. Ausgangsbasis dieses Prozesses ist die intrauterine Einheit von Bedarf
und Bedarfsstillung, die mit der Geburt aufgehoben wird. Die intrauterin vorliegende kontinuierliche Bedarfsstillung wird nun ersetzt durch die Praxis ein-
geübter Interaktionsformen. Der kindliche Organismus wird zunächst in undifferenzierte Spannungszustände versetzt, die sich in wenig strukturierten, ganz-
heitlichen Körperreaktionen äußern. In dem die Mutter auf diese undifferenzierte »organismische Entladung eines noch unprofilierten Körperbedarfs« (Lorenzer 1973, 104) in relativ konstanter Weise mit einem bestimmten Verhalten
reagiert – einem Interaktionsangebot, das auf Seiten des Kindes Entspannung
herbeiführt –, qualifiziert sie den kindlichen, abstrakten Trieb*bedarf* in spezifische sexuelle Trieb- und imperative Körper*bedürfnisse*, in triebbestimmte Wünsche des Säuglings nach den sensorischen Kontakten, die sich im Zusammenspiel mit der Mutter ergaben und ergeben und in Wünsche nach den Objekten,
über die sich die sensorischen Kontakte herstellten. Aus vielfältigen, realen Interaktionen bildet sich im Kind ein inneres Modell, Freuds (1900a, 543) neuronal konzipierte »Erinnerungsspur«, in dem jene Bedingungen gespeichert werden, die in verschiedenen Interaktionen gemeinsam auftreten und die unbedingt
vorhanden sein müssen, wenn die im Modell vorweggenommene Entspannung
auch erreicht werden soll. Dieses innere Modell ist die gemeinsame Form verschiedener Interaktionen, welche aus ihnen in einem aktiven, praktischen Findungsprozess real abstrahiert wird. Es ist nicht nur das Produkt abgelaufener,

---

[14] Auch in der Auffassung anderer Autoren kann es ohne Interaktion keine psychischen Repräsentanzen geben: »Mental representation refers to the mental organization
of memory traces; memory traces deriving from experiences involving internal and external stimulation and the responses of the stimulated subject« (London 1973), »mental
representation contains elements of the perceptual world and thus acts as an interface
between internal and external influences« (Horner et. al. 1976), »mental representation
... presupposes some sort of perception of external ... stimulus« (Compton 1983) und
Noy (1979) definiert »mental representation« als »the special ability of the mental apparatus to retrieve perceptual input in the absence of the sensory stimulus that originally
provided this input«.

[15] Desgl. auch S.L. Rubinstein (1946, 777): »So entwickeln sich die organischen Bedürfnisse im Prozess ihrer Befriedigung selbst«.

sondern zugleich auch das Muster künftiger Interaktionen, in denen es bestätigt wird oder neuen Bedingungen entsprechend modifiziert werden kann[16].

Diese Interaktionsformen hängen nicht in der Luft. Sie haben ein materielles Substrat, das Lorenzer im Begriff »Interaktionsengramm« fasst. Mit diesem Begriff, welcher die Bildung der Interaktionsformen in einen biologischen Bezugsrahmen nachgeht, in dem die Wirklichkeit nicht als Handlungen, Subjekt und Objekte, sondern als eine Reizgesamtheit gefasst ist, eröffnet Lorenzer eine Perspektive, in der auch die Strukturierung körperlicher Abläufe in Abhängigkeit von der Lebenspraxis verfolgt werden kann. Gemeint ist damit die neurophysiologische Niederschrift, die engrammatische Fixierung des Zusammenspiels bestimmter afferenter Reize aus dem Körperinnern und der Außenwelt und efferenter Impulse, die sich bei der Herstellung der Interaktionsformen, der Qualifizierung bestimmter Körperstellen als erogene, aus der Vielfalt situativer Reize und Impulse herausprofiliert haben. Im Rahmen des biologisch Möglichen wird das bei der Geburt noch relativ unstrukturierte Zusammenspiel körperlicher Abläufe durch Interaktionen strukturiert, so dass entsprechend der Verschiedenheit der Interaktionsengramme auch differente, in Körperengram-

---

[16] Konzepte, die dem der Interaktionsformen formal nachgebildet sind, finden sich in der Zwischenzeit in den Theorien anderer Autoren wieder. J. Sandler u. A. Sandler (1978) schreiben: »In psychological terms, every wish involves a self representation, object representation and a representation of the interaction between these. There is a role for both self and object. Thus ... the child, who has a wish to cling to his mother, has, as part of the wish, a mental representation of himself clinging to the mother. But he also has, in the content of the wish, a representation of the mother or her substitute responding to his clinging in a particular way, possibly by bending down and embracing him ... The idea of an aim which seeks gratification has to be supplemented by the idea of a wish-for interaction, with the wished-for imagined response of the object being as much part of the wishful fantasy as the activity of the subject in that wish or fantasy«. Bowlby (1979, 146) spricht von inneren »Arbeitsmodellen« des Kindes, welche »die Hauptmerkmale der Welt um es herum und die seiner Selbst als Handelndem in ihr repräsentieren«, Thomä (1999) von »Schemata« als Resultat einer »Verinnerlichung typischer Interaktionsmuster und deren unbewusster Verankerung«, Fosshage (1994) von »primary organising patterns or schemas«, Stolorow (1988) von »unconscious organizing principles«, Lichtenberg (1991) von »affektiven Wahrnehmungs- und Handlungsmustern, die sich auf der Basis angeborener und rasch erlernter Schemapräferenzen entwickeln«, D.N. Stern (1985, 143) von »generalisierten Interaktionsrepräsentationen« (**R**epresentations of **I**nteractions that have been **G**eneralized; RIGs)«, Dahl (1988) nennt diese Organisationsmuster »FRAMES« und Zelnick u. Buchholz (1991) sprechen von »unbewusste[n] interaktionale[n] Organisationsstrukturen« (s. auch Greenspan 1989). Ebenso wenig freilich, wie die Autoren auf Lorenzers Begriff der »Interaktionsform« verweisen, ebenso wenig werden auch die inneren Arbeitsmodelle, Schemata, organizing principles, Handlungsmuster, Organisationsstrukturen oder Frames im Zusammenhang mit dem Triebbegriff erörtert, so dass die Frage nach ihrer unbewussten, triebbestimmten Dynamik ebenso unbeantwortet bleibt wie die Fragen, warum sie überhaupt gebildet und verändert werden.

men gefasste körperliche Abläufe – endokrinologische, biochemische etc. – vorliegen[17].

Auf psychischer Ebene sind sexuelle Triebwünsche und Körperbedürfnisse zunächst in gemeinsamen Interaktionsformen verbunden. Im Laufe der Entwicklung gliedern sie sich auf in jene, in denen sich die Wünsche nach sensorischen Kontakten und in solche, in denen sich die imperativen körperlichen Bedürfnisse darstellen. Wir beobachten, schreibt Freud (1916-17a, 324),

> »dass der Säugling die Aktion der Nahrungsaufnahme wiederholen will, ohne neue Nahrung zu beanspruchen; er steht dabei also nicht unter dem Antrieb des Hungers. Wir sagen, er lutscht oder ludelt und dass ... die Aktion des *Lutschens* ihm an und für sich Befriedigung gebracht hat«.

Ich will hier festzuhalten, dass diese Interaktionsformen weder als eine äußere, dem Kind auferlegte Realität noch als eine innere, apriorische Verhaltensformel zu verstehen sind. Sie sind das Beziehungsresultat[18] von Mutter und Kind, das sich in wiederholten Einigungssituationen zwischen dem kindlichen Körperbedarf und den mütterlichen Interaktionsangeboten einstellt und welches für beide Partner – mehr oder weniger – befriedigend ist. Dabei sind die Interaktions-

---

[17] Die These, dass sich die biologische Natur animalischer und menschlicher Organismen nicht aus sich selbst heraus, sondern in Interaktionsprozessen entwickelt, wird von den Ergebnissen einer Vielzahl von Untersuchungen gestützt, in den es gelang, körperlich-vegetative Funktionsabläufe (z. B. Herzfrequenz, Blutdruck, Speichelsekretion) durch operante Konditionierungsprozesse zu verändern (z. B. Basler et al. 1979; Birbaumer 1977a; 1977b; Claridge 1973; s. auch R.H. Adler u. v. Uexküll 1987). Da bei diesen operanten Konditionierungen immer auch das willkürliche Nervensystem beteiligt war bzw. dessen Beteiligung nicht ausgeschlossen werden konnte, sind in diesem Zusammenhang auch die Befunde zu erwähnen, die von der Arbeitsgruppe um N. Miller erhoben wurden und die dieser These zu widersprechen scheinen. Diese Arbeitsgruppe konnte bei Ratten, deren Skelettmuskulatur durch Curare gelähmt war, eine Steigerung oder Verminderung der Herzrate, des Blutdrucks, der Durchblutung eines Ohres oder des Natrium/Kalium Quotienten im Urin erreichen, wenn die entsprechende Veränderung mit einer elektrischen Reizung bestimmter Hirnareale belohnt wurde oder mit der Vermeidung von Schmerzreizen einhergingen (DiCara u. N. Miller 1968a; 1968b; 1968c; N. Miller u. DiCara 1968; N. Miller u. Banuazizzi 1968). Würde dies zutreffen, müsste auch eine Sozialisierung vegetativer Abläufe angenommen werden, die unabhängig von Interaktionsprozessen ist. Allerdings konnten diese Ergebnisse in späteren Untersuchungen weder von dieser noch von anderen Arbeitsgruppen repliziert werden (Dworkin u. N. Miller 1986; N. Miller 1978; N. Miller u. Dworkin 1974), so dass auch die Nichtreplizierbarkeit der Untersuchungen dieser Arbeitsgruppe auf die Beteiligung des willkürlichen Nervensystems als einer notwendigen Bedingung für eine operante Konditionierung vegetativer Abläufe und damit indirekt auf ihre Abhängigkeit von Interaktionsprozessen verweist, die nicht ohne eine Beteiligung des willkürlichen Nervensystems ablaufen können.

[18] Da dieses Beziehungsresultat immer gesellschaftlich vermittelt ist, kann Jacoby (1975) zu Recht schreiben: »[D]ie Psychoanalyse entdeckt im Innersten Gesellschaftliches ... Sie stößt auf das Allgemeine im Besonderen«.

formen nicht nur das Produkt der Einigung, sondern auch das der Auseinandersetzung zwischen den in der Natur des Kindes verankerten Möglichkeiten und den sozialen Interaktionsangeboten in der konkreten Praxis einer je bestimmten Mutter-Kind-Dyade. Einigung darf hier jedenfalls nicht harmonistisch missverstanden werden. Die mütterliche Position ist die dominante und die kindliche die abhängige. Das kindliche Individuum kann nicht entscheiden, ob es sich auf das mütterliche Interaktionsangebot einlässt oder nicht. Es muss sich darauf einlassen, wenn es überleben will.

In diesem Konzept wird die Subjektivität des Individuums nicht in ahistorischen Radikalen verankert. Subjektivierung wird vielmehr von Anfang an als durch Interaktionsformen konkret strukturierte Lebensaktivität »in der Zeit« aufgefasst, die im Sozialisationsprozess produziert werden. In Radikalisierung der These Freuds (1900a, 504), dass das, »was wir unseren Charakter nennen ... auf den Erinnerungsspuren unserer Eindrücke« beruht und zwar gerade auf den Eindrücken, »die am stärksten auf uns gewirkt hatten, die unserer ersten Jugend, solche, die fast nie bewusst werden«, wird die konkrete Einmaligkeit des Subjekts bereits in den ersten Ansätzen im System registrierter Interaktionen zwischen Mutter und Kind verankert. Die Triebaktivität steht in diesem Prozess an entscheidender Stelle: Indem jede Interaktion auf Seiten des Kindes zu einer ansteigenden Strukturierung führt, wird eine Einigung auf die folgenden Interaktionsangebote von der bereits strukturierten Triebaktivität mitbedingt. Die Annahme, dass »das Elementarschema einer jeden Aktivität ... Bedürfnis-Aktivität-Bedürfnis« sei, »dass die Aktivität nur den Zweck habe, ›die Bedürfnisse zu befriedigen«« (Sève 1972, 34f), stellt sich so als eine Illusion dar. Zwar zwingen auch in dieser Konzeption Bedürfnisse das Subjekt, sich in Beziehung setzen; aber das Subjekt und die sexuellen Triebbedürfnisse erwachsen selbst aus der Interaktion als deren Resultat. Die Kategorien der »Interaktion« und der »Interaktionsform« sind der Kategorie des »Subjekts« logisch vorgeordnet. »Persönlichkeitsstruktur« meint in diesem Konzept die Struktur der Beziehungen zwischen den sich realen Interaktionen verdankenden Interaktionsformen. In dieser Beziehungsstruktur repräsentiert sich die Lebensgeschichte eines Individuums, wodurch jenes zum Subjekt wird.

2

Das Konzept der »Libido« bzw. der »psychischen Energie«

Ausgehend von Formulierungen Freuds (z. B. 1905d, 117; 1914c, 141; 1915d, 255f), in denen der Begriff der »psychischen Energie« erscheint – bspw. heißt es, dass »man ... die Bezeichnung Libido ... als gleichbedeutend mit psychischer Energie überhaupt gebrauchen« kann (1933a, 109) –, von seiner Anmerkung, dass er »der Versuchung sorgfältig aus dem Wege gehen« will, »die psychische Lokalität etwa anatomisch zu bestimmen« (1900a, 541), dass sich die »psychische Topik«, die er entworfen hat, »nicht auf anatomische Örtlichkeiten« bezieht und dass »alle Bemühungen, die Vorstellungen in Nervenzellen aufgespeichert zu denken und die Erregung auf Nervenfasern wandern zu lassen ... gründlich gescheitert« sind (1915e, 273), sowie von seinem Konzept der Konversion, bei der eine »Umsetzung psychischer Erregung in körperliche Dauersymptome« (1895d, 142) erfolge (1894a, 68), wird unter Libido mehrheitlich eine psychische Energie verstanden, die sich als »Kraftäußerung ... der Sexualtriebe« (1923a, 230) »irgendwie aus ihnen herleite[n]« würde[1] (Ch. Brenner 1955, 29), die aber »von der Theorie mit keiner bekannten Art biochemischer

---

[1] Ch. Brenner (1982b, 35) hält diese Umwandlungsthese für falsch. »Stimulierungen [der erogenen Zonen], Hormone etc. sind keine Libidoquellen. Sie ... sind ... nicht die Ursache der Libido. Libido entspringt wie alle anderen psychischen Phänomene ... aus der Tätigkeit des Gehirns. Sie ist eine der Eigenschaften jener Gehirnaktivität, die wir Psyche nennen«. Von Applegarth (1971) wurde dies entschieden bestritten: »[P]sychic energy ... may be defined as the energy which is assumed to be at work in the mental apparatus, but which has no defined relationship to the physical energies assumed to be operating in the brain« (Applegarth 1971). Mit der Leugnung der erogenen Zonen als Quelle der Libido entbehrt natürlich auch der Triebwunsch einer somatischen Grundlage und wird, wie Compton (1983) anmerkt, zu einem rein psychologischen »explanatory construct«.

Energie gleichgesetzt« werde (D. Rapaport 1959, 55)[2]. Zwischen beiden Energien bestehe lediglich eine Analogie. Ch. Brenner (1955, 29; s. auch 1982b, 36), der Hauptvertreter dieser Auffassung, nimmt an, dass sich Freud »[f]ür die den Trieben innewohnende Fähigkeit, das Individuum zur Aktivität anzutreiben ... die Analogie zur Konzeption der physischen Energie auf[drängte], die bekanntlich als die Fähigkeit, Arbeit zu leisten, definiert wird«. Er ist sich einig mit den meisten Autoren in der Auffassung, dass die Libido »nur aufgrund [dieser] Analogie« den »Namen ... psychische *Energie*« trage (1982b, 36) und hält diesen Konsens in folgender Formulierung fest:

> »Zwischen psychischer und der von Physikern definierten Energie besteht kein anderer Zusammenhang als derjenige der Analogie. Psychische Energie ist nicht eine Form physikalischer Energie, wie zum Beispiel kinetische Energie, potentielle Energie oder elektrische Energie ... Der Terminus psychische Energie bezieht sich lediglich auf ein Konzept, das besagt, in der Psyche gibt es treibende Kräfte, die ... die Psyche veranlassen, auf Befriedigung hinzuarbeiten ...«.

Der psychischen Energie werden verschiedene Eigenschaften zugeschrieben. Sie gehorche »den Gesetzen des Energieaustausches ... (Erhaltung der Energie, Entropie, geringster Aufwand)« (D. Rapaport 1959, 56), sei in ihrer Menge konstant, habe Ziele und könne sich in einem freien oder in einem Zustand befinden, in dem sie an Vorstellungen gebunden ist, sie vermöchte diese Vorstellungen in unterschiedlichen Quantitäten besetzen, sie könne neutralisiert, d. h. desexualisiert und akkumuliert werden und auf Entladung drängen. Ihre Bewegungs- und Verteilungsformen sollen menschliches Verhalten begründen, so dass ihr darüber hinaus noch eine explikative Funktion zugewiesen wird[3].

Probleme des Konzepts der »psychischen Energie«

Dieser theoretischen Fassung der Libido sind einige Probleme inhärent. Zunächst ist sie mit dem Energiebegriff nur wenig konsistent. Energie existiert nicht rein, sondern immer nur in verschiedenen Formen und die verschiedenen Energieformen – mechanische, kinetische, magnetische, elektrische, chemische, Wärme-, Licht- und Kernenergie bspw. – werden als verschiedene Quantitäten der gleichen, im Begriff der »Energie« abstrahierten Energie aufgefasst, wobei die Termini »mechanisch«, »chemisch« etc. lediglich den Reaktionstyp bezeichnen, in welchem die Energie der einen Form in eine andere umgewandelt wird und die in keinen Fall in irgendeiner Weise zielgerichtet ist. In der insbesondere von Ch. Brenner vertretenen Konzeption wird jedoch die psychische Energie

---

2   S. auch Arlow u. Ch. Brenner (1964, 17, 20f), H. Hartmann (1927, 170ff), M.H. Horowitz (1977), Hyman (1975), E.D. Joseph (1976), E.D. Joseph u. Widlöcher (1984), S. Lustman (1969), Schur (1963).

3   Z. B. von Greenson (1970), R.M. Loewenstein (1970), S. Lustman (1969; 1970b), Ostow (1963).

als qualitativ verschieden aufgefasst – sie kann libidinösen und aggressiven[4] Charakter haben – und es wird ihr ein intentionaler Charakter insofern zugeschrieben, als sie auf Befriedigung[5], auf Abfuhr hin konzipiert ist. Ferner geht die Annahme einer konstanten Energiemenge[6] mit der Implikation eines geschlossenen Systems einher, die Auffassung, dass die Energie abgeführt werden kann, bezieht sich jedoch auf ein offenes System. Rosenblatt u. Thickstun (1970) wenden zu Recht ein, dass der menschliche Organismus wohl kaum als ein geschlossenes und zugleich als ein offenes System betrachtet werden kann.

Unter der Annahme, dass zwischen psychischer und körperlich-physikalischer Energie kein inhaltlicher Zusammenhang besteht, kann sich die These, dass psychische Energie aus körperlicher Triebenergie entsteht und durch motorische Aktionen abgeführt wird oder zur Bildung von Konversionssymptomen veranlasst, auch nicht mehr auf eine Formveränderung einer allgemeinen Energie beziehen. Wenn die »[p]sychische Energie … nicht eine Form physikalischer Energie [ist]« (Ch. Brenner 1982b, 36), kann jedenfalls bei der Entstehung der psychischen physische Energie nicht umgewandelt werden. Vielmehr müsste die physische Energie bei diesem Vorgang ebenso verloren gehen, wie sie bei der Abfuhr bzw. der Bildung eines Konversionssymptoms aus der psychische Energie in einem kreativen Akt neu geschaffen werden müsste (Holt 1967; Swanson 1977). Damit widerspricht diese Konzeption auch dem Gesetz von der Erhaltung der Energie. Offen bleibt ferner, durch welche Instanz innerhalb des impliziten Leib-Seele-Dualismus die körperliche Energie der Triebe zum Verschwinden gebracht und an ihrer Stelle seelische Energie hergestellt wird und durch welchen Vorgang oder durch welche seelische Instanz die sexuelle psychische Energie desexualisiert werden soll.

Des Weiteren zeigt eine erkenntnislogische Analyse, dass einer libidotheoretische Argumentation auch nicht jene explikative Funktion zukommen kann, die ihr nicht nur von Autoren wie Greenson (1970), R.M. Loewenstein (1970), S. Lustman (1969; 1970b) und Ostow (1963), sondern – wie es scheint – teilweise auch von Freud zugeschrieben wird. Shope (1973, 296) und Wurmser (1977) sind vermutlich zu Recht der Ansicht, dass Freud das »concept of energy … as explanatory construct« gesehen hat. Gewiss, Freud (1915d, 260f, Kursivierung,

---

4 P. Federn (1936) und E. Weiss (1935) haben vorgeschlagen, diese Energie in Analogie zur sexuellen »Mortido« bzw. »Destrudo« zu nennen.

5 »Die Psychoanalyse lehrt uns«, schreibt Freud (1931b, 534, Kursivierungen, S. Z.), »mit einer einzigen Libido auszukommen, die allerdings aktive und passive *Ziele*, also *Befriedigungsarten*, kennt«. Dsgl. heißt es, »dass die Menschen neurotisch erkranken, wenn ihnen die Möglichkeit versagt wird, ihre Libido zu befriedigen« (1916-17a, 357).

6 Diese Annahme ist etwa der Formulierung implizit, mit der Freud (1914c, 141) »Ichlibido« und »Objektlibido« in Beziehung setzt: »Je mehr die eine verbraucht, desto mehr verarmt die andere«.

S. Z.) nennt es eine »metapsychologische Darstellung ... wenn es uns gelingt, einen psychischen Vorgang nach seinem dynamischen, topischen und ökonomischen Beziehungen zu *beschreiben*«. An anderer Stelle aber heißt es:

> »Wir wollen die Erscheinungen nicht bloß beschreiben und klassifizieren, sondern sie *als Anzeichen eines Kräftespiels in der Seele begreifen*, als Äußerungen von zielstrebigen Tendenzen, die zusammen oder gegeneinander arbeiten« (1916-17a, 62, Kursivierungen, S. Z.),

und kurz nachdem er »die überragende Wichtigkeit des quantitativen Faktors« anerkennt, betont er »das Anrecht der metapsychologischen Betrachtungsweise bei jedem *Erklärungs*versuch« (1937c, 79, Kursivierung, S. Z.). Zumindest in Formulierungen wie »Die Gegenbesetzung ist der alleinige Mechanismus der Urverdrängung« (1915e, 280), die »*Gegenbesetzung* [besorgt die] Herstellung und Fortdauer [der] Verdrängung« (1915e, 280), beim »Traum betrifft die Entziehung der Besetzung ... alle Systeme gleichmäßig, bei den Übertragungsneurosen wird die *Vbw* Besetzung zurückgezogen, bei der Schizophrenie die des *Ubw*, bei der Amentia die des *Bw*« (1916-17f, 426), »das System *Vbw* entsteht, indem die Sachvorstellung durch die Verknüpfung mit den ihr entsprechenden Wortvorstellungen überbesetzt wird«, während »der nicht überbesetzte psychische Akt ... im Unbewussten als verdrängt zurück[bleibt]« (1915e, 300) und auch in der Aussage, dass der »Größenwahn ... durch Einbeziehung der Objektbesetzungen entsteht« (1914c, 140) kann der explikative Charakter der ökonomischen Aussagen nicht ernsthaft bestritten werden[7].

Erklärungen bestehen aber notwendig aus drei Klassen von Sätzen. Die erste Klasse bezieht sich auf das »Explanandum« und beschreibt das, was der Fall war bzw. ist. Die Erklärung – das »Explanans« – besteht notwendig aus zwei Klassen von Sätzen: »Die eine von ihnen enthält gewisse Sätze ... welche spezi-

---

[7]　Der explikative Charakter energetischer Aussagen wird auch in der Antwort Freuds (1940a, 85f) auf die Frage »worin besteht ... die eigentliche Natur des Zustandes, der sich im Es durch die Qualität des Unbewussten, im Ich durch die des Vorbewussten verrät, und worin liegt der Unterschied zwischen beiden?« deutlich: »Nun«, antwortet er, »darüber wissen wir nichts und von dem tiefdunkeln Hintergrund dieser Unwissenheit heben sich unsere spärlichen Einsichten kläglich genug ab. Wir haben uns hier dem eigentlichen noch nicht enthüllten Geheimnis des Psychischen genähert. Wir nehmen an, wie wir von anderen Naturwissenschaften gewohnt sind, dass im Seelenleben eine Art von Energie tätig ist, aber es fehlen uns alle Anhaltspunkte, uns ihrer Kenntnis durch Analogien mit anderen Energieformen zu nähern. Wir glauben, zu erkennen, dass die nervöse oder psychische Energie in zwei Formen vorhanden ist, einer leicht beweglichen und einer eher gebundenen, sprechen von Besetzungen und Überbesetzungen der Inhalte und wagen selbst die Vermutung, dass eine ›Überbesetzung‹ eine Art von Synthese verschiedener Vorgänge herstellt, bei der die freie Energie in gebundene umgesetzt wird. Weiter sind wir nicht gekommen, immerhin halten wir an der Meinung fest, dass auch der Unterschied des unbewussten von einem vorbewussten Zustand in solchen dynamischen Verhältnissen liegt ...«.

fische Antecendenzbedingungen konstatieren; die andere ist eine Menge von
Sätzen ... welche allgemeine Gesetze darstellen« (Apel 1964/65, 240). Diese
Unterscheidung wird der wissenschaftlichen Warum-Frage gerecht, die stets
fragt: »Auf Grund welcher allgemeinen Gesetze und auf Grund welcher Ante-
cendensbedingungen ist bzw. war dies der Fall?« (1964/65, 240; s. auch B.B.
Rubinstein 1980). Begreift man etwa die Freudsche (1915e, 281) These über das
Zusammenspiel von Besetzung und Gegenbesetzung im Falle der Verdrängung
– bei der Verdrängung wird den verdrängten Inhalten ein Teil der psychischen
Energie, mit der sie besetzt sind, entzogen und für die Besetzung der psychischen Repräsentanzen verwendet, welche die verdrängten Vorstellungen ersetzen, wodurch ihr Wiederauftreten im Bewusstsein verhindert wird – als ein allgemeines Gesetz, wäre eine einzelne Verdrängung erklärt, wenn sie als Resultat
eines besonderen Kräftespiels ausgewiesen werden könnte. Bedingung einer
wahren Erklärung ist allerdings, dass sie die Existenz nicht nur des Explanan-
dums – der Verdrängung –, sondern auch das Vorhandensein der Antezendenz-
bedingungen – die Kräfteverteilung in Besetzung und Gegenbesetzung – wie
auch die Wahrheit ihres, im allgemeinen Gesetz formulierten Zusammenhanges
gesichert ist. Diese Bedingung kann jedoch in keinem und insbesondere nicht
in dem sprachgebundenen Verfahren der Psychoanalyse eingelöst werden, in
dem nichts als »ein Austausch von Worten« statt findet (Freud 1916-17a, 9). Da
sich sprachlichen Darstellungen das Dargestellte nicht unmittelbar entnehmen
lässt, kann in diesem Verfahren auch aus Äußerungen wie »ich bin von dieser
oder jener Idee besessen« oder »dieser oder jener Sachverhalt interessiert mich«
nicht einmal auf das Vorliegen einer Besetzung geschlossen werden, geschweige
denn, dass eine quantitative Verteilung der psychischen Energie auf bewusste
und unbewusste Repräsentanzen ermittelt werden könnte. D. h., auch gemessen
am Freudschen (1900a, 515) Verständnis der Erklärung – »[E]rklären heißt auf
Bekanntes zurückführen« – können besetzungstheoretische Überlegungen keinen explikativen Status beanspruchen.

In der Unmöglichkeit, Energieverteilungen im psychoanalytischen Verfahren erfassen zu können, liegt vermutlich auch einer der Gründe, weshalb
»[d]iscussions of psychic energy seem like discussions of religion ...« (M.M. Gill
1977). Die Schwierigkeiten, die sich bei der Anwendung des Konzepts der Libidoverteilung auf klinisches Material ergeben, stellen Joffe u. J. Sandler (1967b)
am Beispiel der Unterscheidung des primären und sekundären Narzissmus eines Kindes dar, das starke Minderwertigkeitsgefühle hat, in seinem Wohlbefinden von der Haltung seiner Objekte abhängig ist, das aber gleichzeitig in Tagträumen als Held auftritt und sich um seine körperliche Gesundheit besorgt.
Wenn man hier annimmt, dass »der Anteil des primären Narzissmus gering und
der des sekundären Narzissmus groß sei«, muss »es sich um Addition und Sub-
traktion von Libidoquanten handeln« und man kommt dann »in dieselbe

Schwierigkeit, wie wenn wir bei einem Bankkonto aus der Summe feststellen wollen, wie viel Geld vom Vermögen und wie viel vom Einkommen stammt«. Trennt man die Selbst- und Objektrepräsentanzen in aktuelle und ideale auf, könne man zwar sagen, das Kind habe »seine ›aktuelle‹ Selbstrepräsentanz gering und sein Ideal stark mit Libido besetzt« und dass »[d]ementsprechend ... seine aktuelle Objektrepräsentanz nur eine schwache Objektbesetzung aufweisen [kann], während eine erhebliche Menge von Libido in die Repräsentanz seines Ideal-Objektes investiert ist«. Es sind aber noch die aggressiven Besetzungen, die sowohl das »Ideal-Selbst und Ideal-Objekte als auch das ›aktuelle‹ Selbst und [die] ›aktuellen‹ Objekte betreffen können, wie auch die »negativen‹ Ideale ... ›das Selbst, das ich nicht sein will‹«, miteinzubeziehen. Versuchte man, »sie mit Quantitäten von Libido und Aggression in Verbindung zu bringen«, so befände man sich »alsbald – was die klinische Beschreibung betrifft – in einer so verwickelten Lage, dass es eines Mathematikers bedürfte, um uns daraus zu befreien«. Und, schließen Joffe u. J. Sandler (1967), »selbst mit dieser Verfeinerung könnten wir keineswegs sicher sein, mehr als einen Bruchteil der relevanten Aspekte unseres klinischen Materials theoretisch in angemessener Form erfasst zu haben«.

Diese Kritik greift jedoch noch zu kurz. Swanson (1977) bezweifelt entschieden, ob in energetischen Aussagen überhaupt *ein* wesentlicher Aspekt des klinischen Materials so abgebildet werden kann, dass daraus Erkenntnisse resultieren, welche über klinische Einsichten hinausreichen. Er erläutert seinen Zweifel an folgendem Beispiel. Aufgrund der Übertragungssituation werden intensive unbewusste Aggressionen angenommen. Aus der Theorie der psychischen Energie folgt dann, dass in Verbindung mit den Aggressionen psychische Energie aufgestaut ist, die auf verschiedenen, sich in bestimmten Verhaltensweisen darstellenden Wegen nach Abfuhr drängt. Es lässt sich also prognostizieren, dass ein neurotisches Symptom entwickelt wird, Angst, zwanghafte Ideen oder Zwangshandlungen auftreten oder ich-synton verstärkte körperlichen Aktivitäten erscheinen oder die Emotion ausgedrückt wird. Es könnte aber auch noch etwas ganz anderes erscheinen. Was erscheint wird, kann aber erst festgestellt werden, nachdem es erschienen ist, so dass auch die energetischen Abfuhrwege erst post Faktum ermittelt werden können. »We are able to predict just those behavioral tendencies we already know about, and now more«, schreibt Swanson (1977) und fügt an: »In short the reasoning is circular and does not ... contribute to understanding the patient«.

Dreht man das Beispiel um und beginnt mit einem neurotischen Symptom oder einer zwanghaften Idee, dann kann der energetischen Theorie entnommen werden, dass eine pathologische Abfuhr vorliegt, so dass die psychische Energie nicht die ihr adäquate Abfuhr erfahren hat und sich deshalb etwas von ihr noch erübrigen muss. Auf der Suche danach lassen sich vielleicht verdrängte

Aggression oder Kinderwünsche finden, die der nicht abgeführten Energie entsprechen. Auch hier sagt die Theorie nicht, nach welchen unbewussten Aggressionen oder Kinderwünschen zu suchen ist. Während die Theorie im Falle einer Prognose lediglich sagt, dass Unbewusstes in unterschiedlichen Formen im Bewusstsein erscheinen kann, sagt sie in diesem Fall nicht mehr »than to look for something« unconscious behind the obsession or the symptom« (1977). In beiden Fällen kann sie nicht mehr sagen als das, was man schon weiß.

Genau besehen wird, wie Rosenblatt u. Thickstun (1970) einwenden, in energetischen Erklärungen ein motivationaler Sachverhalt – im obigen Beispiel der Verdrängung die Aussage: »Die Verdrängung wird aufrechterhalten, weil sonst das Wiederauftreten der mit dem Verdrängten verbundenen Unlust droht« – ohne ein Zugewinn an Erkenntnis lediglich in einer anderen Sprache dargestellt. Auch in den Beispielen, mit denen S. Lustman (1970b) und Greenson (1970) die explikative Potenz energetischer Argumentationen zu erläutern suchen, wird mit den energetischen Formulierungen den klinischen Beobachtungen nichts Neues hinzugefügt. S. Lustman (1970b) (und ebenso R.M. Loewenstein 1970) halten das Verhalten eines Kindes, welches ständig an seine Mutter denkt und in der Schule nicht lernen kann, für erklärt, wenn man es zurückführt auf ein »impoverished ego in that the child lacks neutralized energy« und Greenson (1970) sieht den wesentlichen Unterschied zwischen einem normalen und einem autistischen Kind mit der Aussage erklärt, dass das »autistic child has energy, but it does not go to objects«. Diese Aussagen sind lediglich Duplikate klinischer Beobachtungen. Gemessen an der erkenntnislogischen Struktur wissenschaftlicher Erklärungen ist ihre Erklärungspotenz gleich null.

Nimmt man beschreibende und erklärende Aussagen zusammen, dann offenbart sich ferner der tautologische Charakter energetischer Begründungen. Kardiner et al. (1959) und Rosenblatt u. Thickstun (1970) zeigen dies an einigen Phänomenen. Man beobachtet bspw. eine starke emotionale Antwort auf ein Ereignis, »erklärt« dieses Phänomen unter Zuhilfenahme des Energiekonzepts als eine intensive Besetzung eines bestimmten Inhaltes und führt dann als Beweis für eine intensive Besetzung die starke emotionale Antwort vor. Oder man gewinnt den Eindruck, dass eine Person nur sich selbst liebt und andere Menschen nicht lieben kann, »erklärt« dies mit einer starken libidinösen Besetzung seiner Selbstrepräsentanz und einer mangelhaften Besetzung der Objektrepräsentanzen und nimmt den gewonnenen Eindruck als Beleg. Ebenso ergibt sich aus der Feststellung von Ch. Brenner (1955, 29), »[j]e stärker die Besetzung ist, desto wichtiger ist, psychologisch gesprochen, das Objekt und umgekehrt« – ihr liegt die These Freuds über den Zusammenhang von »Ichlibido« und »Objektlibido« zu Grunde, dass »[j]e mehr die eine verbraucht [ist], desto mehr verarmt die andere« (1914c, 141) –, sowohl, dass die Objekte wichtig sind, weil ihre Repräsentanzen stark besetzt sind, wie auch, dass die Repräsentanzen stark besetzt

sind, weil die Objekte wichtig sind. Da Explanans und Explanandum ausge-
tauscht werden können, haben besetzungstheoretische Erklärungen in der Tat
einen tautologischen Charakter. Ein weiteres Beispiel für eine derartige Pseudo-
Erklärung durch Neubeschreibung[8] findet sich bei Arlow u. Ch. Brenner (1964,
74f). Entsprechend der Auffassung Freuds (1915e, 287), dass im Sekundärvorgang die Energien an Vorstellungen gebunden und im Primärvorgang frei ver-
schieblich sind, heißt es zunächst:

> »Grundlegend charakteristisch für den Sekundärvorgang ist die Stabilität der Be-
> setzungsenergien. Dem Sekundärvorgang zugeordnete Besetzungsenergien sind
> insofern ›gebunden‹, als sie mit fixierten und gleichbleibenden Wort- und Ob-
> jektvorstellungen verknüpft werden«.

Dann wird gefolgert:

> »Wenn Besetzungen auf die Weise gebunden sind und wenn Worte und Objekte
> allmählich einen festen Bezugsrahmen bekommen, wird logisches und kausales
> Denken ermöglicht. So werden die Gesetze der Syntax, das Freisein von Wider-
> sprüchen und ein realistisches Verhältnis zurzeit zu einem Teil des Geschehens
> des Sekundärvorgangs«.

Zurecht merken Rosenblatt u. Thickstun (1970) an, dass mit dem Hinzufügen
der energetischen Dimension der Sachverhalt, »wenn Worte und Objekte allmählich einen festen Bezugsrahmen bekommen«, nicht erklärt, sondern lediglich in anderen Worten – z. B. »Stabilität der Besetzungsenergien« – verdoppelt
wird[9].

Auch in den genannten Beispielen S. Lustmans (1970b) und Greensons
(1970) beweisen sich Begründung und Begründetes wechselseitig. Dass das
Kind nicht lernen kann, beweist, dass es nicht über neutralisierte Energie verfügt und dass es ihm an neutralisierter Energie mangelt wird durch seine Unfähigkeit zu lernen bewiesen bzw. der Autismus beweist, dass die Objektrepräsentanzen nicht besetzt sind und dass diese Repräsentanzen nicht besetzt sind,
wird durch den Autismus bewiesen. Im Beispiel S. Lustmans (1970b) kann das
Kind wegen des Mangels an neutralisierter Energie nicht lernen und wegen die-

---

8   Schon Kubie (1947) merkte an: »[T]he easy assumption of quantitative variables as
the only ultimate explanation of every variation in behavior is one of the seductive fal-
lacies to which all psychological theorizing is prone. When in doubt one can always say
that some component of human psychology is bigger or smaller, stronger or weaker,
more intense or less intense, more or less highly charged with ›energy‹, or with degraded
energy, and by these words delude ourselves into believing that we have explained a
phenomenon which we have merely described in metaphors. Grave medical pro-
nouncements to neurotic sufferers abound in metaphors no less naïve than that of the
famous internist who solemnly told all such patients they had ›exhausted their nervous
capital‹, and therefore clapped them in bed. This is not essentially different from easy
statements about ›depleted egos‹«.

9   Auch aus diesem Grund fragt J. Sandler (1983): »For how long will we need to ex-
pound the vicissitudes of cathexes and the acrobatics of energy transformation to our
clinical students, as if these matters had direct relevance to their clinical work?«

ser Unfähigkeit hat es einen Mangel an neutralisierter Energie, im Beispiel Greensons (1970) ist das Kind autistisch, weil es seine Objektrepräsentanzen nicht besetzt, die es nicht besetzen kann, weil es autistisch ist[10].

Nun wird argumentiert, dass besetzungstheoretische Begründungen nicht als Sachaussagen, sondern als Metaphern zu betrachten sind (z. B. Applegarth 1971; M.H. Horowitz 1977; Spence 1987)[11]. Damit ist freilich keine Erkenntnis gewonnen. Ohne dass man genau weiß, wofür Freuds besetzungstheoretische Aussage eine Metapher sind[12] – so dass »in consequence admitted metaphors such as ›energy‹ ... have no specific content and can be filled to suit one's fancy« (Nagel 1959) –, präsentieren seine Aussage vielmehr ungelöste Rätsel, und ungelöste Rätsel können keine Probleme lösen. Im günstigsten Fall, meint Kubie (1947), gibt uns die Metapher der psychischen Energie »a feeling of scientific maturity«, das jedoch »in fact ... premature and illusory« ist, weil diese Metapher, wie Habermas (1968, 308) einwendet, »nur den *Anschein* [erzeugt], als würden sich die psychoanalytischen Aussagen auf messbare Energieverwandlungen beziehen« und so gefasst ist, dass »Beobachtbarkeit zwar sprachlich assoziiert, aber tatsächlich nicht eingelöst wird – und nicht eingelöst werden *kann*«.[13]

---

[10] Auch Arlow (1975a) hat sich offensichtlich diese Kritik zu eigen gemacht: »It is doubtful«, schreibt er, »if our knowledge of sublimation, for example, has been advanced to any considerable degree by defining it in terms of a shift in the quality of energy used« und fügt hinzu, dass die ökonomischen »[m]etapsychological analyses of clinical problems ... are for the most part in the nature of tautologies, restating observations in terms of another level of discourse« (für weitere Kritik s. Basch 1973; 1975; Colby 1955; Gardner 1969; Holt 1967; G.S. Klein 1967; Kubie 1975; Peters 1958; B.B. Rubinstein 1967; 1973; Wallerstein u. Applegarth 1976).

[11] Wallerstein (1977) behauptet, dass auch Freud das Konzept der psychischen Energie immer metaphorisch benutzt habe. Wie bereits dargestellt – und wie auch Shope (1977) ziemlich überzeugend zeigt –, hat Freud seine energetischen Argumentationen keineswegs als Metaphern, sondern als Erklärungen begriffen.

[12] Zum Beispiel fragt B.B. Rubinstein (1976) für was seelische Energie eine Metapher sei, und antwortet: »A metaphor is a statement of an event with at least one attribute in common with another event so we can describe the second in terms of the first. What is described in terms of psychic energy? If it only describes experience, it is descriptive rather than explanatory, whereas if it is a metaphor of neurophysiology, it is a poor one, for it and brain function share no common attribute«.

[13] Möglicherweise liegt in der Diskrepanz zwischen Freuds epistemologischem Verständnis der Erklärung und der im psychoanalytischen Erkenntnisverfahren nicht erfassbaren quantitativen Verteilung der Besetzungsenergie einer der Gründe, weshalb er selbst seine energetische Argumentation als unzureichend ansah. So sagt er (1939a, 204) über seine Vorstellung der psychische Topik: »Das Unbefriedigende an dieser Vorstellung, das ich so deutlich wie jeder andere verspüre, geht von unserer völligen Unwissenheit über die *dynamische* Natur der seelischen Vorgänge aus. Wir sagen uns, was eine bewusste Vorstellung von einer vorbewussten, diese von einer unbewussten unter-

Obwohl energetische Aussagen nichts erklären, tautologisch und unbegriffene Metaphern sind, votieren einige der Autoren für das Beibehalten des Energiemodells. Deren wesentlichen Argumente sind: Die psychische Energie werde irgendwann messbar sein, das Modell einer psychischen Energie ermögliche in der Zukunft die Verbindung mit anderen, insbesondere neurophysiologischen Wissenschaften (s. Applegarth 1971), man benötige dieses Modell zur Ordnung und Systematisierung klinischer Daten und es führe zu neuen Einsichten (M.H. Horowitz 1977). Gegen die erste Begründung spricht, dass Energieverteilungen im sprachgebundenen psychoanalytischen Verfahren nie messbar sein werden, und der zweiten Begründung ist außer diesem Argument noch entgegenzuhalten, dass eine Metaphorik nicht eine Metatheorie ersetzen kann, welche erst eine Vermittlung der theoretischen Einsichten einzelner Wissenschaften in denselben Gegenstand ermöglicht. In der Begründung von M.H. Horowitz (1977) wird übersehen, dass eine metaphorische Ordnung und Systematisierung klinischer Daten immer nur scheinbar einen Einblick in die Zusammenhänge ermöglicht, in denen die erhobenen Daten im Gegenstand stehen, sie in Wirklichkeit von ihren wirklichen Zusammenhängen soweit entfernt ist wie der Zorn der Götter von den Bedingungen, unter denen ein Blitz bei einem Gewitter auftritt, womit sie auch nur scheinbar zu neuen Einsichten führen kann.

Der Libido-Begriff

Angesichts dieser Sachlage scheint es wenig sinnvoll, an der Annahme einer psychischen Energie festzuhalten. Nun muss man allerdings sehen, dass sich der Begriff »Libido« bei Freud nicht auf eine eigenständige psychische Energie bezieht. Der Begriff »Libido«, den Freud im Zusammenhang mit Sexualität vermutlich erstmals im »Manuskript E«[14] und noch vor seinem Energiebegriff »Q« verwendet, der im »Entwurf einer Psychologie« (1950c) auftaucht, bezieht sich wie »Q« nicht auf eine psychische, sondern auf eine körperliche Quantität, die im Psychischen als Libido erscheint. Bei »endogener Spannung«, heißt es,

> »deren Quelle im eigenen Körper liegt ... nützen nur spezifische Reaktionen, solche die das weitere Zustandekommen der Erregung in den betreffenden Endorganen verhindern ... Man kann sich hier vorstellen, dass die endogene Spannung kontinuierlich oder diskontinuierlich wächst, *jedenfalls erst bemerkt wird, wenn sie eine gewisse Schwelle erreicht hat. Erst von dieser Schwelle an wird sie psychisch ver-*

---

scheidet, kann nichts anderes sein als eine Modifikation, vielleicht auch eine andere Verteilung der psychischen Energie. Wir sprechen von Besetzungen und Überbesetzungen, aber drüber hinaus fehlt uns jede Kenntnis und sogar jeder Ansatz einer brauchbaren Arbeitshypothese«.

[14] Im Zusammenhang mit dem Überwinden der eigenen Rauchlust erwähnt Freud diesen Begriff bereits in einem Brief vom 25.04.1894 (Masson 1985, 64).

wertet, tritt mit einer gewissen Vorstellungsgruppe in Beziehung, welche dann die spezifische Abhilfe veranstalten. Also physisch sexuale Spannung erweckt von gewissem Wert an *psychische Libido*, die dann den Koitus u. dgl. einleitet« (Masson 1985, 73f, Kursivierungen, S. Z.).

Diese Unterscheidung von endogener Spannung und Libido ist kongruent mit der strikten Abgrenzung von somatischer und psychischer sexueller Erregung, die Freud im »Sexualschema« vornimmt, das im »Manuskript G« (Masson 1985, 99) enthalten ist[15]. In der Diskussion der Neurasthenie und der Angstneurose erscheint der Begriff der Libido dann in einem systematischen Zusammenhang. Zunächst wird die bereits angeführte Bestimmung wiederholt, nämlich dass

»im geschlechtsreifen männlichen Organismus ... – wahrscheinlich kontinuierlich – die somatische Sexualerregung produziert wird, die periodisch zu einem Reiz für das Seelenleben wird ... die in der Psyche vorhandene sexuelle Vorstellungs-gruppe [wird] mit Energie ausgestattet und es entsteht der psychische Zustand libidinöser Spannung, welcher den Drang nach Aufhebung dieser Spannung mit sich bringt« (1895b, 334f).

Dann wird das im »Manuskript E« Angedeutete näher ausgeführt. Wenn, wie im Falle sexueller Abstinenz, eine »Versagung der spezifischen Aktion [besteht], die sonst auf die Libido erfolgt«, wird

»eine solche Versagung ... zwei Konsequenzen haben können, nämlich dass die somatische Erregung sich anhäuft und dann zunächst dass sie auf andere Wege abgelenkt wird, auf denen ihr eher Entladung winkt als auf dem Wege über die Psyche. Es wird also die Libido endlich sinken und die Erregung ... als Angst sich äußern« (1895b, 336).

Diese Angst entspricht einer

»angehäuften Erregung«, die »somatischer Herkunft« und »sexueller Natur« ist, woraus folgt, dass »der Mechanismus der Angstneurose ... in der Ablenkung der somatischen Sexualerregung vom Psychischen und einer dadurch verursachten abnormen Verwendung dieser Erregung« besteht (1895b, 334, Kursivierungen aufgehoben, S. Z.).

---

15 Freud (Masson 1985, 98ff, Kursivierungen aufgehoben, S. Z.) unterscheidet in die-sem Manuskript (vermutlich vom 7.01.1895) 2 Bedingungen für die Entstehung der Melancholie: »1. wenn die Produktion von somatischer Sexualerregung sinkt oder auf-hört, 2. wenn die Sexualerregung der psychischen Sexualgruppe (ps. S.) abgelenkt wird« und sieht »in der Einstellung von Produktion der somatischen Sexualerregung ... das Charakteristikum an der echten, gemeinen schweren Melancholie, die periodisch wie-derkehrt, oder bei der zyklischen Melancholie, wo Zeiten von Produktionssteigerung und -einstellung miteinander wechseln«. Die »neurasthenische Melancholie« hingegen kommt durch »exzessive Masturbation« zustande. Diese führt »zu übermäßiger Entlas-tung des Endorgans (E) und somit zu einem niedrigen Reizniveau im Endorgan«, die auf »die Produktion vom somatischer Sexualerregung übergreift und zur bleibenden Verarmung an somatischer Sexualerregung und somit zur Schwächung der psychischen Sexualgruppe führt«. Die »Angstmelancholie, eine[.] Mischform von Angstneurose und Melancholie«, entsteht, wenn die »Sexualspannung von der psychischen Sexualgruppe abgelenkt« und »die somatische Sexualerregung anderweitig (an der Grenze) verwendet« wird, »während die Produktion von somatischer Sexualerregung nicht vermindert ist«.

Wäre die somatische Sexualspannung nicht »vom Psychischen abgelenkt[.]« worden, hätte sie sich »als Libido geltend gemacht« (1895f, 360).

Durchgängig wird der Libido eine somatische Quelle unterstellt. Die Libido ist »die Kraftäußerung ... der Sexualtriebe ... wie der Hunger des Selbsterhaltungstriebes«, jeder »Partialtrieb [ist] unabänderlich charakterisiert durch seine *Quelle*, nämlich die Körperregion oder Zone, aus welcher er seine Erregung« bezieht (1923a, 230; s. auch 1916-17a, 323), »Beiträge zur Libido [liefern] Körperorgane, besonders gewisse ausgezeichnete *erogene Zonen*«, werden aber »auch von allen wichtigen funktionellen Vorgängen im Körper geliefert« (1923a, 220), wobei der »besondere Chemismus« (1905d, 118; s. auch 1906a, 158) in den erogenen Zonen für die spezifische, sexuelle Qualität der Libido verantwortlich gemacht wird. 1914 wird sogar ausdrücklich betont, dass »die Libidotheorie zum wenigsten auf psychologischem Grunde ruht« und »im Wesentlichen biologisch gestützt ist« (1914c, 144). 1938 wird abermals festgestellt,

> »dass die Libido somatische Quellen hat ... Man sieht dies am deutlichsten an jenem Anteil der Libido, der nach seinem Triebziel als Sexualerregung bezeichnet wird. Die hervorragendsten der Körperstellen, von denen diese Libido ausgeht, zeichnet man durch den Namen *erogene Zonen* aus, aber eigentlich ist der ganze Körper eine solche erogene Zone (1940a, 73).

Diese Passagen lassen kaum Zweifel daran, dass in Freuds Verständnis die Libido eine somatische Grundlage besitzt und sich auch nicht davon ablöst. Sie wird nicht zu einer psychischen Energie, sondern behält ihre somatische Qualität[16]. Modells (1963) Einschätzung, dass nach dem (neurophysiologischen) »Entwurf einer Psychologie« Freud ein »psychologist and not a psychophysicist« wurde und dass »the concept of energy was intended by Freud to refer to psychic and not physical energy«, ist falsch[17]. Ebenfalls ist ein derartiger Leib-Seele-Dualismus der Freudschen Auffassung nicht inhärent. Libido bezeichnet bei Freud nicht eine besondere psychische, sondern die *psychische Erscheinung*[18] einer körperlichen Energie[19].

---

[16] Zum gleichen Resultat kommt Compton (1981b) in seiner Analyse des Freudschen Gebrauchs des Libido-Begriffs: »Libido is a force, qualitatively distinct from the energy underlying mental processes in general, relevant only or primarily to sexual excitatory forces or energy, with quantitative characteristics ... Libido has a somatic basis in the special chemical processes which underlie sexual excitation«.

[17] Ich will in diesem Zusammenhang nur an Freuds (1914c, 144) Aussage erinnern, »dass all unsere psychologischen Vorläufigkeiten einmal auf den Boden organischer Träger gestellt werden sollen« und dass »die Libidotheorie zum wenigsten auf psychologischem Grunde ruht, wesentlich biologisch gestützt ist«.

[18] Für diese Auffassung sprechen auch zwei, in den Wiener Protokollen festgehaltene Äußerungen Freuds. Angesichts der offenen Frage, ob »es eine Vorstellung [gibt], welche gestattet einzusehen, dass ein toxischer Reiz zum psychischen wird und ebenso psychische Arbeit den toxischen Reiz entgiften kann«, antwortet er am 20.01.1909: »Bei solcher Sachlage habe er ein anderes Arbeitsgebiet gesucht und die psychologische Un-

Auch an den wenigen Stellen, an denen Freud von asexueller und desexueller Libido spricht, bleibt die somatische Quelle der Libido erhalten. In Wendung gegen die – von Jung vorgeschlagene – Annahme einer »einheitlichen Libido« unterscheidet Freud (1916-17a, 427f) zunächst eine »asexuelle[.]« von der »sexuelle[n] Libido« und führt beide Begriffe »als Benennung für Energiequellen des Individuums« ein, welche die »Ich- und Sexualtriebe« speisen. Vier Jahre später wird die Idee, dass die Ichtriebe von asexueller Energie gespeist werden, aufgegeben. »Ichtriebe««, schreibt Freud (1920g, 66), nannten

> »wir [ursprünglich] ... jene von uns nicht näher gekannten Triebrichtungen, die sich von den auf das Objekt gerichteten Sexualtrieben abscheiden lassen und brachten die Ichtriebe in Gegensatz zu den Sexualtrieben, deren Ausdruck die Libido ist. Späterhin näherten wir uns der Analyse des Ichs und erkannten, dass auch ein Teil der ›Ichtriebe‹ libidinöser Natur ist, das eigene Ich zum Objekt genommen hat. Diese narzisstischen Selbsterhaltungstriebe mussten also jetzt den libidinösen Sexualtrieben zugerechnet werden. Der Gegensatz zwischen Ich- und Sexualtrieben wandelte sich in den zwischen Ich- und Objekttrieben, beide libidinöser Natur«.

An die Stelle einer Antriebsenergie tritt nun eine Besetzungsenergie und aus der asexuellen wird eine desexualisierte Libido, die in Zusammenhang mit der Sublimierung als Resultat von Identifikationsprozessen gebracht wird. »Die Umsetzung von Objektlibido in narzisstische Libido ... bringt offenbar ein Aufgeben der Sexualziele, eine Desexualisierung mit sich, also eine Art von Sublimierung« und die Frage, »ob nicht alle Sublimierung durch die Vermittlung des Ichs vor sich geht, welches zunächst die sexuelle Libido in narzisstische verwandelt, um ihr dann vielleicht ein anders Ziel zu setzen« (1923b, 258), wird explizit nur für die Bildung des Über-Ich in der ödipalen Situation bejaht: »Das Über-Ich ist ... durch eine Identifizierung mit dem Vatervorbild entstanden« und »[j]ede solche Identifizierung hat den Charakter einer Desexualisierung« (1923b, 284), weil die

---

tersuchung des Gegenstandes durchgeführt, ohne zu vergessen, dass er nahe ans Organische angrenzt. Es sei aber noch verfrüht, schon jetzt, nach einem flüchtigen Durcheilen des psychologischen Gebiets, aufs Organische hinzuarbeiten. Er habe sich damit begnügt, psychologische Vorläufigkeiten wie Sexualerregung, Libido aufzustellen, die zunächst vom Organischen ganz absehen« (Nunberg u. E. Federn 1967, 105). Und gegenüber A. Adler wendet er am 1.02.1911 ein: »Die Libido ist freilich nicht real ... Wenn man von ihr sagt, sie sei nicht real, so ist das richtig; aber zu sagen, sie sei falsch, ist gänzlich willkürlich und ein unwissenschaftlicher Begriff« (Nunberg u. E. Federn 1974, 146).

[19] Green (1977) und J. Sandler u. Joffe (1966) sind der Auffassung, dass Freud die körperliche Energie als eine neutrale konzipierte. Angesichts der besonderen Quellen der körperlichen Energie – der erogenen Zonen – lässt sich jedoch darüber streiten, ob Freud die körperliche Energie nicht doch als eine qualitativ besondere auffasst und gelegentlich auch den Libidobegriff auf diese besondere körperliche Energie selbst bezieht. Unbeschadet davon bleibt aber die Ansicht, dass Freud mit dem Libidobegriff auf die seelische Erscheinung körperlicher Energien verweist.

»Objektbesetzungen … aufgegeben und durch Identifizierung ersetzt [werden]« (1924d, 399). Freud (1924d, 382) ist jedenfalls der Ansicht, dass »Gewissen und Moral … durch Überwindung, Desexualisierung des Ödipuskomplexes entstanden« sind und dass »auch die Denkarbeit durch Sublimierung erotischer Triebkräfte bestritten« würde (1923b, 274). Die letzte Annahme wird bei der Abweisung der Auffassung, dass Angst aus umgewandelter Libido entsteht, in die These generalisiert, dass »das Ich mit desexualisierter Energie arbeitet« (1926d, 194).

Diese These ist aus mehreren Gründen anfechtbar. Freuds Begründung ruht auf zwei Annahmen, der Umwandlung der mit der Bildung des Über-Ich aufgegebenen Besetzung ödipaler Objekte in narzisstische Libido und in ihrer nachfolgenden Desexualisierung. Beide Annahmen sind nicht haltbar. Die Argumente, die Freud (1924d) für die Auflösung des Ödipus-Komplexes anführt, enden in Widersprüchen und können seine Auflösung nicht begründen[20]. Auch ist, wie Ch. Brenner (1982a) überzeugend argumentiert, eine libidinöse Bindung an das Über-Ich, die Freud (1924d, 382) mit dem Resultat einer Neubelebung des Ödipus-Komplexes als eine Regression beschreibt, kein pathologisches, sondern ein Phänomen, welches für die Wirksamkeit des Über-Ich auch im Rahmen der Freudschen Überlegungen überhaupt konstitutiv ist[21].

Freuds Argumentationslogik impliziert außerdem, dass mit der Internalisierung der elterlichen Ge- und Verbote entweder auch deren Ich-Funktionen internalisiert werden und deren narzisstische Besetzung desexualisiert wird, oder

---

[20] Dies wird in Kap. 11 gezeigt werden.

[21] Unter explizitem Hinweis auf Überlegungen Freuds definiert Ch. Brenner (1982a) Masochismus »as an acceptance of pain and suffering as a condition of libidinal gratification, conscious, unconscious, or both« und genau dies geschieht, wenn sich ein Subjekt den Forderungen seines Über-Ich unterwirft. Die libidinöse Grundlage dieser Unterwerfung ist die jeweils negative Seite des positiven Ödipus-Komplexes: »Normally … a boy in the oedipal phase has not only rivalrous and murderous wishes toward his father, but feminine ones as well. When, in the course of his psychological development, he attempts to control his rivalrous wishes toward his father and the murderous feelings which accompany his rivalry by identifying with his father's moral prohibitions against such wishes, the passive feminine wishes just described will be gratified simultaneously. The unconscious fantasy of being close to and of merging with his envied and beloved father gives rise to libidinal gratification at the same time that it relieves anxiety«. Dasselbe gilt auch für das Mädchen. In beiden Fällen dienen die »libidinal wishes … a dual purpose, that of drive satisfaction and that of defense … against competitive, parenticidal drive derivatives«, so dass in der späteren Unterwerfung unter das Über-Ich immer »a masochistic wish« mit dem Ziel befriedigt wird, »to accept[.] a certain degree of unpleasure to save him or herself from what would be far greater unpleasure if he or she did not so«. Deshalb spielt »Masochism … an important role in normal superego formation and functioning … as well as in those pathological cases which Freud called moral masochism«.

dass die dadurch in narzisstische umgewandelte Objekt-Libido in desexualisierter Form von nun an auch die eigenen Ich-Funktionen antreibt. Die erste Alternative würde bedeuten, dass das Subjekt bis zu diesem Zeitpunkt über keine Ich-Funktionen verfügt, die es aber benötigt, um die Identifizierung, die als eine Ich-Leistung verstanden wird, durchzuführen, die zweite, dass die Ich-Funktionen bis zur ödipalen Situation libidinisiert sind, ihnen eine als narzisstisch erscheinende sexuelle Libido unterlegt ist, die ihnen wie bei zwangsneurotischen Charakteren einen unbewussten Bedeutungsgehalt verleiht.

Des Weiteren verkennt Freud in der These, dass das Ich mit desexualisierter Energie arbeitet, zum einen die Quelle der körperlichen Energie, welche die den Ich-Funktionen zugrunde liegenden neuronalen Prozesse antreibt, als eine sexuelle. Zum anderen ebnet er damit den Unterschied zwischen *Antriebs-* und psychisch erscheinender *Besetzungs*energie ein. Die Wahrnehmung der Energie ist etwas gänzlich anders als die Energie selbst und das Problem, wie aus deren Wahrnehmung Energie selbst werden kann, lässt sich mit der Annahme einer Desexualisierung der auf das Ich verschobenen libidinösen Objektbesetzungen nicht auflösen. Diese Desexualisierung wiederum ist so konzeptualisiert, dass sie sich selbst verbietet. Sie müsste als eine Ich-Funktion verstanden werden, so dass diese Operation impliziert, dass das Ich mittels dieser Funktion seine narzisstische Antriebsenergie selbst desexualisiert. Strukturell entspräche diese Operation dem unmöglichen Vorgang, in dem der Motor eines Autos, der die chemische Energie des Benzins in kinetische verwandelt, von nun an von dieser kinetischen Energie angetrieben wird.

Wenngleich die Annahme einer Desexualisierung der Libido nicht aufrechterhalten werden kann, das Verständnis der Libido als Erscheinung körperlicher Erregung auf seelischer Ebene bleibt davon unberührt. Die somatische Grundlage der Libido sind körperliche, in den erogenen Zonen lokalisierte Quellen und Libido bezeichnet den »Drang«, »das Maß an Arbeitsanforderung«, welche »dem Seelischen infolge seines Zusammenhanges mit dem Körperlichen auferlegt ist« (Freud 1915c, 214). Diese Auffassung findet sich bereits 1905. Dort schreibt Freud (1905d, 118, Kursivierungen, S. Z.):

> »Wir haben uns den Begriff Libido festgelegt als einer quantitativ veränderlichen Kraft, welche Vorgänge und Umsetzungen auf dem Gebiet der Sexualerregung messen könnte. Diese Libido sondern wir von der Energie, die den seelischen Prozessen allgemein unterzulegen ist, mit Beziehung auf ihren besonderen Ursprung und verleihen ihr so einen qualitativen Charakter«.

Sie wird »von allen Körperorganen geliefert«, verdankt sich »einem besonderen Chemismus« und »[w]ir bilden uns ... die Vorstellung eines Libidoquantums, *dessen psychische Vertretung* wir Ichlibido heißen« 1905d, 118), wobei im Begriff »Ichlibido« die Libido als seelische Erscheinungsform gefasst wird (Compton 1981c). Später wird dann die »dynamische Äußerung« der Sexualtriebe »im Seelenleben« (1923a, 220), »die Kraft, mit welcher der Sexualtrieb im Seelenleben auftritt« (1917a, 4) und die sich dem Subjekt als »sexuelles Verlangen« oder als »Interesse« (1915d, 255) darstellt, explizit als »Libido« bezeichnet (1923a, 220). Auf der Repräsentanzebene bildet sich diese »quantitativ veränderliche« Kraft (1924f, 420; s. auch 1921c, 98; 1905d, 117; 1915d, 255) der Triebe in der Besetzung ihrer Vorstellung wie auch »neben der Vorstellung« in einem »andere[n] Element der psychischen Repräsentanz ab«, einem Element, in dem der »Trieb ... einen seiner Quantität gemäßen Ausdruck in Vorgängen findet, welche als Affekte der Empfindung bemerkbar werden« und für dessen Quantität »sich der Name *Affektbetrag*[22] eingebürgert« hat (1915d, 255f). en und Affekte, beides sind Triebrepräsentanzen: »Würde der Trieb sich nicht an eine Vorstellung heften oder nicht als ein Affektzustand zum Vorschein kommen, so könnten wir nichts von ihm wissen« (1915e, 276). Der Terminus »Libido gehört demnach wie die Begriffe »Ich«, »Über-Ich« oder »unbewusst« in die Kategorie theoretischer Begriffe, der sich – wie jene – auf einen Aspekt der Repräsentanzwelt, hier auf die Repräsentanz wahrgenommener sexueller Körperspannungen bezieht. Abstrahiert aus der Repräsentanzwelt eröffnet er die Perspektive für die Untersuchung ihrer Beziehung zum körperlichen Substrat der Triebe, für die Untersuchung der Beziehung zwischen »der psychischen Repräsentanz« und »der aus dem Körperinnern stammenden, in die Seele gelangenden Reize« (1915c, 214).

Um den Zusammenhang zwischen körperlichen Reizen und Erleben zu ergründen, bedarf es allerdings noch anderer Erkenntnisse als jener, die im psychoanalytischen Verfahren erwirtschaftet werden können. In diesem Verfahren lassen sich nur Einsichten in die repräsentierten und nicht in die wirklichen körperlichen Abläufe gewinnen. Der wirkliche Körper liegt nicht im psychoanalytischen, sondern im Fragebereich anderer, mit anderen Untersuchungsverfahren arbeitenden Wissenschaften. Sie bringen ihre Erkenntnisse in Theorien auf Begriffe, die anders sind als die psychoanalytische Theorie, so dass die Betrachtung des Seelenlebens unter dem ökonomischen Gesichtspunkt eine metatheoretischen Vermittlungsarbeit erforderlich macht[23]. Da die von Körperprozessen ausgehenden Sensationen »als Affekte der Empfindung bemerkbar werden« und sie in ihrer Gestalt oder als »Verlangen« bzw. »Interesse« im Erleben, in der Repräsentanzwelt erscheinen, können als Ausgangspunkt dieser Vermittlungsarbeit der psychoanalytische Affekt- und Besetzungsbegriff angesehen werden. Damit wird auch klar, dass sich in einem ausschließlich psychoanalytischen Un-

---

[22] Schon im »Manuskript E« (Masson 1985, 74, Kursivierung, S. Z.) spricht Freud von einem »Sexual*affekt*«, in dem sich die »physisch-psychische Spannung« darstellt. Ebenso findet sich auch die Unterscheidung von Vorstellung und Affektbetrag bereits 1894 (im »Manuskript G«, Masson 1985, 98-100).

[23] Ich werde die Notwendigkeit dieser metatheoretischen Vermittlungsarbeit in Kap. 17 und 18 noch ausführlich begründen.

tersuchungsbereich die ökonomisch-energetische Betrachtung des Seelenlebens im Wesentlichen auf dessen affektive Aspekte zu zentrieren hat[24].

Die körperlichen Reize, die sich im Seelenleben darstellen, sind allerdings nicht aus schierer Natur, aus einer natura naturans, sondern aus einer natura naturata[25] geboren. Auch die somatische Grundlage der Triebe ist eine sozialisierte. Die Reize entstehen nicht nur aus Prozessen in den erogenen Zonen, sondern ebenso auch aus den körperlichen Abläufen, die bei der interaktionellen Qualifizierung eines Körperteils als erogen mit ihnen in Interaktionsengrammen zusammengeschaltet wurden. Durch diesen Zusammenhang mit den in den erogenen Zonen ablaufenden Prozessen können diese Reize in ihrer Gesamtheit zwar objektiv als sexuelle beschrieben werden. Aus der Sicht des Subjekts gewinnen sie jedoch diesen Charakter erst durch die Verbindung mit den seelischen Repräsentanzen, mit den Interaktionsformen, in denen die Befriedigung, die Stimulierung der erogenen Zonen in einen bestimmten szenischen Ablauf eingebunden ist.

Dieses Verständnis der Libido steht auch nicht in Widerspruch zum Freudschen Konversionskonzept. Zwar scheint es zunächst, als sei diesem Konzept die Behauptung implizit, dass seelische Energie in körperliche umgewandelt wird. Es ist die Rede von einem »Sprung aus dem Seelischen in die somatische Innervation« (1909d, 382), davon, dass »die Energie eines seelischen Vorganges von der bewussten Verarbeitung abgehalten und in die Körperinnervation gelenkt« (1926f, 300), »die Triebbesetzung der verdrängten Vorstellung in die Innervation des Symptoms umgesetzt« (1915e, 284), »die durch die Verdrängung entbundene Libido ... aus dem Seelischen heraus zu einer körperlichen Innervation verwendet« (1909a, 349) wird, eine »Übertragung der rein psychischen Erregung ins Körperliche« erfolgt und die »hysterischen Symptome als Erfolge einer aus dem Seelischen ins Körperliche versetzen Erregung« anzusehen sind (1905a, S13). Bei genauem Hinsehen erweist sich jedoch die Lesart der Konversion als ein Mechanismus, in dem psychische Energie ins Körperliche transportiert wird, als irrig. Jedenfalls würde übersehen, dass Freud auch die körperlichen Erscheinungen bei der Angstneurose, die ohne psychische Beteiligung zustande kommen, als Resultate einer Konversion betrachtet: »Die Dyspnoe, das Herzklopfen«, schreibt Freud im »Manuskript E« (vermutlich vom 6.06.1894, Masson 1985, 76), »sind die des Koitus, hier sozusagen die einzigen Auswege der Erregung ... Es ist wieder eine Art von Konversion bei der

---

[24] Bei der Diskussion des ökonomischen Gesichtspunktes der Metapsychologie werde ich darauf noch detaillierter zu sprechen kommen.

[25] »Natura naturans« meint die schaffende, sich selbst bewegende Natur, »natura naturata« bezieht sie auf die vom Menschen geschaffene, bearbeitete Natur (s. Buhr 1964, 761).

Angstneurose wie bei der Hysterie« und betont die »Ähnlichkeit« beider Krankheitsbilder in dieser Hinsicht, obwohl

> »es bei der Hysterie die psychische Erregung [ist], die einen falschen Weg geht,
> ausschließlich ins Somatische«, während es bei der Angstneurose »die physische
> Spannung [ist], die nicht ins Psychische gehen kann und daher auf physischem
> Weg verbleibt«.

Ein Jahr später (1895b, 324) wird diese Ähnlichkeit von Angstneurose und
Hysterie mit dem Satz, dass sie »dadurch erzeugt [wird], dass bei der Angstneurose eine Art von Konversion auf körperliche Sensationen stattfindet, die sonst
nach Belieben übersehen werden könnte«, abermals festgehalten und betont,
dass »jedes begleitende Symptom« des Angstanfalls« – insbesondere führt Freud
(1895b, 319f) »Störungen der *Atmung*, mehrere Formen von nervöser Dyspnoe,
asthmaartige Anfälle u. dgl.« an – »nicht immer von kenntlicher Angst begleitet«
sein müssen. In diesen Fällen handelt es sich bei den körperlichen Sensationen
um »*Äquivalente des Angstanfalls*« (1895b, 319). Wenn die Gleichsetzung beider
Konversionsarten einen Sinn machen soll, müssen sie im Kern, in ihrem wesentlichen Mechanismus als identisch und hinsichtlich der Bedingungen, unter
denen dieser Mechanismus eingesetzt wird, als verschieden angesehen werden.
Genau in diesem Sinne fasst Freud (1895b, 342) zusammen:

> »Hier wie dort Anhäufung der Erregung ... hier wie dort eine *psychische Unzuläng-
> lichkeit, der zufolge abnorme somatische Vorgänge zustande kommen.* Hier wie dort tritt
> an Stelle einer psychischen Verarbeitung eine Ablenkung der Erregung ins So-
> matische ein; der Unterschied liegt bloß darin, dass die Erregung, in deren Ver-
> schiebung sich die Neurose äußert, bei der Angstneurose eine rein somatische
> (die somatische Sexualerregung), bei der Hysterie eine psychische (durch Kon-
> flikt hervorgerufene) ist«.

Der hysterischen Symptombildung und auch der Angstneurose liegt derselbe
Konversionsmechanismus zugrunde und er wird durch unterschiedliche Bedingungen – im Falle der Angstneurose durch sexuelle Abstinenz, im Falle der hysterischen Symptombildung durch psychische Konflikte – ausgelöst. Als »das
Konvertierte«, schreibt Freud (1895d, 234), ist bei der Hysterie die »Quantität«
der körperlich-sexuellen Erregung zu »bezeichnen«, die sich auf der Repräsentanzebene in einem »gewissen Affektbetrag« darstellt. Mit der Konversion dieser, im Affekt wahrgenommenen körperlich-sexuellen Erregung in die Innervation bestimmter Organsysteme gelingt es somit, aus einer »starken Vorstellung
eine schwache zu machen, ihr den Affekt«, d. h. »die Erregungssumme, mit der
sie behaftet ist, zu entreißen« (1894a, 63). Damit ist auch ihre Erscheinungsform in der Repräsentanzwelt zum Verschwinden gebracht.

Zusammenfassung

Unter energetischem Aspekt betrachtet ist Konversion als ein Begriff zu verstehen, der sich auf die Verwendung »viszeraler Erregung« (1895b, 334) zur

Innervation von Organen und Organsystemen und nicht auf die Verwandlung seelischer in körperliche Energie bezieht. Mehrere Problemkreise eröffnen sich damit. Im einen liegen die Fragen, wodurch ein Affekt qualitativ bestimmt wird, wie sich auf der Repräsentanzebene innerhalb eines Affekts der Affekt*betrag*, in welchem der »Trieb ... einen seiner *Quantität* gemäßen Ausdruck« findet (1915d, 255f, Kursivierungen, S. Z.), darstellt und wie sich dieses quantitative Moment als Besetzung mit den Vorstellungen, den Interaktionsformen, in denen sich die Triebwünsche dem Erleben inhaltlich präsentieren, so stabil verbindet, dass der Sekundärvorgang, für den Freud (1915e, 287; 1920g, 36) eine konstante Bindung der Libido voraussetzt, möglich wird. Ein anderer Fragebereich ergibt sich aus der Auffassung, dass die »hysterischen Symptome ... nichts anderes als die durch ›Konversion‹ zur Darstellung gebrachten unbewussten Phantasien [sind]« (1908a, 194)[26], während es sich bei den durch Konversion zustande gekommenen körperlichen Erscheinungen der Angstneurose um physiologische Phänomene handelt, die auch bei der befriedigenden Aktion auftreten. Bei ihr folgt die Konversion den »Innervationswege[n]«, welche die physisch-sexuale Spannung auch sonst geht, wenn die psychische Verarbeitung eintritt« (»Manuskript E«, Masson 1985, 76). Folgt man Freud, müsste man sich diesen Transport seelischer Inhalte in körperliche Erscheinungen in folgender Weise vorstellen. Es wird eine

> »somatische Sexualerregung produziert« und »diese viszerale Erregung [wird] zwar kontinuierlich anwachsen, aber erst von einer gewissen Höhe an imstande sein ... sich als psychischer Reiz zu äußern. Dann aber wird die in der Psyche vorhandene sexuelle Vorstellungsgruppe mit Energie ausgestattet und es entsteht der psychische Zustand libidinöser Spannung, welcher den Drang nach Aufhebung dieser Spannung mit sich bringt« (1895b, 334f).

Da eine »solche psychische Entlastung ... aber nur auf dem Wege möglich [ist], den ich als *spezifische* oder *adäquate* Aktion bezeichnen will« (1895b, 335) und diese spezifische Aktion bei der Hysterie infolge psychischer Konflikte unterbleibt, setzt sich »die somatische Sexualerregung ... nachdem sie einmal den Schwellenwert erreicht hat, kontinuierlich in psychische Erregung um« (1895b,

---

[26] Dass die körperlichen Symptome Träger unbewusster Bedeutungen sind, wird auch aus den beiden folgenden Anmerkungen deutlich: »Das Symptom kann eine seiner Bedeutungen oder seine Hauptbedeutung im Laufe der Jahre ändern, oder die leitende Rolle kann von einer Bedeutung auf eine andere übergehen. Es ist wie ein konservativer Zug im Charakter der Neurose, dass das einmal gebildete Symptom womöglich halten wird, mag auch der *unbewusste Gedanke*, der in ihm seinen Ausdruck fand, seine Bedeutung eingebüßt haben« (Freud 1905e, 213). »Wenn der Kranke aus Widerstand das Aussprechen lange verzögert, wird die Spannung der Sensation, der Brechneigung unerträglich und kann man das Aussprechen nicht erzwingen, so tritt wirklich erbrechen ein. Man gewinnt so einen plastischen Eindruck davon, dass das ›Erbrechen‹ an Stelle einer psychischen Aktion (hier des Aussprechens) steht, wie es die Konversionstheorie der Hysterie behauptet« (1895d, 302).

335). Sollen sich nun mit einer Konversion der psychisch wahrgenommenen somatischen Sexualerregung »die in der Psyche vorhandene[n] sexuelle[n]« und die mit ihnen im Konflikt stehenden »Vorstellungsgruppe[n]« in körperlichen Erscheinung zur Darstellung bringen, müsste angenommen werden, dass sich die Inhalte der Vorstellungsgruppen, mit denen die somatische Sexualerregung in Kontakt kam, in diese Erregung eingetragen haben. Nur so ließe sich verständlich machen, dass in den Organsystemen, die durch diese Erregung innerviert werden, seelische Inhalte, Abwehr und Abgewehrtes in körperlich verschleierter Weise erscheinen können.

Diese Annahme ist nicht haltbar. Sie setzt voraus, dass allein die Wahrnehmung den wahrgenommenen Gegenstand – hier einen körperlichen Spannungszustand – qualitativ verändern kann. Dies ist nicht möglich, so dass körperliche Spannungszustände auch keine seelischen Inhalte transportieren und an anderer Stelle zur Darstellung bringen können. Auch mit einer Verschiebung der Libido von einer Vorstellung auf eine andere, eine Ersatzvorstellung, kann nicht begründet werden, dass damit das Ersetzte in entstellter Form wieder ins Bewusstsein eingelassen wird. Begründen lässt sich damit nur, dass dadurch der bewusste Ersatz einen allgemeinen sexuellen Charakter gewinnt. Ich werde diese angeschnittenen Problemkreise nicht hier, sondern später aufnehmen. Die Frage nach den stabilen Besetzungen als Voraussetzung des Sekundärvorganges wird im nächsten Kapitel (3), dem quantitativen Moment im Affektbetrag, dessen qualitativer Besonderung, der Besetzung bei der Diskussion der psychoanalytischen Konzepte der Affekte in den Kap. 6 und 7 und die als libidinöse Verschiebung gefasste Darstellung seelischer Inhalte in körperlichen oder anderen seelischen Prozessen bei den Abwehrmechanismen (Kap. 8) erörtert. Hier will ich lediglich festhalten:

- Das Konzept der psychischen Energie ist mit dem allgemeinen Energiebegriff nicht konsistent.
- Energetische Aussagen sind lediglich Duplikate klinischer, sich auf Erleben beziehender Aussagen in einer anderen Sprache. Sie haben weder eine explikative noch eine prognostische Funktion, sondern lediglich den Status von Metaphern.
- Seelische Prozesse werden nicht von einer wie immer gearteten psychischen Energie gespeist. Wenn ein Subjekt denkt, phantasiert, träumt oder plant, liegen diesen Tätigkeiten neuronale, körperliche Energie verbrauchende Hirnprozesse zugrunde.
- »Libido« ist ein theoretischer Begriff, der sich auf die erfahrbaren, als »Affektbetrag« und »Besetzung« konzipierten Erscheinungsformen objektiv sexueller körperlicher Spannungen bezieht. Durch die als Libido beschriebene Wahrnehmung dieser Körperspannungen gewinnen sie auch für das Subjekt einen allgemeinen sexuellen Charakter.

- Die somatischen Quellen der Libido sind nicht in einer natura naturans, sondern in einer natura naturata zu orten.

3

Bewusstsein, Vorbewusstes und Unbewusstes

Vor allem am Problem interessiert, wie psychische Vorgänge Bewusstsein gewinnen können, hat sich Freud in mehreren Aufsätzen mit dem Bewusstsein beschäftigt. Der Sprache wird dabei durchgängig eine zentrale Rolle zugewiesen. Am prägnantesten bringt er seine Überlegungen in folgender Passage zum Ausdruck:

> »Was wir die bewusste Objektvorstellung heißen durften, zerlegt sich uns ... in die *Wortvorstellung* und in die *Sachvorstellung*, die in der Besetzung, wenn nicht der direkten Sacherinnerungsbilder, doch entfernterer und von ihnen abgeleiteter Erinnerungsspuren besteht. Mit einem Male glauben wir nun zu wissen, wodurch sich eine bewusste Vorstellung von einer unbewussten unterscheidet ... die bewusste Vorstellung umfasst die Sachvorstellung plus der zugehörigen Wortvorstellung, die unbewusste ist die Sachvorstellung allein« (Freud 1915e, 300).

Um genau zu sein, wird festgehalten, dass allein die Verbindung von Wort- und Sachvorstellungen nicht schon garantiert, dass eine dem »System *Ubw*« [des Unbewussten] angehörende Sachvorstellung ins System des Bewussten Eingang findet: »[D]ie Verknüpfung mit Wortvorstellungen [fällt] noch nicht mit dem Bewusstwerden zusammen[.], sondern« gibt »bloß die Möglichkeit dazu ...«. Deshalb charakterisiert diese Verknüpfung »kein anderes System als das des *Vbw* [des Vorbewussten]« (1915e, 301). Um bewusst zu werden, muss eine unbewusste Vorstellung nicht nur »mit den ihr entsprechenden Wortvorstellungen überbesetzt« werden (1915e, 300). Sie bedarf noch einer weiteren »Überbesetzung« (1915e, 292, Kursivierung aufgehoben, S. Z.)[1] – etwa in Gestalt einer »Aufmerksamkeitsbesetzung« von Seiten des Systems *Bw* (1900a, 621; s. auch Arlow u. Ch. Brenner 1964, 28).

Da jedoch eine verdrängte, unbewusst gewordene Sachvorstellung ihre Besetzung behielte, drohe die Gefahr, dass sie erneut über das Vorbewusste

---

1 Die »Existenz der Zensur zwischen *Vbw* und *Bw*«, schreibt Freud (1915e, 292), »mahnt [uns], das Bewusstwerden sei kein bloßer Wahrnehmungsakt, sondern wahrscheinlich auch eine *Überbesetzung*, ein weiterer Fortschritt der psychischen Organisation«.

wieder ins Bewusstsein eindringe. Deshalb bedürfe es einer »*Gegenbesetzung*« (1915e, 280), wodurch ihr Auftreten bzw. ihr Wiederauftreten im Bewusstsein verhindert würde (1915e, 281; 1916-17a, 426; 1926d, 190). Für diese Gegenbesetzung werde die libidinöse Besetzung der unbewussten Sachvorstellung teilweise entzogen (1915e, 280) und auf eine »Ersatzvorstellung« verschoben, die sich mit den ihr zugehörigen Wortvorstellungen verbinde. Generell gilt: Die besetzte Ersatzvorstellung,

> »die assoziativ mit der abgewiesenen Vorstellung zusammenhing ... spielt nun für das System *Bw* (*Vbw*) die Rolle einer Gegenbesetzung, indem sie es gegen das Auftauchen der verdrängten Vorstellung im *Bw* versichert« (1915e, 281).

Jappe (1971, 69) macht darauf aufmerksam, dass der »triumphale Duktus«, in dem diese häufig zitierte Textstelle von Freud vorgetragen wird, nahe legt, dass hier offensichtlich ein schon länger bestehendes Problem, nämlich das der Unterscheidung von bewussten und unbewussten Vorstellungen, einer Lösung zugeführt wird[2]. Erstmals und mit Entschiedenheit wird nämlich die These formuliert, dass ein gegenständliches Bewusstsein in seinen kognitiven Aspekten Sprache involviert[3], und dass das unbewusst Gewordene die Sprache verliert, aber gleichwohl über Ersatzvorstellungen mit der Sprache verbunden und über assoziative Verbindungen durch sie auch erreichbar bleibt. Die These von den Wort- und Sachvorstellungen[4] fügt sich nahtlos in das topographische Modell ein, knüpft an eine jedermann zugängliche Erfahrung an und »erhält so den Glanz von Anschauungsnähe und Bedeutungstiefe in einem« (1971, 69).

Bei näherem Blick wird allerdings die Freudsche Lösung des Problems fraglich. So ist Freuds Erklärung des Zusammenhangs von Sach- und Wortvorstellungen und der Verdrängung eine besetzungstheoretische und – wie im vorhergehenden Kapitel ausführlich gezeigt – gilt, dass besetzungstheoretische Überlegung aus epistemologischen Gründen generell keinen explikativen Status

---

[2] Dass dies für Freud ein Problem war, das ihn schon seit längeren beschäftigte, zeigt eine Diskussionsbemerkung aus dem Jahr 1909 anlässlich des Vortrages von Baas mit dem Titel »Wort und Gedanke«: »Die Wortvorstellungen haben eine ganz bestimmte Rolle zum Bewussten und Unbewussten und das Problem, welcher Natur dieses Verhältnis ist und wieso die Verdrängung einer Vorstellung sich im Unbewusstwerden äußern kann, harrt vorläufig noch der Lösung – auch das Problem, wieso mit der Verdrängung, die sich ja auf einen Affekt bezieht, auch die entsprechende Vorstellung unbewusst wird. Wir können uns das vorläufig nur so vorstellen, dass die Wortvorstellungen der Schlüssel dazu sind« (Nunberg u. E. Federn 1967, 151).

[3] H. Hartmann (1927, 117) weist darauf hin, dass sich die enge Beziehung von Sprache und Bewusstsein in folgendem Zitat auch bei Nietzsche angedeutet findet: »[D]as bewusst werdende Denken ... geschieht in Worten, das heißt in Mitteilungszeichen, womit sich die Herkunft des Bewusstseins selber aufdeckt«.

[4] Peller (1966) gibt eine Übersicht der Freudsche Konzeptualisierungen des Zusammenhanges von Sprache und Bewusstsein.

beanspruchen können. Hält man gleichwohl an ihnen fest, ergeben sich andere Probleme. Da die auf psychischer Ebene als Libido gedachte körperliche Energie ihre sexuelle Qualität behält, folgt daraus, dass sämtliche Worte und Vorstellungen, die von ihr besetzt werden und dadurch das Vorbewusste erreichen und das Bewusstsein erreichen können, dass sämtliche Inhalte, über die man nachdenkt, wie auch das Denken selbst, das sich in Sprache vollzieht, insgeheim nicht nur beim Zwangsneurotiker, sondern generell sexualisiert sein, d. h. eine unbewusste sexuelle Bedeutung haben müssen. Dieser problematischen Konsequenz könnte man mit der Annahme entgehen, die D. Rapaport (1951, 382) vorgetragen hat, nämlich dass es sich bei der an Worte und Vorstellungen gebundenen Energie auch um eine sog. »neutralisierte« Libido handelt, die ihren sexuellen Charakter verloren hat. Mit dieser Annahme aber eröffnet sich ein anderer Widerspruch. Einerseits wird die Neutralisierung libidinöser und aggressiver Energien als eine Ich-Funktion angesehen (z. B. H. Hartmann 1964, 25; Schur 1955a, 340-345), andererseits soll die Ausübung der Ich-Funktionen von neutralisierter Energie angetrieben sein[5], womit die Voraussetzung einer Neutralisierung zugleich zu ihrem Resultat wird.

Nimmt man hinzu, dass Freud (1926d, 176) später Ersatz- und Symptombildungen strukturell gleichsetzt – und damit die »*Wiederkehr des Verdrängten*« (1915d, 257) zum Normalfall erklärt – ergibt sich ferner das Problem, wie es möglich ist, dass sich verdrängte Vorstellungen in entstellter Weise in Ersatzvorstellungen[6] inhaltlich darstellen können (z. B. 1915d, 257)?[7] Im Rahmen seiner besetzungstheoretischen Argumentation lässt sich dies nur mit der nicht haltbare Annahme begründen, dass sich die Besetzungsenergie durch die besetzte Vorstellung inhaltlich verändert und mit der Verschiebung der Besetzung von unbewussten auf Ersatzvorstellungen auch deren Inhalte in diese transportiert werden.

Auch die weitere These, mit der Freud zu begründen sucht, warum Sachvorstellungen durch die Verbindung mit Wortvorstellungen Bewusstsein ge-

---

[5] Bspw. nehmen H. Hartmann u. R.M. Loewenstein (1962) an, dass die Abwehrfunktion von neutralisierter aggressiver Triebenergie gespeist wird (s. auch Applegarth 1971).

[6] In einer Formulierung, die sich auf Zwangsvorstellungen bezieht, erscheinen dem Inhalt nach Ersatzbildungen erstmals 1894 unter dem Begriff »Surrogat«: »Zur sekundären Verknüpfung des freigewordenen Affekts kann jede Vorstellung benützt werden, die entweder ihrer Natur nach mit einem Affekt von solcher Qualität vereinbar ist, oder die gewisse Beziehungen zur unverträglichen hat, denen zufolge sie als Surrogat derselben brauchbar erscheint« (Freud 1894a, 69).

[7] Als Beispiel nennt er einen zwangsneurotischen Patienten von R. Reitler, der beim »Strumpfanziehen« verweilte, und bei dem sich nach Überwindung der Widerstände herausstellte, dass der »Fuß ein Penissymbol« und das »Überziehen des Strumpfes ein onanistischer Akt« war (Freud 1915e, 299).

winnen, wirft mehr Fragen auf, als dass sie eine Antwort gibt. Freud argumentiert, dass die »Wortreste ... wesentlich von akustischen Wahrnehmungen ab-[stammen]«, die »Wortvorstellungen ... Erinnerungsreste« sind, die »einmal Wahrnehmungen« waren (1923b, 246ff). Da »alle Wahrnehmungen, die von außen herankommen (Sinneswahrnehmungen) ... [v]on vornherein« bewusst sind, könne also mittels der Wortvorstellungen den Objektvorstellungen zum Bewusstsein verholfen werden.

Ich will hier nicht fragen, wie es möglich ist, dass sich auf vorsprachlichem Entwicklungstand disparate Sinneseindrücke als Sachvorstellungen organisieren und sich auf Objekte beziehen[8], warum sich eine Wortvorstellung mit einer bestimmten Objektvorstellung assoziiert (vgl. dazu Jappe 1971, 76), sondern vor allem auf das Problem hinweisen, dem sich auch Freud gegenüber sieht, nämlich »warum die Objektvorstellungen nicht mittels ihrer eigenen Wahrnehmungsreste bewusst werden können«, wenn »Wortvorstellungen ... der Sinneswahrnehmung in der gleichen Weise wie die Objektvorstellungen«[9] entstammen (1915e, 301), und zugleich gelten soll, dass »alle Wahrnehmungen, die von außen herankommen (Sinneswahrnehmungen)« von »vornherein« bewusst sind (1923b, 246). Freud (1915e, 301) versucht, diese Frage mit zwei Annahmen zu beantworten. Einmal wird behauptet, dass

> »durch die Verknüpfung mit Worten auch solche Besetzungen mit Qualität versehen werden können, die aus den Wahrnehmungen selbst keine Qualität mitbringen konnten, weil sie bloß Relationen zwischen den Objektvorstellungen entsprechen. Solche erst durch Worte fassbar gewordene Relationen sind ein Hauptbestandteil unserer Denkvorgänge« (1915e, 301).

Dem steht entgegen, dass schon der Pawlowsche Hund, welcher nicht über Sprache verfügt, in der Lage ist, die Beziehung zwischen »roter Lampe« und »Nahrung« wahrzunehmen und dass auch die ideelle Abbildung der Beziehungen zwischen den, als Objektvorstellungen im Subjekt existierenden Objekten im Denken nicht im Kopf, sondern mit ihrer sinnlichen Wahrnehmung beginnt. Auch die Beziehungen zwischen zwei Gegenständen A und B – etwa ihre zeitliche Abfolge, die im Denken als ein kausaler Zusammenhang abgebildet werden kann, wie auch die Tatsache, dass A größer, kleiner, runder, eckiger, breiter als B ist – werden wahrgenommen und haben somit auch eine Wahrnehmungsqualität.

---

[8] Gegen die Freudsche Konzeption der Wortvorstellungen argumentieren bspw. auch Litowitz u. Litowitz (1977), dass die These, »that thing representations exist without a name, looking for or seeking a word representation«, schwer haltbar sei.

[9] Die Auffassung, dass – wie die Wortvorstellungen – auch die Objektvorstellungen aus visuellen und akustischen Elementen bestehen, findet sich schon zweiundzwanzig Jahre vorher (Freud 1891b, 79) und sie wird 1925 (h, 14) nochmals mit dem Satz, »dass alle Vorstellungen von Wahrnehmungen stammen«, ausdrücklich bekräftigt.

Zum anderen wird als Antwort auf die selbstgestellte Frage angenommen, dass

> »wahrscheinlich … das Denken in Systemen vor sich [geht], die von den ursprünglichen Wahrnehmungsresten [der Objekte] so weit entfernt sind, dass sie von deren Qualitäten nichts mehr erhalten haben und zum Bewusstwerden einer Verstärkung durch neue Qualitäten bedürfen« (1915e, 301).

Wenn die Wortvorstellungen Erinnerungsreste der akustischen Wahrnehmung von Worten bleiben, die Sachvorstellungen aber – wie angenommen wird – ihren Status als Wahrnehmungsreste verloren haben, können nur noch die Wortvorstellungen in Gestalt der gehörten Worte auf eine Außenwelt, die bewussten Sachvorstellungen aber nicht mehr auf Sachen verweisen, die sich dem Bewusstsein in Vorstellungen präsentieren. Begründet man also die Bewusstsein generierende Funktion der Wortvorstellungen damit, dass sie die Resultate von Wahrnehmungen sind und sieht man durch die Antwort Freuds das Problem gelöst, verschreibt man sich damit auch einem radikal konstruktivistischen Standpunkt[10]. Man verpflichtet sich auf die Ansicht, dass zwar in Gestalt von Vorstellungen die inneren, »psychische[.] Realität« (1900a, 625) Bewusstsein gewinnt, dass es aber ein Bewusstsein der »äußere[n] Realität« (1916-17f, 423) nicht gibt. Denn wenn man an der Auffassung festhält, dass nicht die innere, sondern die »äußere Realität« Gegenstand des Bewusstseins ist, würde die Annahme, dass sich das Bewusstsein der Verbindung von Wort- und Sachvorstellungen verdankt, hinfällig werden. Im Rahmen der Freudschen Überlegungen müssten Sachvorstellungen dann auch ohne diese Verbindung Bewusstsein gewinnen können.

Problematisch aber ist vor allem, dass Freud mit seiner Sprachkonzeption und damit auch in seiner Bewusstseinskonzeption lediglich auf den sigmatischen Aspekt der Sprache, d. h. auf die Tatsache rekurriert, dass die sprachlichen Zeichen mit den abgebildeten Objekten oder Sachverhalten in Beziehung stehen. Ihre pragmatischen Funktion – die Benutzung der Sprache durch die Menschen in der Absicht, aufeinander einzuwirken[11] – ihre syntaktische Funktion – die Beziehungen zwischen den sprachlichen Zeichen – wichtigste und Be-

---

[10] Dieser epistemologische Standpunkt war Freud (1915e, 270) aber eine bloße »Fortbildung des primitiven Animismus, der uns überall Ebenbilder unseres Bewusstseins vorspiegelt[.]«. Auch schreibt er in seiner Wahrheitsdefinition – ich werde darauf noch zurückkommen: »Das wissenschaftliche Denken« ist bestrebt, »die Übereinstimmung mit der Realität zu erreichen, d. h. mit dem, was außerhalb von uns, unabhängig von uns besteht und, wie uns die Erfahrung gelehrt hat, für die Erfüllung oder Vereitelung unserer Wünsche maßgebend ist. Diese Übereinstimmung mit der realen Außenwelt heißen wir Wahrheit« (1933a, 184).

[11] Wenn ich zu einem Mitmenschen etwa sage »Bringe einen Stuhl«, liefe die Wirkabsicht meines Satzes ins Leere, wenn dieser nicht über die Begriffe »bringen«, »einen« und »Stuhl« verfügte.

wusstsein ermöglichende Funktion aber, die neben der sigmatischen auch der –
und syntaktischen Funktion – die Beziehungen zwischen den sprachlichen Zeichen – wie auch ihre Darstellungsfunktion (Klaus 1962, 58ff), die sich auf die
ideelle, über eine bloße sinnliche Wahrnehmung hinausreichende Abbildung
der Wirklichkeit bezieht, bleibt außerhalb der Freudschen Überlegungen. Bei
Freud werden Worte den Vorstellungen bloß hinzuaddiert und bezeichnen sie
lediglich. Zum gleichen Urteil kommt auch Atkin (1969):

> »[P]sychoanalysis deals with the verbal representation of ›things‹, essentially with
> ›names‹. To be explicit, for psychoanalysis words ... stand for the ›thing‹ because
> of the perceptual attributes they share. Words have a surrogate actuality, actually
> being-the-thing. They are ›signals‹«[12].

Die Folge ist, dass in dieser Sprachkonzeption über Wörter lediglich die ihnen
zugehörige Vorstellungen evoziert werden können, und somit auch über die
Gegebenheiten, die sich in den Vorstellungen darstellen, nur mehr bildhaft in
sinnlichen Vorstellungen nachgedacht werden kann.

Diese formal-dingliche Auffassung der Sprache als funktionales Mittel, welches seelischen Vorgängen Bewusstsein verleiht, durchzieht auch sämtliche vorangehenden Arbeiten Freuds, die sich in systematischer Weise mit dem Problem befassen, wie psychische Prozesse bewusst werden. So entwirft er schon
zweiundzwanzig Jahre früher in seiner Arbeit »Zur Auffassung der Aphasien«,
in der er vor allem die damals herrschenden hirnanatomisch-physiologischen
Vorstellungen über die Sprachfunktion kritisch diskutiert, ein psychologisches
Modell der Funktionsweise des Sprachapparates. Dabei ist ihm für »die Psychologie ... die Einheit der Sprachfunktion das ›Wort‹, eine komplexe Vorstellung,
die sich als zusammengesetzt aus akustischen, visuellen und kinästhetischen
Elementen erweist« (1891b, 75). Diese sensorischen Elemente sind Produkte
der Wahrnehmung und werden beim Sprechenlernen mit der motorischen
»Sprachbewegungsvorstellung« in einem »Assoziationskomplex« zusammengefasst (1891b, 76). Dieser Komplex verknüpft sich mit einer »Objektvorstellung«, die ebenso als ein »Assoziationskomplex« betrachtet wird, der
aus visuellen, akustischen, taktilen, kinästhetischen u. a. Elementen besteht

---

12 Diese Auffassung findet sich auch bei Ferenczi (1913a). Um Triebbefriedigung zu
erreichen, muss das Kind »gewisse *Signale*« (1913a, 154) geben, die Ferenczi (1913a,
154) zunächst im »Schreien und Zappeln« sieht. Diese werden von »spezialisierte[n]
Signale[n]« gefolgt – etwa »den Nachahmungen der Saugbewegungen mit dem Mund,
wenn der Säugling gestillt werden will« –, aus denen dann »eine förmliche Gebärdensprache« hervor geht (1913a, 155). Diese Sprache der Gebärden wird später durch die
Sprache der Worte ersetzt, die seiner Ansicht nach »ursprünglich die Nachahmung, d.
h. stimmliche Darstellung der durch die Dinge produzierten oder mit ihrer Hilfe pro-
duzierbaren Laute oder Geräusche« ist (1913a, 157). Dabei werden »gewisse Reihen von
Lauten ... mit bestimmten Dingen und Vorgängen in feste assoziative Verbindung gebracht, ja, allmählich mit diesen Dingen und Vorgängen *identifiziert*« (1913a, 158).

(1891b, 78f). Seine Ausführungen illustriert Freud (1891b, 79, Kursivierungen, S. Z.) mit dem berühmt gewordenen »Psychologische[n] Schema der Wortvorstellungen«, das er folgendermaßen erläutert:

> »Die Wortvorstellung erscheint als ein abgeschlossener Vorstellungskomplex, die Objektvorstellung hingegen als ein offener. Die Wortvorstellung ist nicht von allen ihren Bestandteilen [gemeint sind Lesebild, Schriftbild, Bewegungsbild und Klangbild], *sondern bloß vom Klangbild her mit den Objektvorstellungen verknüpft.* Unter den Objektassoziationen sind es die visuellen, welche das Objekt in ähnlicher Weise vertreten, wie das Klangbild das Wort vertritt«.

Auch im »Entwurf einer Psychologie« spielt die Sprache eine zentrale Rolle. Entsprechend seiner damaligen neurophysiologischen Orientierung ist hier allerdings nicht mehr von »Objektvorstellungen«, sondern von »Abfuhrnachrichten« und »Bewegungsnachricht[en]« die Rede (1950c, 364). Das Problem stellt sich ihm hier so:

> »Das Bewusstsein gibt uns, was man Qualitäten heißt, Empfindungen, die in großer Mannigfaltigkeit anders sind und deren Anders nach Beziehungen zur Außenwelt unterschieden wird«,

und er stellt sich die Frage, »wie entstehen die Qualitäten und wo entstehen die Qualitäten« (1950c, 317, Kursivierungen aufgehoben, S. Z.). Die psychischen Vorgänge gelten auch in dieser Arbeit solange als qualitäts- und d. h. bewusstlos, bis durch sie motorische Neuronen besetzt werden. Dies sind vor allem die Neurone, »welche den Klangvorstellungen dienen und die selbst die engste Assoziation mit motorischen Sprachbildern haben« (1950c, 364). Durch die Verbindungen mit den »Sprachabfuhrzeichen« werden etwa »die Denkvorgänge den Wahrnehmungsvorgängen gleich[gestellt, sie] verleihen ihnen eine Realität und ermöglichen deren Gedächtnis« (1950c, 364f). Auch vier Jahre später, in der »Traumdeutung«, vermittelt sich das Bewusstsein psychischer Vorgänge über Sprache, weil sie dadurch eine Qualität erhalten. Das Bewusstsein ist ihm einerseits Sinnesorgan zur Wahrnehmung der äußeren Realität und andererseits ein »Sinnesorgan zur Wahrnehmung psychischer Qualitäten« (1900a, 620, Kursivierungen aufgehoben, S. Z.), wobei die psychischen »Vorgänge« solange »jeder psychischen Qualität« entbehren, bis sie »mit dem nicht qualitätslosen Erinnerungssystem der Sprachzeichen« verknüpft werden (1900a, 580):

> »Durch die Qualitäten dieses Systems wird jetzt das Bewusstsein, das vordem nur Sinnesorgan für die Wahrnehmungen war, auch zum Sinnesorgan für einen Teil unserer Denkvorgänge« (1900a, 580).

Am Rande will ich hier erwähnen, dass es höchst problematisch ist, wenn man – wie etwa Solms (1997a) – Freuds Gleichsetzung des Bewusstseins mit einem Sinnesorgan als eine Sachaussage versteht, und nicht zur Kenntnis nimmt, dass mit der Veränderung der topographischen Theorie in die Strukturtheorie »consciousness and unconsciousness are qualities that describe various psychic manifestations«, so dass »*Cs* and *Ucs*, as well as *Pcs* ... are no longer nouns; they are adjectives« (Beres 1962). So merkt Holt (1975) an:

»Freud's … concept of consciousness as ›a sense organ for the perception of psychical qualities‹ … is an excellent example of this kind of tautologous and concretistic confusion as it shows itself in ego psychology. The eye is a sense organ; there is no need to postulate any little man crouching behind it to perceive its pictures – or if there were, there would be no escape from the infinite regress of homunculi each taking in the perceptual laundry of his predecessor in line«.

Auch ist das Bewusstsein als inneres Auge »not a parallel sense organ, it is a kind of meta-sense organ, whose field of view covers« the whole mind, including the apparatus connected to the external sense organs« (Humphrey 1997). Es habe dann den Charakter eines »Homunkulus« (Shevrin 1997). Wie allerdings Grossman (1967), G.S. Klein (1959), Makari (1994), Shevrin (1997) und Wurmser (1977) zu Recht meinen, handelt es sich bei dieser Feststellung nicht um eine Sachaussage, sondern um eine Metapher. So sagt er am 11.12.1912 in der Diskussion eines Vortrages von Winterstein mit dem Titel »Psychoanalytische Anmerkungen zur Geschichte der Philosophie«, in welchem diese Feststellung offensichtlich bezweifelt wurde:

»Was die Einwendungen des Vortragenden gegen die psychologischen Formulierungen über das Verhältnis von Bewusstsein und Unbewusstem (im letzten Abschnitt der Traumdeutung) betrifft, so sei zuzugestehen, dass diese von der letzten Formulierung wie auch von der letzten Ausbeutung noch weit entfernt sind. Die Bezeichnung des Bewusstsein als eines Sinnesorgans sollte nur ein Vergleich sein« (Nunberg u. E. Federn 1975, 129).

Dass er seine Feststellung metaphorisch meinte, zeigt auch die Passage, in der Freud (1916-1917a, 304ff) feststellt, dass

»Bewusstheit oder Unbewusstheit eines psychischen Vorganges … nur eine der Eigenschaften derselben« ist und »das System des Unbewussten einem großen Vorraum gleich[setzt], in dem sich die seelischen Regungen wie Einzelwesen tummeln«,

und an den sich »ein zweiter, engerer, eine Art Salon« anschließt, in welchem auch das Bewusstsein verweilt«, schreibt er:

»Vorläufig sind es Hilfsvorstellungen wie die vom Ampèreschen Männchen, das im elektrischen Stromkreis schwimmt … Ich möchte Ihnen versichern, dass diese rohen Annahmen von zwei Räumlichkeiten, dem Wächter an der Schwelle zwischen beiden und dem Bewusstsein als Zuschauer am Ende des zweiten Raumes doch sehr weitgehende Annäherungen an den wirklichen Sachverhalt bedeuten müssen«.

In der Formulierung, dass unbewusste Vorgänge »sich Zugang zum Bewusstsein durch die Verknüpfung mit Erinnerungsresten von Wahrnehmungen des Gesichtes und Gehörs auf dem Wege der Sprachfunktion« erwerben (1939a, 204), wird dann der passive Zuschauer ins Aktive gewendet. Diese Sprachfunktion wird schon 1909 an Wortvorstellungsreste gebunden. So sagt Freud am 03.03.1909 bei der Diskussion eines Vortrages von Bass mit dem Titel »Wort und Gedanke«: Das Bewusstsein »wird … *sekundär* zum Sinnesorgan für unsere inneren Vorgänge; und zwar dadurch, dass diese Vorstellungen mit Worten verbunden werden. Das Bewusstsein ist in dieser Linie nur ein *Sinnesorgan für unsere Wortvorstellungsreste*« (Nunberg u. E. Federn 1967, 150, Kursivierungen, S. Z.).

D. h., das Bewusstsein ist der Ort, an dem seiner Ansicht nach Wortvorstellungsreste aufbewahrt werden.

Wegen dieser formal-dinglichen Auffassung der Sprache, die sich auf ihre sigmatische Funktion beschränkt, sind Freuds Begründungen des Bewusstseins in sprachtheoretischer Hinsicht auch nicht haltbar. Denn indem Freud die Darstellungsfunktion der Sprache außer Acht lässt, findet sich auch die im scholastischen Diktum »vox significat [rem] mediantibus conceptibus« (Ullmann, 1957, 71)[13] niedergelegte Grundthese einer sprachtheoretischen Bewusstseinskonzeption in seinen Überlegungen nicht wieder. In sprachtheoretischer Sicht wird jedenfalls der Bewusstsein konstituierende Zusammenhang von Worten und Gegebenheiten der Außenwelt nicht über bloß sinnliche Vorstellungen, den Erinnerungsbilder von Wahrnehmungen, sondern über Begriffe hergestellt[14], die als ideelle Abbilder der Wirklichkeit auf der Grundlage dieser Vorstellungen gebildet werden.

Die Auffassung, wonach der Zusammenhang von Worten und Dingen kein direkter, sondern immer ein über Begriffe vermittelter ist, dass Worte Begriffe bedeuten, wurde auch in dem bekannten semiotischen Dreieck von C.K. Ogden u. I.A. Richards (1923, 18) dargestellt[15]. Auf sie greifen auch D. Rapaport et al. (1968) zurück[16], wenn sie darauf hinweisen, dass auch in eine psychoanalytische Theorie des Bewusstsein die über Sprache möglich gewordene *Begriffsbildung* Eingang finden muss. Sie begründen ihre Forderung wie folgt. Jeder Begriff hat eine durch Abstraktion gewonnene intensionale Bestimmung, einen Inhalt und eine Extension, einen Umfang. Der Begriffsinhalt ist ein Komplex von Merkmalen, die den Gegenständen gemeinsam sind, welche unter diesen Begriff subsumiert werden und die deshalb innerhalb seines Umfanges liegen[17]. Etwa: Zum Umfang des Begriffs »Tisch« gehören

---

[13] Zur epistemologischen Bedeutung dieses Satzes vgl. Dittrich (1913, 39), Funke (1936), Gardiner (1960, 44).

[14] Desgl. auch Sapir (1960, 89): »Each element [of a] sentence defines a separate concept or conceptual relation, or both combined«.

[15] Bereits 1915 (98) vertrat F. de Saussure die Ansicht, dass ein sprachliches Zeichen nicht ein Ding und einen Namen, sondern einen Begriff mit einer Klangvorstellung verbindet, die durch den Eindruck eines Klanges entstanden ist, den dieser auf unsere Sinnesorgane ausgeübt hat. Den Begriff nennt er »signifié« und das sprachliche Zeichen »signifiant«.

[16] Zwei Jahre vorher bezog sich V.H. Rosen (1966) ebenfalls auf das semiotische Dreieck von C.K. Ogden u. I.A. Richards (1923). Er sah die Namensgebung als einen Prozess, in dem Wort- und Sachvorstellung (»thing presentation«) über Begriffe miteinander verbunden werden und vertrat die Ansicht, »that the conventional shared meaning of words ... depend[s] ... upon concepts or referential categories ... rather than upon images« (1966, 641).

[17] »Every concept has *content*: this is the sum total of the characteristics that are common to all the objects subsumed under that concept. Every concept has a *realm*: these

»all the tables that exist or can be thought of, irrespective of their material, sha-
pe, color, number of legs, or use. The content of the concept ›table‹, which may
be referred to as ›tableness‹, is the elusive common characteristic of all tables.
›Tableness‹ exists nowhere, but still is inherent to all tables« (1968, 191).

Ohne über den Inhalt des Begriffs »Tisch«, ohne über die abstrahierte Intension
»tableness«‹ zu verfügen, könnte ein bestimmtes wahrgenommenes und in Gestalt einer Vorstellung sinnlich repräsentiertes Ding – etwa ein Holzbrett mit vier
Beinen – auch nicht als Tisch bewusst werden. Da es Bewusstsein nicht an sich,
sondern immer nur als ein Bewusstsein von etwa gibt, gilt aus erkenntnis- und
sprachtheoretischer wie auch aus der Sicht von D. Rapaport et al. (1968), dass
Gegenstände in einem Prozess bewusst werden, indem sie über die extensionalen Bestimmungen ihres mit einem Wortzeichen versehenen Begriffs – über ihre
Vorstellungen – identifiziert und über die Intensionen der Begriffe, in deren
Umfang die Vorstellungen liegen, als konkrete Fälle bestimmter Abstraktionen
ausgewiesen werden[18]. Deshalb sagt Cavell (1998) zurecht »that only behaviour
that is guided or informed by concepts can be said to be ›minded‹«. Die Sprache
schafft Bewusstsein aufgrund bezeichneter Begriffe, die erlauben, die »Zugehörigkeit« (»belongingness«, D. Rapaport et al. 1968, 189) von Erfahrungen zu
bestimmen, sie nach logischen Gesichtspunkten zu kategorisieren und auf ihrer
Grundlage zu planen und zu handeln[19]. »Etwa begreifen, sich einen Begriff von
etwas machen«, sagt Graumann (1965, 36), »heißt, etwas Besonderes als zu etwas Allgemeinen gehörig aufzufassen. Etwas als etwas erkennen ist die formale
Struktur dieser so alltäglichen ... kognitiven Leistung«. Erst mit dieser Auffassung kann jenes »probeweise[.] Handeln« (Freud 1933a, 96) auf jenem bewussten Niveau begründet werden, das Freud (1915e, 300) als »Sekundärvorgang«
beschreibt.

---

are all the objects that are subsumed under that concept by virtue of having its content
in common« (D. Rapaport et al. 1968, 191).

[18] So schreibt Price (1953, 277): »Ein Begriff ist eine Erkenntnisfähigkeit, die sich auch
im Fehlen manifestieren kann« (Übersetzung von M.M. Lewis 1970, 53).

[19] Die Notwendigkeit, die Repräsentanzwelt als eine in verschiedene Abstraktionsstufen gegliederte aufzufassen, wurde außer von D. Rapaport auch von anderen Psychoanalytikern gesehen. So unterscheiden J. Sandler u. Rosenblatt (1962) in der Repräsentanzwelt zwischen »Vorstellungen (representations)« und »Bildern (images)«. Unter
»Vorstellung« wird ein »Schema« verstanden, das eine »mehr oder weniger dauerhafte
Existenz ... besitzt«. Es wird aus Bildern aufgebaut. Etwa: »Das Kind erlebt viele Bilder
seiner Mutter – die stillende, die sprechende, die sitzende, die stehende, die Nahrung
zubereitende Mutter usw. – und auf der Grundlage dieser Bilder erzeugt es allmählich
eine Muttervorstellung, die ein ganzes Spektrum von Mutterbildern umfasst, welche alle
das Etikett ›Mutter‹ tragen«. Allerdings erhält in ihrer Konzeption die Sprache bei dieser
Aufgliederung nicht den systematischen Stellenwert, der ihr von D. Rapaport für die
Bewusstseinsbildung zugeschrieben wird.

Bewusstsein, Begriffe und Sprache

Ich denke, dass es klar geworden ist, dass Freuds Annahmen das Problem, wie sich Bewusstsein generiert, nicht lösen können. Trotz dieser Widersprüchlichkeiten und offenen Fragen faszinierte aber die Freudsche These die Psychoanalytiker offensichtlich so sehr, dass sie kaum ernsthaft problematisiert wurde. Außer von Lorenzer wurde auch der Freudsche Begriff der *Sach*vorstellungen nicht in Frage gestellt. Dieser Begriff ist deshalb problematisch, weil er voraussetzt, dass das kindliche Subjekt bereits auf vorsprachlichem Entwicklungsstand über ein Bewusstsein verfügt, d. h. dass es in der Lage ist, die Welt in verschiedene, sich in Sachvorstellungen darstellenden distinkte Objekte zu differenzieren und sich selbst von ihnen abzugrenzen. Nur unter dieser Implikation ist jedenfalls die Annahme möglich, dass das kindliche Subjekt mit dem Spracherwerb Wortvorstellungen mit Sachvorstellungen verbindet. Vorausgesetzt werden muss, was erst die Folge des Spracherwerbs sein kann. Die Auftrennung dieser Einheit in ein Subjekt und in eine in sich differenzierte Objektwelt wird jedenfalls erst durch Sprache besorgt[20]. Durch sie lassen sich verschiedene Interaktionen jeweils als »eine bestimmte, mir zugehörige und auf ein bestimmtes Objekt gerichtete oder von ihm ausgelöste« ausweisen.

Entsprechend der Freudschen (1926d, 161) Einsicht, dass die Mutter »als Objekt« dem Neugeborenen unbekannt ist und dass »die Brust ... anfangs gewiss nicht vom eigenen Körper unterschieden« wird (1940a, 115), löst Lorenzer deshalb den Begriff der Sachvorstellungen mit seinem Begriff der Interaktionsformen kritisch auf. Wenn Sprache erworben wird, können die ersten Worte, die auch bei Lorenzer nichts anderes sind als Erinnerungsreste gehörter Worte, zunächst weder das Subjekt noch die Objekte, sondern nur das innere Abbild dessen bezeichnen, was geschieht, das Abbild einer Interaktion, d. h. eine Interaktionsform, die zwar objektiv, aber noch nicht aus der Sicht des Kindes in Subjekt-Aktion-Objekt gegliedert ist. Subjektiv sind in ihr das kindliche Subjekt und seine Objekte noch ungetrennt aufeinander bezogen. Der Sprachaufbau, schreibt Lorenzer (1974, 120f), ist

---

[20] Dass diese Bildung eines Selbstbewusstseins an Sprache gebunden ist, zeigen implizit eine Reihe experimenteller Untersuchungen. Kindern wurden heimlich eine Markierung auf ihre Nase angebracht und vor einen Spiegel gestellt. Es zeigte sich, dass die Kinder erstmals etwa im Alter von 18 Monaten – also nach dem Erwerb von Sprache – erkennen, dass diese Markierung zu ihnen – und nicht etwa zum Spiegel – gehört (Amsterdam 1972; Amsterdam u. L. Greenberg 1977; Amsterdam u. Lewitt 1980; M. Lewis u. Brooks-Gunn 1979; Priel 1985; Priel u. de Schoenen 1986; Schneider-Rosen u. Cichetti 1984). Lichtenberg (1983a, 106) sieht ebenfalls »in der Mitte des 2. Lebensjahres [ein] ganzheitliche[s] Selbst« auftauchen und desgleichen ist M. Lewis (1992, 46f) auf Grund seiner vielfältigen empirischen Untersuchungen der Ansicht, dass ein selbstreferentielles Verhalten nicht vor der zweiten Hälfte des zweiten Lebensjahres zu beobachten ist.

»ein Prozess, der in der Ontogenese des einzelnen sich in folgender Weise voll-zieht: 1. Ein Wort, z. B. ›Mama‹, wird von einer bestimmten Person dem Kind vorgesprochen. 2. Die ›spracheinführende Person‹ zeigt ... dabei auf einen Ge-genstand, der nun freilich kein für sich stehendes Objekt ist (Objekte werden ja erst von der Sprache gebildet), sondern als die aktuelle, bestimmt-geformte In-teraktionsfigur, die gegenwärtige Interaktion zwischen beiden Partnern der Spracheinführung ausmacht. Die *bestimmte Interaktionsform erhält einen Namen.* 3. Der Sprachaufbau gründet so auf der Pragmatik des Zeigens-auf, der Semantik der Verbindung von Wort (im Rahmen der gegebenen Sprache) und bestimmter Interaktionsform (im Rahmen der hergestellten Interaktionsstruktur) ... Als be-nannte, also ›prädizierte bestimmte Interaktionsform‹ wird diese zur *›symbolischen Interaktionsform,* wird sie zur Grundeinheit des semantischen Gefüges der Spra-che. Die das kindliche Verhalten ausmachende ›bestimmte Interaktionsform‹ wird als ›symbolische Interaktionsform‹ zur Grundfigur des Bewusstseins«.

Im Unterschied zu Freud, bei dem für das Bewusstsein der Sachvorstellungen im Wesentlichen eine bloße Addition ihrer Besetzungsenergien und der von Wortvorstellungen verantwortlich gemacht wird, versucht Lorenzer ferner, die Beziehung zwischen Sprache und Interaktionsformen mit den sprachtheoreti-schen Begriffen der »Prädikation« und »Regulation« zu klären, die er der Sprachkonzeption von K. Lorenz (1970) entnimmt. Prädikation meint den Vorgang, in welchem ein Prädikator, ein gesprochenes Wort, einer Interaktions-form zugeordnet wird, Regulation kennzeichnet ein sprachliches Grundvermö-gen, welches erlaubt, die Prädikatoren, die bestimmten Interaktionsformen zugesprochen wurden, anderen Interaktionsformen abzusprechen. Wird etwa einer ersten Interaktionsform der Prädikator »lieb« und einer zweiten der Prä-dikator »böse« zugesprochen, dann wird im Vorgang der Regulation der ersten Interaktionsform »böse« und der zweiten »lieb« abgesprochen.

Abwehr konzipiert Lorenzer (1970, 81) als einen Vorgang, in dem die inhalt-liche Verbindung von Sprache und Praxis durch eine »Desymbolisierung« von »symbolischen Interaktionsformen« aufgelöst wird. Gemeint ist damit, dass im neurotischen Konflikt Interaktionsformen die ihnen lebensgeschichtlich zuge-hörigen Sprachfiguren verlieren, unbewusst werden, und als »Klischee« (1970, 81f) unter falschen Namen, unter falschen sprachlichen Zeichen wieder in das Symbolsystem eingebracht.

Beim ersten Hinsehen scheint es, als könnte diese Konzeption die durch die Sprache ermöglichte Symbolbildung zureichend einsichtig machen. Schaut man jedoch genauer hin, offenbart sich eine zentrale Leerstelle. Lorenzer (1972) be-ruft sich mit seinem Symbolbegriff explizit auf die Symbolkonzeption von Su-sanne K. Langer (1942, 79). In deren Verständnis ist das, »[w]as ein Symbol in Wirklichkeit vermittelt«, nicht das Ding, sondern »der Begriff«, den wir von den Dingen haben, so dass es scheint, als ob auch bei Lorenzer Symbolbildung als Begriffsbildung zu lesen ist. Allerdings unterlässt er es zu zeigen, wie sich die begriffliche Struktur der Symbole bildet. Die Vorgänge der Prädikation und Regulation können jedenfalls lediglich zu einer Unterscheidung der Interakti-onsformen durch die ihnen zugeordneten sprachlichen Prädikatoren führen.

Die bloße Unterscheidung der Interaktionsformen erlaubt aber noch nicht, dass man sich ihrer auch bewusst wird. Die sprachlichen, im Vorgang der Prädikation und Regulation zu- und abgesprochenen Zeichen sind lediglich eine notwendige und keine hinreichende Bedingung für Bewusstsein. Sie können jedoch nicht darüber aufklären, wie Interaktionsformen in Begriffe eingelassen werden, wie sich deren intensionale Bestimmungen bilden, in denen das Invariante und im Verschiedenen Identische fixiert ist, das die im entsprechenden Umfang des Begriffs enthaltenen Objekten und Beziehungen gemeinsam aufweisen. Erst dies ermöglicht die abstrakte Identitätsrelation des Allgemeinen und Besonderen Graumanns (1965, 36), deren Funktion Kröber (1964, 503) so beschreibt:

>»Die abstrakte Identität ist unerlässlich, um den identisch-einen Sachverhalt, von dem die Rede sein soll, als diesen identisch-einen Sachverhalt zu charakterisieren. Aufgabe der abstrakten Identitätsrelation ist es, den allgemeinen Sachverhalt so festzulegen, dass man ihn überall wieder in seinen verschiedenen Erscheinungsformen als diesen identisch-einen allgemeinen Sachverhalt wieder erkennt«.

Obwohl Lorenzers Begriff der »Interaktionsform« der Sachlage mehr entspricht als der Freudsche Begriff der »Sachvorstellung«, kann auch die Lorenzersche Konzeption die Grenzen, die der Freudschen Sprachauffassung innewohnen, nicht überwinden. Wie in der Freudschen energetischen Argumentation, stehen auch bei Lorenzer sprachliche Zeichen und Praxis lediglich in einem formalen, bedingt-reflektorischen und nicht in einem sinnhaft-signifikanten Zusammenhang. Wie Freud begründet auch Lorenzer die Bewusstsein generierende Funktion der Sprache lediglich mit ihrem sigmatischen Aspekt. Und auch sein Konzept der Verdrängung ist ihrer sprachtheoretischen Fassung durch Freud nachgebildet. Auch bei Lorenzer führt die Verdrängung zu einer Disjunktion von Wortvorstellungen und Sachvorstellungen – hier Interaktionsformen –, die unbewusst werden und die als »Klischee« (1970, 81f) – wie bei Freud – wieder in bewusstseinsfähigen »Ersatzbildung« (Freud 1915d, 256) erscheinen sollen. Da Worte auch bei Lorenzer nicht begrifflich verarbeitete, sich aus der Wahrnehmung von Objekten oder Interaktionen bildende Vorstellungen bedeuten, Wort lediglich als ihre Zeichen firmieren, bleibt aber auch in seiner Konzeption offen, wie Bewusstsein entsteht und wie unbewusst gewordene Interaktionsformen in Gestalt von Ersatzbildungen wieder ins Bewusstsein eingelassen werden.

Kröbers Formulierung macht darauf aufmerksam, dass die Intension eines Symbols, welche erlaubt, in verschiedenen Erscheinungsformen denselben Sachverhalt wieder zu erkennen, als ein Abstraktionsprodukt aus seinen verschiedenen Erscheinungsformen anzusehen ist. Für diesen Abstraktionsprozess sind zwar die sprachlichen Differenzierungsschritte der Prädikation und Regulation eine notwendige Voraussetzung der Symbolbildung insofern, als sich über sie die formale Zuordnung eines Wortes zu den extensionalen Bestimmungen eines Symbols herstellt. Sie können jedoch keine Auskunft darüber geben, wie sich die Intension der Symbole bildet. Ich bin dieser Frage in einigen Arbeiten detailliert nachgegangen (z. B. Zepf 1985a, 69ff; 1993b), so dass ich mich hier auf das Wesentliche beschränken kann. Die begrifflichen Intensionen, welche erlauben, das Identische im Verschiedenen zu erkennen, sind das analytische Produkt, das aus einem Vergleich verschiedener Interaktionsformen resultiert. Erkenntnistheoretisch gesehen ist der Vergleich die konkrete Form, in der sich Analyse und Synthese ineinander verschränken[21]. Der Vergleich beginnt – wie sonst auch – mit einem synthetischen Akt, in dem hier die verschiedenen und mit verschiedenen Namen prädizierten Interaktionsformen einander gegenüber gestellt werden. Durch diesen synthetischen Akt erfolgt die Analyse der zu vergleichenden Interaktionsformen, die Ermittlung ihrer Gemeinsamkeiten und Unterschiede. Das durch die Analyse ermittelte Gemeinsame wird abstrahiert und vereint, synthetisiert die unter der Intension der Begriffe. D. h. die Elemente, in denen Interaktionsformen einander abstrakt identisch sind, werden in den sprachlichen Prädikatoren in vollem Wortsinn »auf den Begriff« gebracht. Da sich aber Identisches immer nur in Polarität zum Verschiedenen bestimmen lässt, sind diese analytischen Abstraktionen notwendig an synthetische Konkretionen gebunden. Genauer: Die Abstraktion eines identischen Elements aus verschiedenen Interaktionsformen setzt voraus, dass in einem dazu gegenläufigen Prozess die Verschiedenheit des identischen Elements – die Verschiedenheit der Interaktionsformen, in denen das identische Element vorhanden ist – bereits als besondere Exemplare, als Konkretionen, als Fälle anderer Abstraktionen ausgewiesen werden können.

Ich will diese komplexe Sachlage mit einem Beispiel verdeutlichen, der Intensionsbildung des »Mama«-Begriffs. Mit der Einführung des Prädikators »Mama« werden im Laufe der Zeit verschiedene Interaktionsformen bezeichnet, in denen das Mama-Objekt für das Kind konkret existiert. Damit nun »Mama« als das Identische dieser verschiedenen – etwa lieben, warm-befriedigenden und bösen, kalt-frustrierenden – Interaktionsformen herausabstrahiert werden kann, müssen bereits eine Reihe von Abstraktionen vorliegen, so z. B. die Abstraktionen »lieb«, »böse« und »Papa«. Die Verschiedenheit der Erscheinungsformen des Mama-Objekts, die Nicht-Identität von warm-befriedigenden und kalt-frustrierenden Interaktionsformen, könnte sonst nicht bewusst erfasst und ohne die »Papa«-Abstraktion könnte Mama nicht von dem Papa-Objekt bewusst abgegrenzt und auf ein einheitliches Objekt bezogen werden. Die Einlösung dieser Bedingung für die »Mama«-Abstraktion setzt somit voraus, dass »lieb« und »böse« nicht nur in verschiedenen Interaktionsformen interagiert wurden. Ihre Verschiedenheit muss auch erkannt werden können – etwa als lieb (bzw. böse)-in-Beziehung-zu-Mama und als lieb (bzw. böse)-in-Beziehung-zu-

---

[21] »Der Vergleich ist ... eine Analyse, die mittels einer Synthese erfolgt und zur Verallgemeinerung, also zu einer neuerlichen Synthese führt« (S.L. Rubinstein 1961, 82).

Papa –, d. h. »lieb« und »böse« müssen ebenfalls als besondere »Fälle« anderer Abstraktionen ausgewiesen werden können. Ihr Abstraktionsprozess setzt somit auch bereits vollzogene Abstraktionen voraus, die wiederum weitere Abstraktionen als Bedingung benötigen.

Die für die Bildung symbolischer, d. h. begrifflich gefasster Interaktionsformen notwendigen Abstraktionen und Konkretionen setzen sich wechselseitig voraus. Der synthetische Akt der Konkretion ist sowohl Folge als auch notwendige Bedingung der analytischen Abstraktion, welche wiederum zugleich Folge und notwendige Bedingung der synthetischen Konkretion ist, so dass diese Vorgänge nicht nacheinander, sondern gleichzeitig innerhalb eines einheitlichen Prozesses statt finden müssen. Am Ende dieses Prozesses stehen verschiedene Interaktionsformen zu einem Begriff in Beziehung, in dem das Merkmal, hinsichtlich dem sie abstrakt identisch sind, als Intension zum Vorschein gebracht wird und verschiedene Begriffe stehen zu einer Interaktionsform in Beziehung, mit denen sich ihre jeweilige Besonderheit als synthetisches Gedankenkonkretum reproduzieren lässt, so dass nun mit der »Zugehörigkeit« in absteigender Konkretion ihres abstrakten Kerns diese Interaktionsform zugleich als eine jeweils besondere und von anderen abgrenzbare bestimmt werden kann. Eine Interaktionsform wird in dem Maße bewusst, wie sie in verschiedenen, durch Prädikatoren prädizierten Begriffen gefasst werden kann, so dass der Prozess der Bewusstseinsbildung ein vielfältiges Interaktionsspiel ebenso voraussetzt wie die Einführung vielfältiger Prädikatoren. Daraus folgt, dass die inhaltliche subjektive Differenzierung der Interaktionsformen von der Anzahl der Begriffe abhängig ist, in deren Umfang sie zu liegen kommen[22].

Das Vorbewusste

Aus den bisherigen Überlegungen geht nicht nur hervor, dass sexuelle Triebwünsche und imperative Körperbedürfnisse vom Subjekt erst mit dem Spracherwerb voneinander unterschieden werden können. Sie geben auch einen Einblick in die Differenz, die zwischen Bewusstem und Vorbewusstem besteht. Wie E. Kris (1950b) bereits vor über fünfzig Jahren feststellte, wird das Vorbewusste bzw. werden vorbewusste Denkprozesse im psychoanalytischen Schrifttum nur selten erwähnt. Daran hat sich seit dem nichts geändert[23], so dass es

---

[22] Ich erwähne dies an dieser Stelle auch deshalb, weil eine dieser Bedingungen in einer psychosomatogenen Sozialisation (s. Kap. 18) unterlaufen wird.

[23] In den wichtigsten internationalen psychoanalytischen Zeitschriften finden sich jedenfalls seit 1920 lediglich knapp ein Dutzend Arbeiten, die sich systematisch mit diesem Konzept auseinandersetzen. Auch in verschiedenen psychoanalytischen Begriffslexika wird unter dem Stichwort des Vorbewussten nahezu ausschließlich auf Arbeiten Freuds verwiesen (z. B. Laplanche u. Pontalis 1967, 612ff) oder das Stichwort ist darin

scheint, als wäre das Konzept des Vorbewussten eines der ganz wenigen innerhalb des psychoanalytischen Theoriekorpus unstrittig und bedürfte im Anschluss an Freuds eigene Ausarbeitungen keiner weitergehenden Klärung mehr.
Auch in der bereits erwähnten Untersuchung der theoretischen Orientierungen
von Psychoanalytikern von V. Hamilton (1993; 1996) erwies sich dieses Konzept als das einzige, das schulenübergreifend unstrittig war. Die befragten Analytiker betrachteten das Vorbewusste übereinstimmend als eine Art »in-
between« area, intermediate between fully conscious and unconscious mental
contents«, dem für die Interaktion zwischen Analytiker und Analysand eine wesentliche Rolle zukommt (Gabbard 1998).

Nun ist freilich der Ausdruck »in-between« area« wie auch die Bezeichnung
des Vorbewussten als eine »bridge both between conscious and unconscious
phenomena and between intrapsychic and interpersonal phenomena« (Kantro-
witz 1999) eine Metapher und keine genaue begriffliche Bestimmung. Deshalb
kann es auch nicht verwundern, dass, wie Arlow u. Brenner (1964, 88) bekla-
gen, dieser Begriff häufig eine »ungenaue und anachronistische Verwendung«
findet, bzw. zwischen »unbewussten und vorbewussten Funktionen« nicht unterschieden wird (Kubie 1958/61, 40; desgl. J. Sandler et al. 1997).

Diese unklare Verwendung des Begriffs ist schon bei Freud angelegt. Bekanntlich entwarf er seine Theorie des Vorbewussten innerhalb des ersten topischen Modells, das im 7. Kapitel der Traumdeutung eingeführt wird. Seelische
Inhalte, Vorstellungen und Gedanken, werden in diesem Modell als in Systemen lokalisiert gedacht und gehen unter bestimmten Bedingungen vom einen
ins andere System über. In definitorischer Absicht schreibt er:

> »Das letzte der Systeme am motorischen Ende heißen wir das Vorbewusste, um
> anzudeuten, dass die Erregungsvorgänge in demselben ohne weitere Aufhaltung
> zum Bewusstsein gelangen können, falls noch gewisse Bedingungen erfüllt sind,
> z. B. die Erreichung einer gewissen Intensität, eine gewisse Verteilung jener
> Funktion, die man Aufmerksamkeit zu nennen hat, u. dgl. Es ist gleichzeitig das
> System, welches die Schlüssel zur willkürlichen Motilität innehat. Das System
> dahinter heißen wir das Unbewusste, weil es keinen Zugang zum Bewusstsein
> hat, außer durch das Vorbewusste, bei welchem Durchgang sein Erregungsvor-
> gang sich Abänderungen gefallen lassen muss« (Freud 1900a, 546).

Freud geht davon aus, »dass jedem Übergang von einem System zum nächst
höheren ... eine neue Zensur entspreche«. Substantivisch gebraucht, bezieht
sich die Bezeichnung *Vbw* auf ein solches System, als Adjektiv verweist *vbw* auf
die Inhalte und Prozesse in diesem System. Im Gegensatz zum System *Ubw*
verlaufen die Operationen im System *Vbw* nach den Gesetzen des Sekundärvorgangs, das System *Vbw* wird damit von Freud als der Ort des geordneten,

---

nicht enthalten (z. B. Mertens u Waldvogel 2000). In den klassischen Lehrbüchern bzw.
Einführungen in die psychoanalytische Theorie und Neurosenlehre von Nunberg
(1932), Fenichel (1945) und Brenner (1955) wird das Vorbewusste jeweils nur kurz erwähnt, aber nicht weiter diskutiert.

logischen Denkens eingeführt. Gleichwohl sind die Elemente, die sich im System *Vbw* befinden, im Moment »noch nicht bewusst, wohl aber bewusstseinsfähig« (1915e, 272; 1939a, 202). Sie werden bewusst unter Hinzufügung einer zusätzlichen Überbesetzung, einer sog. »Aufmerksamkeitsbesetzung« (1900a, 621). Im Fokus der Aufmerksamkeit sind die bewussten seelischen Vorgänge kontrolliert, vorher laufen sie – wenngleich in der gebundenen Form des Sekundärvorgangs – unwillkürlich ab:

> »[M]an kann für solche Vorgänge, die sich im Vorbewussten abspielen und der Aufmerksamkeitsbesetzung, mit welcher Bewusstsein verbunden ist, entbehren, passend den Namen ›automatische‹ verwenden« (1905c, 251).

Problematisch an dieser Konzeption ist, dass die Systeme *Ubw*, *Vbw* und *Bw* lediglich durch Besetzungen miteinander verbunden sind. Da aber, wie in Kap. 2 dargestellt, Besetzungen keine Inhalte transportieren können, bleiben auch die seelischen Inhalte eingesperrt in das jeweilige System, in dem sie lokalisiert werden. So paradox es klingt, im topischen Modell bleibt das Unbewusste aus dem sprachgebundenen psychoanalytischen Erkenntnisverfahren inhaltlich ausgeschlossen.

Aufgrund unterschiedlicher immanenter Probleme des ersten topischen Modells (s. dazu Kap. 8; vgl. auch Arlow u. Brenner 1964, 30ff; J. Sandler et al. 1997, 167ff) sah Freud sich 1923 (a) veranlasst, eine grundsätzliche Revision seines seit der Traumdeutung verwendeten topischen Modells vorzunehmen, und es in das sog. Strukturmodell zu verändern. Seelischen Inhalte werden darin nicht länger nach ihrer Zugehörigkeit zu den Systemen *Ubw* und *Vbw/Bw*, sondern zu den Strukturen Ich, Es und Über-Ich gegliedert, die unabhängig von den Strukturen hinsichtlich ihres Bewusstseinszustandes variieren können. Der Terminus »vorbewusst« wird nun überwiegend als Qualität seelischer Vorgänge (Freud 1940a, 85) verwendet und beschreibt nur noch das gegenwärtig Unterschwellige, welches der Möglichkeit nach Bewusstsein gewinnen kann (z. B. 1933a, 78).

Gleichwohl wurde der Begriff des Vorbewussten weiterhin in systemischem Sinne verwendet (z. B. Eissler 1962). Arlow u. Brenner (1964, 89) zeigen dies am Beispiel eines behandlungstechnischen Prinzips:

> »Sogar bei Autoren, die versucht haben, die Strukturtheorie auf systematische Weise in ihre klinische Arbeit zu integrieren, lässt sich beobachten, wie sie unbewusst wieder in den Schemata der topografischen Theorie denken, wenn sie den Begriff des Vorbewussten verwenden. Betrachten wir beispielsweise die bekannte methodische Maxime, dass es günstig sei, einen unbewussten Wunsch dann zu interpretieren, wenn im analytischen Material vorbewusste Abkömmlinge in Erscheinung treten. Darin kommt eine Vorstellung zum Ausdruck, die fest in dem Begriff des Vorbewussten als eines Systems und weniger als einer Qualität des seelischen Geschehens verankert ist. In Wirklichkeit sind jedoch Abkömmlinge eines unbewussten Impulses, wenn sie im klinischen Material in Erscheinung treten, bewusst. Das unbewusste Element wird aus den Daten des Bewusstseins gefolgert«.

Der unwillkürliche Rückfall in die topographische Theorie lässt sich etwa bei Leuschner (1995a; 1995b; 2000) zeigen, der sich im deutschsprachigen Bereich möglicherweise am intensivsten mit dem Konzept des Vorbewussten und dessen Arbeitsweise beschäftigt hat. Die Operationen, die Leuschner auffindet, werden als Eigenschaften eines autonomen Systems beschrieben:

> »Das Vorbewusste ist ein eigenständiges System. Die Besonderheiten dieses Systems sind aber primär nicht – wie bei Freud – topisch begründet. Unseres Erachtens ist es besser durch seine spezifischen Arbeitsleistungen zu definieren«.

Gemeinsam mit Dixon (1981) bezeichnet er es auch als ein »»Vorbewusstes Processing System‹ (VPS)« (1995b, 215), als ein »Assoziationsorgan«, welches »zwiebelschalenartig des System Bw« ummantele und auf der anderen Seite – »Freuds Topik entsprechend« – an das Ubw angrenze (1995b, 216). Wenn es weiter heißt, das VPS arbeite »parallel zum Bewusstsein« und verfüge über »eigene Wahrnehmungsmöglichkeiten und eine separate Motilität«, liegt ein Modell jener strikt getrennten Systeme vor, die exakt Freuds Topik entsprechen, und deren Probleme dieser mit der Einführung der Strukturtheorie zu überwinden suchte.

Abgesehen von der immer wieder auftretenden Vermischung beider Modelle bleibt auch innerhalb des Strukturmodells die in Freuds erster Topik enthaltene Problematik erhalten, die sich aus seiner besetzungstheoretischen Fassung des Zusammenhanges von unbewusst, vorbewusst und bewusst ergibt. Eine seelische Repräsentanz ist Freud zufolge weiterhin unbewusst, wenn sie allein die Sachvorstellung umfasst, und sie ist vorbewusst, wenn sie überbesetzt mit Wortvorstellungen überbesetzt wird: »Die Frage: Wie wird etwas bewusst? lautet also zweckmäßiger: Wie wird etwas vorbewusst? Und die Antwort wäre: durch Verbindung mit den Wortvorstellungen« (Freud 1923a, 247). Das Unbewusste kann damit inhaltlich weder im Vorbewussten noch im Bewusstsein erscheinen. Eine unbewusste Vorstellung bleibt vielmehr auch in Freuds Strukturmodell ein Element des Seelenlebens, das *an sich* unbewusst ist und auch bleibt.

Nun gibt Freud (1940a, 84) am Ende seines Lebens die Sprachbedingung als definitorische Bestimmung des Vorbewussten wieder preis:

> »Es wäre aber nicht richtig, die Verbindung mit den Erinnerungsresten der Sprache zur Bedingung für den vorbewussten Zustand zu machen, dieser ist vielmehr unabhängig davon, wenngleich die Sprachbedingung einen sicheren Schluss auf die vorbewusste Natur des Vorgangs gestattet. Der vorbewusste Zustand, einerseits durch seinen Zugang zum Bewusstsein, andererseits durch seine Verknüpfung mit den Sprachresten ausgezeichnet, ist doch etwas besonderes, dessen Natur durch diese beiden Charaktere nicht erschöpft ist«.

Wodurch die Qualität vorbewusster Zustände stattdessen wesentlich bestimmt ist, d. h. woraus sie sich begründen, weiß Freud nur mehr vage anzugeben. Da eine dem Strukturmodell immanente Fassung anscheinend nicht greifbar ist, muss er sich wieder des topographischen Modells bedienen. Dies wird einige Zeilen später deutlich, wenn er das Ich als Kategorie des Strukturmodells mit der Qualität des Vorbewussten gleichsetzt: »Das Innere des Ichs, das vor allem die Denkvorgänge umfasst, hat die Qualität des Vorbewussten. Diese ist für das

Ich charakteristisch, kommt ihm allein zu« (1940a, 84). Ich und *Vbw* werden damit synonym, aus einer Struktur wird damit wieder ein System. Wenn Freud kurz darauf nach der Natur des Zustands fragt, »der sich im Es durch die Qualität des Unbewussten, im Ich durch die des Vorbewussten verrät« (1940a, 85) und sie unter Hinweis auf die Prinzipien des Primär- und Sekundärvorgangs beantwortet, wird die eindeutige Zuordnung und Gleichsetzung der Strukturen mit Qualitäten noch deutlicher. Arlow u. Brenner (1964, 93) bringen die merkwürdige Wendung, die Freud hier vollzieht, treffend auf den Punkt:

> »In dieser Arbeit kehrte Freud zu einer ökonomischen Definition des Vorbewussten zurück, die im Wesentlichen eine Wiederholung der systematischen Bedeutung des Begriffs darstellte, wie sie ihm im Rahmen der aufgegebenen topografischen Theorie zukam: Von einem vorbewussten seelischen Element spricht man dann, wenn es mit gebundener Energie besetzt, in den Funktionsablauf des Sekundärvorgangs eingepasst ist und zum Ich gehört. Wir müssen hier einen Rückschritt Freuds gegenüber der von ihm in seinen seit 1923 veröffentlichten Werken eingenommenen Position feststellen, von der aus betrachtet der Begriff des Vorbewussten in einem rein phänomenologischen Sinne im Rahmen der Strukturtheorie zu verwenden ist«.

Rein phänomenologisch ist die Verwendung im Strukturmodell zwar nicht, verknüpft doch Freud immerhin bis zu den 1940 vorgetragenen Zweifeln das Vorbewusste durchgängig mit der Verbindung von Wort- und Sachvorstellungen. Richtig ist aber, dass nach der Aufgabe des topischen Modells das Konzept *überwiegend* nur noch deskriptiv verwendet wird, eben als Kennzeichnung der Bewusstseinsfähigkeit momentan nicht bewusster seelischer Inhalte[24]. In Bezug auf das Vorbewusste ist jedenfalls eine Integration der beiden Modelle Freud nicht gelungen (vgl. a. E. Kris 1950).

Auch die von J. Sandler et al. (1997) vorgeschlagene inhaltliche Bestimmung des Vorbewussten kann dieses Problem nicht lösen. Vorbewusste

> »Inhalte setzen sich ... aus vielen verschiedenartigen Elementen zusammen. Dazu gehören erstens diejenigen Abkömmlinge von Triebwünschen aus dem Primärvorgang, die abgeführt werden wollen und ... die erste Zensurebene passieren und so ins Vorbewusste gelangen konnten ... Zu den Inhalten des Vorbewussten zählen zweitens diejenigen psychischen Vorstellungen, deren Genese sich gegenwärtigen oder zurückliegenden Interaktionen mit der Außenwelt (d. h. über die Sinnesmodalitäten vermittelten Wahrnehmungserlebnissen) verdankt. Drittens müssen wir hier die Schöpfungen der vorbewussten Vorstellungs- (d. h. Phantasie-) und Erkenntnistätigkeit unterbringen« (J. Sandler et al. 1997, 96f).

In dieser Auffassung verlieren Trieb, Wahrnehmung und Imagination ihren systematischen Zusammenhang und werden aufgelöst in einzelne, quasi-dingliche Komponenten, die lediglich zusammen in einem Behälter-System vorhanden sind.

---

[24] S. auch Kubie (1966): »Freud's formulation of the structural metaphor coincided with his turning his attention away from the dynamic role of preconscious processing«.

Anders wird die Lage, wenn man das Vorbewusste – zunächst unter Absehung vom Unbewussten und von strukturtheoretischen Erwägungen – im dargelegten Konzept des Bewusstseins betrachtet. Bewusstsein entsteht durch die Verbindung von sprachlichen Zeichen und Begriffen, die zusammen die Sprachsymbole konstituieren[25]. Die Intension eines Begriffs liegt in dem Moment, in dem verschiedene Interaktionsformen abstrakt identisch sind, seine Extension bezieht sich auf die Interaktionsformen, in denen dieses abstrakte Moment konkret enthalten ist. Sind die Begriffe mit einem sprachlichen Zeichen verbunden, wird es möglich, Interaktionen als Realisierungen bestimmter Interaktionsformen zu identifizieren und sie unter die Intensionen verschiedener bezeichneter Begriffe, unter Sprachsymbole zu subsumieren. In dieser symbolisch-begriffstheoretischen Fassung des Bewusstseins bezieht sich das »Latente, das nur deskriptiv unbewusst ist«, das Freud (1923b, 241) als »vorbewusst« klassifiziert, auf die begrifflich strukturierten vielfältigen Extensionen, auf Vorstellungen – Interaktionsformen –, die im Moment nicht bewusst, gleichwohl aber deshalb prinzipiell »bewusstseinsfähig« (1939a, 202) sind, weil das Hinzufügen sprachlicher Zeichen auch die anderen Begriffe ins Bewusstsein hebt, in deren Umfang sie liegen und sie damit zu anderen Zeitpunkten problemlos ins Bewusstsein gerufen werden können[26].

Das von Freud 1915 (e, 301) vorgetragene Charakteristikum des Systems *Vbw* – die Verbindung von Wort- und Sachvorstellungen – ist mithin jener Korrektur zu unterziehen, die Freud (1940a, 84) später selbst vornahm, nämlich das Vorbewusste aus dieser Verbindung herauszulösen. Dabei geht aus dem Nachsatz zu der Feststellung, dass die Verbindung von Wort- und Sachvorstellungen keine Bedingung für den vorbewussten Zustand ist – er lautet: »wenngleich die Sprachbedingung einen sicheren Schluss auf die vorbewusste Natur des Vorganges gestattet« –, auch hervor, dass Inhalte, wenn sie durch ihre Verbindung mit Wortvorstellungen Bewusstsein gewinnen können, vorbewusst waren, und somit auch aus seiner Sicht die Verbindung von Wort- und Sachvorstellungen das Bewusstsein charakterisieren. Jedenfalls kennzeichnet die Verbindung von Wort- und Sachvorstellungen *nicht* das System *Vbw*, sondern das System *Bw* und die von Freud (1900a, 621) postulierte »Aufmerksamkeitsbesetzung«, die aus

---

[25] Auf diese wesentliche Funktion des Zeichens im psychischen Prozess wies bereits Wygotski (1934, 111) hin. Er war der Ansicht, dass »alle höheren psychischen Funktionen das gemeinsame Merkmal [enthalten], dass sie vermittelte Prozesse sind, d. h. dass sie in ihrer Struktur den Gebrauch eines Zeichens als des Hauptmittels zur Lenkung und Beherrschung der psychischen Prozesse einschließen«.

[26] Desgl. Price (1953, 254, 316): »Beim Denken werden Begriffe zu Bewusstsein gebracht durch solche Besonderheiten wie Worte ...«. Und: »[E]inen Begriff kann man im Gedächtnis haben, wenn das entsprechende Symbol [gemeint sind Worte] nicht gegenwärtig ist« (Übersetzung von M.M. Lewis 1970, 53).

seiner Sicht für das Bewusstwerden nötig ist, enträtselt sich als mystifizierte
Darstellung der Verbindung von Wortvorstellungen und begrifflich strukturierten, das System *Vbw* kennzeichnenden Vorstellungen, von Wortvorstellungen
und von in Begriffen gefassten Interaktionsformen[27].

Das folgende Schema (1) stellt diesen Sachverhalt dar.

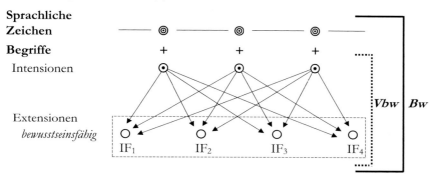

Schema 1: Begriffstheoretische Konzeptualisierung des Bewussten (*Bw*) und
des Vorbewussten (*Vbw*)

Die in Schema (1) dargestellten Begriffe liegen auf unterster Abstraktionsebene.
Oberhalb dieser Ebene baut sich ein in mehrere Abstraktionsstufen gegliedertes
begriffliches System auf, in dem die intensionalen Bestimmungen der Begriffe
der tiefer liegenden Abstraktionsstufen zu den extensionalen Bestimmungen
der Begriffe der nächst höheren Abstraktionsstufe werden. Etwa: Die intensionalen Bestimmungen der Begriffe »Fichte«, »Buche«, »Esche« etc. werden zu
den extensionalen Bestimmungen des Begriffs »Baum«, dessen intensionale Bestimmung wiederum zur extensionalen Bestimmung des Begriffs »Pflanze«
wird.

Exkurs: Abstraktes und anschaulich-bildhaftes Denken

Auch die analytische Unterscheidung von abstraktem und anschaulich-bildhaf-
tem Denken innerhalb eines einheitlichen Denkprozesses, der sich immer in
Begriffen vollzieht (S.L. Rubinstein 1946, 431), lässt sich in dieser sprachtheoretischen Konzeptualisierung des Bewusstseins wieder finden. Ehe ich dieses
Verständnis beider Denkformen in die vorgetragenen Überlegungen eintrage,

---

[27] Über die Beziehung von Wort und Begriff sagt Klaus (1962, 81): »Das Wort ist die
linguistische Form des Begriffs«.

will ich zunächst die Freudsche Auffassung des bildlichen Denkens[28] und die einiger anderer Autoren kurz rekapitulieren.

Eine zusammenhängende Theorie bildhaften Denkens findet sich bei Freud nicht. Seine Bemerkungen dazu sind über sein ganzes Werk verstreut, wobei die meisten im Zusammenhang mit dem Traum zu finden sind. Die formale Beschreibung des Traumgeschehens lautet, dass hier eine »Umleerung des Gedankeninhalts in eine andere Form« (1900a, 349), »in anschaulich-plastische Bilder« stattfindet (1900a, 52) und »vorwiegend in visuellen Bildern« gedacht wird (1900a, 52). Daneben wird »Vieles ... auch im Traum einfach gedacht oder vorgestellt« und ist dabei – »ganz wie sonst im Wachen« – »wahrscheinlich ... durch Wortvorstellungsreste vertreten« (1900a, 52). Im Unterschied zum wachen Zustand werden aber die »Gedanken durch Halluzinationen ersetzt« (1900a, 52) und die Vorstellungen gewinnen den Charakter von »Zeichen ... einer Bilderschrift«, die nicht in »ihrem Bilderwert«, sondern in »ihrer Zeichenbeziehung« zu lesen und »einzeln in die Sprache der Traumgedanken zu übertragen sind« (1900a, 283f). Entsprechendes gilt aber auch für das nicht halluzinatorische »visuelle Erinnern« von Kindheitsszenen. Wir besitzen hier nicht, urteilt Freud (1901b, 56), »die wirkliche Erinnerungsspur, sondern eine spätere Bearbeitung derselben ... welche die Einflüsse mannigfacher späterer psychischer Mächte erfahren haben mag«. Auch hier wird der betreffende prekäre Sachverhalt in Bilder übersetzt und darin in einem Prozess verborgen, in dem dessen »abstrakte[r] Gedankentext ... durch einen konkreteren ersetz[t] [wird], welcher mit ihm irgendwie durch Vergleich, Symbolik, allegorische Anspielung, am besten aber genetisch verknüpft ist«.

Da das bildliche Denken sprachlos ist, gehen in der Auffassung Freuds bei dieser Übersetzungsarbeit abstrakter Gedanken in Bilder in beiden Fällen auch die Relationen zwischen den Objektvorstellungen verloren. Deshalb sei das »Denken in Bildern ... nur ein sehr unvollkommenes Bewusstwerden« (1923b, 248). Zwar sei »ein Bewusstwerden der Denkvorgänge durch Rückkehr zu den visuellen Resten möglich ...«. Aber: »Man erfährt, dass dabei meist nur das konkrete Material des Gedankens bewusst wird, für die Relationen aber, die den

---

[28] Holt (1964) definiert das mentale Bild als Oberbegriff, als »generic term for all conscious subjective presentations of a quasi-sensory but nonperceptual character«. Er fasst darunter Gedanken- bzw. Erinnerungsbilder, Traumbilder, hypnagogische Bilder, Netzhaut- bzw. Eigenlichterregungen, Halluzinationen, paranormale und Pseudohalluzinationen, eidetische Bilder, Synästhesien, Körperbilder und Phantomglieder, wobei sich allerdings Traumbilder und Halluzinationen – sie zeichnen sich nicht durch einen »nonperceptual«, sondern durch einen »perceptual character« aus – nicht unter diesen Oberbegriff fassen lassen. Ich verwende den Begriff des mentalen Bildes im Folgenden lediglich für Vorstellungen, die sowohl von Wahrnehmungen unterschieden als auch selbst – wie im Falle des Traumes oder der Halluzination – den Charakter von Wahrnehmungen haben können.

Gedanken besonders kennzeichnen, ein visueller Ausdruck nicht gegeben werden kann« 1923b, 248).

Folgt man M.M. Gills (1967, 264) Hinweis, dass hier eindeutig von nichthalluzinatorischem bildlichen Denken die Rede ist, können in Freuds Sicht Kognitionen sowohl eine begriffliche wie auch eine bildhafte Existenzweise annehmen. Da aber bei der Umwandlung der ersten in die zweite die Relationen abhanden kommen, wird »[w]ie in einer primitiven Sprache ohne Grammatik ... nur das Rohmaterial des Denkens ausgedrückt, Abstraktes auf das ihm zugrunde liegende Konkrete zurückgeführt. Was so erübrigt, kann leicht zusammenhangslos erscheinen« (1933a, 20). Nach Ansicht von M.M. Gill (1967, 264) rückt Freud damit das bildliche Denken in die Nähe des Primärvorganges, welcher im Unterschied zum Sekundärvorgang nicht in der Lage ist, sachlogische Relationen darzustellen.

In der postfreudianischen Ära wurde dann zwischen Vorstellungstätigkeit und Vorstellung unterschieden (z. B. Beres 1960; 1962; Bruner 1960; V.H. Rosen 1960). Die Vorstellungstätigkeit wird als ein »thought process« (V.H. Rosen 1960) angesehen und Beres (1960) definiert diese Tätigkeit

> »as the capacity to form a mental representation of an absent object, an affect, a body function, or an instinctual drive. I am here defining a process whose products are images, symbols, fantasies, dreams, thoughts, and concepts. It is essential to distinguish the process from the products«.

Dabei wird zum einen die von Freud suggerierte Bindung des bildhaften Denkens an den Primärvorgang verabschiedet und aus der einfachen Dichotomie von Primär- vs. Sekundärvorgang[29], bzw. konkret vs. abstrakt herausgelöst:

> »Visual images, for example, often occur in the context of primary process, regressive, and concretized forms of thought. This frequent concurrence of image form with regressive content organization leads to tacit assumptions such as (1) primary process thought is represented in images and secondary process thought is represented in words; (2) thought in images is more primitive than thought in words; or (3) thought in images is concretistic, and thought in words is abstract. The model which follows suggests that such assumptions are unwarranted collapses of differing categories« (M.J. Horowitz 1972; s. auch Lester 1980).

Zum anderen werden die Produkte dieser Tätigkeit generell als bewusst angesehen, in denen unabhängig von ihrer Form zugleich auch unbewusste seelische Inhalte zur Darstellung gebracht werden[30]:

> »I consider all imagery as conscious and that it is necessary to assume some other state for unconscious mental content. Similarly, I would say that the unconscious fantasy is without verbal content and verbalization is part of the pro-

---

[29] Genaueres dazu in Kap. 8.

[30] Wie Ch. Fishers (1953; 1954; 1956; 1959) sorgfältige Replikation der Poetzlschen tachistoskopischer Traumexperimente (Poetzl 1917) zeigt, gilt dies auch für das anschaulich-bildhafte Denken.

cess of making the fantasy conscious, though not an essential one« (Beres 1962; s. auch Beres u. E.D. Joseph 1970; Lewin 1969)[31].

Diese Auffassungen lassen vieles offen. So begründet Freud das Denken in Bildern, das er als »das Wesentliche an der Traumbildung« (1916-17a, 178) ansieht, mit der Annahme einer topischen Regression, mit dem regredienten Weg, den die seelischen Inhalte im topographischen Modell des psychischen Apparates gehen. Ein Traumgedanke würde in seinem progredienten Fortschreiten zum Bewusstsein an der Zensurschranke zurückgewiesen und erfahre gleichzeitig eine »Anziehung, welche als sinnesstark vorhandene Erinnerungen auf ihn ausüben« (1900a, 553). Dieser Anziehung folgend, erhielte der Gedanke eine Wahrnehmungsbesetzung und erscheine somit als sinnliches Bild. Abgesehen davon, dass Freuds Annahme, in bloßen Vorstellungen könnten keinerlei Relationen abgebildet werden, nicht haltbar ist und dass sich psychische Prozesse im topographischen Modell des seelischen Apparates nicht adäquat abbilden lassen, beschränkt sich diese Erklärung ausschließlich auf eine besonderen Form des bildlichen Denkens, auf das Halluzinieren[32].

Beres (1960) These wiederum, in der Begriffe und Vorstellungen als Resultate einer einheitlichen Tätigkeit aufgefasst werden, ist höchst problematisch. Hinsichtlich dieser Gleichsetzung ist anzumerken, dass beide Abbildcharakter haben und auf etwas verweisen, das außerhalb ihrer selbst liegt. Insofern sind sie in dieser Hinsicht abstrakt identisch. Konkret sind sie jedoch verschieden. Während Vorstellungen Resultate der Analyse und Synthese von Wahrnehmungen sind und das Wahrgenommene sinnlich abbilden, sind Begriffe, wie dargelegt, Resultate und Mittel gedanklicher Operationen, von Abstraktions- und Konkretionsprozessen, die an sinnlichen Vorstellungen ansetzen, Vorstellungen mittels dieser Prozesse »auf den Begriff« bringen und dadurch die Gegebenheiten, auf welche sich in den Vorstellungen darstellen, ideell abbilden. Löst man also die differentia specifica, den wesentlichen Unterschied von Vorstellungstätigkeit und gedanklichen Operationen, im allgemeinen Begriff »Vorstellungstätigkeit« auf, bleibt verborgen, dass Vorstellungstätigkeit begriffliche Strukturen – andernfalls könnten weder Vorstellungen noch das Vorgestellte erkannt werden – und Begriffe Vorstellungstätigkeit voraussetzen, Begriffe jedoch nicht ihre Produkte sind. Indem die unterschiedlichen Produktionsweisen von Begriffen und Vorstellungen gleichsetzt werden, nimmt man die abstrakte Identität ihrer Produkte – beide stellen etwas vor, das ihnen äußerlich ist – für eine konkrete. Die Absurdität dieses Verfahrens wird sehr schnell deutlich, wenn man es sich in der Praxis vergegenwärtigt. Unter Prämisse einer Gleich-

---

31 G.S. Klein (1959) folgert daraus: »From the standpoint of the dynamics of repression, ›unconsciousness‹ is not a quality of experience; rather, it refers to a gap in understanding, to the condition of a cognitive schema in relation to an observer-self«.

32 Ich werde auf das Halluzinieren noch in den Kap. 7 und 9 zu sprechen kommen.

setzung verschiedener Produktionsweisen wären nämlich auch die Produktionsweisen eines Gedichtes, einer wissenschaftlichen Arbeit, einer Sonate, eines Autos, Gebäudes, Computers oder eines Lebensmittels als völlig identisch anzusehen.

Auch geben die nachfolgenden Autoren keine genaue Auskunft, wie das bildliche Denken im Wachzustand operiert und Bewusstsein gewinnt. So ist die Annahme, Begriffe und Vorstellungen seien gleichermaßen das Resultat einer Tätigkeit, der Vorstellungstätigkeit, ebenso problematisch wie die These, Bewusstsein könne über bloße ikonische Zeichen generiert werden, auf die nach Ansicht M.M. Gills (1967) Freud in seiner Auffassung verweise, dass »ein Bewusstwerden der Denkvorgänge durch Rückkehr zu den visuellen Resten möglich« ist[33] und die etwa den Überlegungen von Bruner (1964) und V.H. Rosen (1958) zugrunde liegt. V.H. Rosen (1958) setzt in der Formulierung, dass anfänglich der für das Bewusstsein kennzeichnende Sekundärvorgang aus »images« besteht, »which are representations of the percepts of the animate and inanimate object world« und die später durch »word symbols« ersetzt werden, Vorstellungen und Worte im Hinblick auf die Bewusstseinsbildung funktional identisch und gemeinsam mit M.J. Horowitz (1972) spricht Bruner (1964) in diesem Zusammenhang direkt von »iconic representation[s]«[34].

Mit dem Begriff des ikonischen Zeichens wird in der Semiotik seit Ch. Peirce eine Klasse von visuellen oder akustischen Zeichen bestimmt,

> »die in unmittelbar wahrnehmbarer Beziehung zur bezeichneten Sache stehen, indem sie Aspekte des realen Objekts abbildhaft imitieren und dadurch eine Ähnlichkeit oder Gemeinsamkeit von Merkmalen aufweisen« (Bussmann 1990, 323; s. auch Klaus 1964, 1175; Ch. Morris (1939, 361).

M. a. W., ikonische Zeichen sind eine besondere Art von Vorstellungen, die sich von anderen Vorstellungen dadurch unterscheiden, dass sie etwas ihnen Äußerliches nicht nur darstellen, sondern zugleich auch bezeichnen und dadurch eine Bewusstsein des Bezeichneten generieren können. Aber auch wenn Vorstellungen diese sigmatische Funktion zugeschrieben wird, sie allein können kein Bewusstsein dessen generieren, was sich in ihnen darstellt. Dazu bedarf es der Begriffe. Ohne Begriffe lassen sich jedenfalls weder Vorstellungen, noch das Vorgestellte inhaltlich qualifizieren und ins Bewusstsein bringen. So sagt etwa Cavell (1998) zu Recht:

---

[33] M.M. Gill (1967, 264) ist der Ansicht, dass Freud hier eine »pictorial or iconic mode of ideation« meine.

[34] Bruner (1964) spricht von »enactive representation, iconic representation, and symbolic representation. Their appearance in the life of the child is in that order, each depending upon the previous one for its development, yet all of them remaining more or less intact throughout life«.

»[W]hat a sign represents is not something the sign itself can tell us. Even a por-
trait of Marilyn Monroe that is very faithful to her can be taken to be her por-
trait only by someone who knows something about Monroe«.

Zwar macht die funktionale Gleichstellung von Worten und ikonischen Zeichen im Hinblick auf die Generierung von Bewusstsein deutlich, dass Bewusstsein nicht an sprachliche Zeichen gebunden ist. Aber sie zeigt auch, dass diese
funktionale Gleichsetzung nur möglich ist, weil Worte wie auch ikonischen Zeichen verbegrifflichte Vorstellungen bezeichnen. Die Annahme Bruners (1964),
dass die Bewusstseinsbildung des Kindes mit »enactive representation[s]« beginne und über »iconic representation[s]« zu »symbolic representation[s]« verlaufe, wird damit hinfällig.

Auch die Formulierung von Ch. Morris (1939, 361) greift am Wesentlichen
vorbei:

»Die semantische Regel für den Gebrauch eines ikonischen Zeichens besteht
darin, dass es jeden Gegenstand denotiert, der dieselben Eigenschaften aufweist
wie es selbst (in der Praxis genügt eine Auswahl der Eigenschaften). Wenn ein
Interpret einen ikonischen Zeichenträger wahrnimmt, nimmt er direkt wahr, was
designiert wird; er nimmt also von bestimmten Eigenschaften sowohl mittelbar
als auch unmittelbar Notiz; mit anderen Worten, zu den Denotaten eines ikonischen Zeichens gehört der eigene Zeichenträger« (s. auch Ritchie 1943, 390f).

Wie man am Beispiel eines ikonischen Zeichens, etwa des onomatopoëtischen
Lautes »Wauwau«, sehen kann, ist es zwar richtig, dass »zu den Denotaten eines
ikonischen Zeichens ... der eigene Zeichenträger« gehört. Wenn aber mittels
des ikonischen Zeichens »Wauwau« ein Hund Bewusstsein gewinnen soll, denotiert dieses Zeichen nicht unmittelbar einen Hund, sondern seinen Begriff. In
dessen Umfang liegt die szenische Vorstellung eines Hundes, der bellt, so dass
hier eine extensionale Bestimmung des Begriffs »Hund« an die Stelle des Wortes »Hund« rückt, dessen Prädikatorenfunktion übernimmt und an seiner statt
den Begriff des Hundes denotiert.

Diesem Beispiel lässt sich auch entnehmen, dass ikonische Zeichen und das
von ihnen Bezeichnete nicht konkret, sondern nur abstrakt, in bestimmten Aspekten identisch sind (z. B. Solms u. Bucci 2000). D. h. wenn eine extensionale
Begriffsbestimmung diese Prädikatorenfunktion übernimmt, wird sie verändert.
Es sind jedenfalls nicht ganze begriffliche gefasste Szenen, die zu ikonischen
Zeichen ihrer selbst werden. Vielmehr wird aus diesen Szenen eine Auswahl
getroffen – »in der Praxis genügt eine Auswahl der Eigenschaften« (Morris
1939, 361) –, die sich im Wesentlichen an der Notwendigkeit bemisst, das ikonische Zeichen zuordnen und von anderen unterscheiden zu können. Wird also
eine Vorstellung als ikonisches Zeichen ihrer selbst verwendet, werden jene
Elemente aus ihr abstrahiert, die seine Zuordnung und seine formale Unterscheidung von anderen ikonischen Zeichen erlauben, die andere Begriffe prädizieren.

Eingefügt in die vorgetragenen Überlegungen heißt dies: Sowohl im abstrakt-theoretischen wie auch im anschaulichen Denken wird in Begriffen gedacht, beide Denkformen verdanken ihre Bewusstheit der Verbindung mit Zeichen – im Falle des abstrakt-theoretischen Denkens sind es sprachliche, im Falle des anschaulichen Denkens sind es ikonische Zeichen, die zugleich im Umfang der Begriffe liegen, die sie bezeichnen – und beide Male sind in den Denkprozessen nicht die Prädikatoren bewusst, sondern mittels der Prädikatoren gewinnt das Bewusstsein, was sie bezeichnen. Der Unterschied zwischen beiden Modi liegt darin, dass im anschaulichen Denken begriffliche Inhalte und deren Zusammenhänge in bildhafter Form dargestellt werden und dass das anschauliche Denken, wenn es von dem sprachgebundenen abstrakt-theoretischen Denken isoliert betrachtet wird, nicht dem syntaktischen Regelwerk der Sprache unterliegt.

Idealtypisch und im Lichte von Susanne Langers (1942, 100f) Unterscheidung von diskursiver und präsentativer Symbolik betrachtet, operiert das anschauliche Denken mit präsentativen Symbolen. Während der diskursive Symbolismus der Sprache durch Worte dazu zwingt, Ideen in eine lineare, gesonderte sukzessive Ordnung zu bringen – »Wir müssen ein Ding nach dem anderen beim Namen nennen« – und können »überhaupt nur solche Gedanken zur Sprache« bringen, die sich [ihrer] besonderen [syntaktischen] Ordnung fügen« (1942, 87f), unterliegt der präsentativen Symbolik nicht dieser syntaktischen Ordnung. Sie vermag »ihre Bestandteile nicht nacheinander, sondern gleichzeitig« zu präsentieren (1942, 99). Ein Bild verweist hier auf die in entsprechenden Begriffen gefassten Sachverhalte nicht sukzessiv, sondern kann komplexe Zusammenhänge in einer bildlichen Einheit darstellen. Grundlage beider symbolischen Formen ist auch bei S.K. Langer der Begriff: »Alle symbolischen Formen«, schreibt Seewald (1992, 111),

> »kommunizieren über etwas gemeinsames, das Langer den ›Begriff‹ eines Gedankens oder einer bildhaften Vorstellung nennt. Der Begriff ist der gemeinsame Teil der Vorstellungen, der diskursive und präsentative Symbolik verbindet«

Die Einheitlichkeit beider Denkformen gründet in ihrer gemeinsamen Voraussetzung, gründet in Begriffen. Ohne Begriffe hätte das Subjekt zwar Vorstellungen, aber deren Inhalte blieben ihm verborgen. Da das begriffliche System in Abstraktionsstufen hierarchisch strukturiert ist und – wie Arnheim (1969) zeigt[35] – auch die Inhalte der Begriffe höherer Abstraktionsklassen verbildert

---

[35] Arnheim (1969, 116ff) forderte Probanden auf, abstrakte Begriffe wie Demokratie, Vergangenheit, Gegenwart, Zukunft, gute und schlechte Ehe in abstrakten Zeichnungen darzustellen. Die Probanden stellten diese Begriffe nicht exemplarisch – etwa unter Rekurs auf konkrete Szenen von einzelnen Menschen –, sondern *schematisch* dar. Bspw. wurden die sozialen Verhältnisse, die jemand der Demokratie zugrunde legte, in einer bestimmten Konfiguration dynamischer Kräfteverhältnisse dargestellt. Mit der Darstellung der intensionalen Bestimmungen dieser Begriffe wurden mithin in diesen Zeichnungen zugleich die extensionalen Bestimmungen der Begriffe dargestellt, die auf der nächst höheren Abstraktionsstufe liegen. So wird etwa in der Verbildlichung der De-

werden können, kann sich auch das anschaulich-bildhafte Denken auf unterschiedlichen Abstraktionsstufen bewegen.

Ferner kann im anschaulich-bildhaften Denken selbst der Begriff, das Mittel abstrakt-theoretischen Denkens, zum Gegenstand gemacht werden. In Schema (1) ist bspw. der Begriff des »Begriffs« bildlich dargestellt. Es kann mithin nicht nur auf unterschiedlichen Abstraktionsstufen, sondern wie das abstrakt-theoretische Denken auch auf unterschiedlichen semantischen Stufen[36] operieren. Diese strukturelle Gleichartigkeit beider Denkformen lässt auch ihre gängige Unterscheidung fragwürdig werden. In erkenntnistheoretischer Perspektive wird das abstrakt-theoretische Denken als ein Denken in Begriffen angesehen[37], das an einzelnen, in Gestalt von Vorstellungen registrierten Phänomenen ansetzt und über das ihnen Allgemeine zu ihnen zurückkehren, von den Erscheinungen zu ihren wesentlichen Bestimmungen führen kann. In diesem Denken könnten die Begrenztheiten der Erscheinungen überwunden und ihre wesentlichen Seiten in ihren wechselseitigen Verbindungen aufgedeckt werden. Hingegen bewege sich anschaulich-bildhaftes Denken in Vorstellungen, bleibe mehr oder weniger mit der anschaulichen Einmaligkeit und deren konkreten Relationen verbunden und bilde die Erscheinungen in ihren unmittelbaren Gegebenheiten ab. Bedenkt man jedenfalls, dass im begrifflichen Denken auch konkret, d. h. bezogen auf eine anschauliche Einmaligkeit nachgedacht[38] und im anschaulichen Denken dank der Möglichkeit, abstrakte Begriffsinhalte bildhaft darzustellen, auch abstrakt in allgemeinen Begriffen nachgedacht werden kann[39], wird diese Unterscheidung hinfällig[40].

---

mokratie als ein in bestimmter Weise konfiguriertes dynamisches Kräfteverhältnis zugleich die intensionale Bestimmung dieses Begriffs und eine extensionale Bestimmung des ihm übergeordneten Begriffs »Staatsformen« dargestellt.

[36] Zur Theorie der semantischen Stufen s. Kap. 6.

[37] Dieser Ansicht scheint auch Freud zu sein. Schleiermacher zustimmend zitierend schreibt er jedenfalls, dass im Wachzustand »das Denken in *Begriffen* und nicht in *Bildern* vor sich geht« (Freud 1900a, 51). Allerdings lässt er offen, was er mit »*Begriffen*« genau meint.

[38] Dies ist zum Beispiel der Fall, wenn mein Auto nicht mehr fährt und ich darüber nachdenke, was nun zu tun ist.

[39] Als ein Beispiel dieser Art des anschaulich-bildhaften Denkens zitieren Krech et al. (1992, 109) Albert Einstein: »Die Worte der Sprache, so wie sie geschrieben oder gesprochen werden, scheinen in meinem Denkmechanismus keine Rolle zu spielen. Die geistigen Einheiten, die als Elemente meines Denkens dienen, sind bestimmte Zeichen und mehr oder weniger klare Vorstellungsbilder, die willkürlich reproduziert und miteinander kombiniert werden können ... Dieses kombinatorische Spiel scheint die Quintessenz des produktiven Denkens zu sein – bevor es Verbindungen mit logischen Konstruktionen in Worten oder Symbolen anderer Art gibt, die anderen mitgeteilt werden können. Die oben erwähnten Elemente sind in meinem Fall visueller und gelegentlich muskulärer Art. Herkömmliche Worte oder andere Zeichen müssen erst in einem zwei-

Unbewusstes, Begriffe und Sprache

Die Bedeutungen eines Wortes oder eines Syntagmas sind nicht sinnliche Vorstellungen, sondern Begriffe (z. B. Klaus 1962, 68; Schaff 1961; Sapir 1960, 89; Ullmann 1957, 72)[41]. Dabei konstituieren die Interaktionsformen, die der Möglichkeit nach auf Begriffe gebracht werden können, die sog. »konnotativen« Bedeutungen der sprachlichen Prädikatoren eines Subjekts, die – gemeinsam mit den syntaktischen Regeln – mit der Sprache erworben werden. Zugleich konstituiert sich das semantische System der Sprache eines Subjekts aber nicht nur über dessen, sondern auch über eine bloß gezeigte Praxis. Außerdem verfügt die erworbene Sprache bereits über ein semantisches System, in dem die Erkenntnisse, die Handlungsanweisungen und Handlungsnormen als Resultate der gesellschaftlichen Erkenntnistätigkeit festgehalten sind. Sie verweisen auf die objektiven Zusammenhänge, in denen die durch Worte bezeichneten Gegenstände stehen und konstituieren die sog. »denotativen« Bedeutungen sprachlicher Zeichen. Das Wort »Axt« bspw. verweist nicht nur auf bestimmte figurale Eigenschaften der Axt. Es verweist vielmehr auf die Existenzform einer komplexen Bedeutungseinheit, die aus dem praktischen, gesellschaftlichen Umgang mit der Axt entstanden ist und in die u. a. eingeht, dass die Axt zum Holzspalten da ist, dass sie von Menschen gemacht wurde, dass ihre Herstellung soviel kostet, dass man vorsichtig mit ihr umgehen muss etc. (z. B. Holzkamp 1973, 25f). Denotative Bedeutungen sprachlicher Zeichen sind Verallgemeinerungen der Wirklichkeit, die in Begriffen kristallisiert und fixiert sind. Sie sind, schreibt Leontjew (1959, 180f),

> »die ideelle, geistige Form, in der die gesellschaftliche Erfahrung, die gesellschaftliche Praxis der Menschheit enthalten ist. Die Vorstellungswelt, die Wissenschaft, die Sprache einer gegebenen Gesellschaft existieren als Systeme bestimmter Bedeutungen. Die Bedeutungen gehören damit zum Bereich der objektiven historischen Erscheinungen ... [Die] Bedeutung wird im Gegenstand oder in der Erscheinung, d. h. in einem System gegebener Beziehungen und Zusammenhänge objektiv erschlossen. Sie wird in der Sprache widergespiegelt und fixiert und erlangt dadurch ihre Beständigkeit«.

Auch als Bewusstseinsfiguren des Individuums behalten die Sprachfiguren ihre allgemeine denotative Bedeutung. Sie erhalten jedoch entsprechend der je individuellen Lebenspraxis ihre subjektiven, die Interaktionen des Subjekts mit den

---

ten Stadium mühsam gesucht werden, wenn das oben erwähnte assoziative Spiel hinreichend gefestigt ist und nach Wunsch reproduziert werden kann«.

[40] So schreibt auch S.L. Rubinstein (1946, 440): »Obwohl man theoretisch, zum Zweck der Analyse, das abstrakte theoretische Denken und das anschauliche Denken ... trennen kann und muss, unterscheiden sich beide in Wirklichkeit nur darin voneinander, dass entweder der Begriff oder das Bild in ihnen vorherrscht«.

[41] Für eine genaue Darstellung der philosophischen Debatte der Beziehung zwischen Worten, Begriffen und Referent (Dingen) siehe J. Lyons (1977, 108ff).

Gegenständen wiedergebenden besonderen Konnotationen. Dabei ist es wichtig zu sehen, dass man im Bewusstsein des Subjekts die konnotative, »psychologische‹ Bedeutung nicht der ... objektiven [denotativen] Bedeutung« (1959, 181) entgegensetzt. Genau genommen ist der konnotative Bedeutungsraum einer Sprache immer ein Teil ihres denotativen und setzt diesen voraus. Unterscheidet man zwischen den allgemeinem, jedermann prinzipiell zugänglichen und den besonderen, konnotativen Bedeutungen, die sich der Lebensgeschichte des Subjekts verdanken, wird klar, dass die Sprachsymbole das Subjekt in die Lage versetzen, von sich selbst und seinen, ihrem konnotativen Bedeutungsraum angehörigen Objektbeziehungen zu abstrahieren, die Objekte in ihren objektiven, denotativen Gegenstandsbedeutungen zu erfassen und sich selbst in eine bewusste Beziehung zu ihnen zu setzen. »Im selben Augenblick«, heißt es bei S.K. Langer (1942, 79), »in dem der Begriff uns im Symbol vermittelt ist, verwandelt unsere Einbildungskraft ihn in eine persönliche Vorstellung, die wir von dem mittelbaren, allgemein zugänglichen Begriff nur durch einen Abstraktionsprozess unterscheiden können«. Entstanden in der Lebenspraxis sind die Sprachsymbole Resultat und Voraussetzung einer menschlichen Praxis, die den Weg zur Freiheit eröffnet, auf der Grundlage eigener Erfahrungen aus Einsicht in objektiv bestehende Zusammenhänge zu handeln[42].

Die Möglichkeit, auf der Grundlage eigener Erfahrungen Einsichten objektiv bestehende Zusammenhänge zu gewinnen, wird aber durch Zweierlei begrenzt. Zum einen durch die sprachlichen Zeichen und deren systematische Ordnung. Wenn Begriffe die Resultate und Mittel eines Denkens sind, das Freud als Sekundärvorgang beschreibt[43], können begriffliche Inhalte natürlich nur dann im Denken miteinander verbunden werden, wenn für diese Begriffe

---

[42] Dies deckt sich mit Kubies (1950, 16f) Auffassung der Normalität: »In short, the man who is normal in the psychoanalytic sense can accept the guidance of reason, reality, and common sense. The outside world may be unyielding; but he remains flexible, modifiable, and educable, and therefore, in a pragmatic sense, free. This indeed is ... the most important freedom of all, i.e., the freedom from the tyranny of the unconscious. It is the essence of the psychoanalytic concept of normality«.

[43] Argumentiert man trotz der vorgetragenen Einwände weiter libidotheoretisch, ist eine konstante libidinöse Besetzung der Vorstellungen nicht die Voraussetzung für das sekundärprozesshafte begriffliche Denken, sondern dessen Ergebnis. Die konstante Besetzung erscheint als Folge einer konstanten und inhaltlichen Einbindung der Interaktionsformen unter der Intension bestimmter Begriffe. In der von Arlow u. Ch. Brenner (1964, 74f) mit Freud (1915e, 287; 1920g, 36) vorgetragenen Auffassung, dass eine konstante Bindung der Libido an Repräsentanzen den Sekundärvorgang – d. h. ein logisches, kausales und widerspruchsfreies Denken – ermöglicht, steht dieser Sachverhalt auf dem Kopf. Stellt man ihn auf die Füße, dann sind es Begriffe, die sowohl eine konstante libidinöse Besetzung der Repräsentanzen wie auch ein logisches und widerspruchsfreies Denken ermöglichen.

Zeichen vorhanden und wenn diese Verbindung auf der Ebene der Zeichen-
verknüpfungen, dem syntaktischen Regelwerk[44], zulässig ist.

Damit wird auch verständlich, warum »viele vorbewusste Bildungen unbewusst bleiben, die, sollten wir meinen, ihrer Natur nach sehr wohl bewusst
werden dürften« (Freud 1915e, 291). Auch E. Kris (1950b; vgl. a. Eissler 1962)
notierte, dass »not all preconscious processes reach consciousness with equal
ease. Some can only be recaptured with considerable effort«. Da vorbewusste
seelische Inhalte in Begriffen über deren Verbindung mit einem sprachlichen
Prädikator bewusst werden, kann dieser Vorgang zum einen dadurch gestört
sein, dass ein in Vorstellungen gefasster Zusammenhang quer liegt zum syntaktischen Regelwerk sprachlicher Zeichen. Zum zweiten können in einem Denk-
prozess zwar für die Voraussetzungen, nicht aber für den notwendigen Gedan-
kenschritt die entsprechenden Worte reproduziert werden, der zum Resultat
führt[45]. Und schließlich kann es sich um in Vorstellungen gefasst Erfahrungen
handeln, für die es im kollektiven Vokabular keine Worte und keine Begriffe
gibt[46].

Zum anderen gilt die subjektive Verfügung über die eigene Lebensgeschichte – und die dadurch mögliche Auftrennung konnotativer und denotativer Bedeutungen – allerdings uneingeschränkt nur für den utopisch-idealen Fall, dass
sich in der kindlichen Sozialisationspraxis die Beziehungssituationen nicht anta-
gonistisch aufeinander bezogen und in Konflikte führten, die bewusst nicht
durchgehalten werden konnten und verdrängt werden mussten. Begriffstheoretisch liest sich diese erneute Verbindung der unbewusst gewordenen Interaktionsformen mit Sprachfiguren im Zuge einer bewusstseinsfähigen »Ersatz-

---

[44] Da in der gestischen Zeichensprache taubstummer Menschen Worte übersetzt werden, kann auch sie sich dem syntaktischen Regelwerk sprachlicher Zeichen nicht entziehen.

[45] Manchmal liegt es sprichwörtlich auf der Zunge, manchmal ist es überhaupt nicht
greifbar.

[46] Die sprachbegriffliche Struktur der Sprache einer Gesellschaft definiert nicht nur die
Erkenntnismöglichkeiten einer Gesellschaft, sondern zugleich auch deren Erkenntnis-
grenzen. Nur solche Zusammenhänge zwischen Elementen von Interaktionsformen
können sich im sprachlichen Bewusstsein wieder finden, wenn diese Zusammenhänge
als Möglichkeiten im syntaktischen Regelwerk der Sprache vorgesehen sind. Des Weiteren kann nur das bewusst werden, wofür auch sprachlich prädizierte Begriffe vorliegen,
so dass die Interaktionsformen außerhalb des Bewusstseins bleiben, für deren Elemente
in der Sprache einer Gesellschaft keine Begriffe vorhanden sind. So schreibt auch S.L.
Rubinstein (1957, 184f): »Wenn man die historische Entwicklung der menschlichen
Erkenntnis untersucht, wie sie sich in den Sprachen verschiedener Völker niedergeschlagen hat, lassen sich unserer Meinung nach Unterschiede nicht nur im Grad, sondern auch in der Form, der Struktur der Verallgemeinerung finden, wie sie für verschiedene Sprachen charakteristisch ist«.

bildung« (Freud 1915d, 256) als eine semantische Verschiebung[47], welche die Intension der ihnen lebensgeschichtlich zugehörigen Begriffe unverändert lässt, aber deren Extension, der Umfang bestimmter Begriffe, um die zu Klischees gewordenen Interaktionsformen erweitert, die aus der Extension der ihnen lebensgeschichtlich zugehörigen Begriffe exkommuniziert wurden. Diese extensionale Erweiterung der Begriffe ist in Schema (2) dargestellt.

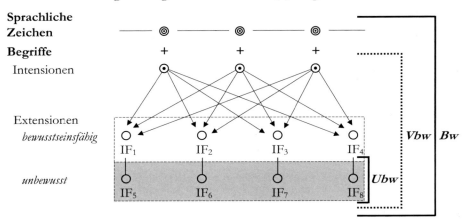

Schema 2: Begriffstheoretische Konzeptualisierung des Bewussten (*Bw*), Vorbewussten (*Vbw*) und Unbewussten (*Ubw*)

Die in diesem Schema (2) vorgenommene Aufgliederung von vorbewussten und unbewussten Interaktionsformen ist eine analytische. Denn in Wirklichkeit existieren die unbewussten Interaktionsformen nicht *unterhalb*, sondern *in* den extensionalen Bestimmungen der jeweiligen Begriffe, in den vorbewussten, prinzipiell bewusstseinsfähigen Interaktionsformen, so dass mit der Verbindung mit Worten IF_5 als IF_1, IF_6 als IF_2 etc. bewusst werden. Sie existieren nicht außer- oder unterhalb, sondern in der Sprache[48]. Gleichgültig also, ob das Subjekt auf der Ebene des abstrakten oder des anschaulich-bildhaften Denkens operiert, beide Male können die abgewehrten Interaktionsformen nur in Mystifikation im Bewusstsein erscheinen. Im Falle des abstrakten Denkens ist ein Zugriff auf diese, zu Klischees gewordenen Interaktionsformen nur mehr unter den intensionalen Bestimmungen falschen, ihnen lebensgeschichtlich nicht zu-

---

[47] Auf diese semantische Verschiebung nimmt auch Allegro (1990) in folgender Formulierung Bezug: »Displacement is expressed in language through the transfer of the meaning of one term to another«.

[48] Desgl. auch T.H. Ogden (1997): »The unconscious is ... an aspect of the indivisible totality of consciousness. Similarly, meaning (including unconscious meaning) is *in* the language being used, not under it or behind it«.

gehörigen Begriffen und deren sprachlichen Zeichen möglich[49], so dass von ihnen auch nicht mehr abstrahiert werden kann[50]. Beim anschaulich-bildhaften Denken wiederum sind sie in den bewussten Vorstellungen verborgen und werden in ihnen dargestellt. Dies gilt auch für die bildhaften Erinnerungen an die Kindheit, die Freud (1899a, 552f) als Deckerinnerungen ansieht. Hier findet keine einfache Reproduktion damals erlebter und abgewehrter Szenen statt, sondern

> »der ursprüngliche Eindruck [hat] eine Überarbeitung erfahren ... Es sieht aus, als wäre hier eine Kindheit-Erinnerungsspur zu einer späteren (Erweckungs-) Zeit ins Plastische und Visuelle rückübersetzt worden. Von einer Reproduktion aber des ursprünglichen Eindrucks ist uns nie etwas zum Bewusstsein gekommen«.

Da sie das in ihnen Verborgene zugleich in entstellter Weise darstellt, sind diese Überarbeitungen als Ersatzbildungen zugleich »Zeichen ... einer Bilderschrift«, die zwar von einer außenstehenden Person in ihrer latenten »Zeichenbeziehung«, aber vom Subjekt selbst nur in ihrem manifesten »Bilderwert« gelesen werden können (1900a, 283f). Operiert das Subjekt in der Form des anschaulich-bildhaften Denkens – etwa beim Phantasieren oder im Traum –, können auch sie als ikonische Zeichen, welche ein mystifiziertes Bewusstsein des in ihnen Dargestellten und Verborgenen generieren, aufgefasst werden, weil sie – wie bei der Diskussion des Unbewussten dargestellt – als Vorstellungen in den Extensionen unter den Intensionen derselben, von ihnen prädizierten Begriffe liegen, in dem auch das dem Bewusstsein entzogene Vorgestellte enthalten ist[51].

Dies zeigt, dass der Vorschlag von Arlow u. Brenner (1964, 93f) das Konzept des Vorbewussten abzuschaffen, in die Irre führt. Sie argumentieren:

> »Die Tatsache, dass ein seelisches Element im phänomenologischen Sinne vorbewusst ist, enthält keinen Hinweis darauf, wie intensiv die Abwehr dagegen ist oder welche Rolle es im intrapsychischen Konfliktgeschehen spielt. Der Schluss scheint unvermeidlich, dass der Begriff des Vorbewussten mit so vielen Nachteilen behaftet ist, dass wir innerhalb der Strukturtheorie durchaus auf ihn verzichten können ... Wenn wir konsequent sein wollen, sollten wir den Begriff des Vorbewussten aufgeben und mit dem Begriff des Unbewussten nur darauf verweisen, dass etwas nicht bewusst ist«.

---

[49] R.M. Loewenstein (1956) formulierte ähnlich: »[O]ne might say that next to the usual vocabulary of any human language – i.e. to a definite set of meaningful relations between signs and ideas, ›signifying‹ and ›signified‹ – there exists another which is limited in scope, less definite, usually unconscious ...«.

[50] In Kap. 8 werde ich auf diese begriffstheoretische Fassung des Unbewussten noch genauer und ausführlicher zu sprechen kommen.

[51] Margolis (1966) hält die bewusstseinsfähigen Ersatzvorstellungen prinzipiell für ikonische Zeichen: »The person may keep secret from himself (render unconscious) those secrets whose revelation he most fears ... psychiatrists and others may read the iconic signs of neurotic symptoms and correctly translate them into a patient's unconscious secrets«.

Damit wäre freilich nicht das Vorbewusste aufgegeben, sondern die dynamische Dimension des psychoanalytischen Zentralbegriffs, des Unbewussten, würde sich in einem nur mehr deskriptiven Sinne Unbewussten – und d. h. Vorbewussten – auflösen.

Zusammenfassung

- Worte referieren auf Begriffe. In Bildung von Sprachsymbolen konstituiert sich *Bewusstsein* über die Verbindung von Worten und der durch sie bezeichneten Begriffen in einem Vorgang, in dem Vorstellungen (Interaktionsformen), die in den Extensionen der Begriff liegen, als Fall ihrer intensionalen Bestimmungen ausgewiesen werden.

- Das *Vorbewusste* beschreibt einen Zustand der begrifflichen Verfasstheit der Vorstellungen (Interaktionsformen) ohne sprachliche Zeichen.

- Im *abstrakt-theoretischen Denken* wird in Begriffen und im *anschaulich-bildhaften Denken* wird in verbilderten Begriffen über begrifflich gefasste Vorstellungen nachgedacht, welche auf die unabhängig vom Bewusstsein existierende Realität verweisen. Beide Denkformen sind an die Existenz von Begriffen gebunden, können sowohl abstrakt als auch konkret sein und beide erhalten ihre Bewusstsein durch Zeichen: das abstrakt-theoretische Denken durch Worte, womit es dem syntaktischen Regelwerk der Sprache unterliegt und das anschaulich-bildhafte Denken durch ikonische Zeichen, welche ihm erlauben, auch Zusammenhänge herzustellen, die im syntaktischen Regelwerk der Sprache nicht vorgesehen sind.

- *Ikonische Zeichen* sind nicht-sprachliche Zeichen, die in ihrer semantischen Funktion den sprachlichen Zeichen gleichgestellt sind. Beide prädizieren Begriffe. Im Unterschied zu sprachlichen Zeichen werden ikonische Zeichen aus Vorstellungen abstrahiert, die im Umfang des von ihnen prädizierten Begriffs liegen. Deshalb besteht zwischen ihnen und dem von ihnen Bezeichneten eine abstrakte Identitätsrelation.

- Das *Unbewusste*, d. h. die in dynamischem Sinne unbewussten Inhalte existieren nicht außer- oder unterhalb, sondern in der Sprache. Sie existieren als Extensionen unter den – falschen – Intensionen von Begriffen, die ihnen lebensgeschichtlich nicht zugehören. Gleichgültig, ob diese Inhalte im abstrakt-theoretischen Denken in Begriffen oder im anschaulichen Denken in Vorstellungen im Bewusstsein auftreten, sie können darin nur mehr in Mystifikationen erscheinen.

4

Konzepte des Narzissmus

N ach dem Erscheinen der Arbeiten von Kohut (1973) und Kernberg (1975) hat der Narzissmusbegriff kurzzeitig eine Renaissance erfahren und die psychoanalytische Diskussion eine zeitlang dominiert. Im Gefolge dieser Arbeiten wurde im Spektrum psychischer Krankheitsbilder eine Zunahme früher, vor allem narzisstisch eingefärbter Störungen diagnostiziert[1]. Allerdings wurden dabei oft ganz unterschiedliche Phänomene als narzisstisch bezeichnet. Die höchsten Sublimierungen und die tiefsten psychotischen Regressionen wurden ebenso als narzisstisch angesehen wie eine Erhöhung der männlichen Potenz, eine Impotenz und Frigidität. Einerseits galt eine längere Tatenlosigkeit als narzisstisch, andererseits sah man den Narzissmus als Triebkraft des Ehrgeizes und eine extreme Objektunabhängigkeit wie auch eine extreme Objektabhängigkeit wurden mit diesem Etikett versehen.

Der Katalog klinisch auffälliger Phänomen, die heute unter diesem Begriff subsumiert werden, ließe sich unschwer verlängern. Vermutlich hängt diese Vielfalt, die H.H. Hart bereits 1947 und B. Moore 1975 kritisierte[2], zum einen

---

[1] Z. B. Amati (1990), de Boor (1968), Eckstaedt (1973; 1989, 728), Moersch (1978).

[2] H.H. Hart (1947) schreibt, dass »a state of sleep, a baby sucking its thumb, a girl primping before a mirror, and a scientist exulting over the Nobel Prize are all referred to as ›narcissistic‹« ...Narcissism is reported as inherent in the most sublime of sublimations and in the most psychotic of regressions. In some instances it is held responsible for the heightening of male potency, but in other cases blamed for its diminution. It can be found at work both in feminine frigidity and feminine attractiveness. It is supposed to neutralize any destructive tendencies, yet becomes a source of anxiety to the ego. It is a defence against homosexuality, yet homosexuals are particularly ›narcissistic‹. Sleep is a narcissistic withdrawal of libido, yet sleeplessness is the flight of enhanced narcissism from further augmentation. It is used to explain the drag of inertia and the drive of ambition«. Achtundzwanzig Jahre danach notiert B. Moore (1975), dass »the concept remains to this day ill-defined, confusing, and as frustrating to present analysts as it was to Freud himself. Its relevancy and usefulness in alluding to a variety of phenomena and psychopathological conditions, however, have made for an indiscriminate overutilization of the term ›narcissistic‹, compounding a conceptual unclarity which has persisted from the beginning. In psychoanalytic literature ›narcissistic‹ may refer descriptively to a type of libido or its object; to a stage of development; to a type or mode of

damit zusammen, dass sich die Autoren auf ganz unterschiedliche Narzissmus-
konzepte beziehen. Vor 15 Jahren gab es 11 verschiedene Narzissmuskonzepte,
die im Urteil von Cremerius (1982) miteinander nicht kompatibel sind, aber
gleichwohl im Gebrauch waren und auch heute noch in Gebrauch sind. Zum
anderen ist ein weiterer und – wie ich meine – entscheidender Grund dieser
Vielfalt aber darin zu sehen, dass in keiner Arbeit systematisch verfolgt wurde,
wie sich der Narzissmus im subjektiven Erleben darstellt und entwickelt. Dieser
Mangel ist folgenschwer, denn der Narzissmus kann dann im psychoanalytischen Verfahren nicht mehr erfasst werden. Ich wiederhole, dass diesem Verfahren allein die Repräsentanzwelt zugänglich ist, so dass die kategorialen Inhalte des Narzissmus-Begriffs in einer noch zu klärenden Weise auch in der psychoanalytischen Empirie, in dieser Repräsentanzwelt enthalten sein müssen.

Möglicherweise weil dies offen blieb, ist trotz der Tatsache, hinsichtlich der
die meisten Psychoanalytiker übereinstimmen, nämlich »dass das Konzept vom
Narzissmus zu den wichtigsten Erkenntnissen der Psychoanalyse gehört« (Pulver 1970), in der Folgezeit, wie Mertens (1981, 69) bedauert,

> »[d]as Konzept des Narzissmus ... zu einem Konzept geworden, dessen Erklä-
> rungskraft gering geworden ist«. Offensichtlich wurde wieder jene Verwendung
> des Narzissmus-Begriffs als eine Art »catch-all slogan«

erreicht, die Reik (1949, 32) schon vor über fünfzig Jahre kritisierte: »Das Wort
narzisstisch bedeutet zuerst das eine, dann das andere, dann wieder etwas ganz
anderes, bis es zuletzt gar nichts mehr bedeutet«. Will man die wichtigen Erkenntnisse, die sich im Narzissmus-Konzept verbergen, enträtseln, ist jedenfalls
eine systematische Verortung dieses Konzepts sowohl auf der Repräsentanz-
als auch auf theoretischer Ebene ganz unerlässlich. Auf der theoretischen Ebene sind die Zusammenhänge zu klären, in denen das Narzissmus-Konzept zu
anderen psychoanalytischen Kategorien steht. Dies gilt insbesondere für den
Triebbegriff. Vor allem in diesen beiden Frageperspektiven will ich zunächst die
Überlegungen Freuds und dann die anderer Autoren in Augenschein nehmen.

Sigmund Freud

Der Narzissmusbegriff wird von Freud in Form einer Fußnote in die psychoanalytische Theorie eingeführt. In einem Zusatz von 1910 zu den »Drei
Abhandlungen zur Sexualtheorie« heißt es, Homosexuelle seien »meist an die
Mutter« fixiert. Oberflächlich betrachtet überwänden sie diese Fixierung, indem
sie sich mit dem Weib

---

object choice; to an attitude; to psychic systems and processes; or to a personality type,
which may be relatively normal or pathological – neurotic, psychotic, or borderline«.
Auch D. Rapaport (1967, 765) war schon der Ansicht, dass die Psychoanalyse einer
»radical redefintion of narcissism« bedürfe.

»identifizieren und sich selbst zum Sexualobjekt nehmen, das heißt vom Narzissmus ausgehend Jugendliche und der eigenen Person ähnlich Männer aufsuchen, die sie so lieben wollen, wie die Mutter sie geliebt hat« (Freud 1905d, 44).

Diesen Gedanken greift Freud im selben Jahr nochmals in der Schrift »Eine
Kindheitserinnerung des Leonardo da Vinci« auf. Freud nimmt darin einen kreativen Künstler, der aus seiner Sicht zu höchsten Sublimierungen fähig war,
zum Anlass, um im Zusammenhang mit der Homosexualität den Begriff des
Narzissmus zu erläutern:

> »Der Knabe verdrängt die Liebe zur Mutter, indem er sich selbst an deren Stelle
> setzt, sich mit der Mutter identifiziert und seine eigene Person zum Vorbild
> nimmt, in dessen Ähnlichkeit er seine neuen Liebesobjekte auswählt. Er ist ho-
> mosexuell geworden; eigentlich ist er in den Autoerotismus zurückgeglitten, da
> die Knaben, die der Heranwachsende jetzt liebt, doch nur Ersatzpersonen und
> Erneuerungen seiner eigenen kindlichen Person sind, die er so liebt, wie die
> Mutter in liebte. Wir sagen, er findet seine Liebesobjekte auf dem Wege des
> *Narzissmus*, da die griechische Sage einen Jüngling *Narzissus* nennt, dem nichts
> so wohl gefiel wie das eigene Spiegelbild und der in die schöne Blume dieses
> Namens verwandelt wurde« (1910c, 170).

Dieser Modus einer narzisstischen Objektwahl, der in Form einer Projektion
hergestellten Spiegelung der eigenen Person im Objekt, ist Freud allerdings kein
ausschließliches Kennzeichen einer homosexuellen Objektwahl. So wird 1919
zu dieser Textstelle eine Anmerkung eingefügt, die erläutert, dass zwar bei jeder
Homosexualität eine Fixierung an die Mutter vorliegt, dass aber jeder Mensch,
»auch der Normalste«, eine Phase homosexueller Objektwahl durchläuft (1910c,
149, Anm. 2). Klargestellt wird damit, dass das angeführte Charakteristikum nur
in dem Sinne für die Homosexualität spezifisch ist, als es dadurch zum Kennzeichen der betreffenden Menschen wird, weil eine Weiterentwicklung nicht
zustande kam.

In beiden Passagen werden implizit bereits die Beziehungen des Narzissmus
zu anderen psychoanalytischen Konzepten angesprochen. Im Kontext von Autoerotismus und im Zusammenhang mit einer Perversion wird der Triebaspekt
zum Thema, der genetische Gesichtspunkt erscheint, indem auf ein spezifisches
Entwicklungsstadium verwiesen wird, der Narzissmus wird im Zusammenhang
mit der Fixierung erwähnt und es wird von Anfang an ein spezifischer Modus
der Objektbeziehung betont. Diese typische oder wenigstens partielle Vertau-
schung von Subjekt und Objekt findet sich auch als zentrales Merkmal seines
Konzepts in den nachfolgenden Schriften, in denen der Narzissmusbegriff nach
seiner vorläufigen Erwähnung etwas differenzierter wird. In dem 1911 erschienen Aufsatz über den Fall Schreber wird das Problem erneut im Kontext der
Homosexualität erörtert und als ein Phänomen verstanden, bei dem Subjekt-
und Objektanteile in charakteristischer Weise vertauscht sind. Auf dem Wege
der Projektion werden am Objekt Anteile wahrgenommen, die eigentlich – oder
wenigstens überwiegend – bei intakter Realitätsprüfung an der eigenen Person
wahrgenommen werden könnten. Zugleich wird hier der Narzissmus als ein

Entwicklungsstadium vorgestellt, dass sich zwischen dem Autoerotismus und der Objektliebe befindet. Freud (1911c, 297) schreibt,

>»dass das in der Entwicklung begriffene Individuum, welches seine autoerotisch arbeitenden Sexualtriebe zu einer Einheit zusammenfasst, um ein Liebesobjekt zu gewinnen, zunächst sich selbst, seinen eigenen Körper zum Liebesobjekt nimmt, ehe es von diesem zur Objektwahl einer fremden Person übergeht. Eine solche zwischen dem Autoerotismus und Objektwahl vermittelnde Phase ist vielleicht normalerweise unerlässlich ...«.

In zwei späteren Arbeiten wird diese Auffassung unterstrichen. Freud (1912-13a, 109) bemerkt, dass solange vom Autoerotismus gesprochen werden müsse, wie sich die Sexualtriebe ausschließlich auf den eigenen Körper beziehen, hingegen ist auf dem Stadium des Narzissmus »die Objektwahl bereits erfolgt ... aber das Objekt noch mit dem eigenen Ich zusammenfällt« (1913i, 446). Projiziert man die Beschreibung der »Primitiven« in »Totem und Tabu« entsprechend der Überzeugung Freuds, dass die Entwicklung des Individuums und der Menschheit die gleichen Stadien durchlaufen, auf die Ontogenese, dann ist für das narzisstische Entwicklungsstadium eine animistische Denkweise kennzeichnend, die sich einer mangelnden Trennung von Subjekt und Objekt verdankt und die sich in einer »Allmacht der Gedanken« darstellt[3] (1912-13a, 110).

Ontogenetisch gelesen weisen auch diese Passagen auf Subjekt-Objekt-Relationen hin, die im Kontext des narzisstischen Erlebens dahingehend modifiziert sind, dass sich beide wechselseitig durchdringen. Jedenfalls wird deutlich, dass es sich beim Narzissmus um ein Phänomen handelt, welches von Anfang an nicht nur unter triebpsychologischen Gesichtspunkten gewürdigt wird, sondern das vielmehr von vornherein in einem objektpsychologischen Kontext steht.

1914 werden die früher vorgetragenen Aspekte systematischer erörtert und vor allem wird versucht, den Narzissmus ontogenetisch genauer zu verorten und ihn in die Libidotheorie zu integrieren. Der Narzissmus wird jetzt als »libidinöse Ergänzung zum Egoismus des Selbsterhaltungstriebes« verstanden (1914c, 139), d. h. libidotheoretisch als eine Besetzung des Ich, die auf zweierlei Weise zustande kommt: primär als eine »ursprüngliche Libidobesetzung des Ichs, von der später an die Objekte abgegeben wird« (1914c, 141), wobei diesem »primären Narzissmus« (1914c, 154) das Stadium des Autoerotismus vorausgeht und sekundär »durch Einbeziehung der Objektbesetzungen« (1914c, 140), wobei Ich-Libido und Objekt-Libido in ein quantitatives Verhältnis gesetzt werden: »Je mehr die eine verbraucht, desto mehr verarmt die andere« (1914c, 141). Dieses quantitative Verhältnis wird erläutert anhand der Schizophrenie, der Hypochondrie, der organisch Kranken und der Verliebtheit. Der

---

[3] Die »Allmacht der Gedanken bei den Primitiven« ist für Freud (1912-13a, 110f) ein »Zeugnis für den Narzissmus, denn ihre animistische Entwicklungsphase entspricht »zeitlich wie örtlich ... dem Narzissmus«.

Schizophrene richtet die der Objektwelt entzogene Libido auf das Ich, wobei dann der »Größenwahn ... der psychischen Bewältigung dieser Libidomenge« korrespondiert (1914c, 152) und der Hypochonder und organisch Kranke konzentriert die zurückgezogene Libido auf die ihn beschäftigenden Organe. Im Zustand der Verliebtheit besteht eine Sexualüberschätzung des Partners, die sich »auf eine Verarmung des Ichs an Libido zugunsten des Objekts zurückführt« (1914c, 154f). In dieser Objektwahl nach dem Anlehnungstypus wird der »ursprüngliche Narzissmus des Kindes« auf das die Mutter ersetzende Sexualobjekt übertragen (1914c, 154). Von diesem Typus wird nun die narzisstische Objektwahl abgegrenzt, bei der die Subjekte »ihr späteres Liebesobjekt nicht nach dem Vorbild der Mutter wählen, sondern nach dem ihrer eigenen Person« (1914c, 154).

Kommentar

Auch wenn man von den vorgetragenen Einwänden absieht, welche diese libidotheoretisch Bestimmung des Narzissmus prinzipiell in Frage stellen (s. Kap. 2), bleiben eine Reihe von Problemen. So ist die These, dass das »Ich das eigentliche und ursprüngliche Reservoir der Libido« ist (1920g, 55f; s. auch 1917a, 6; 1923a, 224; 1933a, 109; 1940a, 72) nicht konsistent mit der Auffassung, dass die Libido somatische Quellen hat (s. Kap. 2). Allenfalls könnte sich diese These darauf beziehen, dass das Ich die Verfügungsgewalt über die Libido besitzt und entscheiden kann, was mit ihr besetzt wird. Man könnte dieser Inkonsistenz entgehen, wenn man sich zu der anderen, ebenfalls von Freud geäußerten Ansicht entschließt, dass »zu Uranfang ... alle Libido im Es angehäuft« ist (1923b, 275) und man das Es als das körperlich-biologische Substrat der Triebe ansieht. Dann stellt sich jedoch ein anderer Widerspruch ein, auf den auch Pulver (1970) aufmerksam macht. Einerseits wird nämlich eine »ursprüngliche Libidobesetzung des Ichs« (1914c, 141) postuliert, andererseits wird die Objekt-Libido verstanden als eine verwandelte Ich-Libido, die sich nun auf die Objektrepräsentanzen richtet. Diese werden aber von Freud (z. B. 1933a, 82f; 1940a, 84) ebenfalls im Ich angesiedelt, so dass dann auch die libidinöse Besetzung der Objektrepräsentanzen, die Objekt-Libido, als eine narzisstische, d. h. dem Ich geltende Besetzung aufgefasst werden müsste.

Auch steht die Freudsche Auffassung, dass bei einer konstanten Libidomenge die Ich-Libido nach dem Prinzip der kommunizierenden Röhren in Objekt-Libido umgewandelt und wieder rückverwandelt werden könne, in Widerspruch zu klinischen Befunden. So kann angesichts der Bedürftigkeit nach Pflege, Hilfe, Zuwendung und Sorge gerade dem von Freud als Beispiel angeführten körperlichen Kranken, der die in Ich-Libido rückverwandelte Objekt-Libido zur verstärkten Besetzung der erkrankten Körperteile einsetzt, sicherlich nicht unterstellt werden, dass er kein Bedürfnis nach einem Objekt habe. Im Gegenteil, bei einem körperlich Kranken scheint dieses Bedürfnis eher größer zu sein als bei einem Gesunden. Zwar ändert sich durch die Krankheit die Beziehung zu den Objekten, dennoch wird sie nicht in dem Sinne narzisstisch, dass eine geringere Bedürftigkeit des Kranken nach Objekten vorliegt. Joffe u. J. Sandler (1967a) haben ferner darauf hingewiesen, dass es einerseits Personen mit einer hohen libidinösen Besetzung des Ich gibt, die sich sehr wohl und auch intensiv für andere interessieren können. Andererseits gibt es wiederum sehr unsichere Personen mit starken Minderwertigkeitsgefühlen, deren Wohlbehagen stark von der Haltung ihrer Objekte abhängig ist, denen man also auch eine geringe Besetzung ihres Ich unterstellen müsste. Trotzdem können sich diese Personen aber sehr stark mit sich selbst beschäftigen, z. B. in Tagträumen oder in Befürchtungen über ihren Gesundheitszustand. Kunz (1942) sowie C. Müller-Braunschweig (1936) wandten bereits früher ein, dass dieses Konzept eines primären Narzissmus, das innerpsychisch eine Objektlosigkeit impliziert, mit den faktisch vorhandenen Objektbeziehungen nur wenig übereinstimmt.

Problematisch ist ferner die von Freud etablierte Entwicklungssequenz Autoerotismus → primärer Narzissmus → Objektliebe. Der primäre Narzissmus setzt die Existenz eines Ich voraus und

> »eine dem Ich vergleichbare Einheit [ist] nicht von Anfang an im Individuum vorhanden ... das Ich muss entwickelt werden. Die autoerotischen Triebe sind aber uranfänglich; es muss also irgend etwas zum Autoerotismus hinzukommen, eine neue psychische Aktion, um den Narzissmus zu gestalten« (Freud 1914c, 142).

Diese »psychische Aktion« wird später als »Identifizierung« präzisiert. Sie ist »die Bedingung, unter der das Es seine Objekte aufgibt« und über die sich das Ich in seiner Besonderheit aus den vorangehenden Objektwahlen konstituiert, denn »der Charakter des Ichs [ist] ein Niederschlag der aufgegebenen Objektbesetzungen« und enthält »die Geschichte dieser Objektwahlen« (1923b, 257). Zwischen Autoerotismus und primärem Narzissmus müsste somit eine Phase der Objektbeziehungen angenommen werden. Dann allerdings erhielte der als primär vorgestellte Narzissmus den Charakter eines sekundären. Denn:

> »Zu Uranfang ist alle Libido im Es aufgehäuft, während das Ich noch in der Bildung begriffen oder schwächlich ist. Das Es sendet einen Teil dieser Libido auf erotische Objektbeziehungen aus, worauf das erstarkte Ich sich dieser Objektlibido zu bemächtigen und sich dem Es als Liebesobjekt aufzudrängen sucht. Der Narzissmus des Ichs ist so eine sekundärer, den Objekten entzogener« (1923b, 275)[4].

Nun finden sich bei Freud (1915c, 227) aber auch Formulierungen wie

---

4 Desgleichen auch Freud (1923b, 258): »Als das große Reservoir der Libido, im Sinne der Einführung des Narzissmus, müssen wir jetzt nach der Scheidung von Ich und Es das Es anerkennen. Die Libido, welche dem Ich durch die beschriebenen Identifizierungen zufließt, stellt dessen ›sekundären Narzissmus‹ her«.

»Das Ich findet sich ursprünglich, zu allem Anfang des Seelenlebens, triebbesetzt und zum Teil fähig, seine Triebe an sich selbst zu befriedigen. Wir heißen diesen Zustand den des Narzissmus, die Befriedigungsmöglichkeit die autoerotische«,

in denen Narzissmus und Autoerotismus gleichursprünglich dargestellt werden.
Aber selbst wenn man sich von der Auffassung verabschiedet, dass sich das Ich
erst über Identifikationsprozesse bilden muss und annimmt, dass ein Ich bereits
mit der Geburt vorliegt, bleiben Widersprüche. Sieht man in der autoerotischen
Phase jenen Zeitabschnitt, indem sich die Partialtriebe »autoerotisch betätigen«,
weil »ihr Objekt ... gegenüber dem Organ, das ihre Quelle ist ... verschwindet«
(1915c, 225, Kursivierung aufgehoben, S. Z.), dann wird die Annahme einer
uranfänglichen Existenz des Autoerotismus durch die durchgängig aufrechter-
haltene Einsicht wieder zurückgenommen, dass die infantile Sexualität in Anlehnung an die Befriedigung lebenswichtiger Körperfunktionen entsteht und
somit Objektbeziehungen präjudiziert. Bereits in den »Drei Abhandlungen«
heißt es dezidiert:
> »Als die anfänglichste Sexualbetätigung noch mit der Nahrungsaufnahme ver-
> bunden war, hatte der Sexualtrieb ein Sexualobjekt außerhalb des eigenen Kör-
> pers in der Mutterbrust. Er verlor es nur später ... Der Geschlechtstrieb wird
> dann in der Regel autoerotisch ...« (1905d, 123)[5].

Mit dieser Äußerung widerspricht Freud eindeutig der Annahme eines ursprünglichen objektlosen Zustands des Kindes. Sie zeigt vielmehr, dass der Autoerotismus eine sekundäre Bildung ist, die erst nach einem Verlust eintritt, in
diesem Fall nach dem Verlust der ursprünglichen Beziehung zur Mutterbrust[6].

Wenn auch nicht explizit, so hat sich Freud doch implizit von der phasen-
haften Entwicklungssequenz Autoerotismus – primärer Narzissmus – Objektwahl wieder distanziert. Jedenfalls findet sich 1916 die Bemerkung, dass »[d]as
Schlafen ... somatisch eine Reaktivierung des Aufenthalts im Mutterleib mit der
Erfüllung der Bedingungen von Ruhelage, Wärme und Reizabhaltung [ist]«,

---

5 Die Fortführung des Zitates lautet: »und erst nach der Überwindung der Latenzzeit
stellt sich das ursprüngliche Verhältnis wieder her. Nicht ohne guten Grund ist das
Saugen des Kindes an der Mutterbrust vorbildlich für jede Liebesbeziehung geworden.
Die Objektfindung ist eigentlich eine Wiederfindung«. M. Balint (1968, 45) macht darauf aufmerksam, dass diese Textstelle in allen späteren Auflagen unverändert bleibt.

6 Es ist in diesem Zusammenhang erwähnenswert, dass sich Freud in zwei Briefen an
K. Abraham über seinen Aufsatz »Zur Einführung in den Narzissmus« sehr selbstkri-
tisch äußert: »Ich schicke Ihnen morgen den Narzissmus, der eine schwere Geburt war
und alle Deformationen einer solchen zeigt. Er gefällt mir natürlich nicht besonders,
aber ich kann jetzt nichts anderes geben«, schreibt Freud (1965a, 163) am 16.03.1914.
Dieser Einschätzung fügt er am 6.04.14 hinzu, er habe bezüglich dieses Aufsatzes »ein
sehr starkes Gefühl der arger Unzulänglichkeit« (1965a, 166).

wobei dieser Schlafzustand als eine Regression[7] der Libidoentwicklung begriffen wird, die »bis zur Herstellung des *primitiven Narzissmus*« reicht (1916-17f, 412f). Auch in den »Vorlesungen zur Einführung in die Psychoanalyse« verlegt Freud (1916-17a, 432) den primären Narzissmus in das »Intrauterinleben« und fügt hinzu, dass sich beim Schlafenden der »Urzustand der Libidoverteilung ... der volle Narzissmus« wiederhergestellt hat. Diese Position wird 1921 (c, 146) bestätigt:

> »So haben wir mit dem Geborenwerden den Schritt vom absolut selbstgenügsamen Narzissmus zur Wahrnehmung einer veränderlichen Außenwelt und zur Objektfindung gemacht und damit ist verknüpft, dass wir den neuen Zustand nicht dauernd ertragen, dass wir ihn periodisch rückgängig machen und im Schlaf zum früheren Zustand der Reizlosigkeit und Objektvermeidung zurückkehren«.

Die autoerotische Phase wird nun reduziert auf die »Sexualbetätigung des narzisstischen Stadiums der Libidounterbringung« (1916-17a, 431).

Von Freud wird der Narzissmus im Zusammenhang mit der Perversion erwähnt, libido- und objektbeziehungstheoretisch sowie im Kontext klinischer Befunde erörtert. Zu unterschiedlichen Zeiten wird dabei ein primärer Narzissmus in unterschiedlichen Entwicklungsphasen des Kindes verortet. Unter dem Titel »primitive[r]« (1916-17f, 413, Kursivierung aufgehoben, S. Z.) oder »absolut selbstgenügsame[r] Narzissmus« (1921c, 146) findet er sich bereits intrauterin, als »Narzissmus« (1915c, 227) existiert er erst mit der Geburt und als »primären Narzissmus« lokalisiert Freud (1914c, 154) ihn in der dem Autoerotismus folgenden Entwicklungsphase. Diese unterschiedliche zeitliche Verortung kann einmal als Resultat eines bloß inkohärenten Denkens diagnostiziert werden. Liest man sie aber vor dem Hintergrund seiner Ansicht, dass der Mensch in seiner Entwicklung »ein Ideal in sich« aufrichtet, dem nun »die Selbstliebe« gilt, »welche in der Kindheit das wirkliche Ich genoss« und dass das, »[w]as er in seinem Ideal vor sich hin projiziert ... der Ersatz für den verlorenen Narzissmus seiner Kindheit [ist], in der er sein eigenes Ideal war« (1914c, 161), der Narzissmus sich in der Entwicklung verändert, kann man seine unterschiedliche Verortung des Narzissmus auch als Formen interpretieren, welche die narzisstische Bedürftigkeit in verschiedenen Entwicklungsphasen gewinnt.

Dass diese Entwicklung nicht unabhängig von der Triebentwicklung konzipiert ist, macht folgende Textstelle deutlich. Über den »narzisstischen Urzustand« heißt es, dass

> »[d]ie Sexualziele, welche von vornherein ein Objekt fordern ... natürlich diesen Zustand [stören] und die Fortschritte vor[bereiten]. Ja, der narzisstische Urzustand könnte nicht jene Entwicklung nehmen ...« (1915c, 227, Anm. 1, Kursivierung, S. Z.).

---

7   Das Freudsche Konzept der Regression wird ausführlich in den Kap. 8 und 9 erörtert.

In welchem Verhältnis beide in der Entwicklung zueinander stehen, wird einsichtig, wenn man sich daran erinnert, dass Freud zum einen den primären
Narzissmus durchgängig libido- und d. h. triebtheoretisch bestimmt, gleichgültig ob intrauterin als »Urzustand der Libidoverteilung« (1916-17a, 432) oder als
zwischen Autoerotismus und Objektwahl eingeschaltete Phase, in der sich die
Libido auf das eigene Ich richtet und dadurch eine »narzisstische« Qualität erhält (1920g, 56; 1930a, 477; 1940a, 73). Wenn der »Name Libido«, wie Freud
(1916-17a, 428) schreibt, »für Triebkräfte des Sexuallebens vorbehalten« bleibt,
ist einerseits im primären Narzissmus fraglos eine Erscheinungsform der Triebentwicklung zu sehen. Andererseits aber gilt bei Freud auch die Umkehrung
dieses Satzes. Thesen wie »der Autoerotismus [ist] die Sexualbetätigung des
narzisstischen Stadiums der Libidounterbringung« (1916-17a, 431), oder dass
die Bildung eines Ich-Ideals als Ersatz für den verlorenen Narzissmus der
Kindheit »von Seiten des Ichs die Bedingung der Verdrängung« ist (1914c, 161),
bestimmten die aktuelle Gestaltung des Trieblebens, die Triebentwicklung
zugleich auch als eine Erscheinungsform des Narzissmus. Diese Thesen sprechen dem Narzissmus eine relative Eigenständigkeit zu und setzen ihn und die
Triebentwicklung in ein Verhältnis, in dem sich beide wechselseitig durchdringen, zur Voraussetzung nehmen und sich in der jeweils anderen darstellen.
Fügt man noch hinzu, dass narzisstische Interessen und Triebbedürfnisse bei
Freud (1914c, 161) auch gegensätzlich sein können – z. B. ist das narzisstische
Bestreben, dem Ich-Ideal, das ab 1923 »Über-Ich« heißt, zu genügen, Bedingung der Verdrängung –, dann ist dieses Verhältnis – auch wenn in ihm offen
bleibt, ob die triebhafte oder narzisstische Bedürftigkeit die bestimmende Seite
ist – implizit als ein dialektisches konzipiert und somit auch in einer psychoanalytischen Entwicklungstheorie als ein solches zu explizieren, wenn sie sich innerhalb seines Vorverständnisses bewegen will.

Wenn man versucht, die unterschiedlichen Narzissmusdefinitionen als Entwicklungsphasen der narzisstischen Bedürftigkeit zu lesen, setzt dies zwei-
felsohne voraus, dass die verschiedenen, auf theoretischer Ebene behaupteten
Geburtsstätten des Narzissmus auch in der Repräsentanzwelt vermessen werden können. Dabei ergibt sich freilich abermals eine ganze Reihe von Problemen. Geht man von seiner Definition des Narzissmus als »Zustand« aus, in
dem das »Ich«, das »sich ursprünglich, zu allem Anfang des Seelenlebens« findet, »triebbesetzt und zum Teil fähig [ist], seine Triebe an sich selbst zu befriedigen« (1915c, 227) und liest man den hier von Freud verwendeten Ich-
Begriff im Einvernehmen mit H. Hartmann (1964) nicht als Funktionskomplex,
sondern als Selbst bzw. Selbstrepräsentanz[8], dann impliziert diese Auffassung

---

[8]   In seiner sorgfältigen Analyse zeigt H. Hartmann (1964), dass Freud den Begriff des
»Ich« in unterschiedlicher Bedeutung verwendet und mit »Ich« oft auch das gemeint ist,
was wir heute als »Person«, »Selbst« oder »Selbstrepräsentanz« bezeichnen würden.

des Narzissmus, dass im Neugeborenen von Anfang an eine, von Objektrepräsentanzen gesonderte Selbstrepräsentanz vorliegt, auf die sich dann – libidotheoretisch gesprochen – die Besetzung richten könnte. Ihre erlebnismäßige Entsprechung wäre dann die Selbstliebe. Dem steht jedoch die Ansicht entgegen,
auf die ich bei der Lorenzerschen Auflösung der Freudschen »Sachvorstellungen« in Interaktionsformen bereits hingewiesen habe, dass nämlich der
»Säugling ... noch nicht sein Ich [Selbst i. S. von H. Hartmann (1964)] von einer
Außenwelt als Quelle der auf ihn einströmenden Empfindungen« sondern
(Freud 1930a, 424) und auch das »erste erotische Objekt ... die ernährende
Mutterbrust ... anfangs gewiss nicht vom eigenen Körper unterscheiden« kann
(1940a, 115; s. auch 1926d, 161). Wenn es aber »kein Selbst gibt, kann es auch
keine Selbstliebe geben«, wandte schon Reik (1949, 33) gegen die Annahme
einer ursprünglichen Selbstliebe ein. Diese Ansicht verbietet somit anzunehmen, dass es eine psychische Repräsentanz des narzisstischen Zustandes gibt –
die Selbstliebe, auf dessen Wiederherstellung sich dann die narzisstische Bedürftigkeit aus Gründen einer Störung intentional richten könnte. Aus dem
gleichen Grund lässt sich aber auch der »primäre Narzissmus«, bei dem das Individuum nach der autoerotischen Phase »sich selbst, seinen eigenen Körper
zum Liebesobjekt nimmt, ehe es von diesem zur Objektwahl einer fremden
Person übergeht« (Freud 1911c, 297), nicht in der Repräsentanzwelt verankern.

Nimmt man seine Definition des »absolut selbstgenügsamen Narzissmus«
(1921c, 146), wäre als Ziel der narzisstischen Bedürftigkeit die Wiederherstellung der intrauterinen Existenz anzusehen. Wenn dieses Ziel subjektiv intendiert werden soll, müsste vorausgesetzt werden können, dass die intrauterine
Existenz in irgendeiner Form psychisch repräsentiert ist. Es scheint zunächst,
als würde Freud dies annehmen. Jedenfalls versteht Janus (1986, 22ff) einige
seiner Äußerungen in der »Traumdeutung« in diesem Sinne. Freud spricht darin
von der Darstellung des »Verweilen[s] im Mutterleibe«, von »Geburtsträume[n]«
und erläutert das Déja-vu-Erlebnis im Traum in folgender Weise:

> »Es gibt Träume von ... Örtlichkeiten, bei denen im Traum noch die Sicherheit
> betont wird: Da war ich schon einmal. Dieses ›Déja-vu‹ hat ... im Traum eine be-
> sondere Bedeutung. Diese Örtlichkeit ist dann immer das Genitale der Mutter;
> in der Tat kann man von keiner anderen mit solcher Sicherheit behaupten, dass
> ›man dort schon einmal war‹« (1900a, 405f, Kursivierung aufgehoben, S. Z.).

Allerdings ist in diesen Textstellen nicht von einer mystifizierten Darstellung
von Erinnerungen im manifesten Trauminhalt, sondern von *Phantasien* die Rede: »Einer großen Anzahl von Träumen ... liegen *Phantasien* über das Intrauterinleben, das Verweilen im Mutterleibe und den Geburtsakt zugrunde« (1900a,
405) und auch in einer 1909 eingefügten Fußnote handelt es sich nicht um Erinnerungen: »Die Bedeutung der *Phantasien* und unbewussten Gedanken über
das Leben im Mutterleibe habe ich erst spät würdigen gelernt« (1900a, 405f,
Kursivierung, S. Z.). Wie Freud (1918b, 134f) am Beispiel des Wolfsmanns

zeigt, stellen sich seiner Auffassung nach in diesen Phantasien andere Inhalte dar. Dessen »Wunschphantasie ... wieder in den Mutterleib« zurückzukehren und »Wiedergeburtsphantasie« liest Freud als eine »verstümmelte, zensurierte Wiedergabe der homosexuellen Wunschphantasie«. Der Wolfsmann

> »wünschte sich in den Mutterleib zurück ... um dort beim Koitus vom Vater ge-
> troffen zu werden, von ihm die Befriedigung zu bekommen, ihm [in der Wie-
> dergeburtsphantasie] ein Kind zu gebären« (1918b, 135).

Generalisiert man dieses Beispiel, so folgt, dass in die Mutterleibsphantasien keine Erinnerungen eingehen; vielmehr werden spätere Kenntnisse über den Mutterleib zu Ersatzbildungen abgewehrter seelischer Inhalte verwendet, die selbst nachverdrängt und dann in veränderter Form bewusstseinskonform zur Darstellung gebracht werden[9].

Die These von Janus (1986), dass Freud implizit auch die intrauterine Existenz als szenisch repräsentiert ansieht, ist falsch. Sie kann auch deshalb nicht aufrechterhalten werden, weil die Bildung einer derartigen Repräsentanz aufgrund der intrauterin und auch bei der Geburt noch mangelhaft myelinisierten Großhirnrinde kaum möglich sein dürfte. Jedenfalls ist bei der Geburt und somit auch intrauterin die Großhirnrinde noch nicht so funktionsfähig, dass auf ihr Informationen in Form begrifflicher Gebilde strukturiert abgebildet werden könnten (z. B. Conel 1947, 147; D.G. Freedman 1980; Fries 1977; Melzack 1973; Stirnimann 1973)[10]. Dieser Sachverhalt spricht auch gegen die Annahme, dass der intrauterine Zustand wenn nicht kognitiv-szenisch, so doch affektiv repräsentiert ist. Dies würde ebenfalls begriffsanaloge Strukturen voraussetzen,

---

[9] Dies zeigen etwa die Träume, die Freud (1900a, 405) als Beispiele anführt. Ein Traum eines Patienten etwa lautet: »Er befindet sich in einem tiefen Schacht, in dem ein Fenster ist wie im Semmeringtunnel. Durch dieses sieht er zuerst leere Landschaft und dann komponiert er ein Bild hinein, welches dann auch sofort da ist und die Leere ausfüllt. Das Bild stellt einen Acker dar, der vom Instrument tief aufgewühlt wird und die schöne Luft, die Idee der gründlichen Arbeit, die dabei ist, machen einen schönen Eindruck. Dann kommt er weiter, sieht eine Pädagogik aufgeschlagen ... und wundert sich, dass den sexuellen Gefühlen (des Kindes) darin soviel Aufmerksamkeit geschenkt wird, wobei er an mich denken muss«. Freud (1900a, 405) ist der Ansicht, dass dieser Patient »in der Phantasie ... die intrauterine Gelegenheit zur Belauschung eines Koitus zwischen den Eltern benutzt«. Ebenso präsentiert sich auch die Wunsch- und Wiedergeburtsphantasie des Wolfsmannes in einer entstellten Form, in der bewussten Klage, »dass ihm die Welt durch einen Schleier verhüllt sei«, der nach Angabe des Wolfsmannes »nur in einer Situation [zerriß], nämlich, wenn infolge eines Lavements der Stuhlgang den After passierte« (Freud 1918b, 133).

[10] Fries (1977) bspw. schreibt: »There is incomplete myelinization of the nervous system and almost none of the cerebral cortex at birth. Consequently it is a prepsychic period. The infant responds with reflexes of the lower brain stem and spinal cord«. Ich werde die Befundlage bei der Diskussion der Freudschen These, dass die Geburt das erste Angsterlebnis ist, noch etwas ausführlicher darstellen.

die bei einer fehlenden Myelinisation der Großhirnrinde aber genauso wenig wie Begriffe gebildet werden können. Damit verbietet sich auch die Annahme einer psychischen, etwa in Form eines bestimmten Gefühls erlebbaren Repräsentanz der Mutterleibssituation. Wenn die Mutterleibssituation psychisch nicht repräsentiert ist, kann auch die narzisstische Bedürftigkeit nicht die Wiederherstellung des »Aufenthalts im Mutterleibe« (Freud 1916-17f, 412) unter veränderten Bedingungen anvisieren.

Im Gegensatz zum Triebbegriff lässt sich keines der Freudschen Konzepte des primären Narzissmus auf die Ebene der Repräsentanzen transportieren[11], so dass sich eine Entwicklung der narzisstischen Bedürftigkeit im Rahmen seiner Begrifflichkeit auch nicht verfolgen lässt. Ich will nun die Konzepte einiger anderer Autoren daraufhin prüfen, inwieweit es in ihnen gelingt, nicht nur den Trieb-, sondern auch den Narzissmusbegriff auf dieser Ebene zu lokalisieren und die bei Freud implizite Dialektik des Verhältnisses von triebhafter und narzisstischer Bedürftigkeit deutlicher zu explizieren.

Sàndor Ferenczi

Ferenczi gehört nicht zu den Autoren, die bei der Erforschung des Narzissmusproblems gewöhnlich zu Rate gezogen werden. Sicherlich hat er den Narzissmusbegriff selten gebraucht. Dennoch hat er vor allem in zwei Beiträgen bereits vieles von dem erörtert, was später erneut Gegenstand der Diskussion wurde. Etwa drei Jahre bevor Freud die These vom primären Narzissmus als einem Stadium zwischen Autoerotismus und Objektwahl relativierte, machte sich Ferenczi (1013a) in der Arbeit »Entwicklungsstufen des Wirklichkeitssinnes« auf die Suche nach den genetischen Vorläufern der von Freud in »Totem und Tabu« als narzisstisch apostrophierten »Allmacht der Gedanken« und entdeckt ihre Wurzel dort, wo Freud später den primären Narzissmus ansiedelte: im Intrauterinleben. Dargestellt wird dies unter der Frage nach der »Entwicklung des Ich vom Lust- zum Wirklichkeitsprinzip«, der »Ersetzung des kindlichen Größenwahns durch die Anerkennung der Macht der Naturgewalten« (1013a, 150f). Ferenczi setzt dabei eine ursprüngliche Stufe der menschlichen Ontogenese voraus, auf der eine Art Vollkommenheit, das Ideal der Identität von Wunsch und Wunscherfüllung, das Lustprinzip in reiner Form herrsche: Die Situation des Embryos im Mutterleib, der wie ein Parasit ohne eigenes Dazutun versorgt wird. Aus dieser Existenz im Mutterleib resultiere für den Menschen der Eindruck, »dass er tatsächlich allmächtig ist. Denn was ist

---

[11] In diesem Zusammenhang ist es interessant, dass – wie Reik (1949, 33) berichtet – auch Freud der Meinung war, »dass eine direkte Untersuchung und Beobachtung von echtem Narzissmus unmöglich ist«.

Allmacht? Die Empfindung, dass man alles hat, was man will und man nichts zu wünschen übrig hat. Die Leibesfrucht könnte aber das von sich behaupten, denn sie hat immer alles, was zur Befriedigung ihrer Triebe notwendig ist, darum hat sie auch nichts zu wünschen; sie ist bedürfnislos«. Mit der Geburt ändere sich dieser paradiesische Zustand. Sie führe zu einer Sehnsucht, in die »Periode der bedingungslosen Allmacht« zurückzukehren: »Beobachtet man ... das ... Benehmen des Neugeborenen, so bekommt man den Eindruck, dass es von der unsanften Störung der wunschlosen Ruhe, die es im Mutterleib genoss, durchaus nicht erbaut ist, ja, dass es in diese Situation Zuzückzugelangen sich sehnt«. Erreicht werde dies – normale Kinderpflege vorausgesetzt, in dem Wünsche mehr oder weniger rasch befriedigt werden – mittels der »halluzinatorischen Wiederbesetzung der vermissten Befriedigungssituation; der ungestörten Existenz im warmen, ruhigen Mutterleibe ...« (1013a, 151). Gelingt dies, wird dadurch das Gefühl der Allmacht noch verstärkt, denn »da das Kind von der realen Verkettung der Ursachen und Wirkungen, von der Existenz und Tätigkeit der Pflegepersonen sicher keine Kenntnis hat, muss es sich im Besitz einer magischen Fähigkeit fühlen, alle Wünsche einfach durch Vorstellung ihrer Befriedigung tatsächlich realisieren zu können« (1013a, 151f).

Dieser »*Periode der magisch-halluzinatorischen Allmacht*« (1013a, 153) folge eine »Periode der Allmacht mit Hilfe magischer Gebärden« (1013a, 155). Das Kind entwickele zunehmend eine differenzierte Gebärdensprache und es mache – eine normale Bemutterung und die Fähigkeit der Mutter zum Verstehen der kindlichen Gebärdensprache vorausgesetzt – wiederum die Erfahrung, dass seine in Form von Gebärden signalisierten Wünsche in Erfüllung gehen. Auch diese Wunscherfüllung schreibe sich das Kind selbst zu, seiner eigenen Macht und Fähigkeit.

Im Verlaufe der weiteren Entwicklung differenzierten sich nicht nur die kindlichen Bedürfnisse. Mit dem Erlernen der Sprache gelte dies auch für die Mittel, diese Bedürfnisse auszudrücken. Mache das Kind auch hierbei überwiegend die Erfahrung, dass der Umgang mit Worten, denen »Gedanken« vorausgehen, zu Befriedigungserlebnissen führe, erreiche es dadurch wiederum die Bestätigung seiner eigenen Macht. Da sich das Kind noch in der »animistischen« (1013a, 156) Phase der Realitätsauffassung befinde, könne es noch nicht vollständig zwischen sich und der Mutter unterscheiden und schreibe so in dieser »Periode der magischen Gedanken und magischen Worte« (1013a, 158) sich selbst zu, was es im Wesentlichen der Mutter zuschreiben müsste. Erst mit »der vollen psychischen Ablösung von den Eltern« mache »das Allmachtsgefühl der vollen Würdigung der Macht der Verhältnisse Platz« (1013a, 159).

Diese Überlegungen beziehen sich im Wesentlichen auf die Ich-Entwicklung, wobei allerdings angenommen wird, dass die dabei erlebte Allmacht mit einem »Allmachtsgefühl in der Sexualentwicklung« korrespondiert. Nur in diesem Zusammenhang verwendet Ferenczi den Narzissmusbegriff und zwar im Sinne eines postautoerotischen Stadiums. Autoerotismus und Narzissmus sind für ihn »Allmachtsstadien der Erotik« und er sieht auf dem Gebiet der Sexualentwicklung »die Periode der bedingungslosen Allmacht bis zum Aufgeben der autoerotischen Befriedigungsarten« andauern (1013a, 160). In diesen letzten Passagen deutet sich bereits die Auffassung an, die in der späteren Schrift »Versuch einer Genitaltheorie« Kontur gewinnt. Die Sexualentwicklung wird hier verstanden als Erscheinungsform der Ich-Entwicklung, welche analog der Freudschen Gleichsetzung von Intrauterinleben und Narzissmus als narzisstische Entwicklung gelesen werden kann. In dieser Arbeit werden »die Entwicklungsphasen der Sexualität, wie sie uns durch die Untersuchungen Freuds bekannt wurden, als unsichere und tappende, doch immer deutlicher werdende Versuche zur Wiederkehr in den Mutterleib« beschrieben (1924, 335). In der oralen Phase seien die Zähne »Werkzeuge, mit deren Hilfe sich das Kind in den Mutterleib einbohren möchte« (1924, 336), in der analen Phase kehre die Wiedervereinigung mit der Mutter »als Identifizierung des Kotes mit einem Kind, d. h. mit dem eigenen Selbst wieder« (1924, 337). Das Kind sei »in eigener Person Mutterleib und Kind (Kot)« (1924, 337). In der Masturbationsperiode, die Ferenczi mit der »phallischen Phase« Freuds identifiziert, werde »die symbolische Identität Kind = Kot von dem Symbol Kind = Penis abgelöst, wobei beim männlichen Kind die eigene Hohlhand die Rolle des mütterlichen Genitales spielt« (1924, 337). Auch der psychische »Zweck des Begattungsaktes« bestehe in einem »Versuch zur Wiederkehr des Ich in den Mutterleib« (1924, 333). Erreicht werde dies durch eine wechselseitige »Identifizierung der sich Begattenden« (1924, 331), wobei der Mann sich auf phantastischem Wege die Geschlechtsorgane des Weibes introjiziert, während sich bei der Frau die Tendenz »als phantastische Identifizierung mit dem penisbesitzenden Mann beim Koitus, als Empfindung des Penisbesitzes an der Vagina selbst (›Hohlpenis‹), wohl auch als Identifizierung des Weibes mit dem Kinde, das es im eigenen Leibe beherbergt, äußert« (1924, 339).

Kommentar

An dieser Konzeption sind nicht nur die bioanalytischen Spekulationen problematisch. Zum einen werden die Triebwünsche lediglich auf Erscheinungsformen des von Freud als narzisstisch apostrophierten Bestrebens reduziert, in den Mutterleib zurückzukehren. Der genital-sexuelle Triebwunsch in der ödipalen Phase ist für Ferenczi (1924, 333) »der seelische Ausdruck einer viel allgemeineren biologischen Tendenz, die die Lebewesen zur Rückkehr in die vor der

Geburt genossene Ruhelage lockt«[12]. Da die Mutterleibssituation aber nicht repräsentiert ist, kann zum anderen diese Situation auch nicht intentional angestrebt werden. Triebwünsche gewinnen so den Status von Erscheinungsformen eines Abstraktums. Ferner wird behauptet, dass sich unter der Bedingung einer adäquaten mütterlichen Sorge und Versorgung im Kind ein Gefühl der *eigenen* Allmacht herstellt. Um sich selbst als allmächtig zu erleben, müsste jedoch vorausgesetzt werden können, dass sich das Kind bereits als eigenständiges und von der Umwelt abgegrenztes Wesen erleben kann und Ferenczi betont, dass genau dies in den verschiedenen Allmachtsperioden noch nicht der Fall ist. Auch diese Form eines Narzissmus lässt sich auf der Repräsentanzebene nicht wieder finden.

Obwohl in sich widersprüchlich, so ist es dennoch bedeutsam, dass Ferenczi nicht libidotheoretisch argumentiert und die narzisstische Entwicklung im Wesentlichen aus der Perspektive des subjektiven Erlebens der Realität durch das Kind thematisiert, welches er konsequent in die Abhängigkeit von real bestehenden Objektbeziehungen verweist. Löst man ferner die im »Versuch einer Genitaltheorie« vertretene Entwicklungskonzeption von den bioanalytischen Spekulationen und vom Anspruch der Allgemeingültigkeit ab und nimmt sie als eine mystifiziert gefasste besondere, die sich auf die Entwicklung narzisstisch Gestörter bezieht, enthält möglicherweise auch sie im Kern eine Wahrheit, die allerdings noch herauszuschälen wäre. Jedenfalls zeigt das vielfach beschriebene Sexualverhalten dieser Patienten, dass die dem Außenstehenden als triebbestimmt imponierenden Handlungen nicht primär auf spezifische Lustgewinnung ausgerichtet sind. Ihr Zweck liegt sozusagen nicht in ihnen selbst. Sie erscheinen vielmehr als bloße Mittel für andere Zwecke, der Befriedigung narzisstischer Bedürfnisse. Ich werde darauf noch zurückkommen.

Michael Balint

Während Ferenczi vor allem den Zustand der Omnipotenz beschrieben hat, den das sich entwickelnde menschliche Wesen im Mutterleib erfahre – ein Zu-

---

12 Auch wenn es im Zusammenhang mit der Diskussion des Narzissmus nicht unmittelbar interessiert, ist dennoch darauf hinzuweisen, dass der »maternale Regressionszug« für Ferenczi (1924, 341) keineswegs etwas Letztes ist. Er ist vielmehr die ontogenetische, symbolische Darstellung des aus der Phylogenese der menschlichen Art erwachsenden »thalassalen Regressionszuge[s]«, dem Streben nach der in der Urzeit verlassenen See-Existenz« (1924, 363). In bioanalytischer Spekulation deutet Ferenczi die Penisbedeutung des »Fisches« um in die Fischbedeutung des »Penis«. Im »Fruchtwasser« sieht er »ein in den Leib der Mutter gleichsam ›introjiziertes‹ Meer« (1924, 366) und in der Sehnsucht nach der Mutterleibsexistenz eine Darstellung der phylogenetischen Sehnsucht der menschlichen Gattung nach der »Wiederherstellung der See-Existenz, im feuchten, nahrungsreichen Körperinnern der Mutter« (1924, 364).

stand, der lebenslang als regressives Wunschziel erhalten bleibe –, beschreibt M.
Balint – ein Schüler und Analysand Ferenczis – das dazu gegenläufige Erlebnis:
die Ohnmacht und Abhängigkeit des Kindes vom Objekt (in aller Regel von
der Mutter). Wie er aber diesen Zustand des Angewiesenseins des Kindes auf
die Mutter, die Verschränkung beider in einer »passiven«, »primitiven«, »primären«, »archaischen« Objektliebe oder in einer »primären Liebe« charakterisiert,
das ähnelt in vielfacher Weise dem, was Ferenczi beschrieben hat.

Vermutlich weil er den Narzissmusbegriff nur kritisch verwendet, wird M.
Balint gemeinhin bei der Diskussion des Narzissmuskonzeptes kaum erwähnt.
Er verwirft das Konzept eines primären Narzissmus als eines Zustandes subjek-
tiver Objektlosigkeit mit Argumenten, die den von mir vorgetragenen analog
sind. Auch seiner Ansicht nach lassen sich die Widersprüche in der Freudschen
Narzissmustheorie nicht lösen, wenn man etwa mit H. Hartmann (1964) den
Narzissmus nicht als libidinöse Besetzung des Ich, sondern als eine libidinöse
Besetzung des Selbst bzw. der Selbstrepräsentanz begreift. Damit werde nur ein
neuer Begriff eingeführt, der zudem vager und unpräziser sei als der des Ich,
während die Frage, wie die Besetzungsvorgänge zustande kommen, keineswegs
besser gelöst sei. Auch die Annahme eines primären narzisstischen Allmachts-
gefühls, wie es Ferenczi postuliert, verwirft M. Balint. Omnipotenzgefühle,
meint er, sind wie der Narzissmus Sekundärbildungen, ein »verzweifelter« Versuch, sich selbst gegen ein vernichtendes Gefühl der Ohnmacht zu verteidigen
(M. Balint 1960, 14). Auch der Schlaf und der Orgasmus sind ihm keine Bewei-
se für die Existenz eines primären Narzissmus. In beiden Fällen werde nicht ein
objektloser Zustand wiederbelebt, sondern vielmehr eine archaische Objektbeziehung: man »schläft mit« seinem introjizierten guten Objekt« (1960, 15) und
man erfahre dabei jenes Wohlbehagen, jene friedliche Sicherheit wieder, die
einer ursprünglichen harmonischen Beziehung zwischen Kind und Mutter entspreche. Der These, dass der Schizophrene auf das Stadium eines primären
Narzissmus, einer gänzlich objektlosen Entwicklungsstufe regrediere, hält M.
Balint entgegen, dass alle regredierten Patienten und insbesondere die Schizophrenen jenseits des Anscheins einer Beziehungslosigkeit gerade besonders
empfindlich seien für die inneren, emotionalen Stimmungen ihrer Mitmenschen. »In Wirklichkeit würde die Aussage, der Schizophrene sei viel enger mit
seiner Umwelt verbunden und hänge in weit höherem Maße von ihr ab als der
sogenannte ›Normale‹ oder ›Neurotiker‹, den Beobachtungen besser entsprechen«. Auch die Abwendung der Schizophrenen von der Außenwelt sieht er als
ein Sekundärphänomen, wobei die in der Regression enthaltene überstarke
Sehnsucht nach dem Objekt, die Fähigkeit zu unmittelbaren, wenngleich »primitiven« emotionalen Kontaktaufnahmen zum Objekt, die Annahme eines
primären Narzissmus abermals widerlege. Nach Auffassung Balints zeigen
Schizophrene in einem extremen Ausmaß jene Züge, die bei narzisstischen Per-

sonen allgemein zu finden seien. Dazu gehöre: erhöhte Objektabhängigkeit, gegen die gleichzeitig Abwehr mobilisiert wird; erhöhte Empfindlichkeit und Sensibilität, besonders hinsichtlich der emotionalen Realitäten; verstärkte Verletzlichkeit. Eine tiefe Sehnsucht nach einer archaischen Verschmolzenheit mit dem Objekt, eine Art »Sucht« nach einer grenzenlosen Harmonie mit dem Objekt wären als tiefste Wünsche dieser Patienten auszumachen (1960, 18).

Sorgfältig notiert M. Balint die Widersprüchlichkeiten im Denken Freuds und meint, dass Freud gewissermaßen drei unterschiedliche primäre Ausgangszustände der menschlichen Entwicklung postuliert habe: eine primäre Objektbeziehung, einen primären Autoerotismus und einen primären Narzissmus (1960, 6). In diesem Zusammenhang kritisiert M. Balint auch die These der primären Identifizierung. Identifizierung bedeute stets eine Ich-Veränderung unter Einfluss eines äußeren Objekts. Bevor sich aber ein Ich verändern kann, muss es erst einmal vorhanden sein. Vor einer Identifizierung müsse also noch etwas liegen, was den Aufbau eines Ich überhaupt erst ermögliche und dies sei eine Objektbeziehung.

Für M. Balint steht fest, dass ursprünglichen Objektbeziehungen des Kindes zu seiner Umwelt (Mutter) bestehen und dass jede Form des von ihm definierten Narzissmus als ein Sekundärphänomen aufzufassen sei. Er schlägt vor, eine neue Theorie zu bilden, die an Stelle des primären Narzissmus treten soll. M. Balint (1960, 25) fordert eine Theorie »der primären Beziehung zur Umwelt«, kurz eine Theorie, die eine »primäre Liebe«, d. h. eine Objektbezogenheit des Kindes postuliert. Sein Hauptanliegen ist, diese frühesten, primitiven Formen der Objektbeziehung zu beschreiben und daraus Konsequenzen für die Neurosentheorie und Neurosentherapie abzuleiten. Ausgangspunkt seiner theoretischen Konzeption ist eine ursprünglich harmonisch einander durchdringende Verschränkung von Mutter und Kind (1960, 29). Von Seiten des Kindes könne dies auch als eine »Verschmelzung mit der undifferenzierten Umwelt, der Welt der primitiven Substanzen« begriffen werden (1966, 7). Diese primitive Verbindung zwischen Mutter und Kind wird von M. Balint (1966, 65) – bezogen auf das Kind – als ein vollkommen »egoistischer Wunsch« beschrieben. An Ferenczi anknüpfend, charakterisiert M. Balint (1966, 65) »die Natur dieser ersten Objektbeziehung [als] fast vollkommen passiver Art. Der Betreffende liebt nicht, sondern wünscht, geliebt zu werden. Dieser passive Wunsch ist zweifellos sexuell, libidinös«. Sie sei gekennzeichnet durch »die Unfähigkeit, die Interessen oder das Wohlergehen des Objekts zu beachten« (1960, 30). Das Objekt, die Mutter werde einfach nur gebraucht, um die eigenen Bedürfnisse zu befriedigen und zwar »*ohne die kleinste Gegenleistung*« (1966, 102). Als »selbstsüchtige‹ Form der Liebe« charakterisiert M. Balint (1960, 30) diesen urtümlichen Wunsch des Kindes so, wie heute in der Literatur gemeinhin das narzisstische Liebesbedürfnis nach einem Objekt und von Freud die Objektwahl nach dem anaklitischen

Typus beschrieben wird. Was M. Balint als eine uranfängliche Objektbeziehung begreift, das gilt für andere Autoren als Ausdruck eines primären narzisstischen Wunsches.

Diese primäre und passive Objektliebe sei der Entwicklung fähig. Im günstigsten Falle führe sie zu einer aktiven Objektliebe, wobei allerdings das passive Ziel erhalten bleibe: »Wir lieben, befriedigen unseren Partner, d. h. richten uns nach seinen Wünschen, um von ihm wiedergeliebt, befriedigt zu werden« (1966, 103). Werden die Bedürfnisse der primären Objektliebe nicht adäquat befriedigt, resultiere daraus eine »Grundstörung«. Resultat sei ein überbetonter Narzissmus im Balintschen Sinne, ein Autoerotismus als »Trostmechanismus« (1966, 131), eine »Oknophilie« oder »Philobatie«. Oknophile Patienten klammerten sich übertrieben an ihre Objekte an, bräuchten die Objekte als Stütze, als Krücke für ein defizitär entwickeltes Ich. Jede Trennung vom Objekt mobilisiere hier Angst und verstärke die Tendenz zur Anklammerung. Die Objekte würden in solchen Fällen nicht geliebt, sondern nur benötigt. Es handele sich um eine Objektliebe nach dem primitiven Muster. Bei der Philobatie werde versucht, frühere Enttäuschungen am primären Liebesobjekt durch den Aufbau einer Abwehrformation zu begegnen. Hier werde eine Scheinautonomie entwickelt, bei der die Abhängigkeit und das Bedürfnis nach dem primären Objekt verleugnet würden. Diese Menschen lebten scheinbar in großer Unabhängigkeit von den Objekten. Bei näherer Betrachtung aber erweise sich diese Abwehrhaltung als eine Fluchttendenz, die weitere schmerzhafte Enttäuschungen des Bedürfnisses nach dem Objekt verhindern soll, indem Objektbeziehungen von einiger Intensität und Nähe von vornherein vermieden würden.

Die Entwicklung dieser primären Objektbeziehung, deren »biologische Basis« (1966, 106) sich in der »Aufeinanderbezogenheit der gegenseitigen Triebziele« (1966, 128) von Mutter und Kind ausdrücke, wird von M. Balint nicht mit der Entwicklung *explizit* sexueller Triebwünsche identifiziert. Die Form der primären »Objektbeziehung ist nicht an irgendeine erogene Zone gebunden, sie ist nicht orale, oralsaugende, anale, genitale und dergleichen Liebe, sondern sie ist etwas für sich, wie die anderen Formen der Liebe es sind ...« (1966, 106). Die sexuellen Triebziele bestimmten nicht die Formen der Objektbeziehungen. Sie wären vielmehr Erscheinungsformen der Entwicklung der primären Objektliebe. Das »Endziel allen erotischen Strebens«, d. h. der Wunsch, »mich soll man lieben, immer, überall, auf jede Weise, meinen ganzen Körper, mein ganzes Ich, ohne jegliche Kritik, ohne die kleinste Gegenleistung meinerseits« werde zeitlebens beibehalten. Dieses »Ziel der ›passiven Objektliebe‹« können viele »erst auf Umwegen erreichen. Diese Umwege erzwingt, zum Teil sogar ersinnt die Erziehung ... Wenn es [das Kind] etwas bekommt, wird es durch die erhaltenen Befriedigungen gleichsam modelliert. Die so häufig, so regelmäßig gefundene Entwicklungsreihe der anal-sadistischen, phallischen und schließlich genitalen Objektbeziehungen wären also nicht biologisch, sondern sozial begründet« (1966, 67).

Wenn auch nicht explizit, so deutet M. Balint doch implizit an, dass diese Triebziele hergestellt werden in der besonderen Befriedigung eines Wunsches nach »körperlichem Kontakt« (1966, 111). Bis auf die Oralerotik, die von vornherein »eine der wichtigsten Ausdrucksformen der primären Objektliebe« sei (1966, 111), sind ihm die beiden anderen prägenitalen Stufen der Triebentwicklung erzwungene und d. h. prinzipiell auch vermeidbare Erziehungsprodukte:

> »Nach meiner Ansicht könnte von der passiven zur aktiven Objektliebe eine gerade Linie führen. Bedenken wir doch, dass die Periode der passiven Objektliebe mit Recht polymorph-pervers genannt werden kann. In ihr sind alle Befriedigungsweisen, alle möglichen Arten der Objektrelation in nuce, potentiell vorhanden. Welche davon entwickelt werden, welche die Oberhand über die anderen gewinnen, hängt davon ab, welche das Urziel, das Befriedigtwerden am raschesten und am sichersten erreichen helfen – also letzten Endes vom Einfluss des Milieus. So meine ich ernstlich, falls Kinder richtig erzogen werden könnten, müssten sie sich nicht durch die verschlungenen, ihnen aufgezwungenen Formen der prägenitalen Objektbeziehungen recht mühsam durchschlagen« (1966, 71f).

Auch die genitale Sexualität betrachtet M. Balint (1966, 141) als eine Erscheinungsform der primären Liebe: »Was wir genitale Liebe nennen, hat mit Genitalität recht wenig zu tun; sie benutzt die Genitalität nur als den wilden Stamm, auf dem etwas ganz anderes aufgepfropft werden muss«. Auch für die genitale Sexualität gelte die »banale Wahrheit, dass das letzte Ziel aller Triebe die Verschmelzung mit dem Objekt, die Herstellung der Ich-Objekt-Einheit ist. Der Erwachsene kommt im Orgasmus diesem Urziel am nächsten« (1966, 105). Im Orgasmus

> »tritt das vertrauende Glücksgefühl ein, dass nun die ganze Welt in Ordnung ist, alle individuellen Bedürfnisse befriedigt, alle individuellen Unterschiede aufgehoben sind und bei beiden Partnern nur noch der eine Wunsch besteht, in dem das ganze Universum versinkt und sie in der ›unio mystica‹ eins werden« (1966, 145).

Diese »unio mystica« setze eine Regression auf »die primitivste Stufe der Objektbeziehung« voraus, auf der diese Einheit bestand (1966, 145). Unter ausdrücklichem Verweis auf die von Ferenczi (1924) vorgetragenen Überlegungen fügt M. Balint (1966, 176) hinzu:

> »Alle Formen sexueller Betätigungen, auto-erotische wie allo-erotische, können als mehr oder minder erfolgreiche Versuche betrachtet werden, dieses regressive Ziel zu erreichen. Davon, wie nahe sie dieser tiefsten Regression kommen, hängt es ab, ob sie imstande sind, Orgasmus und wirkliche Befriedigung herbeizuführen – d. h. eine Befriedigung, auf welche Gelöstheit und das Gefühl ruhigen Wohlbefindens folgt, das für den lustbereitenden Coitus charakteristisch ist«.

Misslingt dies, liege eine »Grundstörung« (1968) vor. Gemeint sind damit Defekte und Mangelerlebnisse als Resultat einer pathologischen Entgleisung im Zusammenspiel zwischen dem Kind und seinem Primärobjekt. Die Beziehungsebene der »primären Liebe« werde allerdings grundsätzlich nicht aufgegeben. Sie spiele in allen reiferen Objektbeziehungen eine Rolle, weshalb M. Balint auch Zweifel hat, ob es überhaupt einen reinen ödipalen Konflikt geben kann. Abgesehen von reinen Störungen auf der Ebene der primären Beziehungen neigt M. Balint eher zu der Auffassung, dass es immer nur gemischte Störungen gibt. Seiner Ansicht nach verbergen ödipale Neurosen immer – oder wenigstens oft – tieferliegende, aus einer primären Beziehung stammende Störungen.

Kommentar

Neben der Ansicht, dass psychische Pathologien im Wesentlichen als Produkt der an der Erziehung Beteiligten zu verstehen sind, kann aus der Konzeption Balints festgehalten werden, dass libidotheoretische Argumente eher kritisiert als vortragen werden und dass sowohl der Objektunabhängige – in der klassischen Terminologie als Narzisst beschriebene –, der Philobat, wie auch der Objektabhängige, der Oknophile, dessen Objektabhängigkeit heute ebenfalls als narzisstisch bezeichnet wird, als zwei Verarbeitungsmodi einer Grundstörung angesehen werden. Diese Grundstörung enthält im Kern einen Mangelzustand, unerfüllte Wünsche, die aus frühen Versagungen in der primären Mutter-Kind-Beziehung resultieren. In der Scheinautonomie des narzisstisch gestörten Menschen wird dieser Defekt zwar verleugnet, ohne dass jedoch das extreme Verlangen nach dem Objekt, das hinter allen Versuchen, die eigene Omnipotenz, Unabhängigkeit und scheinbare Selbstgenügsamkeit zu demonstrieren, grundsätzlich überwunden werde. Beide sind gleichermaßen das Produkt einer pathologischen Entwicklung.

Zu notieren ist ferner, dass auch M. Balint einige Entwicklungsstufen der Triebe als sozialisationsbedingt auffasst. Dabei ist ihm allerdings die Sozialisation mehr Störmoment, welches die biologisch vorgegebene Entwicklung der passiven Objektliebe auf Umwege zwingt. Der Urzustand der passiven Objektliebe selbst ist widersprüchlich konzipiert und lässt sich auf der Repräsentanzebene so nicht darstellen. Einerseits und im Einvernehmen mit Freud ist M. Balint der Ansicht, dass anfänglich die lebensnotwendigen äußeren Objekte, z. B. die Mutterbrust, noch nicht vom eigenen Ich abgesondert werden können. Ganz allgemein gilt ihm, dass hier »die Welt des Kindes noch nicht in Ich und Außenwelt geschieden ist« (1966, 67). Andererseits aber setzt der als egoistisch gefasste Wunsch nach einem Objekt diese Trennung – und d. h. eine in eine Selbst- und Objektrepräsentanz sich gliedernde Repräsentanzwelt – bereits voraus. Des Weiteren ist sein »primäres Objektverlangen« eine Abstraktion. Die einem äußeren Beobachter als Abstraktion aus vielfältigen Daten zugängliche Erkenntnis, dass das Neugeborene auf ihn umsorgende Objekte angewiesen ist, wendet M. Balint in eine Intention, dem Objektverlangen, mit der das Kind bereits geboren wird. So wie er unter Vernachlässigung der Dialektik die Triebe auf eine Erscheinungsform der sich entwickelnden passiven Objektliebe reduziert, werden ihm auch die besonderen Erscheinungsformen der passiven Objektliebe zu bloßen Erscheinungsformen einer Abstraktion, eines dem Kind von Anfang an unterstellten allgemeinen Objektverlangens[13].

Béla Grunberger

Auch Grunberger hat in seiner Narzissmuskonzeption explizit – und vor allem implizit – sehr viel von dem Gedankengut Ferenczis übernommen. Er bezeichnet den intrauterinen Zustand als narzisstisch und begreift den »pränatalen Zustand als Quelle aller Varianten des Narzissmus« (Grunberger 1971, 25). Diese paradiesische Existenz ende mit der Geburt, bleibe aber durchgängig in Form eines Wunsches nach Rückkehr in diesen Zustand erhalten: »Dieser fundamentale Wunsch ist die Basis unserer Narzissmus-Hypothese« (1971, 22). Unter diesem Titel beschreibt Grunberger dieselben Erlebnisformen, die auch von Ferenczi und M. Balint vorgetragen werden. Der Narzissmus meint bei ihm u. a. gleichzeitig die Erinnerung an jenen verlorenen Zustand, den Wunsch, dorthin zurückzukehren, Gefühle des Wohlbehagens, der Vollkommenheit, der Allmacht und des Stolzes, die sich aus diesem Urerlebnis ableiten sollen und bestimmte Objektbeziehungen, die sich sowohl in einer narzisstischen Isolation wie auch in der Suche nach symbiotischer Verschmelzung darstellten. Dieses Paradox will Grunberger nicht auflösen, sondern als ebenso dialektisch begriffen wissen wie das Verhältnis Trieb-Narzissmus. Der Narzissmus trete, so Grunberger (1971, 12), »während der Phase seiner Ausbildung als autonomer Faktor ... zur Triebkomponente in eine spezifische dialektische Beziehung«.

Allerdings lässt auch eine mehrfache Lektüre von Grunbergers essayistischer Darstellung seiner Gedanken im Unklaren, um welche Art von Dialektik es sich hier handeln soll. Jedenfalls wird die Dialektik nirgendwo konkret ausgetragen und Gegensätze enden in widersprüchlichen Begriffsbestimmungen. So ist für Grunberger (1971, 11f) der Narzissmus einmal ein »autonomer Faktor«, der jedoch aus der »Tiefe des Trieblebens« hervorbricht und zur Triebentwicklung parallel verlaufe, wobei dennoch »das Triebleben ... sich in seinen vielfältigen Äußerungen auf dem narzisstischen Faktor« gründe und »von diesem gelenkt« werden soll (1971, 106). Zum anderen qualifiziert Grunberger (1971, 67, Anm. 65) den Narzissmus selbst als einen »autonomen Trieb«, der aber zugleich »wie ein Trieb strukturiert ist« (1971, 27), also wiederum etwas anderes als ein Trieb sein muss.

---

[13] Genau diese Unterstellung eines abstrakten Objektverlangens, welches das Überleben der Art garantieren würde, ist kennzeichnend für die gegenwärtig wieder in Mode kommenden Bindungstheorien (s. Kap. 5).

Kommentar

Ich will es bei diesem Exempel belassen. Es hat paradigmatischen Charakter. Der Grundriss des Grunbergerschen Gedankengebäudes lässt sich auch dann nicht eruieren, wenn man sich seinen Triebbegriff genauer ansieht. Als »biologische Grundlage« sind bei ihm die Triebe bereits dem Fötus inhärent. So ist

> »die Zellproliferation ... eine sexuelle Aktivität des Fötus« und die »Aggressivität ... manifestiert sich im Stoffwechsel ... da der Fötus die Substanz, die sein Wirt (die Mutter) ihm zur Verfügung stellt, benutzt ...« (1971, 30f).

Erinnert man sich daran, dass im psychoanalytischen Verständnis am Trieb Quelle (ein erregender Vorgang an einer erogenen Zone), Ziel (Aufhebung des erregenden Vorganges), Objekt (durch welches die Aufhebung der Erregung erreicht wird) und Drang (das Maß an Arbeitsanforderung, das ein Trieb auf seinem Weg von der Quelle bis zu seinem Ziel der psychischen Tätigkeit auferlegt) zu unterscheiden sind (Freud 1915c, 214f), ein Trieb somit immer zugleich körperlichen und intentionalen Charakter hat, lokalisiert die These, dass »wir ... dem Fötus keine wie immer geartete Absicht« unterstellen und »dass seine Triebaktivitäten ohne spezifische körperliche Grundlage ablaufen« (Grunberger 1971, 31) den Trieb außerhalb dieser Definition. Misst man das Triebverständnis Grunbergers an jenem, welches Freud auch vertreten hat, wonach »ein Trieb ... ein dem belebten Organischen innewohnender Drang zur Wiederherstellung eines früheren Zustandes« wäre (Freud 1920g, 38), dann steht Grunbergers Gleichsetzung von sexuellem Trieb und Zellproliferation auch dazu quer und zwingt zur Frage, in welchem theoretischen Bezugssystem Grunberger seinen Triebbegriff definiert.

Jenseits einer Dialektik von Trieb und Narzissmus stehen seine Überlegungen zur psychoanalytischen Therapie. Hier wird der Satz »der narzisstische Faktor besitzt ... Vorrang« zentral exponiert (Grunberger 1971, 106). Die psychoanalytische Behandlung wird als eine Situation begriffen, die im Wesentlichen durch den Narzissmus des Analysanden bestimmt ist. Dies gilt nicht nur für die sogenannten frühen Störungen oder die narzisstischen Persönlichkeitsstörungen im engeren Sinne, sondern auch für alle ödipalen Neurosen. Die klassischen Neurosen sind für Grunberger (1971, 96) »misslungene Kompensationsversuche« eines tieferliegenden narzisstischen Traumas, das ohnehin jeden Menschen auszeichne, da jeder Mensch mit dem Verlust des paradiesischen Zustandes von einst zurechtzukommen habe. »Das Ziel der Analyse« schreibt Grunberger (1971, 205), bestehe deshalb »in der Rekonstruierung des Ich durch die Normalisierung der narzisstischen Besetzungen des Objekts ...«. In der Therapie soll die Ich-Entwicklung nachgeholt werden, die dem Kind einst ermöglicht hätte, »sich von der narzisstischen Stütze der Eltern unabhängig zu machen« (1971, 201). Die Ich-Entwicklung – Wiederherstellung eines gesunden Narzissmus als autonome Regulation des narzisstischen Gleichgewichts ohne

Rückgriff auf narzisstisch stützende Objekte – sei das therapeutische Ziel. Erreicht werde dies über eine »tatsächliche Verschmelzung von Subjekt und Objekt«, über eine »narzisstische Vereinigung« ... wobei das Objekt völlig im Subjekt aufgegangen ist« (1971, 89). Danach ist die Auflösung dieser Vereinigung erforderlich: »Wichtig ist dabei die Versagung, die der Analytiker dem Analysanden auferlegt, mit der er ihn aus seinem narzisstischen Paradies vertreibt ...« (1971, 119f).

Grunberger spricht dem Narzissmus eine für jeden Menschen fundamentale Bedeutung zu. Genetisch führt er ihn auf die Mutterleibssituation zurück, aber auch auf die frühen Phasen der narzisstischen Verschmolzenheit von Mutter und Kind. Als Wunsch bleibt der ursprüngliche Narzissmus seiner Ansicht nach bei jedem Menschen erhalten, während sich im Verlauf der Entwicklung die psychischen Gestalten des Narzissmus veränderten. Unter der Voraussetzung einer ständigen Beziehung zum realen Objekt entwickele sich der Narzissmus hin zu einem halbwegs autonom regulierbaren Narzissmus, d. h. zu einem halbwegs autonom regulierbaren narzisstischen Gleichgewicht, das seinerseits Voraussetzung für die Aufnahme reifer Objektbeziehungen ist. Dem Freudschen Bild der kommunizierenden Röhren, wonach Objekt-Libido zunimmt, wenn die Ich-Libido abnimmt (und umgekehrt), setzt Grunberger (1971, 17, Kursivierungen aufgehoben, S. Z.) entgegen: »Je mehr ein Mensch auf bestimmte Art sein Ich zu besetzen vermag, um so mehr verfügt er über Libido für die Objektwelt«. Bei *allen* Neurosen sei das Ziel der psychoanalytischen Kur die Wiederherstellung oder erstmalige Herstellung dieses narzisstischen Gleichgewichts, die Herstellung der Fähigkeit zu befriedigenden Objektbeziehungen. Zu diesem Zweck muss der Analytiker mit dem Patienten vorübergehend einen Zustand der narzisstischen Verschmolzenheit eingehen, der dann schrittweise und entwicklungsfördernd wieder aufzulösen ist.

Die theoretische Rekonstruktion dieses Sachverhaltes ist freilich dürftig. Zwar wird das Verhältnis Trieb-Narzissmus als ein dialektisches deklariert, dessen Entwicklung aber nicht in Schritten einer Negation der Negation aus einer Einheit der Gegensätze monistisch entfaltet. Wie vor allem seine Überlegungen zur Therapie deutlich machen, wird in Wirklichkeit der Trieb auf eine Erscheinungsform des Narzissmus reduziert. Auch lässt sich seine theoretische Konzeption des Narzissmus auf der Repräsentanzebene ebenso wenig aufweisen wie die Freudsche (1921c, 146) Bestimmung des »absolut selbstgenügsamen Narzissmus«. Abgesehen davon, dass seine These »Je mehr ein Mensch auf bestimmte Art sein Ich zu besetzen vermag, um so mehr verfügt er über Libido für die Objektwelt« (Grunberger (1971, 17, Kursivierungen aufgehoben, S. Z.) keinerlei Erkenntniswert hat, sondern lediglich die Erfahrung dupliziert, dass Menschen, die sich selbst lieben, auch andere Menschen lieben können, sie verträgt sich auch nicht mit der objektlosen Selbstliebe des phallischen Narzissten.

Darüber hinaus ist seine Konzeption anfällig für die Kritik, die an Ferenczis Fassung des Narzissmus zu üben ist. Auch bei Grunberger (1971, 28) ist »der Fötus ... wirklich allmächtig und souverän (in seinem Universum, das für ihn mit dem Universum schlechthin verschwimmt); er ist autonom und kennt nichts anderes als sich selbst ...«.

Heinz Kohut

Während bei Ferenczi Triebhandlungen das Ziel verfolgen, in den intrauterinen, von Grunberger als narzisstisch beschriebenen Zustand zurückzukehren und M. Balint die prägenitalen Entwicklungsstufen der Libido als Erscheinungsformen einer Entwicklung der passiven Objektliebe unter pathologischen Sozialisationsbedingungen präsentiert und den Trieben ebenfalls das regressive Ziel der Wiederherstellung einer »unio mystica« zuschreibt, versucht Kohut, die narzisstische und die Triebentwicklung radikal voneinander zu trennen. Noch unter dem Einfluss der Triebpsychologie stehend, beginnen seine Überlegungen im klassisch-metapsychologischen Rahmen der Psychoanalyse und enden dem Anspruch nach bei einer eigenständigen theoretischen Konzeption des Narzissmus, der »Psychologie des Selbst«. Allerdings ist diese Eigenständigkeit ebenso nur Schein wie das anfängliche Beibehalten des konzeptuellen Rahmens der psychoanalytischen Metapsychologie. Kohut (1973, 13) definiert zwar den Narzissmus im Anschluss an H. Hartmann als die libidinöse »Besetzung des Selbst«, meint aber zugleich, dass der Narzissmus nicht durch das »Ziel der Triebbesetzung« – Selbst versus Objekt – bestimmt werde, sondern »durch die Natur oder Qualität dieser Besetzung« (1973, 45). Nach Auffassung von Kohut können Objekt- wie Selbstrepräsentanzen narzisstisch besetzt sein. Die fraktionierte Rücknahme der narzisstischen Besetzungen der Objektrepräsentanzen sei die Bedingung für den Aufbau psychischer Strukturen. Dabei wird bereits eine prinzipielle Trennung von sexueller und narzisstischer Libido etabliert, so dass diese anfänglichen Formulierungen libidotheoretisch bereits jene Trennung des Menschen in »die beiden Haupttendenzen ... (sein Streben nach Lust und sein Bestreben, der Struktur seines Selbst Ausdruck zu geben)« (1975, 273) vorweggenommen wird. »Erfahrung des Selbst« und die triebhafte, körperbezogene Erfahrung sind für ihn »zwei Aspekte der menschlichen Psyche, die beide ihre eigenen Gesetze, ihre eigene Entwicklung und ihre eigene Beziehung zur Umwelt haben« (1975, 272). Kohut (1975, 154) spricht auch von »narzisstischen Trieben«, ein Begriff, den Freud so nicht kennt.

Während Kohut (1975, 269) eine unabhängige Entwicklung des Selbst einerseits und der Triebe andererseits postuliert, wollte Freud die Entwicklung des Ich (Selbst) immer unter Einbeziehung der Triebentwicklung verstanden wissen, einer Entwicklung, die prinzipiell konflikthaft ist. Bei Kohut (1975, 273)

dagegen können »die beiden Haupttendenzen des Menschen ... entweder harmonisch zusammenwirken oder im Konflikt miteinander stehen«. Die prinzipielle Konflikthaftigkeit der menschlichen Existenz wird von Kohut zugunsten
einer idealtypisch verlaufenden Entwicklung aufgegeben, die nur akzidentell zur
– u. U. pathologischen – Konflikthaftigkeit führt. Während bei Kohut eine ideale Anpassung an die Realität unter optimalen Entwicklungsbedingungen (was
für Kohut vor allem eine optimale Bemutterung in den frühesten Lebensjahren
bedeutet) zur einer normgerechten Persönlichkeit führt, befindet sich bei Freud
das Individuum prinzipiell und unter allen Bedingungen im Konflikt mit seiner
Umwelt. Für Freud ist deshalb auch nicht das Vorliegen von Konflikten per se
das praktische Maß zur Bestimmung einer möglichen Pathologie, sondern vielmehr die Art und Weise der Konfliktbewältigungsstrategien.

Gemäß seiner Auffassung, dass der Narzissmus (bzw. das Selbst) eine eigenständige Entwicklung durchläuft, bemüht sich Kohut konsequent um eine Re-
habilitierung des Narzissmus als eines an sich normgerechten, notwendigen und
bei jedem Menschen grundsätzlich zu postulierenden psychischen Sektors. In
Kohuts Auffassung ist nicht der Narzissmus an sich pathologisch, sondern es
sind die spezifischen Störungen der narzisstischen Entwicklung, die u. U. zu
einer Pathologie des Narzissmus führen können. Diese sei dann entsprechend
der vorgegebenen Entwicklungslinie des Narzissmus zu behandeln, d. h. archaische, frühe Formen des Narzissmus, die dem Kind angemessen, dem Erwachsenen aber unangemessen sind, sollen in reifere Formen des Narzissmus trans-
formiert werden. Dieser Prozess geschieht innerhalb spezifischer Beziehungs-
konfigurationen, die der Therapeut – analog der Haltung der Mutter – dem
Patienten anzubieten hat. Kohut bezeichnet es daher auch als ein weitverbreite-
tes »Vorurteil« innerhalb der Psychoanalyse, demzufolge der Narzissmus der
Objektliebe gegenübersteht und die therapeutische Aufgabe dementsprechend
darin gesehen würde, den Narzissmus in Objektliebe zu transformieren, anstatt
– wie Kohut (1975, 40) wiederholt betont – den Narzissmus zu seinem eigenen
Recht, zu seiner eigenen Entwicklung kommen zu lassen. Nach Kohut (1975,
142) beginnt die narzisstische Entwicklungslinie in einer primärnarzisstischen
undifferenzierten (von Seiten des Säuglings aus gesehen), vollkommenen Einheit des Kindes mit der Mutter. In diesem Stadium habe das Kind die »Vorstellung«, die Mutter sei ein Teil seines Selbst und es habe vollkommenen Anspruch auf die Pflege und Zuwendung der Mutter. Da aber die mütterliche Versorgung des Säuglings selbst unter idealen Bedingungen unvollkommen sei,
d. h. dass Diskrepanzen zwischen kindlichen Bedürfnissen und ihrer Erfüllung
unvermeidbar sind – quantitativ im Sinne der Zeit als einer Verzögerung der
Bedürfnisstillung und qualitativ, da der Säugling nicht immer genau das erhält,
was er sich wünscht, weil auch die Mutter sich nicht vollkommen perfekt in die
jeweilige Bedürfnislage ihres Kindes einfügen kann –, deshalb gehen die All-

machts- und Vollkommenheitsphantasien des Säuglings verloren. »Das Gleichgewicht des primären Narzissmus« (1975, 142) werde gestört. Quasi als Ersatz dieses Urzustandes bildeten sich danach zwei neue kompensatorische Strukturen aus, welche die alte Vollkommenheit in neuer Gestalt wiederbringen sollen: Das Kind erlebe sich selbst, sein eigenes Selbst, als vollkommen, es entwickele ein grandioses narzisstisches Selbstbild, oder das Kind erlebe das Objekt (die Mutter) als grandios und vollkommen und entwickele ein idealisiertes Bild vom Objekt. Idealisiertes Selbst und idealisiertes Objekt wären Reaktionsbildungen auf normale und unvermeidliche Verlust- und Trennungserlebnisse und dienten in einer bestimmten Phase der kindlichen Entwicklung zur Kompensation der Trennung von der Mutter. Ihre Bildung ist in der Auffassung Kohuts normgerechte und notwendige Entwicklungsschritte, die jedes Kind durchlaufen müsse. Kohut sieht den Entwicklungs- und den Differenzierungsprozess als Resultat eines sukzessiven und jeweils partiellen »Objektverlustes«. Nach und nach verliere das Kind bestimmte Formen der Unterstützung durch das Objekt, werde also frustriert und gezwungen, das frustrierende Objekt zu »verinnerlichen«, d. h. jene Funktionen nach und nach selbst und autonom auszuführen, die zunächst die Mutter – im weitesten Sinne die Erwachsenen – für das Kind wahrgenommen hätten. Dieser Verinnerlichungsprozess sei das Ergebnis optimaler Formen der Frustration durch die Objekte und führe zur seelischen Strukturbildung. Gelinge dieser Prozess – und dabei gelte nicht ein Alles-oder Nichts-Prozess, sondern vielmehr ein Mehr oder Weniger, bei dessen Störung sich punktuelle und weitreichende Struktur- und Entwicklungsdefizite ergeben würden –, so könne das Kind mehr und mehr eine innere Regulation seiner psychischen Prozesse vornehmen. Im Allgemeinen seien dies die gewöhnlich als Ich-Funktionen beschriebenen Leistungen, die das Kind auf Grund der Verinnerlichungsprozesse zunehmend erbringen könne (1975, 144).

Narzisstische Persönlichkeitsstörungen resultierten daraus, dass solche Menschen den symbiotischen Kontakt mit der Mutter wohl erfahren hätten, aber im Verlauf des Ablösungsprozesses von der Mutter nicht mehr phasenadäquat begleitet worden seien. Die narzisstischen Reifungsvorgänge würden unterbrochen, weil die Mutter nach der Auflösung der Symbiose auf kindliche Exhibitions- und Grandiositätsbedürfnisse nicht mehr emphatisch reagiere: »Die narzisstische Speisung von Seiten der Mutter« (1975, 149) stehe nicht mehr zur Verfügung. Solche Mütter versagten als Selbstobjekt des Kindes, das auf »Anerkennung, Spiegelung und Widerhall« auf die »narzisstische Nahrung« angewiesen sei (1975, 199). In diesen Fällen wären beide archaische narzisstische Systeme – grandioses Selbst und idealisiertes Objekt – zwar ausgebildet, könnten aber nicht weiterverarbeitet werden. Beide Strukturen wären nicht mehr durch die Realität, d. h. durch reale Erlebnisse erreich- und modifizierbar. Die so Sozialisierten blieben auf dieser Stufe des frühen Erlebens »fixiert«, der Prozess

der Verinnerlichung werde arretiert und zur lebenslangen Suche nach dem vollkommenen guten Objekt zwingen, mit dem sie verschmelzen können, oder
aber danach, sich selbst zu beweisen und beweisen zu lassen, dass sie grandios,
vollkommen und unverletzlich seien. Darin liegt nach Kohut die Abhängigkeit
von den Objekten begründet, die entweder als idealisierte, vollkommen gute
und empathische Objekte zur Verfügung stehen müssten oder aber die nie en-
dende Aufgabe zu übernehmen hätten, die Betreffenden dauernd zu loben und
zu bestätigen, ihr latent instabiles Selbst fortlaufend zu stützen.

Kommentar

Dass Kohut hier einen Sachverhalt schildert, der nicht nur in groben Zügen,
sondern auch im Detail mit den Überlegungen übereinstimmt, die von M. Balint vorgetragen wurden, ist nicht zu übersehen. Die primärnarzisstische undifferenzierte Einheit von Mutter und Kind, das erfüllte oder gestörte Bedürfnis,
bewundert zu werden und bewundern zu können in einer Beziehung, bei der
Subjekt und Objekt noch nicht vollständig voneinander getrennt erlebt werden,
wurde von M. Balint ausführlich unter dem Titel der »primären Liebe« erörtert.
Die Fixierung an archaische narzisstische Stadien lassen sich unschwer als Resultat der Balintschen »Grundstörung« ausmachen und deren spätere Erscheinungsformen sind exakte Kopien des »Philobaten« und »Oknophilen«. Bis auf
die Behauptung, dass Größenselbst und Objektidealisierung normale Durch-
gangsstadien der narzisstischen Entwicklung seien und die Annahme einer ho-
rizontalen bzw. einer vertikalen Abspaltung dieser narzisstischen Konfiguration
sind die Neuerungen Kohuts allein terminologisch. Während z. B. M. Balint
von Objektliebe spricht, bei der er von der phänomenologisch sichtbaren Hin-
wendung des Kindes zum Objekt ausgeht, spricht Kohut von narzisstischer
Libido, die sich auf das Objekt richtet. Ebenso wurde auch die bedürfnisbefrie-
digende, »egoistische« Form dieser Objektbeziehung bereits von M. Balint beschrieben. Auch Balints Betonung der großen Bedeutung der mütterlichen Einfühlung für die kindliche Entwicklung wird von Kohut übernommen, wobei
Kohut allerdings die daraus resultierende körperliche Fürsorge, die M. Balint als
wesentlich erachtet, überwiegend auf sprachlich-visuellen Kontakt einschränkt.
Dort, wo sich Kohut um eine eigenständige Definition seines Zentralbegriffs
des »Selbst« bemüht, resultieren Widersprüche. So sei das Selbst »keine psychische Instanz«, sondern »ein Inhalt des psychischen Apparates«, der sich in Es,
Ich und Über-Ich gliedert (1973, 15). Es, Ich und Über-Ich sind aber in der
Auffassung Kohuts (1973, 14) selbst Abstraktionen, »Bausteine einer spezifischen, hohen, d. h. erfahrungsfernen Abstraktion in der Psychoanalyse: Des
psychischen Apparates«. Trotzdem hat aber das Selbst »einen psychischen Ort«
– und d. h. seinen Ort auf der Repräsentanzebene – im »Es, Ich und Über-Ich«
(1973, 15). Das erfahrbare Selbst existiert somit in Abstraktionen. Diese Orts-

bestimmung entspricht der eines Geographen, der etwa den real existierenden Kilimandscharo nicht in Afrika, sondern in den Gedanken über Afrika lokalisiert. Vergisst man für einen Moment diese absonderliche Kartographie, dann drängt sich u. a. die Frage auf, wie sich mit dieser Bestimmung z. B. die unstrittige Tatsache verträgt, dass ein Patient durchaus über seine Ich-Funktionen – wie Denken, Sprechen, Wahrnehmen – reden kann. Diese Ich-Funktionen müssen demnach auch als Selbstrepräsentanzen vorliegen, das Selbst muss somit nicht nur im Ich, sondern das Ich muss zugleich auch im Selbst existieren[14].

Ebenso wenig wie M. Balint als Quelle angegeben wird, ebenso wenig werden auch die Überlegungen von A. Balint u. a. – z. B. Mahler – angeführt, wenn Kohut die Ursache der narzisstischen Entwicklungshemmung in einer narzisstischen Störung der Mutter ausmacht. Aus der Sicht der Mutter beschreibt A. Balint den Zustand der primären Objektliebe so: »Wie die Mutter dem Kind, ist auch das Kind für die Mutter ein Befriedigungsobjekt. Und genauso, wie das Kind die Eigeninteressen der Mutter nicht wahrnimmt, betrachtet auch die Mutter das Kind als Teil ihres Selbst, dessen Interessen mit den ihren identisch sind« (A. Balint 1939, 127f). Kohut nimmt diese Beschreibung des mütterlichen Verhaltens auf, welches von A. Balint als biologisch determiniert und normal angesehen wird, verlängert es über diese Phase hinaus und bezeichnet es als eine narzisstische Störung der Mutter, die dann ursächlich für eine narzisstische Entwicklungshemmung des Kindes wird.

Auch die von Kohut beschriebenen Übertragungsformen, die sich bei narzisstisch Gestörten in der analytischen Situation einstellen – Spiegel, Alter-Ego und idealisierende Übertragung –, sind ebenso wenig neu wie die therapeutischen Strategien, die er verordnet (zunächst Akzeptieren und Befriedigen der narzisstischen Bedürftigkeit des Patienten, dann schrittweise und optimale Frustration der jeweiligen narzisstischen Übertragungsbeziehung zum Zwecke nachträglicher, sich über Verinnerlichungsprozesse vermittelnde Reifung, d. h. Frustrationen, die sich an den jeweiligen Möglichkeiten des Patienten orientieren). Sie finden sich der Sache nach bei M. Balint (1966; 1968) und fast wörtlich identisch bei Grunberger (1971) dargestellt, von dessen Therapiekonzept sich das Kohuts nur dadurch unterscheidet, dass es auf bestimmte Persönlichkeitsstörungen eingeschränkt wird.

Des Weiteren wird durch die Annahme einer narzisstischen Libido, sozusagen einer »Narzisso«, deren somatische Quelle gänzlich im Dunkeln bleibt, seine libidotheoretische Argumentation noch unhaltbarer als sie es ohnehin schon ist. Ich möchte mir weitere Anmerkungen und insbesondere die Arbeit ersparen, die Unterschlagungen im Einzelfall aufzuweisen – eine Arbeit, die zudem ärgerlich ist, weil sie allein durch Kohuts Kopierkunst notwendig

---

[14] Ich werde auf dieses Problem in Kap. 9 noch zu sprechen kommen.

würde und der Sache gewiss nicht dient. Auch die letzte Arbeit von Kohut (1977), »Die Heilung des Selbst«, ist im Stil seiner früheren geschrieben. Neubenennungen des von ihm bereits Vorgetragenen überwiegen. Narzisstische Übertragungen heißen jetzt Selbstobjekt-Übertragungen, das grandios exhibitionistische Selbst und die idealisierten Eltern-Imago markieren jetzt eine bipolare Struktur des Selbst. Obgleich eine »klar definierte Psychologie des Selbst« (1979, 11) versprochen wird, bleibt die Definition unverändert ungenau. Einerseits bleibt das Selbst »ein Inhalt eines psychischen Apparates«, andererseits aber ist das Selbst »Mittelpunkt des psychologischen Universums« (1979, 12) und ist somit eine eigenständige psychische Struktur. Zugleich aber heißt es an anderer Stelle, dass das Selbst keine Struktur ist, sondern eine Struktur bzw. Strukturen habe, wobei »die zentralen Strukturen der Persönlichkeit« mit den »Strukturen des Selbst« identifiziert werden (1977, 20). Ohne dass Kohut dieses Problem notiert oder gar entfaltet, ist das Selbst somit zugleich eine Erscheinungsform des Ich, Über-Ich und des Es und zugleich sind Ich, Über-Ich und Es Erscheinungsformen des Selbst. Interessant ist allenfalls Kohuts (1977, 11) Auseinandersetzung mit der »klassischen Triebtheorie«. Ganz im Sinne der Ansicht von M. Balint, die auch hier verschwiegen wird, sieht Kohut viele Erscheinungsformen des Triebes, die von Freud als Zwischenstufen angesehen wurden (etwa die perversen Partialtriebe) nur als Derivate einer gestörten Beziehung zum Objekt. Sie ergeben sich aus Kompensationsversuchen, ein empathisch nichtgespiegeltes Selbst dennoch am Leben zu erhalten bzw. die durch das Versagen des Selbstobjekts verursachte narzisstische Störung zu kompensieren. Sexualität wird eingesetzt als Mittel, versagte narzisstische Zuwendung dennoch zu erhalten. Gegenüber einer empathischen psychischen Verschmelzung mit dem Selbstobjekt, welches das Kind wie die Luft zum Atmen benötige (auch dieses Bild stammt von M. Balint), seien alle einzelnen Formen der Triebbefriedigung und Bedürfniserfüllung zweitrangig. Einzelne Triebfrustrationen hätten keine besondere pathogene Wirkung, sie seien allenfalls als Kristallisationspunkte einer pathologischen Entwicklung wichtig, denen gegenüber das Fehlen eines emphatischen Widerhalls und die Einbettung des Kindes in die insgesamt pathologische Interaktion mit dem Selbstobjekt ungleich wichtiger seien. Kohut (1977, 112). schreibt:»Der isolierte infantile Sexualtrieb ist nicht die primäre psychologische Konfiguration«, sondern orale, anale, urethrale usw. Einzelphänomene sind Zerfallsprodukte einer mangelhaften »Erfahrung oder Beziehung zwischen dem Selbst und dem emphatischen Selbstobjekt«. Während Freud einen allmählichen Integrationsprozess zunächst isolierter Trieberfahrungen und erogener Zonen beschreibt, herrscht bei Kohut die Annahme einer von Anfang an gegebenen, allgemeinen, d. h. abstrakten Ganzheit vor, die sich erst unter der Bedingung einer inadäquaten Beziehung in ihre konkreten Bestandteile auflöst. Die sexuellen Triebe werden so zu einer Erscheinungsform einer narzisstischen Pathologie.

Im Urteil von Cremerius (1981, 106) sind die Arbeiten von Kohut ein »Musterbeispiel für geistigen Diebstahl«, als dessen verdeckte Quellen Cremerius die Arbeiten von Eissler und Horney nennt. Allerdings tauchen nicht nur die von Kohut (1977, 17) explizit als »Ballast« abgeworfenen Überlegungen in seinen Arbeiten wieder auf. Das, was Kohut seinen Patienten verschreibt, die schrittweise Verinnerlichung zum Zweck einer Strukturbildung, unterlässt er selbst bei seinen theoretischen Bemühungen. Möglicherweise hätte die schrittweise Verinnerlichung der Konzepte Ferenczis, Balints oder Grunbergers – um nur einige Namen zu nennen – zu einer ausgereifteren Begriffsbildung führen können – freilich um den Preis der Originalität. Vielleicht aber war es gerade die behauptete, auf einem ahistorischen Solipsismus sich gründende »Originalität«, welche die Kohutschen Überlegungen zu einem »Kohutismus« werden ließen, der die Psychoszene lange Zeit beherrschte. An Neuem kann man den Überlegungen Kohuts allenfalls eine Trivialität entnehmen: Die Einsicht, dass die kindliche Entwicklung und die klinischen Phänomene immer auch unter narzisstischen Aspekten zu betrachten sind.

Otto Kernberg

Im Gegensatz zu den Ansichten von Ferenczi und M. Balint und auch von Kohut wird von Kernberg der Narzissmus als eine Erscheinungsform der Triebentwicklung begriffen. In weiterem Gegensatz zu Kohut, der den Narzissmus als eine grundsätzlich zu akzeptierende, eher positive Erscheinung auffasst und narzisstische Störungen lediglich als Ausdruck einer Fixierung und Entwicklungshemmung begreift, die sich auf ein an sich gesundes, aber aufgrund traumatischer Früherfahrung archaisch konserviertes Durchgangsstadium der narzisstischen Entwicklung bezieht, erscheint bei Kernberg der Narzissmus als Ausdruck einer eigenständigen pathologischen Entwicklung, wobei der Begriff Narzissmus bei ihm negativ eingefärbt ist.

Im Unterschied zu Kohut verfügt Kernberg über eine wesentlich differenziertere metapsychologische Konzeption narzisstischer Phänomene. Sie werden im Wesentlichen thematisiert im Versuch, die psychische Strukturbildung als Konsequenz verinnerlichter Objektbeziehungen metapsychologisch darzustellen. Bei seiner Definition des Narzissmus beruft sich auch Kernberg auf H. Hartmann (1964) und ergänzt dessen Definition um eine aggressive Besetzung des Selbst (Kernberg 1975, 358). Das Selbst wird als ein Bestandteil des Ich aufgefasst, als »eine intrapsychische Struktur, die sich aus mannigfachen Selbstrepräsentanzen mitsamt den damit verbundenen Affektdispositionen« aufbaue, wobei »das normale Selbst ... ein integriertes Selbst [ist], insofern es Teil-

Selbstrepräsentanzen dynamisch zu einem Ganzen organisiert« (1975, 358f). Ein solch integriertes Selbst sei nur dann anzunehmen, wenn sowohl auf der Selbst- wie auf der Objektseite die »guten« und »bösen« Anteile in ein einheitliches Bild integriert sind. Diese Integration ist nach Kernberg unabdingbare Voraussetzung einer konstanten libidinösen Besetzung des Selbst, genauer: Einer integrierten Besetzung des Selbst mit sowohl libidinöser als auch aggressiver Energie, wobei die libidinöse Besetzung überwiege. Die libidinöse Besetzung und die Stabilität des Selbst werde positiv beeinflusst durch libidinöse Befriedigungen vermittels äußerer Objekte, dem Erreichen von Ich-Zielen und durch in der Umwelt realisierbaren Formen der Befriedigung sublimierter Triebbedürfnisse. In diesem Zusammenhang stellt Kernberg (1975, 363f) dem Freudschen Bild der kommunizierenden Röhren, welches das Verhältnis von Narzissmus und Objekt-Libido veranschaulichen soll, ein anderes Bild entgegen, das demjenigen von Grunberger entspricht:

> »Das Aufladen der Batterie des Selbst bewirkt sekundär ein Nachladen der Batterie libidinöser Objektbesetzungen ... Normalerweise hat eine Steigerung der libidinösen Besetzung des Selbst zugleich auch verstärkte libidinöse Objektbesetzungen zur Folge ... Erhöht sich die narzisstische Besetzung, so wächst im allgemeinen zugleich auch die Fähigkeit, zu lieben und zu geben ...«.

Da das Selbst als Struktur nicht durch bloße Besetzungen zustande käme, sondern immer auch Resultat komplexer und verinnerlichter Objektbeziehungen sei, könne der Narzissmus aber nicht nur besetzungstheoretisch diskutiert werden. In der Auffassung Kernbergs ist eine Narzissmusanalyse ohne Berücksichtigung realer und verinnerlichter Objektbeziehungen um das wesentlichste Stück verkürzt. Die Beziehungen des Kindes zum realen Objekt und deren verinnerlichte Derivate gewinnen bei ihm eine entscheidende Bedeutung für den Narzissmus. Beschrieben werden die Internalisierungsvorgänge als Introjektionen und Identifizierungen. Sie sollen zum Aufbau einer Ich-Identität führen. Durch Synthetisierung und Integration der verschiedenen Derivate der Internalisierungsprozesse, die im Innern am Trieb, im Äußeren am realen Objekt anknüpften, komme es zur Strukturbildung. Konstante und normale Beziehungen zum realen Objekt führten – via Internalisierung – zum Aufbau stabiler, innerer Strukturen, die konstante und stabile Beziehungen zu realen Objekten auf einer reiferen Stufe ermöglichten, welche wiederum zum Aufbau oder zur Modifikation bereits bestehender Strukturen verwendet werden können.

Introjektionen werden hergestellt über den Einsatz der primär autonomen Ich-Funktionen der Wahrnehmung und des Gedächtnisses. Sie führten zu »grundlegenden Einheiten«, die Struktur und Realitätserfahrung konstituierten und die zusammengesetzt seien aus je einem Selbstbild- und Objektbildanteil, vermittelt über eine zugehörige Affektdisposition. Auf der Grundlage der Bildung, Differenzierung und Integration dieser Einheiten teilt Kernberg (1976b, 58-74, Kursivierung aufgehoben, S. Z.) die psychische Entwicklung in fünf Stadien ein: (1) »Autismus‹ oder undifferenziertes Primärstadium«, (2) Ausbildung und Konsolidierung in sich differenzierter »guter«« und »bösen‹ Selbst-Objekt-Vorstellungen«, (3) Abgrenzung der »guten«« und »bösen‹ Selbstvorstellungen«« von den »guten«« und »bösen‹ Objektvorstellungen«, (4) Integration der »guten«« und »bösen‹ Selbstvorstellungen«« in ein einheitliches Selbstkonzept, d. h. »libidinös ... und aggressiv besetzte[.] Selbstvorstellungen [werden] in das endgültige Ich-System sowie libidinös ... und aggressiv besetzte[.] Objektbilder in ›ganze‹ Objektvorstellungen«« integriert. Damit verbunden ist eine Konsolidierung von »Ich, Über-Ich und Es ... als vollständige intrapsychische Strukturen«. (5) »Konsolidierung der Über-Ich- und der Ich-Integration«« und »weitere Integration und Konsolidierung der Ich-Identität«. Konsistent mit der libidotheoretischen Bestimmung des Narzissmus erscheint dieser klinisch in Formen der »Selbstbezogenheit« (1975, 367). Er wird an die Stadien (3) und (4) gebunden, in denen infolge einer Ich-Reifung und Entwicklung eine Differenzierung von Selbst- und Objektvorstellungen sowie deren Integration möglich sei. Da

> »Selbst- und Objektrepräsentanzen aus einer primären und undifferenzierten Selbst-Objekt-Repräsentanz hervorgehen ... in metapsychologischer Betrachtung ›primärer Narzissmus‹ und ›primäre Objektbesetzung‹ praktisch in eins zusammenfallen« (1975, 386),

wird das Konzept eines »primären Narzissmus« fallengelassen.

Wenn auch ein Narzissmus bzw. eine narzisstische Bedürftigkeit als Selbstbezogenheit in keiner Vorform in den noch ungeschiedenen Selbst-Objekt-Vorstellungen existiert, als die sich die ersten verinnerlichten Objektbeziehungen im kindlichen Individuum präsentieren, so sind diese »primären undifferenzierten Selbst-Objekt-Repräsentanzen« jedoch keineswegs qualitätslos. In Kernbergs Sicht sind sie zugleich triebbestimmt und triebbestimmend. Die »verinnerlichten Objektbeziehungen« können »als der Punkt angesehen werden, an dem sich Trieb und soziales System treffen« (1976b, 57f). In ihnen konstituieren sich »Freuds Triebe« aus »Bausteinen«, aus »partiellen, diskontinuierlichen ›Instinkt‹-Komponenten (wie frühen spezifischen Wahrnehmungen, Affektzuständen und angeborenen Verhaltensmustern)« (1976b, 88), die in den grundlegenden, sich realen Objektbeziehungen verdankenden Einheiten zusammengebunden werden. Ausdrücklich merkt Kernberg (1976b, 191) an:

> »Die Entwicklungsstadien libidinöser und aggressiver Triebderivate hängen nämlich eher von den wechselnden Formen der Entwicklung internalisierter Objektbeziehungen ab als von aufeinanderfolgenden Aktivierungen von Körperzonen an sich. Dies bedeutet, dass die analysierten Objektbeziehungen ein wesentlicher Organisator der Triebentwicklung des Menschen sind«.

Narzissmus bzw. narzisstische Bedürftigkeit wird damit zu einer sich über internalisierte Objektbeziehungen vermittelnden Triebentwicklung auf bestimmtem Stand.

Klinische Hauptmerkmale narzisstischer Persönlichkeiten sind »Größenideen, eine extrem egoistische Einstellung und ein auffallender Mangel an Einfühlung und Interesse für ihre Mitmenschen ...« (1975, 262f). Intrapsychisch liegt diesem Phänomen »nicht nur die libidinöse Besetzung des Selbst im Gegensatz zur libidinösen Besetzung der Objekte« zugrunde, sondern vor allem eine »libidinöse Besetzung einer pathologischen Selbststruktur« (1975, 310), die durch eine »Verschmelzung von Idealselbst-, Idealobjekt- und Realselbstrepräsentanzen« charakterisiert sei. Diese Verschmelzung werde hergestellt als »Abwehr gegen unerträgliche reale Gegebenheiten im zwischenmenschlichen Beziehungsfeld«. Selbstanteile, »die sich in dieses grandiose Selbstkonzept nicht einschmelzen lassen, werden verdrängt und zum Teil auf äußere Objekte projiziert, die dafür entwertet werden« (1975, 266). Die realen Gegebenheiten qualifiziert Kernberg (1975, 303f) im Wesentlichen als »Erfahrungen von schweren oralen Frustrationen« und als eine – möglicherweise konstitutionell bedingte – »pathologisch verstärkte Ausprägung oraler Aggression« (1975, 269).

Unter diesem Abwehraspekt wird der pathologische Narzissmus ausschließlich und durchgängig gesehen. Die pathologische Selbststruktur »erfüllt Abwehrfunktionen gegen tieferliegende libidinös und aggressiv besetzte primitive Selbst- und Objektimagines, die in heftige, vorwiegend prägenitale, um Liebe und Hass kreisende Konflikte verwickelt sind« (1975, 310). Die Analyse von Patienten mit narzisstischen Persönlichkeitsstörungen

> »erweist deren Abwehrfunktion gegen das Auftauchen von direkter oraler Wut und Neid, gegen paranoide Ängste, die aus der Projektion sadistischer Tendenzen auf den Analytiker stammen ... und gegen tief verwurzelte Gefühle von schrecklicher Einsamkeit, Hunger nach Liebe und Schuld wegen der den versagenden Elternimagines geltenden Aggressionen« (1975, 320f).

In der Übertragung wiederholten diese Patienten »frühe Entwertungen wichtiger äußerer Objekte und ihrer psychischen Repräsentanzen als sekundäre Verarbeitung und Abwehr gegen tieferliegende Konflikte im Umkreis von Wut und Neid« (1975, 315).

Kommentar

Ganz deutlich ist zunächst, dass – wie Rosenblatt u. Thickstun (1970) für libidotheoretische Begründungen überhaupt zeigen (s. Kap. 2) – auch der Kernbergschen libidotheoretischen Beschreibung des Selbst und der Objektbeziehungen kein zusätzlicher Erkenntnisgewinn innewohnt. Der Satz etwa, dass »libidinös ... und aggressiv besetzte[.] Selbstvorstellungen in das endgültige Ich-System sowie libidinös ... und aggressiv besetzte[.] Objektbilder in ›ganze‹ Objektvorstellungen« integriert werden, dupliziert lediglich die Feststellung, dass die »guten« und »bösen« Selbst- und Objektvorstellungen in ein einheitliches Selbst- bzw. Objektkonzept integriert werden (Kernberg 1976b, 68).

Ferner ist bei Kernberg der normale Narzissmus auf eine Erscheinungsform der sich über Objektbeziehungen vermittelnden normalen Triebentwicklung und der pathologische Narzissmus bloß auf eine Erscheinungsform einer pathologischen Triebentwicklung, die sich pathologischen Objektbeziehungen verdankt, reduziert. Insbesondere bei der Erörterung des »pathologischen Narzissmus« werden die Folgen dieser Reduktion, des Narzissmus deutlich. Zwar kann man im Konzept Kernbergs noch das Motiv der Abwehr identifizieren – es liegt in der Erfahrung unlustvoller Affekte, die Kernberg (1976b, 94) als »primäre, angeborene Dispositionen für qualitativ spezifische subjektive Erfahrungen nach dem Lust-Unlust-Prinzip« voraussetzt. Der Begründungszusammenhang, weshalb es gerade zu dieser Form der Abwehr kommt, ist jedoch an entscheidender Stelle unterbrochen. Als Grund für diese Verschmelzung gibt Kernberg (1975, 266) folgende Einstellung an:

> »Ich brauche ja gar nicht zu fürchten, abgelehnt zu werden, weil ich meinem Idealbild nicht so entspreche, wie ich es müsste, um von der Idealperson, an deren Liebe mir liegt, überhaupt geliebt werden zu können. Nein, diese ideale Person und mein eigenes Ideal und mein wirkliches Selbst sind ein und dasselbe; ich bin selbst mein Ideal und damit bin ich viel besser als diese Idealperson, die mich hätte lieben sollen und brauche niemanden«.

Mit anderen Worten, diese Individuen zielen aus Abwehrgründen auf Entwertung des Objekts, respektive auf Trennung von ihm. In krassem und in seinem Konzept unvermittelbaren Gegensatz dazu steht dann aber das Mittel, mit dem diese intrapsychisch erreicht werden soll – die Verschmelzung mit dem Idealobjekt, die darüber hinaus noch dem Postulat widerspricht, dass bei diesen Patienten »stabile Ich-Grenzen« vorlägen (1975, 322). Auch die Annahme, dass die Mütter dieser Patienten ihr Kind »während bestimmter Phasen seiner frühen Entwicklung in ihre narzisstische Welt mit« einschließen und es »mit einer Aura des ›Besonderen‹« (1975, 315) umgeben, »die Suche nach Größe und Bewunderung in ihm« wecken könne (1978, 270), kann allenfalls das Verschmelzen aller Repräsentanzen von Realselbst und Idealselbst plausibel machen, nicht aber eine »Wiederverschmelzung verinnerlichter Selbst- und Objektimagines« oder eine der »idealisierten Objektimagines ... mit dem Selbstbild« (1975, 265, 322) begründen.

Obwohl Kernberg (1975, 387) in seinen Arbeiten darauf abstellt, die »verwirrenden terminologischen Probleme und Diskrepanzen zwischen metapsychologischen Formulierungen und klinischen Beobachtungen« hinsichtlich des Narzissmus ein Stück weit zu lösen, so ist seine Konzeption dennoch nicht frei von Widersprüchen und verschwommenen Begriffsbestimmungen. So soll einerseits der Begriff der »Introjektion« ausschließlich als »Reproduktion und Fixierung einer Interaktion mit der Umgebung mit Hilfe eines strukturierten Bündels von Gedächtnisspuren« verstanden und von anderweitigen Verwendungen im psychoanalytischen Schrifttum abgehoben werden (1976b, 25). Andererseits aber resultiert das Ich-Ideal als eine »Substruktur des Über-Ichs ... aus der Integration von Idealobjekt- und Idealselbstimagines, die von der frühesten Kindheit an ins Über-Ich introjiziert wurden ...« (1975, 362).

Auch wird der Ich-Begriff mit so unterschiedlichen Konnotationen verwendet, dass er systematisch nicht mehr zu ordnen ist. Das Ich ist zugleich ein Funktionskomplex, ein Raum (Selbst- und Objektbilder sind innerhalb des Ich), eine Instanz, in die »Objektbeziehungen ... integriert« werden und die als Strukturen »das Selbst, die Vorstellungswelt und die Ich-Identität im allgemeinen« besitzt. Die Ich-Identität ist gleichermaßen »eine charakteristische Struktur«, ein Prozess, nämlich »die umfassende Strukturierung von Identifizierungen und Introjektionen« und ein »Gefühl der Konsistenz in den eigenen zwischenmenschlichen Interaktionen« sowie die »Anerkennung dieser Konsistenz in den Interaktionen als kennzeichnend für das Individuum« (1976b, 28-36). Dieses heterogene Bündel begrifflicher Bestimmungen verwirrt eher als dass es Aufschluss über das Verhältnis geben könnte, in dem bei Kernberg die Begriffe der psychoanalytischen Strukturtheorie zu den Begriffen der Repräsentanz stehen. Kennzeichnet der Kernbergsche Ich-Begriff z. B. in Abgrenzung von dem Über-Ich und dem Es ein besonderes System von bestimmten Selbst- und Objektrepräsentanzen? Ist das Ich eine theoretische Abstraktion aus der Repräsentanz und/oder hat es eine konkrete Existenz, einen empirischen Bezug? Organisiert das Ich die »psychische Realität« (Freud 1916-17a, 338), liegt es auch in ihr vor und wenn ja, wie?

Problematisch sind ferner Formulierungen wie

»ein Selbst mit erhöhter libidinöser Besetzung ... ist auch in der Lage, äußere Objekte und ihre verinnerlichten Repräsentanzen stärker zu besetzen« (Kernberg 1975, 364),

oder

»Das Es integriert nun [nach der Verdrängung] Funktionen, die bis dahin ... als Teil früher, voneinander dissoziierter oder abgespaltener Systeme von internalisierten Objektbeziehungen existieren« (1976b, 70).

In der ersten Formulierung wird behauptet, dass sich Besetzungen sowohl an Objektrepräsentanzen wie auch direkt an den äußeren Objekten abspielen können – was unsinnig ist: ein äußeres Objekt kann immer nur über seine psychische Repräsentanz besetzt werden – und dass diese Besetzung vom Selbst, »einer fundamentalen Struktur innerhalb des Ichs« (1976b, 22) und nicht von der Person (theoretisch: ausgehend vom Es und über das Ich vermittelt) hergestellt wird. In der zweiten Aussage wird dem Es jene Integrationskraft zugeschrieben, die im gängigen psychoanalytischen Verständnis dem Ich zukommt.

Es spricht auch nicht für eine terminologische Klarheit, wenn Kernberg (1976b, 84) die von ihm postulierten beiden Triebarten, Libido und Aggression, »durch psychische Triebsysteme repräsentiert« sieht und sie zugleich identisch setzt mit den »libidinös besetzten und den aggressiv besetzten Konstellationen psychischer Triebsysteme« (1976b, 87). Darüber hinaus sollen Libido und Aggression noch selbst etwas repräsentieren, nämlich die beiden umfassenden

psychischen Triebe, sollen selbst eine organisierende Kraft haben, wobei aber
wiederum gleichzeitig behauptet wird, dass

»Aggression und Libido als Haupttriebe« durch Affekte strukturiert werden,
welche »die internalisierten Objektbeziehungen zu den psychischen Gesamt-
strukturen organisieren« (1976b, 114)[15].

Die psychischen Triebsysteme sind somit sowohl Erscheinungsformen der Libido und Aggression als auch identisch damit und Libido und Aggression selbst
sind Erscheinungsformen der beiden psychischen Triebe, organisieren und
werden organisiert. Nach Kernberg (1976b, 32f) ist ferner die Existenz eines
Ich Voraussetzung für den Einsatz der Spaltung als Abwehrmechanismus. Andererseits aber soll sich das Ich erst durch »den Akt« [der] Ausstoßung [der]
negativen Introjektionen« etablieren (1976b, 33), der eine Abspaltung bereits
voraussetzt. Ein ähnlicher Widerspruch ergibt sich auch aus der Auffassung,
dass einerseits erst mit einer »Konsolidierung des Ichs die Verdrängung als
zentraler Abwehrvorgang etabliert« wird (1976b, 39, Kursivierungen aufgehoben, S. Z.), andererseits aber erst der »Verdrängungsmechanismus das Es vom
Ich« trennen soll (1976b, 70), so dass die Verdrängung selbst zur Voraussetzung einer Konsolidierung des Ich wird. Die »Bildung von Abwehrmechanismen« und der »Spaltungsmechanismus« sind neben anderem »essentielle Voraussetzungen dafür ... dass das Ich voll aktionsfähig wird« (1976b, 37).

Wohl wegen dieser Unklarheiten nannte Witenberg (1976, zit. n. Calef u.
Weinshel 1979) Kernberg's Narzissmustheorie »a jerry-built concept that heaps
metaphor upon metaphor«. Neben den logischen Inkonsistenzen findet sich im
Konzept Kernbergs aber auch noch eine weitere Annahme, die einmal quer
steht zu seinem Anspruch, die Implikationen einer Objektbeziehungstheorie
konsequent durchzuhalten und die zum anderen ein Begreifen bloß suggeriert.
Es hat zunächst den Anschein, als konzipiere Kernberg die psychische Ent-
wicklung als Resultat eines Prozesses, in welchem das Ich und die psychischen
Strukturen, die verinnerlichten Objektbeziehungen, wechselseitig aufeinander
Einfluss nehmen können. Einerseits sei die »Introjektion ein entscheidender
Mechanismus der frühen Ich-Entwicklung«, andererseits gingen die »Introjektionen als unabhängige psychische Strukturen ... hauptsächlich aus primär-
autonomen Funktionen (Wahrnehmung und Gedächtnis)« hervor (1976b, 23).
Bei genauem Betrachten der Sachlage wird allerdings in diesem Entwicklungs-
konzept ein dritter Faktor sichtbar, der eine ganz entscheidende Rolle spielt. So
neigen »im Prozess der Fusion von Introjektionen derselben Valenz [lustvolle
bzw. unlustvolle] homologe Introjektionskomponenten dazu, miteinander zu
verschmelzen, das Selbstbild mit anderen Selbstbildern und das Objektbild mit
anderen Objektbildern. Da durch diese Verschmelzung komplexere Selbstbilder
und Objektbilder ›entwickelt‹ werden, trägt dieser Prozess zur Differenzierung

---

[15] Zum Verhältnis von Trieb und Affekt im Kernbergschen Konzept s. Kap. 5.

von Selbst und Objekt und zur Festlegung der Ichgrenzen bei« (1976b, 26). Die Entwicklung von Ich-Grenzen wird in Abhängigkeit von dieser Fusion gesehen und dieser Fusionsprozess resultiert ebenso aus einem als primär unterstellten »Drang nach Integration und Synthese« wie auch die »Syntheseprozesse«, in denen infolge einer »Reifung der autonomen Ich-Apparate«, der »Festlegung von Ich-Grenzen« und der »allmählichen Entwicklung höherer Formen der Introjektion (Identifizierung)« nun »positive und negative Introjektionen und die Identifizierungen miteinander« verbunden werden (1976b, 37). Ein sich aus Erfahrungen, aus verinnerlichten Objektbeziehungen generierendes Motiv, welches die Entwicklung bis zum Selbst »als der Organisation von Selbstvorstellungen« (1976b, 22) in Abgrenzung von der Organisation der Objektvorstellungen auch subjektiv notwendig werden ließe, wird an keiner Stelle sichtbar. Die intrapsychische Entwicklung, die Organisation der verinnerlichten Objektbeziehungen, wird reduziert auf das Resultat eines abstrakten, vor den Objektbeziehungen liegenden »Dranges nach Integration und Synthese«, der je nach Reifungs- und Entwicklungsstand des Ich unterschiedlich exekutiert wird.

Das Konkrete erweist sich als eine Erscheinungsform des Abstrakten. Für den Anspruch Kernbergs wäre es jedoch erforderlich gewesen, diesen Drang gerade nicht abstrakt zu unterstellen, sondern ihn im Subjekt selbst als notwendiges Resultat verinnerlichter Objektbeziehungen konkret zu entfalten. Zu zeigen wäre auch gewesen, wie diese Integrations- und Syntheseprozesse genau verlaufen. Die Unterstellung eines »Drangs nach Integration und Synthese« enthebt nicht der Aufgabe darzulegen, wie sich dieser Drang realisiert. Bleibt das Wie unbeantwortet, benennen Begriffe wie »Integration«, »Synthese« oder auch »Repräsentieren« lediglich bestimmte Phänomene. Sie konstatieren, dass sie vorhanden sind, enthalten aber keinerlei Erkenntnisse über ihre Genese, sondern täuschen sie bloß vor.

Kernbergs theoretische Überlegungen reichen nicht über die unstreitige Tatsache hinaus, dass seelische Phänomene und Objektbeziehungen irgendwie miteinander zusammenhängen. Sie stellen eine Art patch work dar, in dem ein Zusammenhang vielfältiger Elemente nur behauptet, aber nicht begriffen wird. Aber auch wenn es Kernberg misslingt, die psychoanalytische Metapsychologie konsequent als Objektbeziehungstheorie zu lesen und den Narzissmus darin zu orten, ist doch festzuhalten, dass auch in seiner Auffassung die Triebentwicklung nicht nach einer autonomen Sequenzregel (oral-anal-phallisch-genital) verläuft. Er vertritt die Ansicht, dass Triebe inhaltlich nicht angeboren, sondern in ihren konkreten, d. h. wirksamen Formen das Produkt realer und verinnerlichter Objektbeziehungen sind. Dass diese Sichtweise Implikationen für die theoretische Rekonstruktion der psychischen Entwicklung beinhaltet, die nicht suspendiert werden können und dass die Freudsche psychoanalytische Metapsychologie gewiss nicht ohne kritische, metatheoretische Aufarbeitung ihrer

Begrifflichkeit den Status einer Objektbeziehungstheorie erhalten kann, bleibt ihm jedoch verborgen.

Zusammenfassung

Aus der Erörterung der verschiedenen Narzissmuskonzepte wurde gewiss deutlich, dass sich libidotheoretische Argumentationsfiguren lediglich als Erkenntnisse maskieren und dass es auch in den neueren Konzepten nicht gelungen ist, den Narzissmusbegriff weder außerhalb noch innerhalb der psychoanalytischen Metapsychologie widerspruchsfrei zu entfalten und mit der psychoanalytischen Trieblehre so zu verbinden, dass die bei Freud implizite Dialektik von triebhafter und narzisstischer Bedürftigkeit unter Wahrung einer relativen Eigenständigkeit beider Kontur gewonnen hätte. Zwar lässt sich in Kohuts Konzept der Narzissmus in Formen der Selbst- und Objektidealisierung auf der Repräsentanzebene finden. Er verabsolutiert jedoch die Eigenständigkeit der narzisstischen Entwicklung und löst sie von der Triebentwicklung gänzlich ab (s. dazu auch Rothschild 1981). Im Urteil von Kohut (1977, 294) hat sein Konzept keinen spezifischen Bezug mehr zur psychoanalytischen Metapsychologie. Kernberg wiederum diskutiert den Narzissmus im Wesentlichen unter dem triebtheoretischen Aspekt der Abwehr und reduziert den Narzissmus unter Vernachlässigung seiner relativen Eigenständigkeit auf eine Erscheinungsform der Triebpsychologie und -pathologie, wobei sich sein theoretischer Narzissmusbegriff nicht widerspruchsfrei auf der Repräsentanzebene orten lässt. Die zu Kernbergs Auffassung konträre Position, welche in den Triebwünschen Erscheinungsformen einer narzisstischen Bedürftigkeit sieht, wird von Grunberger und – in anderen Worten – von Ferenczi und M. Balint vertreten[16]. Ebenso wenig, wie sich die Freudsche (1921c, 146) Definition des »absolut selbstgenügsamen Narzissmus« auf der Repräsentanzebene aufweisen lässt, ebenso wenig lässt sich auch ihre Definition der narzisstischen Bedürftigkeit, die M. Balint als Wunsch nach dem Zustand einer »passiven Objektliebe« und Ferenczi und Grunberger als Sehnsucht nach der »Mutterleibssituation« beschreiben, dort lokalisieren. Im Gegensatz zum Triebbegriff lässt sich nicht nur keines der Freudschen Konzepte des primären Narzissmus, sondern auch keines der Narzissmuskonzepte anderer Autoren widerspruchsfrei auf die Ebene der Repräsentanzen transportieren.

Beließe man es bei diesem Kenntnisstand, stünde es schlecht um die Enträtselung der wichtigen Erkenntnisse, die in diesem Konzept enthalten sein sollen.

---

[16] Von den Versuchen der Arbeitsgruppe um J. Sandler, den Narzissmus in den Begriffen eines Idealzustandes zu beschreiben, wird bei der Diskussion ihres Affektkonzeptes noch die Rede sein.

Denn wenn das psychoanalytische Verfahren am subjektiven, sich über Repräsentanzen vermittelnden Erleben ansetzt und der Theorie nicht entnommen werden kann, wo sich ein Narzissmus dort befindet, wird der Narzissmus zu einer Art fliegendem Holländer, von dem jeder spricht, an den manche glauben, den aber noch keiner zu Gesicht bekam. Jedenfalls können die kategorialen Inhalte der Narzissmusbegriffe dann nur noch Auskunft geben über die Denkweise der Psychoanalytiker, schlechterdings aber nichts mehr über den Gegenstand aussagen. Werden sie gleichwohl auf das Seelenleben bezogen, wird dessen Begreifen lediglich vorgetäuscht.

Wenn dem Narzissmusbegriff irgendeine Erkenntnis innewohnen soll, ist man sicher gut beraten, wenn man bei der Suche nach dieser Erkenntnis nicht von den theoretischen Konzepten, sondern vom psychoanalytischen Gegenstand, der Repräsentanzwelt ausgeht, die zumindest der Möglichkeit nach auch im psychoanalytischen Verfahren erfasst werden kann. Worin also gründet die als narzisstisch beschriebene Bedürftigkeit im subjektiven Erleben? Zunächst ist zu sehen, dass die verschiedenen Konzepte bei allen theoretischen Inkonsistenzen gleichwohl gemeinsam auf eine Geburtsstätte der narzisstischen Bedürftigkeit verweisen. Bei Ferenczi (1013a, 151f) und Grunberger liegt sie darin, dass mit der Geburt der paradiesische intrauterine Zustand aufgehoben wird, bei M. Balint (1966, 67) wird die »passive Objektliebe« durch zu frühe Triebfrustrationen in der Mutter-Kind-Beziehung, bei Kohut (1975, 142) wird das »Gleichgewicht des primären Narzissmus«, das in der undifferenzierten Einheit von Mutter und Kind vorliegt, durch eine unausweichliche Diskrepanz von Bedürfnis und Bedürfnisstillung gestört. Gemeinsam ist ihnen eine Störung der bisherigen Lage. Allerdings erweist sich die Beschreibung dieser Störungen als narzisstische als eine Mystifikation, weil diese Zustände, die in den verschiedenen Konzepten als ideal narzisstisch beschrieben werden, im subjektiven Erleben nicht existieren. Als narzisstisch aufgefasst sind diese Störungen genau besehen eine Mystifikation dessen, was sie in Wirklichkeit nur sein können und was sich auch in der Auffassung Kernbergs (1975, 303f) sind: unlustvolle Triebfrustrationen.

Damit aber bestimmt sich auch das Ziel der narzisstischen Bedürftigkeit anders, als in diesen Konzepten vermutet wird. *Die narzisstische Bedürftigkeit richtet sich nicht auf Wiederherstellung eines gestörten idealen Zustandes, sondern auf die Bewältigung der bei Triebfrustrationen erfahrenen Unlust.* Dieses allgemeine Ziel wird auch von Freud in seiner Revision des »ursprünglichen Autoerotismus« beschrieben. So heißt es etwa zwei Jahre nach dessen Einführung, dass die Partialtriebe »von vornherein ein Objekt« haben, wobei das Objekt des oralen Triebes die Mutterbrust ist. Dann macht sich im

> »Akte des Lutschens … die beim Saugen mitbefriedigte erotische Komponente
> selbständig, gibt das fremde Objekt auf und ersetzt es durch eine Stelle am ei-

genen Körper. Der orale Trieb *wird* autoerotisch« (Freud 1916-17a, 340f, Kursivierung, S. Z.).

Diese Auffassung bestätigt diejenige, welche Freud (1905d, 123) bereits zwölf Jahre vorher vertreten hatte. Der Autoerotismus wird nun als eine sekundäre Bildung angesehen, die nach dem Verlust des Sexualobjekts eintritt, in diesem Fall nach dem Verlust der mütterlichen Brust. Als »Sexualbetätigung des narzisstischen Stadiums der Libidounterbringung« (1916-17a, 431) gilt nun der Autoerotismus als die Form, in welche sich der »ursprüngliche Narzissmus des Kindes« (1914c, 159) entwickelt.

Hält man sich an diese Auffassung, dann ist die autoerotische Form des Narzissmus eine sekundäre Bildung, die sich unlustvollen, durch den Verlust der Triebobjekte bewirkten Erfahrungen verdankt und mit der versucht wird, eben diese Erfahrungen zu bewältigen. Der Unlustvermeidung dient aber auch die Objektwahl der Homosexuellen, die Freud überhaupt Anlass war, den Begriff des Narzissmus einzuführen. Sie kommt unter anderem durch »Versagung« (1905d, 45) zustande, wobei die »Hochschätzung des männlichen Organs und die Unfähigkeit, auf dessen Vorhandensein beim Liebesobjekt zu verzichten« sowie der »Verzicht auf das Weib«, weil man der »Konkurrenz« mit dem »Vater ... ausweicht«, für Freud (1922b, 205) eine spezifische Verarbeitung der »Kastrationsangst« darstellt[17]. Beide Mal gründet hier die Form des Narzissmus in einer Triebfrustration und in keiner der beiden gewählten Formen der Unlustbewältigung wird ein »Aufenthalt[.] im Mutterleibe« (1916-17f, 412) unter veränderten Bedingungen wiederhergestellt. Autoerotismus und homosexuelle Objektwahl sind lediglich Mittel, die sich aus Sicht des Subjekts unter den gegebenen Umständen am besten dazu eignen, die aus Triebfrustrationen resultierende Unlust zu vermeiden. Wenn man den Annahmen eines »ursprünglichen«, sich auf das Ich (Selbst) richtenden Narzissmus und auch der eines »primitiven ... selbstgenügsamen«, vorpsychischen und bereits die Biologie als beseelt unterstellenden Narzissmus nicht folgt, dann verdankt sich nicht nur die Entwick-

---

[17] Auch keine der verschiedenen Fassungen der Sage vom Narziss, von denen Freud eine zur Begründung seiner Namengebung heranzieht, weist auf eine primäre Selbstliebe hin. Nach der ältesten verliebt sich der Jüngling, als er in einen Teich blickt, in das Bild, das er sieht, weiß aber nicht, dass es sich um sein Spiegelbild handelt. In einer anderen Version hat Narziss eine Zwillingsschwester, die er innig liebt. Als sie stirbt, findet er Trost darin, sein eigenes Spiegelbild in einer Quelle zu betrachten. In einer weiteren Version weist Narziss seine männlichen Bewunderer ab. Dies erzürnt den Gott Eros und er bestraft Narziss, indem er ihn in seiner eigenen Person zugleich zum Liebenden und Geliebten macht, womit er dazu verurteilt ist, dieselbe unerwiderte Sehnsucht zu fühlen, die er zuvor in anderen Jünglingen geweckt hatte. In der heute bekanntesten Fassung verschmäht der wohlgestaltete Jäger Narziss die Liebe der Nymphe Echo, worauf er von Aphrodite dadurch bestraft wird, dass er sich in sein eigenes Spiegelbild verlieben muss, womit er in die gleiche Situation gerät, zu der ihn auch Eros verurteilte (s. dazu auch Reik 1949, 32f).

lung, sondern die narzisstische Bedürftigkeit selbst der Unlust, zu der die bei Triebbefriedigungen auftretenden Störungen führen. Sie zielt darauf, Bedingungen herzustellen, unter denen sich Unlust möglichst vermeiden lässt.

Das Lust-Unlust-Prinzip

Diese Überlegungen lassen auch den Sachverhalt, den Freud im Lust-Unlust-Prinzip konzeptualisiert, in einem neuen Licht erscheinen. Als regulatives Prinzip des psychischen Apparates wird das Lust-Unlust-Prinzip zunächst als »Unlustprinzip« (Freud 1900a, 605) eingeführt[18]. Es besagt,

>»dass Anhäufung der Erregung ... als Unlust empfunden wird und den psychischen Apparat in Tätigkeit versetzt, um das Befriedigungserlebnis, bei dem die Verringerung der Erregung als Lust verspürt wird, wieder herbeizuführen. Eine solche, von der Unlust ausgehende, auf Lust zielende Strömung im Apparat heißen wir einen Wunsch« (1900a, 604).

Unter Verschiebung des Akzents von einer kausalen – die psychische Tätigkeit wird von Unlust angetrieben – auf eine finale Begründung dieser Tätigkeit wird derselbe Vorgang 1911 als »Lust-Unlust-Prinzip (oder kürzer Lustprinzip)« bezeichnet (1911b, 231), zunächst auf »unbewusste seelische Vorgänge«, später auf »die Tätigkeit auch der höchstentwickelten Seelenapparate« bezogen (1915c, 214) und das Ziel in ein zweifaches aufgegliedert: »Es scheint«, schreibt Freud (1916-17a, 369f), »dass unsere gesamte Seelentätigkeit darauf gerichtet ist, Lust zu erwerben und Unlust zu vermeiden«, wobei die »Aufgabe, Unlust zu verhüten ... sich ... fast gleichwertig neben die des Lustgewinns« stellt, so dass sich das »Endziel der seelischen Tätigkeit ... qualitativ als Streben nach Lustgewinn und Unlustvermeidung beschreiben lässt« (1916-17a, 390). Diese Ansicht wird 1920 (g, 3) bestätigt: Der

>»Ablauf der seelischen Vorgänge [wird] durch das Lustprinzip reguliert ... das heißt, wir glauben, dass er jedes Mal durch eine unlustvolle Spannung angeregt wird und dann eine solche Richtung einschlägt, dass sein Endergebnis mit einer Herabsetzung dieser Spannung, also mit einer Vermeidung von Unlust oder der Erzeugung von Lust zusammenfällt«.

Im Einvernehmen mit der Auffassung Freuds (1907, zit. n. Nunberg u. E. Federn 1967, 225), dass »Lust« nicht »immer nur Erlösung von Unlust« ist, legt diese doppelte Zielsetzung nahe, das Lustprinzip von einem Unlustvermeidungsprinzip abzugrenzen, eine Unterscheidung, die auch von Schur (1966, 117) vorgeschlagen wurde. Allerdings ist er der Ansicht, dass Freud als regulative Prinzipien des psychischen Geschehens Lust und Unlust nicht auf Erlebnisqualitäten bezogen, sondern im Wesentlichen als Synonyme für Erregung und

---

[18] Nachdem er bereits 1895 (b, 320) geschrieben hatte, dass »uns eine Tendenz des psychischen Lebens, *Unlust zu vermeiden*, sicher bekannt ist«.

Entspannung verwendet habe. Die »Begriffe Lustprinzip und Unlustprinzip« habe Freud im Wesentlichen als ökonomische Kategorien entwickelt,

> »um die Tendenz zur Vermeidung von Spannungsanhäufung zu beschreiben, die aufgrund übermäßiger innerer oder äußerer Reizerregung entsteht. Eine übermäßige innere Spannung erzeugt die Tendenz, nach einem Objekt zur Spannungsabfuhr zu suchen« (1966, 139, Kursivierungen aufgehoben, S. Z.).

Auf diese Tendenz beziehe sich das Lust*prinzip*. Eine »übermäßige äußere Stimulierung« dagegen »erzeugt die Tendenz, sich von der Reizquelle zurückzuziehen«, worauf das Unlust*prinzip* Bezug nehme. Mit dem Argument, dass »diese Regulationsprinzipien die Auslösung beziehungsweise Vermeidung der *Affekte* Lust und Unlust nicht garantieren« (1966, 139) können und dass die Affekte »Lust und Unlust ... komplexe Ich-Reaktionen mit vielen genetisch determinierten, hierarchisch geordneten Schichten« sind (1966, 127f), wird auch bestritten, dass Freud, wenn er vom Lust-Unlust-Prinzip spricht, einen erlebnismäßigen Zusammenhang von Spannungssteigerung und Unlust bzw. Entspannung und Lust behauptet.

Diese Interpretation der Freudschen Texte ist jedoch kaum haltbar. Zum einen kann das Argument, dass das Lust- und Unlustprinzip »die Auslösung beziehungsweise Vermeidung der *Affekte* Lust und Unlust nicht garantieren« kann, für eine Unabhängigkeit dieser Affekte von diesen Regulationsprinzipien nur in Anspruch genommen werden, wenn man – wie Schur – das Verhalten von Reizsteigerungen kausal angetrieben sieht. In Freuds Auffassung ist es jedoch nicht von einer causa efficiens, sondern durch eine causa finalis begründet, von »Wunsch« und »Streben nach Lustgewinn und Unlustvermeidung«, die seiner Begründung des Verhaltens eine intentionale Struktur gibt und die nicht impliziert, dass das intendierte, angestrebte Ziel auch erreicht wird.

Zum zweiten werden schon im ersten, der Traumdeutung entnommenen Zitat Lust und Unlust nicht mit Entspannung und Erregung gleichgesetzt. Es ist im Gegenteil von »Wunsch« und davon die Rede, dass »die Verringerung der Erregung als Lust *verspürt* wird«. 1916 (1916-17a, 390, Kursivierung, S. Z., s. auch 369) werden ferner die Kategorie »Erregung« der ökonomischen Betrachtung zugeordnet und von Erleben unterschieden: »Das Endziel der seelischen Tätigkeit« heißt es, »das sich qualitativ als Streben nach Lustgewinn und Unlustvermeidung beschreiben lässt, stellt sich für die *ökonomische Betrachtung* als die Aufgabe dar, die im seelischen Apparat wirkenden *Erregungsgrößen* (Reizmengen) zu bewältigen und deren Unlust schaffende Stauung hintanzuhalten«. Auch in den weiteren Arbeiten werden die erlebnismäßigen Kategorien nicht mit ökonomischen gleichgesetzt[19]. Vielmehr werden Lust und Unlust immer wieder

---

[19] Freud schreibt 1920 (g, 3): »Wenn wir die ... seelischen Prozesse mit Rücksicht auf [den] Ablauf [»Spannung« → »Herabsetzung dieser Spannung«] betrachten, führen wir den ökonomischen Gesichtspunkt in unsere Arbeit ein« und 1926 (f, 302): »Die ökonomische Betrachtung nimmt an, dass die psychische Vertretung der Triebe mit be-

von Erregung und Entspannung unterschieden und in eine kognitive Beziehung gesetzt: 1915 haben »die Unlust*empfindungen* mit Steigerung, die Lust*empfindungen* mit Herabsetzung des Reizes zu tun« (1915c, 214, Kursivierungen, S. Z.), 1923 wird »die Unlust auf eine Erhöhung, die Lust auf eine Erniedrigung der Energiebesetzung« zurückgeführt und angemerkt, dass »wir das, was als Lust und Unlust *bewusst wird*, ein *quantitativ-qualitativ Anderes im seelischen Ablauf* [nennen] (1923b, 249, Kursivierungen, S Z.), 1926 wird »[d]as Herabsinken der Bedürfnisspannung ... von unserem *Bewusstseinsorgan* als lustvoll *empfunden*, eine Steigerung derselben bald als Unlust« (1926e, 227, Kursivierungen, S. Z.) und noch 1938 betont Freud (1940a, 68, Kursivierung S. Z.), dass eine »Erhöhung [der Reizspannungen] allgemein als Unlust, deren Herabsetzung als Lust *empfunden*« wird.

Mit Freud kann Schur jedenfalls nicht die Unterscheidung von körperlicher Erregung und Entspannung einerseits und ihrem Erleben andererseits bestreiten, die im Lust- und Unlustprinzip, das eigentlich ein Unlustvermeidungsprinzip meint, enthalten ist. Was er jedoch mit ihm in Frage stellen könnte, ist die These, dass zwischen körperlicher Erregungssteigerung und Unlust und Erregungsabnahme und Lust invariante Beziehungen bestehen. Freud jedenfalls stellt dies von Anfang an in Zweifel. Schon 1905 hält er fest, dass »die Spannung der sexuellen Erregtheit unzweifelhaft lustvoll empfunden« wird (1905d, 110) und er fragt sich, wie »diese Unlustspannungen mit diesem Lustgefühl zusammen[hängen]?«. Außerstande »dem Problem in seiner Gänze näher zu treten«, argumentiert er in folgender Weise: Jede Reizung durch ein Sexualobjekt erzeugt Lust und ruft eine sexuelle Erregtheit hervor oder steigert sie, wobei dann, wenn der Steigerung der sexuellen Erregtheit »nicht gestattet wird, weitere Lust herbeizuführen«, sie »bald in deutlichste Unlust übergeht«. Wie es aber zugehen soll, »dass die empfundene Lust das Bedürfnis nach größerer Lust hervorruft, das ist eben das Problem«, ein Problem, das er nicht zu lösen vermag (1905d, 111). 1915 fügt er der Feststellung, dass »die Unlustempfindung mit Steigerung, die Lust mit Herabsetzung des Reizes zu tun hat«, an: »Die weitgehende Unbestimmtheit dieser Annahme wollen wir aber sorgfältig festhalten, bis es uns etwa gelingt, die Art der Beziehung zwischen Lust-Unlust und den Schwankungen der auf das Seelenleben wirkenden Reizgrößen zu erraten. Es sind gewiss sehr mannigfache und nicht sehr einfache solcher Beziehungen möglich« (1915c, 214) und 1920 denkt er bei dieser Beziehung »nicht an ein einfaches Verhältnis zwischen der Stärke der Empfindungen und den Veränderungen, auf die sie bezogen werden; am wenigsten – nach allen Erfahrungen der Psychophysiologie – an direkte Proportionalität; wahrscheinlich ist das Maß der

---

stimmten Quantitäten Energie besetzt sind ... und dass der psychische Apparat die Tendenz hat, eine Stauung dieser Energien zu verhüten und die Gesamtsumme der Erregungen, die ihn belasten, möglichst niedrig zu halten«.

Verringerung oder Vermehrung in der Zeit das für die Empfindungen entscheidende« (1920g, 4). Am deutlichsten ist sein Plädoyer für eine Unabhängigkeit der Qualität des Erlebens von der als Besetzungsenergie konzipierten Reizspannung in der Diskussion der ökonomischen Probleme des Masochismus. Er beurteilt darin die »Auffassung«, dass »jede Unlust ... mit einer Erhöhung, jede Lust mit einer Erniedrigung der im Seelischen vorhandenen Reizspannung zusammen[fällt]«, ausdrücklich als »nicht richtig«, weist darauf hin, »dass es lustvolle Spannungen und unlustige Entspannungen gibt«, dass der »Zustand der Sexualerregung ... das aufdringlichste Beispiel einer solchen lustvollen Reizvergrößerung« ist und hält als Fazit fest: »Lust und Unlust können also nicht auf Zunahme oder Abnahme einer Quantität, die wir Reizspannung heißen, bezogen werden, wenngleich sie offenbar mit diesem Moment viel zu tun haben. Es scheint, dass sie nicht an diesem quantitativen Faktor hängen, sondern an einem Charakter desselben, den wir nur als qualitativ bezeichnen können ... Vielleicht ist es der Rhythmus, der zeitliche Ablauf in den Veränderungen, Steigerungen und Senkungen der Reizquantität; wir wissen es nicht« (1924c, 372). Diese Annahme wird 1938 wiederholt: »Wahrscheinlich sind es ... nicht die absoluten Höhen dieser Reizspannung, was als Lust und Unlust empfunden wird, sondern etwas in ihrem Rhythmus ihrer Veränderung, was als Lust und Unlust empfunden wird (1940a, 68, Kursivierungen aufgehoben, S. Z.).

In Freuds Auffassung bezieht sich die ökonomische Betrachtung des Lust-Unlust-Prinzips auf die körperlichen Vorgänge, die im Seelenleben erscheinen und die Kategorien »Lust« und »Unlust« auf ihr Erleben, wobei er allerdings offen lässt, wie genau diese körperlichen Vorgänge mit dem Erleben zusammenhängen. Auch wird die Unlustvermeidung nicht als Ursache des Strebens nach Lust angesehen. Dies wird schon 1907 festgestellt. Gegen einen Vortrag von Wittels über die »Lustseuche« wendet Freud ein:

> »Dass Lust nichts Positives, sondern immer nur Erlösung von Unlust sei, ist
> psychologisch sehr zweifelhaft. Lust ist ein ganz bestimmter psychologischer
> Vorgang. Allerdings ist sie um so größer, je größer die Spannung war; aber
> Spannung ist nicht immer Unlust« (Nunberg u. E. Federn 1974, 225),

und 1930 wird die Unabhängigkeit beider Bestrebungen, der Lustgewinnung und Unlustvermeidung, nochmals ausdrücklich betont: Die »Technik der Lebenskunst«, schreibt Freud (1930a, 440f), gibt sich »nicht mit dem gleichsam resignierenden Ziel der Unlustvermeidung zufrieden, eher geht sie achtlos an diesem vorbei und hält am ursprünglichen, leidenschaftlichen Streben nach positiver Glückserfüllung fest«, dessen »Vorbild« die »geschlechtliche Liebe« ist, die »uns die stärkste Erfahrung einer überwältigenden Lustempfindung vermittelt« hat.

Nimmt man also die Freudschen Aussagen über Trieb, Lust und Unlust zusammen, dann charakterisiert Lust, die Fenichel (1945c, 46) eine »erogene[.]« nennt, ein Erleben, welches sich bei der Befriedigung triebbestimmter Wünsche

einstellt und Unlust jenes Erleben, welches bei einer Frustration triebbestimmter Wünsche eintritt (s. dazu auch Eidelberg 1962; Joffe u. J. Sandler 1967a).
Zwei Bestrebungen sind mithin im Seelenleben wirksam. Die eine ist triebbestimmt und zielt darauf ab, die Bedingungen herzustellen, unter denen eine erogene Lust auftritt, die andere ist eine narzisstische, in der versucht wird, die Bedingungen zu suspendieren, unter denen Unlust erfahren wird. Das Freudsche
Lust-Unlustprinzip ist damit aufzugliedern in ein triebbestimmtes Lustprinzip
und in ein narzisstisch bestimmtes Prinzip der Unlustvermeidung.

Das Konzept der »Funktionslust«

Obwohl Freud in seinem Lust-Unlust-Prinzip beide Affekte nicht in eine funktionale Beziehung setzt, kann seiner Ansicht nach gleichwohl Lust bei der Bewältigung von Unlust erlebt werden. Diese Lust wird von ihm allerdings von
einer erogenen, bei Triebbefriedigung erfahrenen unterschieden. Freud (1920g,
12ff) erwähnt und erläutert diese Lustart in der vielzitierten und auch von mir
bereits erwähnten Garnrollen-Episode, in der Freuds Enkel in Abwesenheit seiner Mutter ihr Weggehen und Wiederkommen mit einer Holzspule durchspielt,
die an einem Bindfaden befestigt ist und die er Verschwinden und Wiedererscheinen lässt. Weil er dadurch die Angst, die durch das Verschwinden der
Mutter bewirkt wurde, selbst bewältigt, ist »mit dieser Wiederholung ein anders-
artiger, aber direkter Lustgewinn verbunden«, ein Lustgewinn, den Freud *an-
dersartig* nennt, weil er ihn offensichtlich von demjenigen unterscheiden wollte,
der sich bei Triebbefriedigungen einstellt[20].

Der Sache nach findet sich diese besondere Lust einige Jahre später auch in
Arbeiten von Fenichel (1934a), Glover (1933) und Schmideberg (1932). Bezeichnet wurde sie schließlich als »Funktionslust«. Vermutlich wurde dieser
Begriff, der von Bühler (1918) in die akademische Psychologie zur Bezeichnung
jener Lust eingeführt wurde, welche Aktionen begleitet, die um ihrer selbst willen durchgeführt werden, erstmals von Waelder (1933) und einige Jahre später
von E. Kris (1938; 1941) im Kontext psychoanalytischer Überlegungen verwendet. Wie bei Waelder (1933), der ihn im Zusammenhang mit spielerischen
Aktivitäten verwendet, bezieht er sich auch in den Arbeiten von E. Kris (1938;
1941) auf die Lust, die bei einer selbständigen Unlust- bzw. Angstbewältigung

---

[20] Freud (1920g, 15) gibt ein weiteres Beispiel: »Wenn der Doktor dem Kinde in den
Hals geschaut oder eine kleine Operation an ihm ausgeführt hat, so wird dies erschre-
ckende Erlebnis ganz gewiss zum Inhalt des nächsten Spieles werden, aber der Lustgewinn aus einer anderen Quelle ist dabei nicht zu übersehen. Indem das Kind aus der
Passivität des Erlebens in die Aktivität des Spielens übergeht, fügt es einem Spielgefähr-
ten das Unangenehme zu, das im selbst widerfahren ist und rächt sich so an der Person
dieses Stellvertreters«.

empfunden werden kann: »Der Kernpunkt dessen, was manche Psychologen als Funktionslust bezeichnet haben ... ist die Lust an der Beherrschung dessen, was einmal schmerzhaft gewesen ist« und vor dem man Angst hatte (E. Kris 1941).

Dadurch, dass Fenichel diesen »andersartigen Lustgewinn«, gegen dessen Einführung in die Psychoanalyse auch H. Hartmann (1939) nichts einzuwenden hatte, in seine »Psychoanalytische Neurosenlehre« aufnahm, gewann dieser Lustgewinn dann in folgender Formulierung einen offiziellen Status:

> »Sobald das Kind entdeckt, dass es jetzt in der Lage ist, eine Situation ohne Angst zu bewältigen, von der es zuvor mit Angst überwältigt worden wäre, empfindet es eine bestimmte Art von Lust, [eine] ›Funktionslust‹, [die] nicht [in] der Befriedigung eines bestimmten Triebbedürfnisses«,

sondern in der Erfahrung gründet, dass sich das Kind als fähig erlebt, seine Angst selbständig zu bewältigen (Fenichel 1945a, 70).

Nach seiner offiziellen Einführung tauchte dieser Begriff allerdings nurmehr sporadisch auf. Von Alexander (1956/57) wurde er in der Fenichelschen Fassung im Zusammenhang mit Spielen, von Beres (1957; 1968a), D.J. Cohen et al. (1987) und Hagelin (1980) im Zusammenhang mit Angstbewältigung erwähnt, während sie in ich-psychologischen Arbeiten, die sich mit der Reifung, Entwicklung, Verfestigung der Ich-Funktionen oder motorischen Aktivitäten beschäftigten[21], mehr in der Bühlerschen Bestimmung Eingang fand. In keiner der Arbeiten wurde sie jedoch einer systematischen Analyse unterzogen, die etwa auch ihre Beziehung zur Abwehr und zur Lust, die bei einer Triebbefriedigung erfahren wird, aufgeklärt hätte. Bis auf M. Balint (1959) hat jedenfalls kein Autor versucht, die Funktionslust umfassender zu erörtern. Allerdings vermisst seine Arbeit nicht den systematischen Stellenwert dieses Konzepts im psychoanalytischen Theoriecorpus. Unter dem Titel »Angstlust (*thrill*)« erörtert er ihre Psychodynamik praktisch ausschließlich bei philobatischen Persönlichkeitsstrukturen. Er sieht sie darin begründet, dass der Philobat der permanenten »thrills« bedürftig ist, weil er insgeheim die »Verlässlichkeit seiner Fertigkeiten« bezweifelt, die ihm Unabhängigkeit garantieren und sich immer wieder aufs Neue von ihrer Tauglichkeit überzeugen muss (1959, 98).

Der sparsame Umgang mit diesem Konzept verwundert etwas, erweist sich die Funktionslust bei einigem Nachdenken doch als jene Lust, die bei der Befriedigung narzisstischer Bedürfnisse erfahren wird. Angst steht immer in einer zweistelligen Relation. Ganz allgemein ist sie eine Reaktion auf äußere Situationen, in denen die Gefahr unlustvoller Affekte droht. Da Unlust immer eine narzisstischen Kränkung darstellt (Zepf 1997a), wird durch die Angst diese Kränkung signalisiert. Das Subjekt zielt nicht darauf ab, die Angstentwicklung

---

21 Z. B. Bush (1969), H. Hartmann (1948), Hoffmann (1972), Kestenberg (1965), Mittelman (1954), Ostow (1987), Joffe u. J. Sandler (1965), J. Sandler u. Joffe (1966; 1969).

zu vermeiden. Die Angst ist vielmehr Anlass der kindlichen Aktivitäten, ihr Ziel ist, die Unlust der traumatischen Gefahrsituation zu verhindern. Die narzisstische Kränkung wird dadurch vermieden, dass das Subjekt die Bedingungen suspendiert, unter denen es Angst entwickelte – etwa, indem es wie in der Garnrollenepisode das abwesende Objekt selbst herstellt, indem es bei Abwesenheit der Mutter statt an der Mutterbrust am Daumen nuckelt.

Wenn Angst also eine drohende narzisstische Kränkung signalisiert, erweist sich die Lust, die bei der Bewältigung dieser Kränkung erlebt wird – die Funktionslust –, als eine narzisstische Lust. Während die erogene Lust bei Triebbefriedigungen erfahren wird – »Das Sexualziel des infantilen Triebes besteht darin, Befriedigung durch die geeignete Reizung der so oder so gewählten erogenen Zone hervorzurufen« (Freud 1905d, 85) –, entsteht diese Lust, wenn es gelingt, die Bedingungen, unter denen eine narzisstische Kränkung droht, außer Kraft zu setzen.

Zu dem Verhalten, das vor einer narzisstischen Kränkung schützt, gehört auch die Abwehr der von den Objekten verpönten Triebwünsche. Hier wird der »Triebanspruch … zur (inneren) Gefahr … weil seine Befriedigung eine äußere Gefahr herbeiführen würde« (1926d, 201), die sich etwa in Gestalt eines Liebesverlustes oder einer Kastration präsentiert und zu unlustvollen Affekten führt. Der zur Gefahr gewordene Triebwunsch wird abgewehrt. Von der weiteren Entwicklung abgekoppelt, bleibt das Individuum an ihn fixiert und stellt ihn zugleich in Gestalt einer bewusstseinskonformen Ersatzbildung dar (s. Kap. 8). Da am Beginn der Ersatzbildung die »Angstentwicklung« (1926d, 176) steht und die Ersatzbildung vor der in der Angst antizipierten Unlust schützen soll, ist auch die Lust, die bei ihrer Realisierung erlebt wird, fraglos als eine narzisstische anzusehen. Funktionslust aber ist dann nicht nur die Lust, die der Philobat Balints beim Einsatz seiner, ihm Unabhängigkeit garantierenden Fertigkeiten erlebt. Dieselbe Lust würde ebenso der von M. Balint beschriebene, extrem objektabhängige Oknophile erleben, wenn es ihm mit seinen Aktivitäten gelingt, einen drohenden Objektverlust – seine Angstbedingung – zu verhindern, wie auch der Perverse. Und auch die Lust wäre eine narzisstische, eine Funktionslust, die bei einer Realisierung abgewehrter sexueller Triebwünsche mit dinglichen Objekten in Szenen erlebt wird, auf die sie im Zuge einer Ersatzbildung verschoben wurden. Dies trifft etwa für das Daumennuckeln. Die Lust, die bei diesen Aktivitäten erlebt wird, gründet in der Bewältigung der Unlust.

Bei der Lust aber, die bei der Realisierung von Ersatzbildungen in Form sexueller Interaktionen mit Personen erlebt wird, auf die Aspekte abgewehrter, insbesondere ödipaler Konflikte übertragen werden, scheint es jedoch anders zu sein. Auch hier liegt eine Fixierung vor, welche »in einer Erfahrung von Triebbefriedigung verwurzelt, die gleichzeitig gegen bestimmte Ängste Sicherheit bietet und bestimmte gefürchtete Regungen verdrängen hilft« (Fenichel

1945a, 99). Das spätere sexuelle Interagieren dient somit einerseits der Abwehr. Da in Gestalt einer Ersatzbildung die verpönte Triebregung aber nicht nur abgewehrt, sondern – wie es scheint – zugleich auch an einer anderen Person befriedigt wird, wäre neben einer Funktionslust auch das Erleben einer erogenen Lust anzunehmen. Mit der Annahme, dass sich unter diesen Bedingungen die »Funktionslust ... mit einer erogenen Lust verdichtet« (1945c, 46), ist jedoch noch nicht begriffen, welche Lust erfahren wird. Der Begriff der Verdichtung gibt lediglich Auskunft darüber, dass beide Lustarten vorhanden sind. Er sagt jedoch noch nichts darüber aus, wie sie miteinander zusammenhängen und wie die Psychodynamik der Lust beschaffen ist, die der an Fixierungen Leidende im Wesentlichen empfindet. Ich werde dieser Frage bei der Diskussion des Ödipus-Komplexes gesondert nachgehen.

5

Die Affektkonzepte

In dem systematischen Zusammenhang der Begriffe »bewusst« und »unbewusst«, der im Hinblick auf die Vorstellungsrepräsentanzen der Triebe entwickelt wurde, blieben die Affekte ausgespart. Für eine psychoanalytische Konzeption subjektiver Bildungsprozesse wie auch für die des Therapieverfahren sind sie jedoch ebenso relevant wie die Triebe. In der psychoanalytischen Entwicklungstheorie steht bspw. das Lust-Unlust-Prinzip, d. h. die Ansicht an zentraler Stelle, dass die Entwicklung angetrieben wird vom Ziel, Lust zu erreichen und Unlust möglichst zu verhindern, dass unlustvolle Affekte Abwehroperationen veranlassen (z. B. Freud 1915d; 1926d) und dass sie selbst einer Abwehr unterliegen können (z. B. 1915e). In Bezug auf das Therapieverfahren hält Freud (1895d, 85) ein »affektloses Erinnern ... fast immer [für] wirkungslos«; er sieht in der »Erweckung der Gefühle« das »Wesentlichste der ganzen Veränderung«, welche durch die Therapie bewirkt werden kann (1907a, 118; s. auch Abrams u. Shengold 1978; Brierley 1937; Green 1977).

Angesichts dieser zentralen Stellung der Affekte ist es verwunderlich, dass die D. Rapaportsche (1953) Feststellung von vor über fünfzig Jahren – »We do not possess a systematic statement of the psycho-analytic theory of affects« – auch heute noch Gültigkeit besitzt[1]. Zwar wurden seit D. Rapaports Feststellung, die in den nachfolgenden Jahren Benjamin (1961), Lewin (1965, 23) Rangell (1974, zit. n. Basch 1976), Green (1977), Dahl (1982, zit. n. Hartcollis u. Lester 1982), Rosenblatt (1985), Knapp (1987), Sashin u. Callahan (1990), Haas (1997) und H.P. Blum u. Schneider (2000) wiederholten, verschiedene Panel zu diesem Thema eingerichtet (Castelnuovo-Tedesco 1974; Hartcollis u. Lester 1982; Jaffe u. Naiman 1978; Löfgren 1968). Das »Chaos« in der psychoanalytischen Affekttheorie, wie J. Sandler u. A. Sandler (1978) urteilen, blieb davon unberührt. Betrachtet man den gegenwärtigen Kenntnisstand, dann persistiert dieses »Chaos« bis auf den heutigen Tag. Noch 1992 urteilen T. Shapiro u. Emde (1992, IX, zit. n. Krause 1998a, 26):

---

[1] Auch E. Jacobson (1953, 38) diagnostizierte diesen Mangel: »[W]e are in need of a consistent affect theory which psychoanalysis so far has failed to develop«.

»So haben Freud und seine Schüler, wenngleich sie die Zentralität der Affekte zugestehen, weder für die klinische Theorie und noch viel weniger für die Metatheorie ein kohärentes Modell, das der Affektivität gerecht wäre, entwickelt«

und auch wenn man die psychoanalytische Literatur der letzten Jahre nur flüchtig durchblättert, kann nicht verborgen bleiben, dass in kaum einer Arbeit eine kritische Debatte geführt wird, welche den systematischen Zusammenhang zwischen den Affekten und einzelnen Konzepten innerhalb eines einheitlichen Theorierahmens aufzuklären sucht. Zwar hat sich – aus welchen Gründen auch immer – eine Übereinkunft darüber heraus gebildet, dass Affekte nicht nur abgewehrt werden und zu Abwehrprozessen Anlass geben können, sondern dass Gefühle in Form von Affekten auch von Anfang an vorhanden sind und zumindest auf vorsprachlichem Entwicklungsstand mit der Wahrnehmung eines veränderten physiologischen Zustandes einher gehen (Freud 1926d, 162ff). Ferner sollen die Gefühle die Subjekte über ihren Zustand und ihre Einstellungen zu den Objekten informieren (z. B. G.L. Engel 1962, 206). Die Fragen freilich, wie sich in den Gefühlen die Einstellungen zu den Objekten abbilden und wie sie selbst auf sprachlichem wie auch vorsprachlichem Entwicklungsstand einer Abwehr unterliegen und auf die kognitiven Strukturen verpönter Triebregungen so Einfluss nehmen können, dass diese aus dem Bewusstsein ausgeschlossen werden, blieben ebenso unbeantwortet wie die Frage, unter welchen Voraussetzungen die Wahrnehmung körperlicher Veränderungen zum Erleben von Affekten führen kann.

Angesichts dieser Situation werde ich zunächst prüfen, wie in der Freudschen Konzeption Affekte Bewusstsein gewinnen und wieder verlieren können und welche Funktionen Freud den Affekten im Zuge der Entwicklung seines theoretischen Denkens zuschreibt. Vor allem unter der Frage, inwieweit die von Freud offen gelassenen Probleme einer Lösung zugeführt wurden, werde ich danach die Affektkonzepte einiger anderer psychoanalytischer Autoren betrachten, in denen versucht wurde, die Affekte im psychoanalytischen Theoriegebäude weitergehend zu konzeptualisieren.

Sigmund Freud[2]

Unter dem Titel »Erwartungsaffekt« erscheint der Affektbegriff bei Freud (1892-93a, 8) vermutlich erstmals 1892. Ein »Erwartungsaffekt« ist entweder mit »Kontrastvorstellungen« verknüpft, in denen vorweg genommen wird, dass es nicht gelingen wird, einen Vorsatz aktiv auszuführen, oder mit einer »Gegenerwartung« verbunden, die »auf der Erwägung aller anderen Möglichkeiten [beruht], die mir zustoßen können, bis auf die eine, die ich mir wünsche« (1892-

---

2 Für eine weitere Übersicht über Freuds Konzeptualisierung der Affekte s. Guettler (2000).

93a, 8f). Beim Gesunden wird die Kontrastvorstellung durch ein »kräftige[s] Selbstbewusstsein« in Schach gehalten, bei der Neurose – insbesondere der Hysterie –

> »wird die peinliche Kontrastvorstellung ... außer Assoziation mit dem Vorsatz gebracht und besteht, oft dem Kranken selbst unbewusst, als abgesonderte Vorstellung weiter« und etabliert sich als »*Gegenwille*« dann, »wenn es zur Ausführung des Vorsatzes kommen soll« (1892-93a, 10).

In Erörterung der »Konversion« und der »falschen Verknüpfung« wird 1894 der Begriff des »Affektbetrag[s]« eingeführt. An

> »den psychischen Funktionen [ist] etwas zu unterscheiden ... (Affektbetrag, Erregungssumme), das alle Eigenschaften einer Quantität hat, – wenngleich wir kein Mittel besitzen, es zu messen – etwas, das der Vergrößerung, Verminderung, der Verschiebung und der Abfuhr fähig ist und sich über die Gedächtnisspuren der Vorstellungen verbreitet, etwa wie eine elektrische Ladung über die Oberflächen der Körper« (1894a, 74)[3].

Wie ich bereits bei der Diskussion des Libidobegriffs und der Konversion erwähnt habe (s. Kap. 2), kann der »Affekt, die Erregungssumme, mit der [eine Vorstellung] behaftet ist«, der Vorstellung entrissen und »einer andern Verwendung zugeführt werden« (1894a, 63). Drei Verwendungsformen werden beschrieben, von denen ich zwei – die Konversion bei der Hysterie, wo die »Erregungssumme ... der unverträglichen Vorstellung ... ins Körperliche umgesetzt wird« (1894a, 63) und die Umwandlung der »somatische[n] Sexualerregung« in Angst (1895b, 334) – bereits genannt habe. Die dritte Verwendungsform findet sich bei Zwangsvorstellungen. Hier wird die peinliche Vorstellung vom Affekt getrennt, die

> »nun geschwächte Vorstellung bleibt abseits von allen Assoziationen im Bewusstsein übrig, ihr frei gewordener Affekt aber hängt sich an andere, an sich nicht unverträgliche Vorstellungen an, die durch diese ›falsche Verknüpfung‹ zu Zwangsvorstellungen werden« (1894a, 65f, Kursivierungen aufgehoben, S. Z.).

Weil bei einer bloßen »Transposition des Affekts ... [d]er Affekt, unter dem das Ich [das Subjekt] gelitten hat ... unverändert und unverringert ... bleibt«, schätzt Freud den Vorteil, der durch die Konversion erreicht wird, höher ein als denjenigen, der sich bei einer Transposition einstellt.

Die peinlichen Vorstellungen werden als Resultate von »Traumen« (1895d, 89) begriffen, die im Gedächtnis aufbewahrt bleiben, weil »auf das affizierende Ereignis« nicht

---

3 R. Stein (1991, 4) ist der Ansicht, dass die genaue Bedeutung des Ausdrucks »Affektbetrag« hier nicht definiert würde und interpretiert ihn als Breite eines assoziativen Netzwerkes (»span of an associative network«) oder der Konzepte, die eine Person von Teilen ihres Körpers hat (»conception that persons have of some parts of their body«). Aus dem Kontext geht jedoch genau hervor, dass Freud diesen Begriff als Maß für die körperliche Erregung, als »Erregungssumme« versteht.

»mit willkürliche[n] und unwillkürliche[n] Reflexen« reagiert wurde, so dass sich
»die Affekte [nicht] entladen« und »die Erinnerung[en] an den Vorfall ... die affektive Betonung«

behalten konnten[4] (1895d, 87). Über diese »Erinnerungen« können die Kranken
»nicht wie über andere ihres Lebens verfügen«. Diese Erinnerungen existieren
in der anderen Hälfte eines gespaltenen Bewusstseins (1894a, 60; 1895d, 91),
können sich jedoch in der »Hypnose ... in wunderbarer Frische und mit ihrer
vollen Affektbetonung ...« wieder einstellen (1895d, 88).

Wie R. Stein (1991, 6) zurecht anmerkt, diskutiert Freud schon in seinen ersten Arbeiten die Beziehungen von Vorstellungen und Affekten unter dem Aspekt der Abwehr und der Abfuhr der Affekte. Allerdings wird hier, wie D. Rapaport (1953) hervorhebt, der Affekt noch mit der »quantity of psychic energy«
gleichgesetzt, »which was later conceptualized as drive-cathexis«. Unter einem
quantitativen Aspekt werden die Affekte als körperliche Erregungen erörtert,
welche Vorstellungen besetzen und über motorische Aktionen abgeführt werden können – dies ist notwendig, wenn die Erinnerung an ein Trauma nicht in
ein neurotisches Symptom einmünden soll –, unter qualitativem Aspekt werden
sie als psychisch bestimmbare Zustände und als Ursache der »Bewusstseinsspaltung« gesehen. Im Falle einer neurotischen Symptombildung wird – etwa bei
Elisabeth v. R. – eine peinlich gewordene »erotische Vorstellung aus ihrem Bewusstsein ... verdrängt[.] und ... deren Affektgröße in somatische Schmerzen«
umgewandelt (Freud 1895d, 251). Als Motiv dieser Operation, die zu einer
»Bewusstseinsspaltung« führt, wird ein »große[r] psychische[r] Schmerz« betrachtet, während deren Mechanismus in der »Konversion ... der seelischen
Schmerzen [in] körperliche« besteht (1895d, 253). Die »Quantität« des »Affektbetrag[es]«, den man »dem Vorstellungskomplex[.] ... zuschreiben« muss, wird
konvertiert, womit der »Vorstellungskomplex[.] ... so sehr an Intensität« verliert,
dass er »verdrängt werden kann« (1895d, 234).

In der nachfolgenden Schrift – der *Traumdeutung* – wird, wenn von Affekten
die Rede ist, abermals ihre Beziehungen zu den Vorstellungen thematisiert.
Freud (1900a, 464) hält fest,

> »dass Affektentbindung und Vorstellungsinhalt nicht diejenige unauflösbare or-
> ganische Einheit bilden, als welche wir sie zu behandeln gewöhnt sind«. Er ist
> der Ansicht, dass im Traum die erlebten »Affektinhalte ... zum latenten ...
> Trauminhalt« (1900a, 254)

gehören, »die Vorstellungsinhalte Verschiebungen und Ersetzungen erfahren«
[können], während die Affekte unverrückbar« (1900a, 463) und weitgehend

---

[4] Der »Affektbetrag [der] Ekelerinnerungen« einer Person, schreibt Freud (1895b,
144f), »die dem Essen keinen Geschmack abgewinnen [konnte], weil es bei ihr von al-
ters her« mit solchen Erinnerungen verknüpft war, hat »noch keine Verminderung erfahren ... weil sie allemal den Ekel unterdrücken musste, anstatt sich von ihm durch
Reaktion zu befreien«.

»von der Entstellung frei« bleiben (1900a, 254). Gleichwohl können Affekte unterdrückt oder in ihr Gegenteil verkehrt werden. Wie die Affektunterdrückung während der Traumarbeit genau arbeitet, lässt Freud mit dem Hinweis offen, dass dies »das sorgfältigste Eindringen in die Theorie der Affekte und in den Mechanismus der Verdrängung voraussetzen« würde (1900a, 470f). Lediglich zwei Überlegungen werden angeführt. Er vermutet, dass für die Unterdrückung möglicherweise der Schlafzustand verantwortlich ist, weil in diesem Zustand die »Affektentbindung«, die sich Freud als eine »zentrifugale ... Aussendung motorischer Impulse gegen die Außenwelt« vorstellt, »durch das unbewusste Denken während des Schlafes erschwert sein« kann. Im Wesentlichen sieht er jedoch die Hemmung darin begründet, dass in jedem Traum »die wunschbildenden Gedanken gegen den Widerspruch einer zensurierenden Instanz anzukämpfen« haben und »dass im unbewussten Denken selbst jeder Gedankenzug mit seinem kontradiktorischen Gegenteil zusammengespannt« ist, die »alle ... affektfähig sind« (1900a, 471). Aufgefasst wird die »Affektunterdrückung ... als Folge der Hemmung, welche die Gegensätze gegeneinander und die Zensur gegen die von ihr unterdrückten Strebungen übt« (1900a, 471). Bei der Verkehrung der Affekte in ihr Gegenteil wird der gegenteilige Affekt, der zum anderen in Konflikt steht, auf Veranlassung der Traumzensur intensiviert[5].

Diese Idee findet sich 1905 in der Formulierung wieder, dass das »psychische Trauma« ein »Konflikt der Affekte« ist (1905e, 182). »Unlustgefühle« werden »als Motiv« der »Verdrängung« (1904a, 6; s. auch 1907a, 75) angesehen, der Gedanke, dass sich die »Wirksamkeit« des therapeutischen Verfahrens »aus der Abfuhr des bis dahin gleichsam ›eingeklemmten‹ Affekt[s]« erklärt, »der an den unterdrückten seelischen Aktionen gehaftet hatte« (1904a, 4; s. auch 1906a, 151), wird beibehalten und die »Affektverkehrung« wird als kennzeichnend für die Hysterie angesehen, wobei sich Freud aber von deren genauer Aufklärung »noch ein gut Stück ... entfernt« sieht (1905e, 187). Mit der Bemerkung, »dass Mienenspiel und Affektausdruck eher dem Unbewussten gehorchen als dem Bewussten und für das erstere verräterisch« sind (1905e, 219), wird auch an der Auffassung festgehalten, dass Affekte mit unbewussten Vorstellungen verbunden sind. Ferner wird die bereits 1895 vorgetragene Ansicht, dass sich körperliche Sexualerregung in Angst verwandeln kann, dahingehend generali-

---

5 »Ebenso wie die Dingvorstellungen können ... auch die Affekte der Traumgedanken im Traume ins Gegenteil verkehrt erscheinen und es ist wahrscheinlich, dass diese Affektverkehrung zumeist von der Traumzensur bewerkstelligt wird ... Es ist ... nicht nötig anzunehmen, dass die Traumarbeit einen derartigen Gegenaffekt ganz von neuem schafft; sie findet ihn gewöhnlich im Materiale der Traumgedanken bereitliegend und erhöht ihn bloß mit der psychischen Kraft der Abwehrmotive, bis er für die Traumbildung überwiegen kann« (Freud 1900a, 474f).

siert, dass »je mehr die schon bewusst gewesenen affekttragenden Vorstellungen ins Unbewusste rücken ... sich alle Affekte in Angst verwandeln« können (1909a, 270; s. auch 1907a, 87).

Auch nach der systematischen Einführung des Triebbegriffs, der Ersetzung des wirklichen Traumas, das zu nicht abgeführten Affekten führte, durch wunscherfüllende sexuelle Phantasien, die subjektiv als gefährlich eingeschätzt werden und deshalb abzuwehren sind und der Entwicklung der topographischen Theorie, in der psychische Phänomene nach ihrer Zugänglichkeit zum Bewusstsein angeordnet und in die Systeme *Bw*, *Vbw* und *Ubw* gegliedert sind, werden weiterhin – nun im Hinblick auf die Triebe – vor allem die Zusammenhänge von Affekt und Vorstellung erörtert. Fürs erste wird festgehalten, dass die Dimension bewusst – unbewusst auf den Trieb selbst nicht angewandt werden kann. »Ein Trieb«, schreibt Freud (1915e, 275f),

> »kann nie Objekt des Bewusstseins werden, nur die Vorstellung, die ihn repräsentiert. Er kann ... auch im Unbewussten nicht anders als durch die Vorstellung repräsentiert sein«.

Dem wird die Idee angefügt, dass der Trieb nicht nur durch Vorstellungen repräsentiert wird. Freud (1915e, 276, Kursivierungen, S. Z.). fährt fort:

> »Würde der *Trieb* sich nicht an eine *Vorstellung* heften oder nicht als ein *Affektzustand* zum Vorschein kommen, so könnten wir nichts von ihm wissen«.

Vorstellung und Affekt beziehen sich auf unterschiedliche »Element[e] ... einer Triebrepräsentanz« (1915d, 254). Inhaltlich stellt sich der Trieb in der Vorstellung als Wunsch dar, im »andere[n] Element der psychischen Repräsentanz« findet der »Trieb[.], insofern er sich von der Vorstellung abgelöst hat ... einen seiner Quantität gemäßen Ausdruck in Vorgängen ... welche als Affekte der Empfindung bemerkbar werden« und für das »sich der Name *Affektbetrag* eingebürgert« hat (1915d, 255). Als Affekte werden diese »Affektbetr[äge]« bei ihrer Abfuhr wahrgenommen, denn: »Affekte und Gefühle [entsprechen] Abfuhrvorgängen, deren letzte Äußerungen als Empfindungen wahrgenommen werden« (1915e, 277).

Aus diesen beiden Äußerungen folgt, dass Affekte in Situationen entstehen, in denen die Triebenergie, mit welcher die Vorstellungsinhalte besetzt sind, nicht in motorischen Interaktionen abgeführt werden können. Dann kann sich das Energiequantum »von der Vorstellung« ablösen und »einen seiner Quantität gemäßen Ausdruck in Vorgängen finde[n], welche als Affekte der Empfindung bemerkbar werden« (1915d, 255). Dass es sich hier um eine »›conflict-theory‹ of affects« (D. Rapaport 1953, Kursivierungen aufgehoben, S. Z.) handelt, wird einsichtig, wenn man zum einen zwei Äußerungen Freuds (1915e, 278 Fn) aus den gleichen Jahren hinzuzieht. 1911 schreibt Freud (1911b, 233, Kursivierungen, S. Z.), dass nach der Einführung des »Realitätsprinzips« ins Seelenleben die »motorische Abfuhr, die während der Herrschaft des Lust-Prinzips zur Entlastung des seelischen Apparates von Reizzuwächsen gedient hatte und dieser Aufgabe durch ins *Innere des Körpers gesandte Innervationen* (Mimik, *Affektäußerungen*)

nachgekommen war ... jetzt eine neue Funktion [erhielt], indem sie zur zweck-
mäßigen Veränderung der Realität verwendet wurde. Sie wandelte sich zum
Handeln«.

1915 kommt Freud (1915e, 278) auf diesen Sachverhalt in folgender Wendung
zurück: »Die Affektivität äußert sich wesentlich in motorischer (sekretorischer,
gefäßregulierender) Abfuhr zur (inneren) Veränderung des eigenen Körpers
ohne Beziehung zur Außenwelt, die Motilität in Aktionen, die zur Veränderung
der Außenwelt bestimmt sind«. Die konflikttheoretisch begründete Entstehung
der Affekte wird zum anderen auch durch die Auffassung gestützt, dass im Falle eines Konflikts, der zu einer Verdrängung führt, die Vorstellungs- und Af-
fektrepräsentanz eines Triebes ein unterschiedliches Schicksal erfahren. Freud
hält zunächst fest, dass das Schicksal, welches der Affekt erfährt, darüber ent-
scheidet, ob die Verdrängung eine gelungene oder eine misslungene ist. »Motiv
und Absicht der Verdrängung«, wird notiert, war

> »nichts anderes als die Vermeidung von Unlust ... Daraus folgt, dass das Schick-
> sal des Affektbetrags der Repräsentanz bei weitem wichtiger ist, als das der Vor-
> stellung und dass sie über die Beurteilung des Verdrängungsvorganges entschei-
> det. Gelingt es einer Verdrängung nicht, die Entstehung von Unlustempfindun-
> gen oder Angst zu verhüten, so dürfen wir sagen, sie sei missglückt, wenngleich
> sie ihr Ziel am Vorstellungsanteil erreicht haben mag« (1915d, 256).

Das Schicksal des »quantitativen Faktors der Triebregung« kann »ein dreifaches
sein ... der Affekt bleibt entweder – ganz oder teilweise – als solcher bestehen,
oder erfährt eine Verwandlung in einen qualitativ anderen Affektbetrag, vor
allem in Angst, oder er wird unterdrückt, d. h. seine Entwicklung überhaupt
verhindert« (1915e, 276f)[6]. In den beiden ersten Fällen wird »die Affektentwicklung« des Affektbetrags von der Ersatzvorstellung der verdrängten Vorstellung
her möglich, wobei nun »von diesem bewussten Ersatz ... der qualitative Charakter des Affekts ... bestimmt« wird (1915e, 278). Hier wird eine

> »Affekt- oder Gefühlsregung ... durch die Verdrängung ihrer eigentlichen Reprä-
> sentanz zur Verknüpfung mit einer anderen Vorstellung genötigt ... und wird
> nun vom Bewusstsein für die Äußerung der letzteren gehalten« (1915e, 276).

Wie Freud am Beispiel der Zwangsneurose erläutert, ändert sich bei dieser
Operation die konkrete Erscheinungsform des Affekts, während sein besonderer Charakter erhalten bleibt. Aufgrund der Kastrationsangst findet hier eine
Regression statt, welche dazu führt, dass »eine sadistische Strebung an die Stelle
der zärtlichen« tritt (1915d, 259). Dieser »feindselige Impuls« wird abgewehrt,
der »Affekt [ist] zum Verschwinden gebracht« und der »verschwundene Affekt

---

6   Freud verweist an dieser Stelle auf seine früheren Ausführungen im Aufsatz »Die
Verdrängung«. Diese lauten anders. Es heißt dort: »Das Schicksal des quantitativen Faktors der Triebrepräsentanz kann ein dreifaches sein ... Der Trieb wird entweder ganz
unterdrückt, so dass man nichts von ihm auffindet, oder er kommt als irgendwie qualitativ gefärbter Affekt zum Vorschein, oder er wird in Angst verwandelt« (Freud 1915d,
255f).

kommt in der Verwandlung zur sozialen Angst, Gewissensangst ... wieder«
(1915d, 260). Wenn es nicht gelingt, für den quantitativen Faktor »eine Ersatzvorstellung im System *Bw*« zu finden, gewinnt er den »Charakter der Angst, gegen welche alle ›verdrängten‹ Affekte eingetauscht werden« (1915e, 278).

In beiden Fällen ist die Verdrängung eine missglückte. Gelungen ist die Verdrängung erst, wenn die Entwicklung des Affekts überhaupt verhindert wird,
wenn es gelingt, den Affekt auf »eine Ansatzmöglichkeit, die nicht zur Entfaltung kommen« kann, zu reduzieren. In allen drei Fällen handelt es sich aber
nicht um unbewusste Affekte im eigentlichen Sinne. Bei der Verknüpfung eines
Affekts mit einer Ersatzvorstellung »heißen wir die ursprüngliche Affektregung
eine ›unbewusste‹, obwohl [der] Affekt niemals unbewusst war, nur [seine] Vorstellung der Verdrängung erlegen ist« (1915e, 276) und »in allen Fällen, wo der
Verdrängung die Hemmung der Affektentwicklung gelingt, heißen wir die Affekte ›unbewusste‹ ...«, obwohl sie nicht wie »die unbewussten Vorstellungen als
reale Bildungen im System *Ubw*«, sondern dort nur als »Ansatzmöglichkeit« e-
xistieren[7] (1915e, 277). »Streng genommen«, fährt Freud (1915e, 277) fort, »gibt
es ... keine unbewussten Affekte, wie es unbewusste Vorstellungen gibt«.

Man sieht, dass Freud nach den ersten 20 Jahren, in denen er sich mit dem
Problem der Affekte beschäftigt hatte, nur wenige seiner Überlegungen aus den
Anfangsjahren aufgab[8]. Die meisten Überlegungen werden beibehalten oder
weiterentwickelt. Er verändert sein Verständnis des Konflikts, den er jetzt nicht
mehr zwischen Affekten, sondern zwischen den »Ich- oder Selbsterhaltungstriebe[n] und [den] Sexualtriebe[n]«, zwischen »den Ansprüchen der Sexualität
und denen des Ichs« (1915c, 216f) ansiedelt und die in der Traumdeutung vorgetragene inhaltliche Bestimmung der Affekte durch die latenten, unbewussten
Vorstellungen wird abgeschwächt. Die Qualität eines Affekts ist nun von den
manifesten Vorstellungen, von den Ersatzbildungen abhängig. Beibehalten oder
weiterentwickelt werden die Konzepte des Affektbetrages und seiner Abkopp-
lung von den Vorstellungen in der Affektentwicklung, der falschen Verknüpfung der Affekte und der Affektverwandlung, der Unlust als Motiv der Abwehr,
der Unterdrückung der Affekte sowie die Auffassung, dass Affekte Abfuhrphä-
nome darstellen.

Erweitert und qualitativ verändert wird die Konzeption der Affekte – insbesondere der Angst – erst nach der Entwicklung der Strukturtheorie. Wurden
anfänglich Affekte mit Triebbesetzungen gleichgesetzt, erschienen sie danach

---

[7]   Die Notwendigkeit, unbewussten Affekten den Status von möglichen und nicht von
     wirklichen Affekten zuzuschreiben, ergibt sich für D. Rapaport (1953) daraus, »that in
     this phase of his theorizing Freud considered affect-discharge a dynamic product (that
     of the conflict between mounting tension and discharge preventing reality) and saw
     only it's direction as determined by inborn discharge-avenues«.

[8]   Zum gleichen Urteil kommt auch Compton (1972a).

als Triebrepräsentanzen und als Sicherheitsventile für die Entladung von Trieb-besetzungen, deren Abfuhr verhindert war, so werden sie nun zu einer Ich-Funktion. Freud bindet die Affekte in seine sprachtheoretische Konzeption des Bewussten und Unbewussten ein. Für »die Empfindungen« schreibt Freud (1923b, 250), »entfallen ... [d]ie sprachlichen Verbindungsglieder«, welche »für die *ubw* Vorstellung erst ... geschaffen werden müssen, um sie zum *Bw* zu brin-gen«. Diese leiten »sich direkt fort[.]«. Für Affektempfindungen hat »die Unter-scheidung von *Bw* und *Vbw* ... keinen Sinn, das *Vbw* fällt hier aus, Emp-findungen sind entweder bewusst oder unbewusst«. Ausdrücklich wird fest-gehalten: »Auch wenn sie an Wortvorstellungen gebunden werden, danken sie nicht diesen ihr Bewusstwerden, sondern sie werden es direkt« (1923b, 250).

Die veränderte Konzeption der Affekte wird erstmals in »*Hemmung, Symptom und Angst*« vorgetragen. Zwar hält Freud es immer noch für möglich, dass »bei Abstinenz, missbräuchlicher Störung im Ablauf der Sexualerregung, Ablenkung derselben von ihrer psychischen Verarbeitung, direkt Angst aus Libido ent-steht« (1926d, 172). Aber die »direkte Umsetzung der Libido in Angst« ist für Freud (1926d, 195) »weniger bedeutsam geworden«. Als zentral für seine Auf-fassung exponiert er nun die Ansicht, dass die »Angst ... die Reaktion auf die Gefahr« ist (1926d, 181), und rückt die Fragen nach ihrem historischen Ur-sprung, den Bedingungen ihres Entstehens, ihrer spezifischen Erlebnisqualität und ihrem Stellenwert im seelischen Haushalt ins Blickfeld.

Die Analyse des Angstzustandes ergibt Freud (1926d, 163) »1) einen spezifi-schen Unlustcharakter, 2) Abfuhrreaktionen, 3) Wahrnehmungen derselben«. Er betrachtet die Angst als »einen besonderen Unlustzustand mit Abfuhrreakti-onen auf bestimmten Bahnen«, glaubt, »dass der Angst eine Steigerung der Er-regung zugrunde liegt, die einerseits den Unlustcharakter schafft, andererseits sie durch die genannten Abfuhren erleichtert« und nimmt an, »dass ein histori-sches Moment da ist, welches die Sensationen und Innervationen der Angst fest aneinander bindet« (1926d, 163). Der »Angstzustand« ist für Freud

> »die Reproduktion eines Erlebnisses ... das die Bedingungen einer solchen Reiz-steigerung und der Abfuhr auf bestimmten Bahnen enthielt, wodurch ... die Un-lust der Angst ihren spezifischen Charakter erhält«.

Ein »solches vorbildliches Erlebnis« sieht er in der »Geburt« und deshalb ist »im Angstzustand eine Reproduktion des Geburtstraumas zu sehen« (1926d, 163). Diese Reproduktion beschränkt sich nicht auf die physiologischen Ereignisse, sie schließt auch ein Erleben ein: »Beim Menschen und ihm verwandten Ge-schöpfen«, so Freud (1926d, 120f, Kursivierung, S. Z.), hat »der Geburtsakt als das erste individuelle Angst*erlebnis* dem Ausdruck des Angstaffekts charakteris-tische Züge geliehen«.

Die »*Urangst* der Geburt« (1926d, 167) kann später in zwei Formen auftre-ten. In der einen tritt Angst »ungewollt« und »automatisch« auf, »wenn sich eine Gefahrsituation analog jener der Geburt hergestellt« hat (1926d, 195) und das

Geburtstrauma sich unter veränderten Bedingungen reproduziert. In der zweiten wird Angst erlebt, »wenn eine solche Situation nur droht[.]« (1926d, 195). Hier

> »wiederholt ... [d]as Ich, welches das Trauma passiv erlebt hat ... aktiv eine abgeschwächte Reproduktion desselben, in der Hoffnung, deren Ablauf selbsttätig leiten zu können« (1926d, 200).

Diese Angst, die den Charakter einer Signalangst hat, kommt durch eine »Verschiebung der Angstreaktion von ihrem Ursprung ... von der Gefahr auf die Bedingungen der Gefahr« zustande (1926d, 200). »Mit der Erfahrung«, schreibt Freud (1926d, 168),

> »dass ein äußeres, durch Wahrnehmung erfassbares Objekt der an die Geburt mahnenden gefährlichen Situation ein Ende machen kann, verschiebt sich nun der Inhalt der Gefahr von der ökonomischen Situation auf seine Bedingungen, den Objektverlust. Das Vermissen der Mutter wird nun die Gefahr, bei deren Eintritt der Säugling das Angstsignal gibt, noch ehe die gefürchtete ökonomische Situation eingetreten ist«.

Die Angst steht zwischen der inneren Gefahr, in der eine »ökonomische Störung durch das Anwachsen der Erledigung heischenden Reizgrößen« – »der eigentliche Kern der ›Gefahr‹« – droht (1926d, 168) und deren Bedingungen, »der Gefahrsituation«, die Freud (1926d, 199) nun von der inneren, »traumatische[n] Situation« unterscheidet[9].

Außer dem Objektverlust nennt Freud (1926d, 168ff) noch 4 weitere äußere Gefahrensituationen, die sich auseinander entwickeln und unter denen Angst erlebt wird, weil diese »traumatische Situation« droht: Verlust der Liebe des Objekts, Kastration, Verlust der Liebe des Über-Ich und des in die Schicksalsmächte projizierten Über-Ich. Des Weiteren wird zwischen einer realen und einer neurotischen Gefahr und in diesem Zusammenhang auch eine neurotische und von einer Realangst unterschieden. Die »Realgefahr droht von einem äußeren Objekt, die neurotische von einem Triebanspruch« (1926d, 200) und die »Realangst ist die Angst vor einer bekannten [äußeren] Gefahr«, während die »neurotische Angst« vor »eine[r] Triebgefahr« besteht (1926d, 198). Dabei wird der

> »Triebanspruch ... nur darum zur (inneren) Gefahr ... weil seine Befriedigung eine äußere Gefahr herbeiführen würde, also weil diese innere Gefahr eine äußere repräsentiert« (1926d, 200f).

Da ferner »dieser Triebanspruch« auch »etwas Reales ist«, kann auch die neurotische Angst als real begründet anerkannt werden« (Freud 1926d, 200). Die

---

[9] D. Rapaport (1953, Kursivierungen, S. Z.) teilt mit Freud die Ansicht, dass das Ich, »which before the affect was ›tamed‹ into a signal endured it passively, now *produces it actively*«. Ich halte diese Auffassung für falsch. Fenichel (1945a, 193, Kursivierungen, S. Z.) trifft die Sachlage besser: Das »Angstsignal ... ist ... Ausdruck eines automatisch eintretenden Ereignisses in der Tiefe des Organismus ... *es ist nicht vom Ich geschaffen, sondern wird von ihm nur in seinen Dienst genommen*«.

Auffassung, dass »diese Triebregungen zu Bedingungen der äußeren Gefahr und damit selbst gefährlich« und deshalb abgewehrt werden (1926d, 177), führt zu einer Umkehrung der bisherigen Annahme, dass »durch die Verdrängung ... die Libido der Triebregung ... in Angst verwandelt« wird (1926d, 137). Nun ist »die Angst ... der Antrieb zur Verdrängung« und [niemals] »geht die Angst aus verdrängter Libido hervor« (1926d, 138).

Mit der Einschränkung, dass bei der Angstneurose Angst nicht aus einer Umwandlung der Libido entsteht, werden diese Ansichten 1933 bekräftigt. Freud (1933a, 101) ist nun der Ansicht, dass sich auch diese Angst »aus traumatischen Momenten ... nach dem Geburtsvorbild« bildet und er merkt an, dass er »nicht mehr behaupten« will, dass »es die Libido selbst ist, die in Angst verwandelt wird ...«.

Blickt man von der 1933 erreichten Auffassung zurück, wird abermals deutlich, dass sich im Verlaufe von über 35 Jahren mehr die Systematik der Affekte und weniger die Konzeptualisierungen ihrer Aspekte veränderte. Die Affektumwandlung kann man etwa in der Formulierung »Wie das Über-Ich der unpersönlich gewordene Vater ist, so hat sich die Angst vor der durch ihn drohenden Kastration zur unbestimmten sozialen oder Gewissensangst umgewandelt« (1926d, 159) wieder entdecken und die »Transposition des Affekts«, bei der »die Abwehr der unverträglichen Vorstellung durch Trennung derselben von ihrem Affekt« geschieht und »die Vorstellung ... geschwächt und isoliert dem Bewusstsein verblieben« ist (1894a, 71f, Kursivierungen aufgehoben, S. Z.), findet sich im Mechanismus der »*Isolierung*« wieder, bei der das verpönte »Erlebnis nicht vergessen, aber ... von seinem Affekt entblößt« ist (1926d, 151). Die Idee, dass die Geburt das erste Angst*erlebnis* ist, findet sich bereits achtzehn Jahre früher[10] und die Auffassung, dass die Angst eine Reaktion auf die Gefahr ist, vom Ich verspürt wird und Signalcharakter haben kann, lässt sich zehn Jahre vorher in der Formulierung erkennen, dass »die Angstentwicklung eine Reaktion des Ichs auf die Gefahr und das Signal für die Einleitung der Flucht« ist (1916-17a, 420). Ebenso resultiert die Veränderung einzelner Konzepte aus den unterschiedlichen Zusammenhängen, in die sie mit der Entwicklung der psychoanalytischen Begrifflichkeit von Freud gestellt werden. Die Differenzierung der Angst in traumatische und Signalangst etwa wird mit der Entfaltung des

---

[10] »Der Geburtsakt«, schreibt Freud bereits 1908 in einer Fußnote zur 2. Aufl. der Traumdeutung, ist »das erste *Angsterlebnis* und somit Quelle und Vorbild des Angstaffekts« (Freud 1900a, 406, Kursivierung, S. Z.). 1910 wird diese Formulierung im Hinblick auf »Macduff der schottischen Sage, den seine Mutter nicht geboren hatte, der aus seiner Mutter Leib geschnitten wurde« und »darum auch die Angst nicht gekannt [hat]«, wiederholt: »[D]as *Erleben der Geburt* hat uns wahrscheinlich den Affektausdruck, den wir Angst heißen, hinterlassen« (1910h, 76). Noch etwas später (1916-17a, 412) heißt es, dass der »Angstaffekt ... als Wiederholung ... den frühzeitigen Eindruck [des] Geburtsakt[es] wiederbringt«.

Ich-Begriffs möglich, die Ansicht, dass nicht die Verdrängung der Angst, sondern die Angst der Verdrängung vorausgeht, wie auch die Abkehr von der Auffassung, dass sich Libido in Angst umwandelt, folgt wiederum aus dieser Differenzierung.

Kommentar

Ein besonderes Gewicht nicht nur für die Konzeption der Angst, sondern für eine Affekttheorie überhaupt gewinnt in der letzten Angsttheorie Freuds die systematische Einbeziehung des Objekts in die Differenzierung der Affekte. Die innere Gefahr repräsentiert sich nun als traumatische Angst, wenn der Säugling in der »Situation, in der er die Mutter vermisst ... ein Bedürfnis verspürt, das die Mutter befriedigen soll« und diese traumatische Angst gliedert sich in Signalangst und Schmerz, »wenn dies Bedürfnis nicht aktuell ist« (Freud 1926d, 203). Freud führt diese qualitative Veränderung darauf zurück, dass »in der traumatischen Situation der Geburt ... kein Objekt vorhanden« war, »das vermisst werden konnte«, das aber jetzt für den Säugling existiert und »[a]uf diese Neuerung ist die Reaktion des Schmerzes zu beziehen« (1926d, 203)[11]. Da die Signalangst das Auftreten von Schmerz unter bestimmten Bedingungen signalisiert, emanzipiert sich die physiologische Beschaffenheit der Angst zu einem Bedeutungsträger (Green 1977). Die Signalangst bedeutet die Beziehung, in der Verhaltensaspekte des Objekts, die Freud in den Kategorien Objektverlust, Verlust der Liebe des Objekts und Kastration fasst, zum Subjekt stehen. Indem die Signalangst das Subjekt die Bedeutung erkennen lässt, welche dem Objekt für die Herstellung bzw. Vermeidung »innerer« Gefahren zukommt, gewinnt sie eine kognitive Struktur.

Allerdings ergeben sich nicht nur aus dem vorangegangen, sondern auch aus dieser letzten Angsttheorie Probleme und Fragen.

* Die These, dass der Geburtsakt das erste Angsterlebnis ist, kann aufgrund neurophysiologischer Befunde nicht aufrechterhalten werden. Jedenfalls ist bei der Geburt die Großhirnrinde noch nicht so funktionsfähig, dass auf ihr Informationen in Form von Affekten strukturiert abgebildet werden könnten[12]. R.A. Spitz (1965, 24) bringt dies ebenfalls zum

---

[11] Den Grund für diese Neuerung sieht Freud (1926d, 203ff) in analogen Besetzungsvorgängen beim körperlichen Schmerz und beim Objektverlust. Beim körperlichen Schmerz »entsteht eine hohe, narzisstisch zu nennende Besetzung der schmerzenden Körperstelle, die immer mehr zunimmt«, beim Objektverlust »haben wiederholte Befriedigungssituationen das Objekt der Mutter geschaffen, das nun im Falle des Bedürfnisses eine intensive ›sehnsüchtig‹ zu nennende Besetzung erfährt« und welches nun »die Rolle der vom Reizzuwachs besetzten Körperstelle« spielt.

[12] Z. B. Conel (1947, 147), D.G. Freedman (1980), Fries (1977), Melzack (1973), Stirnimann (1973).

Ausdruck: Der Organismus des Neugeborenen »hat noch ... keine psychischen Funktionen, seien sie bewusst oder unbewusst« und das Neugeborene verfügt auch noch nicht über »emotions and affects« (1960). Auch spätere Befunde konnten die R.A. Spitzsche These nicht in Frage stellen. Compton (1980) fasst sie zusammen:

> »On neuroanatomical and neurophysiologic grounds, there is good reason to assume that no psychic experience of affect is possible before the age of about three months«[13].

Hält man gleichwohl an dieser These fest, resultieren Widersprüche mit anderen Thesen und Befunden.

- So wird mit der Annahme, dass die »Angst ... ein Affektzustand [ist], der natürlich nur vom Ich verspürt werden kann« (1926d, 171), vorausgesetzt, dass bereits bei der Geburt dieses Ich vorhanden ist. Zugleich aber heißt es:

  > »Es ist eine notwendige Annahme, dass eine dem Ich vergleichbare Einheit nicht von Anfang an im Individuum vorhanden ist; das Ich muss entwickelt werden« (1914c, 142).

- Diese Entwicklung findet unter dem Einfluss der Außenwelt statt. Zunächst ist das »Individuum ... ein psychisches Es, unerkannt und unbewusst« und das »Ich ist vom Es nicht scharf getrennt, es fließt ... mit ihm zusammen« (1923b, 251). Es entwickelt sich »durch den direkten Einfluss der Außenwelt« als »ein veränderte[r] Teil des Es«. zehn Jahre später wird diese Ansicht wiederholt: »Das Ich ist doch nur ein Stück vom Es, ein durch die Nähe der gefahrdrohenden Außenwelt zweckmäßig verändertes Stück« (1933a, 83). Damit ist die These von der Geburtsangst nicht haltbar. Ebenso hielt Greenacre (1945; desgl. auch Wittels 1949) dieser These entgegen, dass »anxiety as such cannot exist until there is some dawning ego sense and therefore some individual psychological content«[14].

- Ferner wird diese Angst aufgefasst als ein »besonderer Unlustzustand«, dessen Besonderheit in der »Wahrnehmung ... der Abfuhr ... der Steige-

---

[13] Auch Benjamin (1961), Compton (1972b), Emde et al. (1976), Ramzy u. Wallerstein (1958) und Schur (1953, 68) sind der Ansicht, dass die Geburt nicht erlebt werden kann. Im Wesentlichen wiederholen diese Autoren die Feststellung von Zilboorg (1933) über die Geburtsangst von vor über 60 Jahren, nämlich dass das von Freud als »Geburtsangst« beschriebene Phänomen in Wirklichkeit »a purely biological reaction serving a purely biological purpose and originally devoid of psychological content« ist.

[14] Desgl. auch Wittels (1949): »Birth anxiety cannot be a danger signal from the side of the ego, because at that time there is as yet no ego. All we can concede is an impression of some kind, which much later is interpreted as anxiety. In ›anthropomorphic‹ terms we may say: ›It must have been terrible when the bones of the skull cracked and suffocation seemed an imminent danger. The baby was scared‹. In this way we attribute thoughts of our own well-developed ego to the baby in the act of being born«.

rung der Erregung ... auf bestimmten Bahnen« gründe (Freud 1926d,
163). Damit wird die spezifische Erlebnisqualität der Angst in der Eigen-
tümlichkeit physiologischer Abläufe verankert. Jene bilden sich im
Angstaffekt ab. Die Auffassung, dass Affekte inhaltlich von physiologischen Prozessen kontrolliert werden, konnte trotz vieler empirischer Untersuchungen in den nachfolgenden Jahren nicht bestätigt werden und ist
inzwischen aufgegeben worden (Lit. s. Zepf 1997a)[15].

- Wenn das Neugeborene Reizsteigerungen nicht als Unlust, sondern als
  Angst erleben soll, was wird dann aus dem Lust-Unlustprinzip? Fasst
  man es als Prinzip auf, das die psychische Tätigkeit auch über das Erleben reguliert, müsste es eigentlich Lust-Angst-Prinzip genannt werden.

- Die These von der Geburtsangst steht auch in Widerspruch zu der Relation, in der Freud die Angst in seiner Auseinandersetzung mit der Arbeit
  von Rank (1924) über das Geburtstrauma generell positioniert. Er unterscheidet zwischen traumatischer und Gefahrensituation (Freud 1926d,
  199). Die traumatische Gefahr ist eine innere, deren »eigentliche[r] Kern«
  eine »Situation der Unbefriedigung [ist], in der Reizgrößen eine unlustvolle Höhe erreichen« und welche eine »Wiederholung der Geburtssituation« darstellt (1926d, 168). Die Gefahrsituation selbst ist eine äußere,
  »in der die Bedingung« für diese traumatische innere Lage »enthalten ist«
  (1926d, 199) und der Affekt der Angst steht in diesem Modell zwischen
  der äußeren und inneren Gefahr. Die Angst signalisiert die drohende Reproduktion des ehemaligen körperlichen Zustandes unter bestimmten
  äußeren Bedingungen, welche dadurch zu einer äußeren Gefahrensituation werden. Etwa:

  > »Mit der Erfahrung, dass ein äußeres ... Objekt der an die Geburt mah-
  > nenden gefährlichen Situation eine Ende machen kann, verschiebt sich
  > nun der Inhalt der Gefahr von der ökonomischen Situation auf seine
  > Bedingung, den Objektverlust. Das Vermissen der Mutter wird nun die
  > Gefahr, bei deren Eintritt der Säugling das Angstsignal gibt, noch ehe die
  > gefürchtete ökonomische Situation eingetreten ist« (1926d, 168).

- Ganz allgemein ist »[d]ie Angst« für Freud (1926d, 159) »eine Reaktion
  auf die Gefahrsituation«, d. h. auf äußere Situationen, in denen »Reizgrößen eine unlustvolle Höhe [zu] erreichen« drohen.

---

[15] Wie Schur (1969) urteilt, stimmt Freud mit dieser Auffassung mit W. James (1909)
und Lange (1887) überein, die er aber zugleich wegen dieser Auffassung kritisiert. W.
James (1909, 376) hatte behauptet, dass »das Bewusstsein [der] körperlichen Veränderungen«, die »direkt auf die Wahrnehmung der erregenden Tatsache folgen ... die Ge-
mütsbewegung ist« und Freud (1916-17a, 411, Kursivierungen aufgehoben, S. Z.) urteilt, dass »die James-Langesche Theorie ... für uns Psychoanalytiker geradezu unverständlich und undiskutierbar« ist.

- Das Erleben von Angst wird damit eindeutig in eine zweistellige Relation verwiesen, die seiner Ansicht nach bei der Geburt noch nicht vorliegt. So heißt es ausdrücklich, dass die »Trennung von der Mutter« bei der Geburt zwar »objektiv« eine Gefahrensituation darstellt, dass aber »die Geburt subjektiv nicht als Trennung von der Mutter erlebt wird, da diese als Objekt dem durchaus narzisstischen Fötus völlig unbekannt ist« und diese Auffassung wird dahingehend generalisiert, dass die »Gefahr bei der Geburt ... noch keinen psychischen Inhalt« hat und dass »wir beim Fötus nichts voraussetzen [dürfen], was sich irgendwie einer Art von Wissen um die Möglichkeit eines Ausganges in Lebensvernichtung annähert« (1926d, 161, 165). Das einzige, was der »Fötus ... bemerken« könnte, wären die »große[n] Erregungssummen«, die »zu ihm [dringen]« (1926d, 165).

- So findet sich zwölf Jahre nach der Annahme einer automatischen Angst die dezidierte Aussage: »Eine erwartete, vorausgesehene *Unluststeigerung* wird mit dem Angstsignal beantwortet, ihr Anlass, ob er von außen oder innen droht, heißt eine Gefahr« (1940a, 68, Kursivierung, S. Z.). Aber auch diese Interpretation hinterlässt Probleme. Unlust ist ein bestimmtes Erleben. Ginge man also davon aus, dass die bei der Geburt auftretenden »große[n] Erregungssummen« nicht Angst, aber doch »neuartige Unlustempfindungen« erzeugen (1926d, 165), müsste man annehmen können, dass Unlust schon mit der Geburt als eine begriffsanaloge Struktur vorliegt. Dagegen spricht ebenfalls – ich habe das schon erwähnt –, dass bei der Geburt die Großhirnrinde infolge einer nur mangelhaften Myelinisierung noch nicht so funktionsfähig ist, dass auf ihr Informationen in Form begriffsanaloger Gebilde strukturiert abgebildet werden könnten.

Weitere Problempunkte sind die folgenden:

- Für das Bewusstwerden von Vorstellungen wird eine – besetzungstheoretische – Begründung gegeben: Die Sachvorstellung wird »mit den ihr entsprechenden Wortvorstellungen überbesetzt« (1915e, 300). Ohne Begründung bleibt aber die These, dass Affekte ohne »sprachliche[.] Verbindungsglieder« bewusst bzw. erlebt werden können. Es wird einfach vorausgesetzt, dass das Neugeborene bereits in der Lage ist, eine qualifizierte Unlust zu erleben. Ähnlich begründungslos ist die besondere Form der Affektverdrängung. Während Freud mit der Annahme, dass bei der Verdrängung der Vorstellungen die Verbindung von Wort- und Sachvorstellungen aufgelöst wird, zu zeigen versucht, was bei einer Verdrängung geschieht, wird bei den Affekten ohne irgendeine Begründung nur behauptet, dass durch die Verdrängung der Status eines Affekts von einem wirklichen in einen bloß möglichen Affekt verändert wird.

- Das Konzept des »Affektbetrages« sieht vor, dass in den Affekten das Energiequantum, mit welchem die vorstellungsmäßige Repräsentanz der Triebe besetzt ist, »der Empfindung bemerkbar« werden kann, wenn es sich »von der Vorstellung« abgelöst hat (1915d, 255) und abgeführt wird (1915a, 277). Es klärt jedoch nicht auf, wie unter welchen seelischen Umständen die Intensität eines Affektes variieren kann, warum und wie eine bestimmte energetische Quantität im Erleben diese oder jene Qualität erhält und führt in unlösbare Widersprüche mit dem Lust-Unlust-Prinzip. Folgt man den Konzepten des Affektbetrages und der Affekt-abfuhr, könnte Unlust nicht empfunden werden. Nach dem Lust-Unlust-Prinzip geht Unlust mit einer Spannungssteigerung – möglicherweise auch mit deren Rhythmus – und nicht mit einer Spannungsabfuhr einher. Als weiteres Problem ergibt sich, dass Affekte weder am Beginn noch am Ende einer Interaktionssequenz, sondern immer nur als Begleiterscheinung eines triebbestimmten Interagierens auftreten könnten.

Entschließt man sich ferner zu der D. Rapaportschen (1953) Interpretation der Ablösungs- und Abfuhrthese, dann ist »affect-discharge … the shortcut to tension-decrease«, die nicht zustande käme, »if drive-action – discharge of drive-cathexis – were possible«. Diese Interpretation lässt ein Auftreten von Affekten nur noch unter den pathologischen Bedingungen einer Triebfrustration zu, so dass sie keinen lustvollen Charakter mehr aufweisen können. Wenn man mit D. Rapaport (1953) ferner annimmt, dass »affect-discharge can … occur … also before the drive-tension has reached the point where its discharge is imperative, and even parallel with actual drive-discharge«, könnte wiederum eine Spannungssteigerung nicht als Unlust empfunden werden.

Marjorie Brierley

Brierley, deren wichtigste Arbeit 1937 erschien, war eine der ersten Psychoanalytiker(innen), welche versuchte, die Beziehungen der Affekte vor allem zu den Trieben und dem Ich zu klären und ihnen – nach eigenem Anspruch – auch in der Theorie den Platz einzuräumen, der ihnen in der Praxis zukommt. Brierley (1937) setzt »ego-experiences« mit bewussten Erfahrungen gleich und kann so der Aussage Freuds, zum »Wesen eines Gefühls gehört es … dass es verspürt, also dem Bewusstsein bekannt wird« (Freud 1915e, 276), die Auffassung entnehmen, dass Affekte »essentially ego-experiences« sind (Brierley 1937). Aufgrund der Rolle, welche den Affekten in der Entwicklung zugeschrieben wird, sowie aufgrund ihrer eigenen und der klinischen Erfahrung anderer verwirft sie die Ansicht Freuds, dass Affekte »discharge« Phänomene darstellen. Stattdessen wird die Auffassung vertreten, »that affect is itself … a tension-phenomenon impelling to discharge either in the outer or the inner world« (1937). Die klinische Erfahrung wie auch die Tatsache, dass Affekte eine Form des Bewusstseins (»mode of consciousness«) sind, zwinge dazu, die Affekte »topographically and in time-order in the middle of the instinct-reaction arc« zu postieren (1937). In ihrem klinischen Argument behauptet Brierley (1937), dass scheinbar spontan auftretende Affekte immer »unconscious stimuli« hätten, dass in der Praxis die Affektivität hoch ist, wenn eine Triebfrustration vorliege und dass in der Literatur Neurotiker von anderen psychisch Kranken durch ihre Hyperaffektivität (»hyper-affectivity«) unterschieden werden. Im Zusammenhang mit der Auffassung, dass Affekte Spannungsphänomene sind, werden zwei Schwellenwerte eingeführt. Übersteige eine »instinct-tension« den ersten Schwellenwert werde sie »apreciable as affect«. Im Gegensatz zu der Auffassung Freuds, in der qualitativ verschiedene Triebspannungen gemeinsam zu Angst führten, seien diese Affekte für jeden Trieb als spezifisch aufzufassen. Überschreite »the strength of the stimulus or by damming up due to frustration« einen höher liegenden Schwellenwert, werde der »affect ... intolerable and necessitates immediate discharge either outwards or inwards« (1937).

Das Ich konstituiere sich aus einer Vielzahl von »ego-nuclei«, welche sich durch die konstante Wiederholung von »more or less definitive reaction systems« bildeten (1937). Diese »ego-nuclei« stünden zunächst isoliert nebeneinander und würden dann in der Entwicklung »through simultaneous or rapidly succeeding activation of different nuclei in relation to a common object« miteinander verbunden. Im Zuge dieser Entwicklung verändere sich auch die Art der Affektivität. Die ersten Affekte[16] nennt Brierley (1937) »feeling«. Gemeint sind damit die »earliest waves of undiluted affectivity«, die objektlos wären und sich in »sympathetic« oder »antipathetic« gruppierten. Auf diesem Entwicklungsstand gebe es noch keine kognitive Differenzierung, sondern nur ein »feeling-awareness«. Die »feelings« entwickelten sich in »emotions«, die mit Objekten verbunden wären und aus »ego-nuclei« entstünden. Die gute oder böse Natur der psychischen Objekte bildete sich auf diesem Entwicklungsstand in lustvollen oder unlustvollen Gefühlen ab, die in der Beziehung zu ihm erfahren werden. Sie ermöglichten dem Kind, seine Gefühle »by manipulating their object carriers« zu meistern (1937). Aus den »emotions« wiederum entwickelten sich »sentiments«, die keine »emotions« mehr wären, sondern »dispositions to experience certain emotions about certain objects«.

An der Existenz von »repressed affects« hält Brierley (1937) ausdrücklich fest. Im Unterschied zu Freud sieht sie jedoch diese verdrängten Affekte nicht als »eine Ansatzmöglichkeit, die nicht zur Entfaltung kommen« konnte, sondern – wie das Verdrängte überhaupt – als »a primitive ego-fragment«, welches

---

[16] Den Begriff »affect« benutzt Brierley (1937) an dieser Stelle als Gattungsbegriff.

vom Ich abgeschnitten sei (»cut off from the main ego«), aber als bestimmte Organisation, als ein »dissociated ego-fragment« weiter existiere.

Kommentar

Der größte Verdienst des Konzepts von Brierley liegt nach Ansicht von R. Stein (1991, 43) darin, dass die Affekte als Spannungsphänomene und Ich-Erfahrungen aufgefasst werden. Allerdings entgehen R. Stein die Probleme und Widersprüche, die Brierleys Konzept innewohnen.

- Zunächst ist die Diagnose Brierleys, dass bei Freud ein Widerspruch zwischen seinem Trieb- und seinem Affektbegriff vorliegt, falsch. Brierley argumentiert, dass Freud die Triebe in verschiedene gliedert, so dass die jeweilige Besonderheit der Triebe eine eben solche Besonderheit der Affekte impliziere, wenn diese als Triebrepräsentanzen aufgefasst werden. Dem stünde jedoch entgegen, dass sich bei Freud alle Triebe letztlich im gleichen Affekt – der Angst – darstellen können. Brierley übersieht, dass die Ängste, von denen Freud 1926 handelt, nur abstrakt identisch, konkret aber verschieden sind. Ihre Verschiedenheit liegt in den unterschiedlichen Bedingungen, unter denen sie entstehen. Freud (1926d, 172) nennt deren fünf, die er je »einem bestimmten Entwicklungsalter« und damit auch einem bestimmten Stand der Triebentwicklung zuordnet. Die verschiedenen Angstbedingungen werden durch verschiedene Triebwünsche hervorgerufen, wobei dann die abstrakte Identitätsrelation erlaubt, im Verschiedenen – in der Verschiedenheit der inneren und äußeren Bedingungen – das Identische als Angst zu identifizieren und zu erleben.

- Fasst man die Affekte ausschließlich als Spannungsphänomene auf, in denen sich der Trieb im Erleben darstellt, können sie nur in dem Moment vorhanden sein, in dem ein Triebbedürfnis vorliegt. Affekte – wie etwa Lust –, die im Verlauf der mit Entspannung einher gehenden Befriedigung oder – wie etwa Wohlbehagen – im Zustand auftreten, welcher der Befriedigung eines Triebbedürfnisses folgt (Joffe u. J. Sandler 1967a; 1967b), bleiben außerhalb dieser Definition. E. Jacobson (1953, 49) weist zurecht noch auf die gefährlichen Implikationen hin, die diesem Konzept inhärent sind und die vor allem aus den klinischen Erläuterungen hervorgehen, die Brierley erwähnt oder zitiert. Sie bestehen darin, dass die Auffassung nahe gelegt wird, »that affects in general are pathological phenomena due to a damming-up of psychic energy that cannot be properly discharged«.

- Welchen Status die unbewussten Affekte in ihrem Denkmodell einnehmen, bleibt unklar. Die Lesart des »repressed affect[.]« als ein »dissociated ego-fragment« kann jedenfalls in ihrem Denkmodell die Unbewusstheit eines Affekts nicht begründen. Bereits die ersten Erfahrungen werden als bewusste Ich-Erfahrungen verstanden:

> »[I]n the beginning ... there are more or less definitive reaction systems ... For the time being the baby is psychically living wholly in the immediate present experience ... The point is, that each of these sporadic flashes of consciousness is an ego-experience in so far as it is conscious and it leaves a memory-trace which can be re-activated and which may be regarded ... as an ego element« (1937).

- Die ersten Erfahrungen sind somit schon bewusst, wenn sie als ein einzelnes »ego element« vorliegen. Unverständlich wird dann, wieso ein Affekt unbewusst wird, wenn er als ein vom Ich »dissociated ego-fragment« genau den Status eines noch nicht integrierten »ego element« gewinnt.

- Der körperliche Aspekt der Affekte wie auch die Variation ihrer Intensitäten bleiben gänzlich außerhalb der Diskussion.

- Im Unklaren lässt Brierley, was sie unter dem Ich versteht. Ist es eine Struktur, ein Raum, in dem sich die Repräsentanzen befinden, ein Funktionskomplex, das Selbst bzw. die Selbstrepräsentanz, die Person oder alles zusammen? Auch wenn es nichts als eine Struktur sein soll, wie werden dann die einzelnen »definitive reaction systems« miteinander verbunden und wie bildet sich aus ihnen diese Struktur? Auch kann eine bloße Benennung dieser Reaktionssysteme als »ego-nuclei« nicht ausreichen, um sie als solche zu qualifizieren.

- Die These, »emotions« entwickeln sich aus »feelings«, indem sich die gute oder böse Natur psychischer Objekte in lustvollen oder unlustvollen Gefühlen abbildet, kann nicht die Entstehung dieser Gefühle begründen. Sie müssen vielmehr vorausgesetzt werden. Ohne Antworten bleibt auch, worin die Besonderheit einzelner »feelings« und »emotions« gründet, wie ist es möglich, dass Affekte objektlos in Gestalt von verschiedenen »feelings« oder auf Objekte bezogen als verschiedene »emotions« erlebt werden können, wie sich aus verschiedenen »definitive reaction systems« ein einheitliches Objekt bildet, welches diese Reaktionssysteme integriert?

Otto Fenichel[17]

Im Wesentlichen sieht Fenichel (1945a, 67) in den Affekten »archaische Abfuhrsyndrome, die vom Willen gelenkte Handlungen unter gewissen Bedingungen ersetzen«. Diese Bedingungen, die zu »Affektanfällen« führen, lägen in »zu-

---

[17] Bei der Darstellung von Fenichels Affektkonzept werde ich mich im Wesentlichen auf zwei Arbeiten beziehen, die 1937 und 1941 erschienen sind. In nur geringfügig veränderter Form finden sich die darin vorgetragenen Überlegungen in seiner »Psychoanalytischen Neurosenlehre« (1945a) wieder.

viel hereinströmender Erregung« oder in einer »früheren Blockierung der Erregungsabfuhr«, wodurch »die normale Ich-Kontrolle ... relativ insuffizient« werde (1941a, 245).

Diese Definition sei »mit der des neurotischen Symptoms identisch« (1945a, 37). Auch »neurotische[.] Symptome« wären »Abfuhrphänomene, die ohne Zustimmung des Ich« (1945a, 37) und unter den gleichen Bedingungen – »eine relative Insuffizienz der Kontrolle seitens des Ichs, entweder durch vermehrt einströmende Erregung oder durch Blockierung der Abfuhr« (1941a, 245) – auftreten. Als ein »teilweiser Ersatz für die normale Motilität des Ich« wären deshalb Affektausbrüche und neurotische Symptome identisch. Ihr Unterschied bestehe lediglich darin, dass »bei den Neurosen ... dieser Ersatz subjektiv durch die Geschichte des Individuums« und »beim Affekt ... objektiv bestimmt« wäre (1945a, 37), d. h., dass »das Symptom bei verschiedenen Individuen mehr oder weniger dasselbe« sei (1941a, 245).

Die Entfaltung der Affekte konzipiert Fenichel analog der Entwicklung von automatischer zur Signalangst, wie sie von Freud dargestellt wird. Allerdings steht bei ihm am Beginn nicht die Geburtsangst, sondern ein »schmerzhafte[r] Spannungszust[and]«. Dieser »Schmerz der unvermeidbaren frühen traumatischen Zustände, die noch undifferenziert und daher mit späteren bestimmbaren Affekten nicht identisch sind, ist die gemeinsame Wurzel verschiedener späterer Affekte, u. a. gewiss auch der Angst« (1945a, 66f). Zu Beginn dieser Entwicklung habe das Neugeborene »noch kein Bewusstsein«, sei in einem »ichlosen Zustand«, auf dem »höchstens ein undifferenziertes Empfinden von Lust und Unlust, von ›Erleichterung‹ und ›Spannungserhöhung‹« bestehe (1937a, 33; s. auch 1945a, 54). Mit der Entwicklung des Ich stelle sich das Bewusstsein und das Erleben von Affekten ein, deren Abfuhrphänomene zunehmend gezähmt würden. Anfänglich sei das Ich schwach und werde von Affekten überwältigt. Im zweiten Schritt versetze »seine zunehmende Stärke das Ich in die Lage, schon im Moment der Entstehung von Affekten die Oberhand über sie zu gewinnen« und »die Affekte für eigene Zwecke zu gebrauchen« (1941a, 246). Der auftretende Affekt habe in diesem Fall eine »geringere Intensität«, erlaube, dessen volle Entfaltung zu antizipieren und durch geeignete Maßnahmen zu verhindern. Dem zweiten Schritt könne aber immer wieder ein dritter Zustand folgen, »in dem noch einmal ein elementarer Affekt den Organismus überwältigen kann« (1941a, 246). Diese »dreischichtige Gliederung« lasse sich »auch in bezug auf andere Affekte beobachten« (1941a, 246). Außer der Angst nennt er insbesondere Ekel, Schmerz, Schuld und Scham (1941a, 247; 1945a, 191-200).

Hinsichtlich der Abwehr von Affekten ist sich Fenichel mit Freud weitgehend einig. Jede »Triebabwehr besteht in der Vermeidung von Unlust«, schreibt Fenichel (1941a, 249), so dass eine »Affektabwehr ... implizit in allen neurotischen Phänomenen enthalten« sei. Er ist der Ansicht, »dass jeder bekannte Mechanismus auch gegen Affekte« angewendet werden könne (1941a, 250, Kursivierung aufgehoben, S. Z.). Es sei allerdings »nicht möglich, Affekte im selben Sinn wie Vorstellungen zu ›verdrängen‹« (1941a, 250; 1945a, 230-239). Wie Freud sieht auch er in einem »unbewusste[n] Affekt‹ eine Contradictio in adjecto« (1941a, 250). Anstatt einer Verdrängung setze hier eine »*Blockierung*« der Affektentwicklung ein, wodurch die Affekte zu »unbewusste[n] ›Affektdispositionen‹«, zu »Bestrebungen« werden, »Affekte zu entwickeln« und diese Bestrebungen würden »von entgegengesetzten Kräften unter Kontrolle gehalten, welche die Entwicklung von Affekten verhinder[ten]« (1941a, 250). Allerdings könnten solche »unbewussten Affektdispositionen« im Vorgang der Verschiebung, der Projektion und Reaktionsbildung Abkömmlinge entwickeln. Auch könnten Affekte »aus ihren gesamten psychischen Zusammenhängen isoliert« (1941a, 254, Kursivierung aufgehoben, S. Z.) oder zu »›Affektäquivalente[n]‹« werden, bei denen »die typischen Abfuhrinnervationen ganz oder teilweise eintreten, ihre psychische Bedeutung jedoch unbewusst« bleibe (1941a, 253).

Kommentar

Zu Recht kritisiert R. Stein (1991, 58), dass Fenichel lustvolle Affekte außer Acht lässt, sich nur auf unlustvolle Affekte bezieht und diese lediglich als ein pathologisches, neurotischen Symptomen analoges Phänomen analysiert. Auch kann mit der These, dass sich mit der Entwicklung des Ich Bewusstsein einstellt, natürlich nicht die Entstehung des Bewusstseins begründet werden. Es ergeben sich aber noch einige weitere Problempunkte:

- Obwohl Fenichel (1941a, 243) sieht, dass es Affekte – wie »›Gram‹ oder ›Kummer‹« – gibt, bei denen es »nicht zu Abfuhrphänomenen oder unwillkürlichen Bewegungen kommt« und mit Glover (1939) der Ansicht ist, dass es »Spannungsaffekte‹ und ›Abfuhraffekte‹« gibt, bleibt diese Unterscheidung außerhalb seiner Betrachtung.
- Wenn man neurotische Symptome und Affektausbrüche gleichermaßen als pathologische Phänomene betrachtet, wird zur Frage, wie es möglich ist, dass das Ich im Falle der Affektausbrüche lernen kann, »rational[.]« und »situationsgerecht[.]« mit ihnen umzugehen und sie für eigene Zwecke zu nutzen, während es bei neurotischen Symptomen im Wesentlichen nur in »pathologische[n] Formen ... auf die Symptome« reagieren kann (Fenichel 1945c, 8). Jedenfalls lässt sich unter dieser Prämisse ein sekundärer Krankheitsgewinn, bei dem das neurotische Symptom für eigene Zwecke verwendet wird, strukturell nicht mehr von dem Gewinn unterscheiden, der durch die Affekte, die als Signalaffekte angeeignet wurden, erreicht wird.
- Implizit stimmt Fenichel der These Freuds (Freud 1915e, 276) zu, dass das Erleben eines Gefühls zu seinem Wesen gehört. Abgesehen davon,

dass es nicht ganz klar wird, ob nach Fenichel Schmerz oder Unlust die
ersten Erlebnisqualitäten darstellen, bleibt es auch unklar, wie einem be-
wusst- und »ichlosen« Neugeborenen ein qualitatives Erleben – sei es Unlust oder Schmerz – möglich sein soll.

- Fenichel (1941a, 246) gründet seine »dreischichtige Gliederung« der Affekte auf deren unterschiedliche Intensitäten; er lässt aber offen, durch
  welche seelischen Verhältnisse diese unterschiedlichen Intensitäten zustande kommen.

- Spätere Affekte bilden sich auf der Grundlage archaischer Abfuhrphänomene. Damit ist zweierlei vorausgesetzt: Erstens, dass sie im Neugeborenen bereits als konkrete Möglichkeiten vorliegen und durch bestimmte
  äußere Reize ausgelöst werden können und zweitens, dass ihre jeweilige
  erlebnismäßige Spezifität in den Abfuhrphänomenen gründet. Genau
  dies wird von Fenichel auch angenommen. »Affektausbrüche«, schreibt
  Fenichel (1945a, 36), »bestehen aus (a) Bewegungen und anderen physiologischen Entladungen, insbesondere Veränderungen der Muskel- und
  Sekretionsfunktionen und (b) aus Gefühlen«, wobei »die physiologischen
  wie die seelischen Erscheinungen bei jedem gegebenen Affekt ... verschieden« sind. Beide Voraussetzungen sind nicht haltbar. Die Annahme,
  dass physiologische Abläufe die Inhalte der Affekte bestimmen, hat sich
  – ich habe dies bereits bei der Erörterung des Konzepts von Freud erwähnt – als unhaltbar erwiesen und auf die Kritik an der Annahme, dass
  Affekte angeboren sind, werde ich bei der Diskussion der Konzepte von
  Ch. Brenner und Kernberg Konzepts genauer zu sprechen kommen.

- Die These, dass bei dem Analogon der Verdrängung von Vorstellungen
  die Affekte durch »entgegenstehende[.] Kräfte[.]«, durch »Gegenbe-
  setzungen an ihrer Entfaltung und Abfuhr gehindert« werden (1941a,
  250), ist empirisch nicht zu substanziieren. Gegenkräfte und -besetzun-
  gen lassen sich weder im psychoanalytischen Verfahren noch in physiologischen Untersuchungen nachweisen. Da im Verständnis Fenichels
  diese Kräfte körperlicher Natur sind, würde seine These voraussetzen,
  dass bei einer unbewussten Affektdisposition die Physiologie eine andere
  ist als zu der Zeit, in welcher der Affekt erlebt wurde und dass sie sich
  auch von der unterscheidet, die in Zuständen vorliegt, in denen keine Affekte vorhanden sind. Angesichts der unstrittigen Empirie, die besagt,
  dass zwischen physiologischen Abläufen und Affekten kein inhaltlicher
  Zusammenhang besteht, kann jedoch nicht davon ausgegangen werden,
  dass diese Voraussetzungen eingelöst werden können.

- Die Existenz »unbewusste[r] Affektdispositionen« kann nicht dadurch
  nachgewiesen werden, dass sie »»Abkömmlinge«« entwickeln, die in Gestalt von »Symptomen und anderen Ersatzbildungen ... ebenso klinisch

beobachtet werden [können], wie unbewusstes Material im allgemeinen klinisch beobachtet werden kann« (1941a, 250). Ihre Verschiebung auf Sach- oder Objektvorstellungen, die Fenichel als Beispiel anführt, setzt jedenfalls nicht mögliche, sondern wirklich vorhandene Affekte ebenso voraus wie ihre Existenz als »Affektäquivalente«.

- Im Konzept der »Affektäquivalente« wiederum bleibt unklar, wie die »psychische Bedeutung« der »Abfuhrinnervation« (1941a, 253) ins Unbewusste transportiert werden kann.

Edith Jacobson

In ihrer zentralen Arbeit über die Affekte aus dem Jahr 1953 setzt sich E. Jacobson vor allem damit auseinander, ob Affekte als Entladungs- oder als Spannungsphänomene anzusehen sind, inwieweit die Freudsche Gleichsetzung von Entspannung und Lust bzw. Spannung und Unlust zutreffend ist und wie Affekte im Rahmen des Freudschen Strukturmodells zu definieren sind[18]. Sie stimmt Brierleys Ansicht zu, dass Freud noch 1926 Affekt und Entladung gleichsetzt, hält ihr aber entgegen, dass Freud in der gleichen Arbeit, wenn er von der unlustvollen Qualität der Spannung spricht, zumindest unlustvolle Affekte zu einer ansteigenden Spannung in Beziehung gesetzt habe.

E. Jacobson (1971, 39, Kursivierung, S. Z.) hält die alternative Fragestellung, »ob Affekte entweder Spannungs- oder Abfuhrphänomene sind«, für falsch. Sie argumentiert, dass eine erlebnismäßige Analyse der »Eigenschaft der orgastischen Endlust« zu der Einsicht führe, dass

»das orgastische Abfuhrerlebnis ... nicht einfach in der Lust der Entspannung [besteht]«, sondern »zwischen zwei entgegengesetzten Lustqualitäten [schwankt], die sich miteinander mischen: einer starken Erregungslust, in der sich die bis auf einen Höhepunkt ansteigende Spannung ausdrückt und eine Entspannungslust, die auf einen endgültigen Spannungsabfall hinweist«, so dass »der *Abfuhrvorgang sowohl das Ansteigen wie auch das Abfallen der Spannung umfasst*«.

Die aus der Untersuchung der orgastischen Endlust gewonnene These generalisiert E. Jacobson (1953, 54) in ein »bath tube«-Modell, in welchem die »psychic forces« um eine mittlere Linie, welche bis zum Klimax ansteigt und dann wieder abfällt, oszillieren. »[B]ath tube-Modell« deshalb, weil diese Kräfte wie in einer Badewanne entlang einer ∩ - förmigen Kurve oszillieren,

»bei der das Wasser zu gleicher Zeit ein- und abfließt. Solange die zufließende Menge größer als die abfließende ist, wird der Wasserspiegel ansteigen. Wenn das Volumen des Zustroms abnimmt, beginnt der Wasserspiegel zu sinken und nachdem der Zustrom abgestellt ist, wird das Wasser schließlich ganz ablaufen« (1971, 38).

---

18 Ohne die Grundpositionen zu verändern, wird diese Arbeit in erweiterter Form von E. Jacobson (1971) achtzehn Jahre später in »Comparative studies of normal, neurotic and psychotic conditions« als einleitendes Kapitel erneut publiziert.

Wenn man also die Freudsche Definition, nach der Affekte Abfuhrvorgängen entsprechen, um die Feststellung ergänze, »dass Affekte ... ebenso gut die Anstiege wie auch die Verminderungen von Spannung im Verlaufe eines Abfuhrvorganges ausdrücken können und dass sie während der Initialphase eines anhaltenden Spannungsanstieges entstehen« (1971, 39), könne an ihr festgehalten werden.

Eine geeignete psychoanalytische Einteilung der Affekte sollte aber nicht nur »der Verknüpfung der affektiven Phänomene mit den entsprechenden psychoökonomischen Vorgängen und Verteilungen der Besetzungsenergie Rechnung tragen« und die »Unterscheidung von libidinöser und aggressiver Energie einerseits, neutralisierter (desexualisierter, desaggressivierter) Energie andererseits [einbeziehen]« (1971, 25), sondern auch von den »strukturellen Konzepten Gebrauch« machen (1971, 25). »Wenn auch alle Affekte letztlich Ich-Erlebnisse (ego experiences)« wären und »sich im Ich entwickel[ten]«, so müsse »doch einer ihrer qualitativen Determinanten der Ausgangspunkt für jene ihnen zugrunde liegende energetische Spannung sein, die sich an jedem Punkt innerhalb der psychischen Organisation entwickeln kann und von der die Affekte induziert« würden (1971, 26f). In folgender Einteilung versucht E. Jacobson (1971, 27), »die Strukturtheorie und den ökonomischen Gesichtspunkt« zu verbinden: Es gebe zum einen

> »[e]infache und zusammengesetzte Affekte, die unmittelbar durch *intra*systematische Spannungen entstehen« und zu denen »Affekte (wie sexuelle Erregung oder Wut)« gehören würden, die unmittelbar von (sexuellen oder aggressiven) Triebspannungen, das heißt von Spannungen *im Es*, herrühren«, wie auch »Affekte, die sich unmittelbar aus Spannungen *im Ich*« entwickelten, »(zum Beispiel Realangst ...)«.

Zum zweiten gebe es

> »[e]infache und zusammengesetzte Affekte, die durch *inter*systemische Spannungen ausgelöst« würden. Zu ihnen gehörten »Affekte, die durch Spannungen *zwischen Ich und Es* ausgelöst« würden »(zum Beispiel Triebangst, Anteile von Ekel, Scham und Mitleid)« und »Affekte, die durch Spannungen *zwischen Ich und Überich* hervorgerufen« würden, »(z. B. Schuldgefühle ...)«.

Auf zweierlei weist E. Jacobson (1971, 27f) ausdrücklich hin: Erstens, dass »Affekte der Ausdruck eines Konflikts sein *können*, aber nicht sein müssen« (1971, 29). Konflikte wären immer mit Spannungen, Spannungen aber nicht immer, sondern nur dann mit Konflikten gleichgesetzt, wenn es sich um intersystemische Spannungen handele. Zweitens, dass sie in ihrer »Einteilung keine Spannungen, das heißt ›Konflikte‹ zwischen dem Ich und der Realität aufgenommen habe«. »Jeder Affekt [enthalte] in größerem oder kleinerem Ausmaß eine emotionale Reaktion auf die Realität«. Die ihm »zugrunde liegende Spannung« entwickele sich jedoch »nur innerhalb der psychischen Organisation und nicht zwischen dieser und der Außenwelt«.

Kommentar

Auch die Konzeption von E. Jacobson hinterlässt mehr Fragen, als sie Antworten gibt. Schon vor über vierzig Jahren wunderte sich D. Rapaport (1953, Kursivierungen aufgehoben, S. Z.),

> »whether or not her structural theory is achieved at a price of disregarding some of the insights (drive-representation, affect-charge, affect-discharge) of Freud's previous drive-theory of affects ... whether her treatment of pleasure and pain ... means to subsume pleasure and pain as affects, and if so, whether or not so doing disregards the fact that in the conception of the ›pleasure-pain principle‹ pleasure and pain are neither affects subjectively felt nor ›affect-charges‹, but concepts the referent of which is the process of discharge regulation; the various phases of this may or may not be experienced as pleasure or pain and if they are so experienced, they are not just pleasure or pain in general but specific qualities of pleasure and pain«.

Aus heutiger Sicht ist hinzuzufügen, dass

- die von E. Jacobson vorgeschlagene Lösung der Frage, inwieweit Affekte Spannungs- oder Abfuhrphänomene sind, eine scheinbare ist. Eine erlebnismäßige Analyse kann nur über das Erleben und nicht über Spannungs- und Abfuhrphänomen informieren, welche diesem Erleben zugrunde liegen sollen. Diese können lediglich vermutet werden, so dass die Streitfrage nicht auf der Grundlage einer substantiellen und inhaltlichen Argumentation gelöst wird. Die Probleme, die sich aus der einen und der anderen Auffassung ergeben, können nur noch durch eine definitorische Veränderung aus der Welt geschafft werden. Indem E. Jacobson die Definition der Abfuhr so erweitert, dass auch ein Spannungsanstieg als Abfuhr gelesen werden kann, nimmt sie eine derartige definitorische Veränderung vor.

- Die Konsistenz ihres Einteilungssystems ist eine scheinbare. Sie wird vor allem durch den Spannungsbegriff hergestellt. Der Spannungsbegriff wird aber von E. Jacobson in ganz unterschiedlicher Weise verwendet. Im Hinblick auf »intersystemische Spannungen« wird dieser Begriff metaphorisch für die Bezeichnung der Unterschiede gebraucht, die zwischen Es-, Ich- und Über-Ich-Interessen bestehen können und in seiner intrasystemischen Verwendung wird er auf reale körperliche Spannungen bezogen, auf Triebspannungen, die im Es entstehen und zu einer sexuellen Erregtheit führen und auf Spannungen, die im Ich entstehen und dort etwa eine Realangst hervorrufen sollen.

- Die Probleme der Intensitätsvariation und der unbewussten Affekte bleiben unerörtert[19] und die qualitative Spezifität der Affekte wird nicht in der Repräsentanzwelt aufgesucht, sondern in die Physiologie verwie-

---

[19] Auch D. Rapaport (1953) fragt, ob E. Jacobsons Theorie »does ... not limit itself to considering only the conscious experience of affect?«

sen. In Generalisierung des Freudschen Angstkonzeptes heißt es: »Affects ... originate in physiological processes of discharge on the inside ...« (E. Jacobson 1964, 52). »Spannungen« zwischen dem Ich und Es stellen die Affekte nicht her, sondern rufen sie bloß hervor. Diese Auffassung verfällt derselben Kritik, die an Freuds Angstbegriff zu üben ist. Die Kategorien Ich, Über-Ich und Es wiederum sind analytische Abstraktionen aus der Repräsentanzwelt. Innerpsychisch existieren Konflikte oder Spannungen zwischen Repräsentanzen und nicht zwischen Abstraktionen. In den Abstraktionen werden sie lediglich auf den Begriff gebracht.

- Wie bei Brierley, bleibt auch bei E. Jacobson unklar, wie der Ich-Begriff definiert ist. In der Äußerung, dass alle Affekte Ich-Erlebnisse sind, scheint »Ich« auf das Subjekt zu referieren, in der Auffassung, dass zwischen Ich und Es bzw. Über-Ich Konflikte bestehen, verweist dieser Begriff auf eine Struktur innerhalb der psychischen Organisation eines Subjekts. Unterstellt man, dass in der Aussage, Affekte entwickeln sich im Ich, nicht dasselbe ausgedrückt werden soll wie in der Äußerung, dass alle Affekte Ich-Erlebnisse sind, scheint es ferner, als ob das Ich ein Raum sei und mit dem Selbst oder der Selbstrepräsentanz gleichgesetzt werde. Geht man davon aus, dass – wie bei Freud – auch in ihrem Konzept der Ich-Begriff auf eine Struktur verweist und diese Struktur erst entwickelt werden muss, wird auch in ihrem Konzept zum Problem, wie es möglich sein kann, dass bereits mit der Geburt »pleasurable and unpleasurable sensations begin to be perceived« (1964, 52).

- Schließlich ist E. Jacobson der Ansicht, dass sich die Spannung, die etwa der Realangst zugrunde liegt, »nur innerhalb der psychischen Organisation und nicht zwischen dieser und der Außenwelt entwickeln« kann. In Freuds Auffassung ist die Realangst »die Angst vor einer ... bekannten Gefahr«, die in eine »traumatische Situation« führt, in der gegenüber dem Anwachsen von Reizgrößen welcher Art auch immer eine »materielle Hilflosigkeit« besteht (Freud 1926d, 198f). Auch die Realangst steht in einer zweistelligen Relation. In ihr stellt sich die Beziehung zwischen den äußeren Bedingungen und deren Resultat, dem Anwachsen von Reizgrößen im Innern dar. Die Auffassung von E. Jacobson steht dazu in Widerspruch. Es ist richtig, dass sich die Spannung, die sich ein- und in der Angst darstellt, innerhalb der psychischen Organisation entsteht. Spannung und Angst entwickeln sich aber aufgrund der Beziehung zwischen der psychischen Organisation und der Außenwelt.

David Rapaport

D. Rapaports wichtigste Arbeit über die Affekte erschien 1953[20] und wurde vor allem als ein vergleichender und kritischer Überblick über die Affektkonzepte seiner Zeit[21] immer wieder aufs Neue referiert (z. B. E. Jacobson 1953; J. Sandler 1972; Kernberg 1976b, 96-98). Weniger Aufmerksamkeit fand hingegen sein eigener Entwurf, der in kritischer Auseinandersetzung mit den Auffassungen Freuds entstanden ist. D. Rapaport (1953) teilt dessen Affektkonzepte in drei Phasen ein – die der vorpsychoanalytischen, der Phase vor der Strukturtheorie und der nach der Strukturtheorie – und versucht, die verschiedenen Funktionen, die Freud in diesen Phasen den Affekten jeweils zugeschrieben hat, in eine Theorie einzuarbeiten.

Mehrere Komponenten sind in D. Rapaports (1953) Auffassung in einer psychoanalytischen Affekttheorie zu integrieren: »[I]nborn affect discharge-channels«, die als Sicherheitsventile und Indikatoren für Triebspannungen dienten, »inborn ... discharge thresholds of drive cathexes«, welche durch Triebe und Triebabkömmlinge, die nicht realisiert werden können, modifiziert würden, die Bildung des Affektbetrages als Triebrepräsentanz und die zunehmende Zähmung der Affekte zu Signalaffekten, welche das Ich auslöse. Affekte, so D. Rapaport (1953), wären mit angeborenen, individuell aber schon bei der Geburt stark variierenden Abfuhrkanälen und Schwellenwerten verbunden. Aufgrund dieser Schwellenwerte könnten die Affekte niemals die ganze, sondern immer nur eine bestimmte Quantität der Triebbesetzungen abführen. »›Affect charge‹ and ›idea‹ are drive representations« (1953) und anfänglich treten die Affektabfuhren als massive Affektstürme auf und führten die Energie in vorbereiteten Kanälen über sekretorische und motorische Innerverationen ins Körperinnere ab, wenn eine Abfuhr über Handeln nicht möglich sei. Mit den angeborenen, die Abfuhr regulierenden Schwellenwerten beginne die Bildung psychischer Strukturen, deren Entwicklung sich zunächst über eine, durch äußere Bedingungen hervorgerufene Verzögerung der Abfuhr und dann in eine »ability to delay« (1953) fortsetze. Diese Fähigkeit käme durch eine Internalisierung der äußeren Bedingungen zustande und würde über eine Abwehr – gemeint ist damit eine »counter-cathetic energy-distribution« – erreicht, die zu einer Erhöhung

---

[20] Auf seine Arbeit »Emotions and Memory«, die 1942 erschien, gehe ich nicht gesondert ein. D. Rapaport (1950; 1951, 9) beurteilte sie selbst als zu einseitig und verarbeitete die an dieser Arbeit geäußerte Kritik in der 1953 erschienenen psychoanalytischen Affekttheorie (M.M. Gill u. G.S. Klein 1966, 21).

[21] Dazu gehören nicht nur die Arbeiten von Brierley, E. Jacobson und Fenichel, sondern auch die von Anna Freud, Glover, E. Jones und Landauer. Da sich die letztgenannten Autoren nicht mit einer Affekttheorie, sondern vorwiegend mit Affekten beschäftigen, habe ich davon abgesehen, ihre Arbeiten in meine Darstellung aufzunehmen.

der Schwellenwerte für Abfuhrprozesse führe. Aus dem »damming up of drives by defense« (1953) resultiere einmal, dass mehr verschiedene Affektabfuhrkanäle benutzt würden und sich so verschiedenere Affektbeträge einstellten und zum anderen folge daraus, dass verschiedene Abkömmlinge als Modifikationen der abgewehrten Triebe entstünden. Auch deren Schwellenwerte könnten wieder durch »counter-cathetic energy-distribution« erhöht werden, zu neuen Affektabfuhrkanälen und Triebabkömmlingen führen, deren Schwellenwerte wiederum durch »counter-cathetic energy-distribution« erhöht werden könnten, so dass im Laufe der Zeit eine Motivationshierarchie entstehe[22].

Diese Entwicklung führe zu einer zunehmenden Zähmung der Affekte. Innerhalb der Motivationshierarchie würden auf jeder Ebene Affekte als Sicherheitsventile, als Abfuhrkanäle benutzt. Allerdings würden die Besetzungen dieser hierarchisch gegliederten Motive umso mehr neutralisiert, je höher das Motiv in dieser Hierarchie liege. Deshalb würden die Affektbeträge immer weniger zwingend und die Affektabfuhr weniger automatisch und massiv erfolgen[23]. Für das affektive Erleben folge aus dieser hierarchischen Entwicklung zweierlei. Da alle Triebe und Triebabkömmlinge im psychischen Leben wirksam blieben, finde man einerseits auch im normalen Erwachsenen Affektphänomene, die massiven Affektattacken verwandt sind und andererseits finde man Affekte von hochgradig neutralisierter Besetzung, welche als Signale und Mittel der Prüfung der äußeren, gefahrvollen und inneren (Trieb-) Realität dienten[24]. Grundsätzlich zeige ein reiches und moduliertes Affektleben ein starkes Ich an[25]. Bezüglich der Affektabwehr wird angemerkt, sie würde eingesetzt, um die Entwicklung der Spannungen zu verhindern, welche durch die Abfuhr eines Affektbetrages hervorgerufen werden[26]. Deshalb würde die Abfuhr dieses Affektbetrages ver-

---

[22] »This process is repeated variously for the derivative and partial motivation also in the course of development, giving rise to a hierarchy of motivation ranging from drive to interests and preferences« (D. Rapaport 1953).

[23] »At each level of the motivational hierarchy the derivative motivations use affects as safety-valve discharge-channels, but the cathexes of these motivations are more and more neutralized with the ascent of the hierarchy; consequently the cathexes of the affect-charges too become less and less peremptory, and the affect-discharges less automatic and massive« (D. Rapaport 1953).

[24] »[W]e find affects of highly neutralized cathexes, which serve as signals and means of reality-testing for orientation to both external reality (danger) and internal reality (drive-inundation). The continuum of affects extends as shadings from massive affect-attacks to mere signals and even signals of signals« (D. Rapaport 1953).

[25] »Rich and modulated affect-life appears to be the indicator of a ›strong ego‹« (D. Rapaport 1953).

[26] »Affect-charge‹ if discharged may arouse further tension. To prevent the development of these, the underlying drive as well as the ›affect-charge‹ must be defended against. Thus affects (i.e., anxiety) become motives of defence« (D. Rapaport 1953).

hindert. Vermutlich ließe sich dies durch Gegenbesetzung erreichen. Diese Gegenbesetzung erhöhe den Schwellenwert für die Abfuhr des Affektbetrages, so dass der verdrängte Affektbetrag nicht als potentielles, sondern genauso als reales Gebilde bestehen bleibe wie die verdrängte Vorstellung[27].

Kommentar

Auch an dieser Schwellen(wert)- und Abfuhrtheorie der Affekte bleibt Mehreres problematisch.

- Mit der Verankerung der Spezifität der Affekte in angeborenen körperlichen Prozessen – D. Rapaport nimmt »inborn affect discharge-channels« an, die als bestimmte, nach innen gerichtete motorische und sekretorische Prozesse verstanden werden – unterliegt sein Konzept der gleichen Kritik, die an seinen Vorgängern zu üben ist.

- D. Rapaport (1953, Kursivierung aufgehoben, S. Z.) nimmt an, dass die »abilitiy to delay«, welche mit der Bildung psychischer Strukturen einhergeht, »is achieved by defenses«. Sie werde durch eine »counter-cathectic energy-distribution« erreicht, die zu »alterations of discharge-thresholds« führe. »Gegenbesetzung« bezeichnet bei Freud aber einen Vorgang, bei dem »die der [verdrängten] Vorstellung entzogene Besetzung« (Freud 1915e, 280) auf deren Abkömmlinge, welche die verdrängte Vorstellung ersetzen, verschoben wird. Dadurch wird ihr Wiederauftreten im Bewusstsein verhindert. Indem sich D. Rapaport (1951, 695) auf diese Auffassung verpflichtet[28], macht er die psychische Entwicklung zu einem Prozess, der generell nur noch zu neurotischen Strukturen führen kann. Am Beginn der Strukturbildung greift die Abwehr an den ursprünglichen Triebwünschen und danach an deren Abkömmlinge, den Abkömmlingen dieser Abkömmlinge[29] an usw. Daraus folgt, dass sich in der Entwicklung keineswegs eine »hierarchy of motivations« bilden kann. Als bewusste Motive werden vielmehr Erscheinungsformen ursprünglich abgewehrter Triebwünsche und deren abgewehrter, immer wieder »nach-

---

[27] Gerade »such thresholds«, schreibt D. Rapaport (1953), »heightened (presumably by counter-cathexis) to attain repression of affect would render the repressed ›affect-charge‹ just as actual as memory traces render unconscious ideas«.

[28] Bei der Verdrängung müsse man annehmen, dass »an energy-charge is pitted against the drive-cathexis. This charge is conceptualized as *countercathexis*« und auf die Frage, »what are the sources of these countercathexes?«, antwortet D. Rapaport (1951, 695): »[T]he countercathexes seem to be derived from the drive which they repress«.

[29] Auch dieser Prozess wird von D. Rapaport (1951, 698) gesehen: »Clinical observation shows that if thoughts become even remotely connected with repressed drives, they may themselves be repressed. This process is conceptualized as *after-expulsion* or *repression proper*«.

[ver]dräng[ter]« (Freud 1911c, 303) Abkömmlinge hergestellt. Als bewusste Motive liegen sie alle auf einer Ebene und auch als unbewusste Motive können sie nicht hierarchisch gegliedert sein, weil – wie D. Rapaport (1959, 34) selbst betont – im Unbewussten Unterschiede und »Gegensätze nicht auseinandergehalten, sondern wie identisch behandelt werden« (Freud 1940a, 91). Des Weiteren

- folgt, dass sich in dieser Konzeption mit der Entwicklung eines starken Ich kein differenziertes affektives Erleben ausbilden kann. Vielmehr wird die Verschiedenheit der Affekte umso mehr eingeschränkt, je weiter die Strukturbildung voranschreitet, je stärker das Ich wird.

- D. Rapaports ökonomische Aufklärung der Affektabwehr verändert nicht den von Freud angenommenen Status unbewusst gewordener Affekte. Für Freud ist der unbewusste Affekt ein Affekt, der aus dem Erleben ausgeschlossen ist. Deshalb ist er aus seiner Sicht zu einem bloß möglichen Affekt geworden. Auch in der D. Rapaportschen Konstruktion, nach der durch Gegenbesetzung die Abfuhr des Affektbetrages verhindert wird, bleibt der erlebte Affekt ein bloß möglicher, setzt doch sein Erleben gerade die Abfuhr des Affektbetrages voraus.

- Wie R. Stein (1991, 56) zurecht kritisch vorhält, entwirft D. Rapaport eine Affekttheorie, in der »the ›felt‹ aspect of affects« – und damit auch die unterschiedlichen Intensitäten, mit den Affekte erlebt werden können – gänzlich vernachlässigt werden. Weil im psychoanalytischen Verfahren nur dieser »felt‹ aspect« erkannt werden kann und weder Abfuhr, Abfuhrkanäle noch Schwellenwerte und deren Veränderungen erfasst werden können, ist diese Vernachlässigung für seine Theorie fatal. Durch diese Vernachlässigung gewinnt sie die Struktur einer Theorie, in der etwa Gewitter und Blitze auf den Zorn der Götter zurückgeführt werden. Zwar schreibt D. Rapaport (1951, 425)[30]: »Discharge of the affect-charge gives rise to ... emotion felt«. Aber ebenso wenig wie gezeigt werden kann, wie aus dem Zorn der Götter Donner und Blitze entstehen, ebenso wenig zeigt D. Rapaport, wie aus der Abfuhr »emotion felt« geboren werden. Und ebenso wenig wie Abfuhr und Affektbetrag in empirischen Untersuchungsverfahren gefunden werden können, ebenso wenig lässt sich auch der Zorn der Götter in der Empirie finden. Wie diese endet auch D. Rapaports Theorie oberhalb der Empirie. Wird in dieser Theorie überlegt, wie der nicht auffindbare Zorn der Götter zustande gekommen ist, so überlegt D. Rapaport, wie Affektabfuhren, Affektabfuhrkanäle,

---

[30] Die entsprechende Formulierung, mit der D. Rapaport (1953, Kursivierungen aufgehoben, S. Z.) Freud zwei Jahre später zustimmt, lautet, »that affect-discharge (affect-expression and affect-felt) is a discharge of a definite part of the accumulated drive-cathexis, termed affect-charge«.

Schwellenwerte und deren Veränderungen entstehen und zusammenhängen, ohne sie in irgendeinem Verfahren finden zu können.

Max Schur

Schur setzt nach eigenem Bekunden seine Untersuchungen an dem Punkt der
Überlegungen Freuds (1926d, 139, Kursivierungen aufgehoben, S. Z.) an, wo
dieser seine Versuche, die »beiden Ursprünge der Angst« – die eine, vom Ich
hervorgerufene ist Ursache, die andere, automatisch sich einstellende Folge der
Verdrängung – auf »einen einzigen« zu reduzieren, mit einem resignativen »Non
liquet« beschließt. Die Freudsche These, dass es ohne Beteiligung des Ich »automatisch zur Angstreaktion kommt, [wenn] sich im Es die dem Geburtstrauma
analoge Situation herstellt« (1926d, 171, s. auch 195), wird zurückgewiesen.
Schur (1953, 88) sieht in dieser These ein eine Wiederkehr seiner toxischen Li-
bidokonversions-Theorien der Angst. Diese Angst begründe Freud physiolo-
gisch (1953, 88f), aber es gebe keine physiologischen Prozesse, die automatisch
Angst hervorriefen. Auch sexuelle Frustrationen bewirkten keinesfalls eine automatische Angst. Wie die Signalangst ist für Schur (1953, 92) auch die automatische Angst Folge der Einschätzung einer Situation durch das Ich. Das Ich
schätze in beiden Fällen eine Situation als gefährlich ein, weil ein Trauma drohe,
bei dem »the excitation reaches such proportions that the organism experiences
utter helplessness« (1953, 67). Aufgrund dieser Einschätzung trete Angst auf,
wobei die Intensität der Angst davon abhinge, ob das Subjekt diese Gefahr regressiv einschätze und inwieweit es auf diese Einschätzung regressiv reagiere
(1953, 74ff).

Mit regressiver Einschätzung meint Schur (1953), dass eine aktuelle Gefahrensituation als eine vergangene missverstanden wird und regressive Reaktion
bezieht sich auf die Qualität der Angst, welche in dieser Situation auftritt. Die
Gefahren unterteilt Schur (1953) in mögliche und wirklich vorhandene und unterscheidet beide von der traumatischen Situation, die in ihnen aufzutreten
droht. Schur (1958) ist der Meinung, dass sich Freud in »*Hemmung, Symptom und
Angst*« nur auf die wirkliche Gefahr und die traumatische Situation beziehe und
es nötig wäre, »to add the concept of potential danger to Freud's two situations:
the traumatic and the danger situation«. Die regressive Einschätzung könne
dazu führen, dass die potentielle Gefahr einer traumatischen Situation als eine
aktuelle und auch als traumatische Situation selbst verstanden werde. Regressiv
wiederum sei eine Reaktion, wenn die Ich-Entwicklung, die zu sekundärpro-
zesshaftem Denken und zur Desomatisierung der Reaktionen führe, wieder
rückgängig gemacht werde und primärprozesshaftes Denken und (re-)somati-
sierte Reaktionen wieder vorherrschten (1953, 71). Diese Regression könne »bis
in ein präverbales, vorichhaftes Entwicklungsstadium« führen, auf dem dann

keine Angst verspürt, sondern »das bewusste Erleben nur in dumpfen Empfindungen von Spannungsabfuhrvorgängen besteht«, die den Charakter von
»Angstäquivalenten« hätten (1955a).

Regressive Einschätzung und regressive Reaktion könnten unabhängig voneinander auftreten. Eine Reaktion auf eine regressive Einschätzung könne die
Angst sein, die Freud als Signalangst beschrieben habe. Sie habe die »characteristics of a thought process« angenommen und zeichne sich durch »absense of
obvious discharge phenomena« aus (1953, 79), so dass sich das Erleben von
Angst auf eine »awareness of danger« reduzieren würde (1953, 73). Am andern
Pol stehe jene Angst, die mit einer Resomatisierung, einer »physiological regression« und der »reappearance of discharge phenomena« einherginge. Diese
Angst habe Freud eine automatische genannt und diese resomatisierte Angstreaktion könne selbst wieder Angst hervorrufen, weil »[t]he ego takes such discharge phenomena as positive evidence that the situation really spells danger«
(1958). Die Folge sei eine »somatized reaction to an already somatized anxiety
reaction«, eine »self-perpetuation of anxiety« (1953, 95).

Bei der Beurteilung einer inneren Triebgefahr liefen regressive Einschätzung
und regressive Reaktion ebenfalls nicht parallel. Auch diese Gefahr könnte als
eine mögliche, eine vorhandene und als traumatische Situation eingeschätzt
werden und ebenso könnte sich auch die Reaktion darauf auf der Dimension
Desomatisierung → Resomatisierung bewegen (1953, 75). Schätze das Ich
»instinctual demands« als gefährlich ein, wehre es diese Triebwünsche ab. Schur
(1953, 92) schreibt:

> »Not only in anticipation of danger, but also in its very presence, and even if
> the situation has some elements of a traumatic situation, and if the anxiety reac-
> tion of the ego is a regressive one, with resomatization, this experience may still
> serve as a signal for the rest of the ego to call for reserves to make necessary
> measures«,

wozu u. a. gehöre, dass das Ich »establishes defenses« (1953, 79). Schur (1953,
93) ist deshalb der Ansicht, dass das Konzept der »automatic‹ anxiety origina-
ting in the id (e.g., in sexual frustration)« durch das Konzept des »ego evaluating
certain changes in the id as danger and reacting to it with anxiety« zu ersetzen
ist. Da die Abwehr ferner eine Triebfrustration bedeute, welche dadurch selbst
zur Gefahr werde, sieht er die Schwierigkeiten, die Freud hatte, seine klinische
Erfahrung – »that repression creates anxiety« – mit seiner neuen Theorie – »that
anxiety makes for repression« – zu verbinden, durch die Auffassung gelöst, dass
»[a]nxiety makes for repression, repression causes frustration, frustration may
represent inner danger, and thus causes more anxiety«.

Das Problem der Abwehr und der unbewussten Affekte sucht Schur auf
folgende Weise zu lösen. Schur (1969) nimmt an, »that all affects consist ... of a
cognitive process«, für den das Ich verantwortlich ist und »of a response to this
process« und sieht beide als »inseperable components of the affect«. Der kogni-

tive Prozess, in dem die Gefahr erkannt würde, sei im Wesentlichen ein gedanklicher Prozess und dieser Prozess könne – wie jeder gedankliche Prozess – auch unbewusst werden bzw. unbewusst verlaufen. Da der Zusammenhang von »thought process« und »affect« für andere Affekte bestehe – Schur (1969) nennt in diesem Zusammenhang »guilt, anger, shame, hate« und fügt an »and perhaps others« –, folge als logische Konsequenz, »that shades of all these affects can remain unconscious« (1969).

Kommentar

Bei schneller Lektüre scheint es, als würde das Schursche Konzept die Freudschen Überlegungen differenzieren und dort Klarheit herstellen können, wo bei Freud noch Unklarheit herrscht. Bei genauerem Hinsehen entpuppt sich allerdings dieser Eindruck als trügerisch.

- Die These, dass mit der Abwehr der Bedingungen, unter denen ein Affekt entsteht, auch der Affekt selbst unbewusst wird, ist weder logisch noch empirisch haltbar. Die Bedingungen, unter denen ein Affekt entsteht, sind nicht der Affekt selbst, so dass ein Affekt gleichwohl erlebt werden kann, wenn seine Bedingungen nicht bekannt sind. Der Affekt der Angst gewinnt bspw. den Status einer »freiflottierenden Angst«, wenn sich die Bedingungen dieser Angst dem Bewusstsein entziehen.

- Mit der Auffassung, dass das Ich fähig ist, »to *produce danger* and not anxiety«, dass das Ich »evaluates the danger« und dann »some shade of anxiety« erfährt (1953, 92f), wird der Freudsche (1926d, 195) Begriff der »Signalangst« ausgehöhlt. Bei Freud ist diese Angst notwendig vorausgesetzt, wenn von bestimmten Bedingungen auf das Auftreten einer traumatischen Situation geschlossen werden soll. Ohne Angst zu haben ist hingegen bei Schur bereits das Ich in der Lage, eine Situation als gefährlich einzuschätzen und die Maßnahmen einzuleiten, welche das Auftreten der traumatischen Situation verhindern sollen. Damit wird die auch von Schur (1969) vertretene These uneinsichtig, dass Affekte wie Angst »have had high survival value in the course of evolution«.

- Schur behauptet, dass von einem Angsterleben solange nicht gesprochen werden könne, solange es kein Ich gibt[31]. Diese Behauptung steht in Widerspruch zu der Annahme, dass der »character of the subjective experi-

---

[31] Schur (1953, 68) schreibt: »[W]ithout knowing what the infant experiences at birth, birth certainly is the prototype of a traumatic situation. We may also say that the infant lives through other, similarly traumatic situations which it will be only later be able to perceive as such«.

ence of anxiety can probably be attributed ... to instinctive givens«
(1960)[32].

- Das Ich sieht Schur (1953, 92) als eine »organization with many partial functions« und schreibt dieser »organization« Intentionalität zu. Es ist aber nicht das Ich, das abwehrt, Gefahren einschätzt oder Angst hat, sondern das Subjekt, das sich dabei seiner Ich-Funktionen bedient.

- Schur (1953, 76) ist der Meinung, dass das Ich bei einer regressiven Einschätzung einer Gefahr vorrangig auf der Ebene des Primärvorganges operiere – »it looses the distinction of time«, heißt es und

    »we find ... symbolic representation of words and things, condensation, displacement, etc., mechanisms familiar from dream interpretation« –,

- und dass auch die Abwehr selbst »subject to the laws governing primary processes« sei (1953, 84). Dies steht in Widerspruch zu der These, dass der Ablauf der mentalen Prozesse des »scanning, evaluation, judgement, repression, etc.« eine »logical sequence« darstelle, denn im Primärvorgang haben – wie Freud (1940a, 91) schreibt – »[d]ie entscheidenden Regeln der Logik ... keine Geltung«. Dem steht auch entgegen, dass das Subjekt in seinem Bewusstsein ganz auf die gegenwärtige Realität verpflichtet ist, aus seiner Sicht die Gefahr gerade nicht aus vergangenen, sondern aus gegenwärtigen Szenen resultiert. Sowohl dieser Befund wie auch die These, dass die Abwehr ein logischer Prozess sei, zwingt zu der Annahme, dass das Ich zugleich auf der Ebene des Sekundärvorganges operiert. Schur (1953, 76f) scheint diese Notwendigkeit zu ahnen, denn er schreibt: »While [the] regressive part of the ego now operates on the level of the primary process, the rest of the ego tries ... to restore a realistic appraisal of the situation through the re-establishment of secondary thought processes«. Dann aber wäre zu klären, wie der Primär- und Sekundärvorgang in diesem Fall genau zusammenwirken.

- In der Annahme, dass die Intensität eines Affekts, wie Schur (1953, 74ff) am Beispiel der Angst darlegt, davon abhängt, ob das Subjekt die Situation seines Auftretens regressiv einschätzt und regressive darauf reagiert, bleibt offen, *wie* dadurch die Intensität eines Affekts beeinflusst wird.

- Die Auffassung, dass Freud seinen Angstbegriff nicht auf potentielle, sondern nur auf wirklich vorhandene Gefahren beziehe, ist falsch. Es ist richtig, dass der Begriff der »potentiellen Gefahr« in »*Hemmung, Symptom und Angst*« nicht erscheint. Das Beispiel aber, mit dem Schur (1953, 71)

---

[32] »[W]e may assume that anticipation of traumatic situations is part of our biological endowment«, heißt es bereits sieben Jahre früher (Schur 1953, 69) und noch neun Jahre schreibt Schur (1969): »The link between certain cognitive elements and a certain quality of affect is partly based on innate givens and is therefore species-specific«.

die potentielle Gefahr illustriert, findet sich in fast demselben Wortlaut bei Freud. Schur (1953, 69, 71) schreibt:

>»During the first months of his life, the primitive organism of the infant reacts to danger as to a traumatic situation ... The prototype of such a situation is hunger ... With maturation the concept of danger undergoes a series of changes. The realization that an external object can initiate or end a traumatic situation displaces the danger from the economic situation to the condition which determines that situation. Then for the child it is no longer hunger that constitutes danger but it is the absence of the mother ... Inner danger has changed to outer danger. The absence of the mother threatens hunger, and thus represents a ›danger of danger‹ – potential danger«.

- Bei Freud (1926d, 168, 199, Kursivierung aufgehoben, S. Z.) findet sich die Auffassung, dass es in den ersten Monaten nur »eine ökonomische Störung durch das Anwachsen der Erledigung heischenden Reizgrößen« in einer Situation gibt, die er »eine traumatische« nennt. Dies ändert sich im Laufe der Zeit:

    >»Mit der Erfahrung, dass ein äußeres, durch Wahrnehmung erfassbares Objekt der an die Geburt mahnenden gefährlichen Situation ein Ende machen kann, verschiebt sich nun der Inhalt der Gefahr von der ökonomischen Situation auf seine Bedingung, den Objektverlust ... Die Situation, in der er [der Säugling] die Mutter vermisst ... ist eine traumatische, wenn er in diesem Moment ein Bedürfnis verspürt, das die Mutter befriedigen soll; sie wandelt sich zu Gefahrsituation, wenn dieses Bedürfnis nicht aktuell ist« (Freud 1926d, 168, 203).

- Sowohl bei Schur wie bei Freud erscheint die Abwesenheit der Mutter als notwendige Bedingung des Bedingungsgefüges für eine traumatische Situation, das mit dem Auftreten von Hunger als hinreichend komplettiert wird.

- Schur nennt zwei Gründe, weshalb Triebwünsche gefährlich sind. Zum einen wäre Frustration »a danger by itself« und »infantile sexuality is for biological reasons doomed to frustration« (Schur 1953, 83). Biologisch seien diese Gründe, weil die Biologie für die prägenitalen Triebregungen keine direkte Abfuhrmöglichkeit vorsehe. Bis zu einem gewissen Grad gelte dies auch für die vorpubertäre Sexualität überhaupt[33]. Orale Triebwünsche könnten bspw. nicht durch das Nuckeln am Daumen befriedigt werden, denn: »Oral sexuality derives discharge only from correlated somatic function of food intake« (1953, 83). Zum zweiten sei die Beziehung zwischen »certain cognitive elements and a certain quality of affect ... partly based on innate givens« (1969). In der Phylogenese habe sich ein »innate, instinctive link between sexuality and danger« (1960), insbe-

---

[33] »This lack of direct discharge remains more or less typical for all other modes of pregenital satisfaction and to an extend for all sexuality before puberty« (Schur 1953, 83).

sondere zwischen oralen Triebwünschen und der Gefahr des Verschlungenwerdens (»danger of being devoured«) und zwischen genitalen Triebwünschen und der Kastrationsangst (»castration fear«) hergestellt und diese »innate instinctual patterns« würden in der Ontogenese »during the period of infantile sexuality« auf ein noch schwaches Ich (»weak ego«) treffen (1958).

- Es ist sicher richtig, dass Frustration insofern »a danger by itself« darstellt, als es in ihrem Gefolge zu einer Situation »der Unbefriedigung, des Anwachsens der Bedürfnisspannung [kommt], gegen die [der Säugling] ohnmächtig ist« und in der Freud (1926d, 168) den »eigentliche[n] Kern der ›Gefahr‹« sieht. Nimmt man aber das Beispiel, mit dem Schur sein Triebverständnis erläutert, paradigmatisch, basiert sein erstes Argument auf einem Triebbegriff, in dem die Freudsche (1900a, 571) Unterscheidung von »großen Körperbedürfnissen« und Triebbedürfnissen aufgehoben ist. In Freuds (1905d, 85) Auffassung wird – ich habe es bereits erwähnt – das orale Triebbedürfnis zunächst bei der Nahrungsaufnahme hergestellt. Aber dann lernt der Säugling, die »Lust«, die er »zuerst bei der Nahrungsaufnahme erlebt« hat, von dieser Bedingung abzutrennen« und »lutscht oder ludelt« – etwa am »Daumen« –, ohne unter »dem Antrieb des Hungers« zu stehen, wobei »die Aktion des *Lutschens* ihm an und für sich Befriedigung« bringt (1916-17a, 324), zu »einer Art von Orgasmus« führt (1905d, 80f). Befriedigung und Lust werden hier gerade nicht an die Nahrungsaufnahme gebunden, sondern durch die »Aufhebung« des »erregende[n] Vorgang[es]« an der »somatischen Quelle[.]«, der »*erogene[n] Zone*« (1905d, 67f), durch eine »zielgerechte (adäquate) Veränderung der inneren Reizquelle« (1915c, 212) erreicht. Da diese »zielgerechte (adäquate) Veränderung« üblicherweise der Interaktion mit Objekten bedarf – das Daumenlutschen ist als eine Ersatzbildung aufzufassen, denn hier ist der Trieb »*autoerotisch*« geworden und »befriedigt sich am eigenen Körper« (1905d, 81f) –, kann sie von Objekten auch verhindert werden. Die Gründe für Frustrationen sind nicht in der Biologie, sondern in der sozialen Existenz des menschlichen Individuums zu suchen.
- Das zweite Argument behauptet, dass psychische Erfahrungen, welche die Menschheit in ihrer Phylogenese mit bestimmten Triebwünschen gemacht hat, in der Generationsfolge weitergegeben werden. Diese These ist nicht haltbar[34].
- Wie Freud, Fenichel, E. Jacobson und D. Rapaport, in deren Konzepten die spezifische Qualität der Angst in physiologischen Abläufen gründet, ist auch Schur (1960a) der Ansicht, dass Angst mit spezifischen »innate

---

[34] Die mit dieser These verbundenen Probleme werden bei der Diskussion der Freudschen phylogenetischen Spekulationen noch genauer erörtert werden (s. Kap. 11).

discharge channels and apparatusses« einher geht[35]. Auch wenn er die spezifische Erlebnisqualität der Angst nicht explizit in der Physiologie verankert, unterliegt diese Ansicht gleichwohl derselben Kritik, die an seinen Vorgängern zu üben ist.

- Schur (1955a) beschreibt am Beispiel der Angst die Affektäquivalente[36] als Resultat einer tiefen Regression in einer Gefahrensituation auf ein »vorichhaftes« Stadium, auf dem Angst nicht mehr verspürt und nur noch die körperlichen Spannungsabfuhrvorgänge wahrgenommen würden. Bliebe das Subjekt auf dieser Stufe stehen, wäre es nicht mehr handlungsfähig, steigt es aus dieser Regression wieder empor, wird zur Frage, wie es im Rückblick auf die Gefahrensituation gelingen kann, den seelischen Inhalt des Affekts, die Angst, aus dem Bewusstsein fernzuhalten. Diese Frage bleibt unbeantwortet.

- Lustvolle Affekte tauchen in den Überlegungen von Schur nicht auf. Seine Überlegungen beziehen sich nur auf unlustvolle Affekte. Diese werden von Schur (1958) generell als »discharge phenomena« des »affect charge«, der »drive energy« verstanden, so dass sie nur als Notentladungen nicht abgeführter Triebenergien begriffen werden können. Damit wird das Schursche Konzept auch anfällig für jene Kritik, die an Freuds Fassung der Affekte als Abfuhrphänomene zu üben ist.

Charles Brenner

Ch. Brenners (1974) »unified theory« der Natur und Entwicklung der Affekte ist relativ einfach strukturiert. Aufgrund klinischer Befunde weist Ch. Brenner (1953) die Freudsche These zurück, dass Angst nach dem Vorbild der Geburt automatisch in Zuständen entsteht, in denen eine »Störung durch das Anwachsen der Erledigung heischenden Reizgrößen« (Freud 1926d, 168), eingetreten ist und die sich danach in eine Signalangst wandelt. Der Literatur zur Angstneurose, wie sie von Freud definiert wurde und aufgrund welcher er anfänglich die Annahme einer automatisch entstehenden Angst gemacht habe, könnten keine zufriedenstellende Nachweise für die Existenz einer derartigen klinischen Enti-

---

[35] Ferner wird das Zähmen der Affekte, ihre Reduzierung auf »a thoughtlike awareness of danger« (Schur 1958), durch welche »anxiety ... has lost most of the qualities of that affect« (1953, 73), als eine »neutralization of energy« (1958) durch das Ich begriffen. Auf die damit verbundenen Probleme bin ich bei der Erörterung des Libido-Begriffs bereits eingegangen und werde auf sie bei der Diskussion des Schurschen Konzepts der psychosomatischen Erkrankungen noch ausführlicher zu sprechen kommen.

[36] Schur (1955a) unterlässt es darauf hinzuweisen, dass sich dieses Konzept bereits bei Freud (1895b, 319f) und Fenichel (1941a, 253) findet.

tät[37] oder für die Freudsche Annahme entnommen werden, dass Angst automatisch als Konsequenz eines abnormen Sexuallebens entsteht. Auch die Untersuchungen von Patienten mit sog. traumatischen Kriegsneurosen könnten nicht belegen, dass bei ihnen die Angst durch eine bloße Reizsteigerung entstehe. Es scheine vielmehr, dass bei den traumatischen Neurosen »an external stimulus creates neurotic anxiety rather because of its relationship to the unconscious conflicts of the individual it affects, than because of its physiological intensity« (Ch. Brenner 1953). Das Argument, welches vermutlich auch Freud zu der Annahme veranlasst habe, dass bei der Geburt Angst erlebt wird, nämlich dass man Angst anhand inter- und intraindidivuell konstanter physiologischer Parameter objektiv feststellen könne, wird ebenfalls abgewiesen. Die bei Angst festgestellten physiologischen Abläufe wären keineswegs für diesen Affekt spezifisch. Sie fänden sich ebenfalls bei Wut und Schmerz und dies spreche dafür, dass sie eher mit einer allgemeinen Unlust als mit dem spezifischen Affekt korrelieren, in dem die Unlust erfahren wird. Und schließlich habe auch Freud (1926d, 202f) darauf hingewiesen, dass der Säugling in einer traumatischen Situation, in welcher er beim Vorhandensein eines Bedürfnisses die Mutter vermisst, zwar Angst erlebt, dass »aber Gesichtsausdruck und die Reaktion des Weinens ... annehmen [lassen], dass er außerdem noch Schmerz empfindet«, so dass »[e]s scheint, dass bei ihm einiges zusammenfließt, was später gesondert werden wird«.

Aus all dem folgert Ch. Brenner (1953) dass

»[a]nxiety is ... not present as such from birth or very early infancy. In such very early periods the infant is aware only of pleasure or unpleasure as far as emotions are concerned«.

---

[37] Von Ch. Brenner (1953) wird auch die negative Begründung dieser nosologischen Entität in Frage gestellt, die Freud (1912f, 339) mit dem Satz, dass »die Symptome [der] Aktualneurosen nicht wie die psychoneurotischen analytisch zu zersetzen sind«, vornimmt. Er ist der Ansicht, dass Freud damit nicht seine klinische Erfahrung zum Ausdruck bringt, sondern lediglich eine Folgerung aus seiner Erstbeschreibung dieses Krankheitsbildes aus einer Zeit – 1894 – zieht, in der er noch nicht über die psychoanalytische Methode verfügte und insofern auch keinen Grund sehen konnte, tiefer zu blicken. In diesem Zusammenhang ist die Mitteilung von E. Jones (1960, 307) interessant, Freud habe ihm nach seiner Bemerkung »niemand scheint je genau der von Freud beschriebenen Art von Neurose begegnet zu sein«, erklärt, »er sehe heutzutage keine solche Fälle mehr, während sie zu Beginn seiner Praxis ziemlich häufig gewesen seien«. Freud (1925d, 50) selbst schreibt dazu: »Ich habe später keine Gelegenheit mehr gehabt, auf die Untersuchungen der Aktualneurose zurückzukommen. Auch von anderen ist dieses Stück meiner Arbeit nicht fortgesetzt worden. Blicke ich heute auf meine damaligen Ergebnisse zurück, so kann ich sie als erste, rohe Schematisierungen erkennen an einem wahrscheinlich weit komplizierteren Sachverhalt. Aber«, so fügt er gleichwohl an, »sie scheinen mir im ganzen heute noch richtig zu sein«.

Ch. Brenner (1974) unterstellt dabei die Fähigkeiten, Lust und Unlust zu erleben, als »biological givens in an infant's psychological development« und generalisiert die Freudsche Auffassung, dass Affekte über »Sachvorstellungen« ihre spezifische bewusste Form gewinnen, dahingehend, dass die erlebnismäßige Spezifität jedweder Affekte in den Vorstellungen gründe, die mit ihnen verbunden sind. Affekte entwickelten sich, indem Lust und Unlust mit Ideen verbunden werden[38]. Dies gelte insbesondere für die Angst und den depressiven Affekt, an deren Beispiel er diese Auffassung exemplarisch erläutert. Angst wäre »unpleasure associated with the idea that something bad is about to happen« (1974) und könne somit erst auftreten, wenn »the child becomes able to predict or anticipate that state of unpleasure (a ›traumatic situation‹) will develop« (1953)[39]. Der Affekt einer Depression sei »unpleasure associated with the idea that something bad has happened« (1975). Der individuell erlebte Affekt hinge dann von der Intensität der Unlust und Lust und von dem besonderen Inhalt ab, in welchem sich diese allgemeine Bestimmung darstelle:

> »If the danger is perceived to be acute or imminent, we are likely to label the affect ›fear‹. If the unpleasure is intense, we use the word ›panic‹. If the unpleasure is mild and if the danger is slight, uncertain or distant, we may well speak of worry or uneasiness« (1974),

und:

> »[I]f the ›something bad‹ that has happened is a variety of object loss, the affect is likely to be called loneliness. If it is a public defeat or failure, it may be called shame. If the unpleasure associated with the failure is mild, the affect is likely to be called embarrassment or discomfort; if it is intense, humiliation. ›Despair‹ implies the idea ... that the ›something bad‹ that has happened will never change. When the same idea is present, but with a milder degree of unpleasure, the affect may be called pessimism« (1975).

Da die Vorstellungen, welche mit Lust und Unlust verbunden sind, sowohl bewusst als auch abgewehrt werden und somit unbewusst sein können, ergibt sich eine weitere Dimension, auf der die erlebten Affekte variieren. In ihnen kann sich eine Mixtur »of feelings of pleasure and unpleasure as well as by ideas which include various combinations of ›good‹ or ›bad‹ experiences and expectations« darstellen (1974). So könnten »ideas of overcoming a rival ... pity or compassion for the rival and an expectation of punishment for having defeated him« involvieren und in diesem Fall erfahre der Sieger »a mixture of pleasure

---

[38] »Affects have their beginning early in life when ideas first become associated with sensations of pleasure and unpleasure ... [Pleasure and unpleasure] constitute the undifferentiated matrix from which the entire gamut of affects of later life develop« (Ch. Brenner 1974).

[39] Ch. Brenner (1953) fährt fort: »This dawning ability of the child to react to danger in advance is the beginning of the specific emotion of anxiety, which in the course of further development we may suppose to become increasingly sharply differentiated from other unpleasure emotions«.

and unpleasure«, die mit Ideen »of wanting and fearing to win, of being the looser's rival and of being his ally, of dominating and being dominated, or of castrating and being castrated« einhergehen (1974).

Außer den Vorstellungen, durch welche die Unlust ihre spezifische Erlebnisqualität gewinnt, könne auch die Unlust selbst der Abwehr verfallen. So heißt es: »The ideas which are part of every affect can be repressed and so can the sensations of pleasure and unpleasure ...« (1974). Des Weiteren kann »the unpleasure of the affect ... be isolated ... be projected onto others, handled with the help of identification etc.« (1975).

Seinen Affektbegriff fasst Ch. Brenner (1975) in folgendem Statement zusammen:

> »Affects are complex mental phenomena consisting essentially of two parts: 1, an experience or sensation of pleasure, unpleasure or a mixture of the two, 2, associated ideas. Thus affects can be defined or distinguished from one another only on the basis of the amount and intensity of pleasure, unpleasure, or both, and the nature of the related ideas«,

wobei Unlust und die Ideen sowohl bewusst als auch unbewusst sein können.

Kommentar

Es fällt zunächst auf, dass sich Ch. Brenner – wenn auch nicht aus theoretischen, sondern aus klinischen Gründen – die Freudschen These verwirft, dass bei einer unbewältigbaren Erregungssteigerung automatisch Angst erlebt wird. Seiner Ansicht nach wird anfänglich nicht Angst, sondern Unlust erlebt. Positiv hervorzuheben ist auch, dass sich Ch. Brenner nicht auf die These verpflichtet, Affekte seien inhaltlich von einer für sie spezifischen Physiologie bestimmt. Er lässt allerdings offen, welche Funktion dann physiologischen Körperprozessen für das Erleben der Affekte zukommt. Ferner bleibt auch in seiner Konzeption Mehreres widersprüchlich und problematisch.

- Ebenso wenig wie Freud die Bedingungen expliziert, die es dem Neugeborenen erlauben, bei der Geburt Angst zu erleben, ebenso wenig begründet Ch. Brenner die Annahme, dass das Neugeborene bereits in der Lage ist, Lust und Unlust zu erleben.
- Lust und Unlust werden als Affekte angesehen, obwohl ihr erstes Auftreten im Verständnis Ch. Brenners nicht mit Vorstellungen verbunden ist und sich Ch. Brenner auf Lewin (1961; 1965) bezieht, der die Existenz »reiner Affekte« [»pure affects«] – von Affekten »without any ideational content« – ausdrücklich verneint.
- Die Spezifität verschiedener Affekte wird in den Bedingungen verankert, unter denen sie entstehen. Die Bedingungen sind jedoch nicht schon der

Affekt selbst[40]. Der Affekt muss vielmehr als ein allgemeiner verfügbar sein, damit er unter den Bedingungen, unter denen er auftritt, als ein besonderer erlebt werden kann. Eine bewusste, kognitive Differenzierung der konkreten Bedingungen, unter denen Affekte entstehen, kann somit zwar die Qualität eines einzelnen Affekts einer besonderen Affektklasse – z. B. der Angst –, aber nicht die besonderen Qualitäten der Affektklassen – bspw. Angst, Zorn, Ärger – begründen.

- Diese Bedingungen fasst Ch. Brenner als Besonderungen der allgemeinen Bedingungen dieses Affekts auf. Damit ist vorausgesetzt, dass das Kind etwa beim Erleben einer bestimmten Angst auch über deren abstrakte Bestimmung wie auch über ihre allgemeine und abstrakte Bedingung – »something bad is about to happen« – verfügt, unter der sie entsteht. Sonst könnte dieses Etwas, das erlebt wird, nicht als eine besondere Angst bewusst werden. Wie diese abstrakten Bestimmungen der Affekte und ihrer Bedingungen im Subjekt entstanden sein sollen, bleibt verborgen. Sie werden lediglich als »an inborn potential of the normal human mental apparatus« (Ch. Brenner 1975) unterstellt.

- Wie und durch welche seelischen Verhältnisse die Intensität der Unlust (und der Lust) so verändert wird, dass sie im Zusammenhang mit besonderen Inhalten in Gestalt verschiedener Affekte erlebt werden kann, bleibt offen.

- Mit der Auffassung, dass bei der Abwehr eines Affekts nicht nur die Vorstellung, die mit ihm verbunden ist, sondern auch die Unlust abgewehrt werden kann, beruft sich Ch. Brenner (1974) auf Pulver (1971)[41]. Dieser Rückgriff ist inhaltlich nicht gerechtfertigt. Pulver (1971) unterscheidet die Affekte nicht nur durch die Vorstellungen, die sie auslösen, sondern auch durch die für sie spezifischen physiologischen und motori-

---

[40] Desgl. kritisiert Green (1977), dass Ch. Brenner »die Kombination von Gefühlen und Vorstellungen in die Struktur der Affekte hinein[nimmt], während die eigentliche Frage doch gerade lautet, worin sich jene ›Vorstellung‹, die einen integralen Bestandteil des Affekts ausmachen soll, von dem unterscheidet, was man gemeinhin als Vorstellung oder Inhalt bezeichnet«.

[41] Pulver (1971) unterteilt die Affekte deskriptiv in mögliche und vorhandene und die vorhandenen in bewusste, vorbewusste und unbewusste. »Potential affects are those affects which are particularly susceptible to arousal but have not yet been aroused«, vorbewusste Affekte sind solche, »in which the individual shows physiological, ideational and motor behaviour usually associated with a central feeling state, in which he indicates a lack of awareness of that feeling state, but in which he is able to report such awareness after an ordinary effort of attention« und unbewusste Affekte »are those in which the affect is aroused and experienced, but kept from awareness through some defensive process ...«, wodurch es dem Subjekt unmöglich wird »of reporting such awareness after an ordinary effort of attention«.

schen Prozesse. In der von Ch. Brenner zitierten Arbeit bezieht sich der
Begriff der Affektabwehr nicht auf eine allgemeine Unlust, sondern auf
je spezifische unlustvolle Affekte.

- In Ch. Brenners (und Pulvers) Arbeiten wird die Existenz unbewusster
  Affekte lediglich behauptet und nicht begründet, wie sie aus dem Erleben entfernt werden können. Angesichts der Auffassung Freuds (1915e,
  277), dass es zum »Wesen eines Gefühls gehört ... dass es verspürt, also
  dem Bewusstsein bekannt wird«, so dass die »Möglichkeit einer Unbewusstheit ... also für Gefühle, Empfindungen, Affekte völlig entfallen«
  würde, ist aber genau dies notwendig. Statt einer theoretischen Begründung werden Fallvignetten vorgeführt, welche die Existenz unbewusster
  Affekte vielleicht nahe legen, aber nicht beweisen können und Autoren
  zitiert, die ebenfalls der Ansicht sind, dass es unbewusste Affekte gibt.
  Beginnend mit Eissler (1953a) zitiert insbesondere Pulver (1971) verschiedene Autoren, die diese Auffassung publizierten, so dass, wie Glover (1952) schreibt, hier in der Tat »an ipse dixit acquires the validity of
  an attested conclusion on hearsay evidence only«.

Joseph Sandler

Im Versuch, die einzelnen psychoanalytischen Konzepte in Konfrontation mit
klinischem Material in einen besseren systematischen Zusammenhang zu bringen, werden von J. Sandler auch die Affekte thematisiert. Bereits in der ersten
Arbeit zu diesem Bereich skizziert J. Sandler (1960a) den Status jenes »*Gefühl[s]
der Sicherheit*«, das als »Wohlbefinden« in vielen seiner nachfolgenden Arbeiten
einen zentralen Platz einnimmt[42]. Er versteht darunter ein

> »untergründiges Gefühl im Ich ... das ... nicht bewusst zu sein braucht, [und] das
> in gleichem Verhältnis zur Angst steht wie der positive physische Zustand der
> Sättigung und Zufriedenheit gegenüber Triebspannungen« (J. Sandler 1960a).

Genetisch sei

> »dieses Gefühl ein Abkömmling der ersten Erfahrungen von Spannung und Be-
> friedigung ... ein Gefühl des Wohl-seins, eine Art von Ich-Tonus« (1960a).

Es handele sich »um eine Gefühlsqualität, die wir dem Angstaffekt gegenüber-
stellen können, dessen polaren Gegensatz sie in gewissem Sinne darstellt«
(1960a). So könne »das Sicherheitsgefühl durch angemessene Maßnahmen, die
eine Angstminderung bewirken, wieder« erhöht werden (1960a). Gleichwohl sei
dieses »Gefühl des Wohl-seins [aber] mehr als die bloße Abwesenheit von

---

[42] Ich werde die Entwicklung des Verständnisses der Affekte von J. Sandler (und seiner
Arbeitsgruppe) nicht chronologisch nachzeichnen, sondern nur die Endprodukte sei-
ner/ihrer Überlegungen darstellen.

Angst« (1960a). Seine Entstehung erläutert J. Sandler am Beispiel der Wahrnehmung. Die Wahrnehmung sei

> »ein Vorgang der Ich-Leistung, durch den das Ich sich mit der Erregung ... mit nicht gestalteten Sinneseindrücken, auseinandersetzt und auf diese Weise davor bewahrt wird, von einem Trauma überwältigt zu werden« (1960a).

Die erfolgreiche Wahrnehmung stelle somit einen »Akt der Integration dar«, bei dem es gelinge, durch die Anwendung eines »Bezugssystems ... Sinnesempfindungen in Wahrnehmungen« umzuwandeln. Das Bezugssystem wird in der »Repräsentanzwelt« gesehen, sie liefere »das Material für die Wahrnehmungsstrukturierung von Sinnesimpulsen« (J. Sandler u. Rosenblatt 1962) und der Prozess, in dem Sinnesimpulse entsprechend der Repräsentanzwelt strukturiert werden, werde »von einem ausgesprochenen Gefühl der Sicherheit begleitet« (J. Sandler 1960a, Kursivierungen aufgehoben, S. Z.).

Auf der Repräsentanzebene gebe es im Zustand der Sicherheit oder »des psychischen Wohlbefindens eine weitgehende Übereinstimmung zwischen der psychischen Repräsentanz des aktuellen Zustandes des Selbst und der Idealform des Selbst« (Joffe u. J. Sandler 1967b), während bei einem »seelische[n] Schmerz« und bei anderen unlustvollen Gefühlen eine Diskrepanz zwischen der aktuellen und idealen Selbstrepräsentanz vorliege. Werde diesem Schmerz mit einem »Zustand hilfloser Resignation« begegnet, läge eine Depression vor (J. Sandler u. Joffe 1960; s. auch Joffe u. J. Sandler 1967a). Die depressive Reaktion könnte wie die Angst »auf eine Signal- oder Warnfunktion beschränkt bleiben« und Abwehroperationen mobilisieren. Dazu gehöre die »Affektumkehr« wie auch Formen, in denen sich der Affekt »in affekt-äquivalenten psychosomatischen Zuständen äußer[t]« (J. Sandler u. Joffe 1960).

Generell ist J. Sandler der Ansicht, dass Gefühle unbewusst sein können (Joffe u. J. Sandler 1967a; J. Sandler 1972; 1985; J. Sandler u. A. Sandler 1978) und dass sie in beiden Existenzformen als Motive wirksam sind (Joffe u. J. Sandler 1967a; 1967b; J. Sandler 1960b; 1972; 1983; 1985; J. Sandler u. Joffe 1966; J. Sandler u. A. Sandler 1978). Es gebe »strong motives that were not instinctual drive impulses« (J. Sandler 1983). »[C]hanges in feeling states« wären jedenfalls »the prime motivators« (1972). Neben dem Vermeiden von Schmerz (1985), »dem Streben nach lustvollem Erleben und dem Vermeiden von Unlust« (Joffe u. J. Sandler 1967b), wäre insbesondere das Bestreben, einen Zustand des Wohlbefindens aufrechtzuerhalten bzw. herzustellen, das zentrale Motiv, das menschliches Verhalten antreibt. Joffe u. J. Sandler (1967a, Kursivierungen aufgehoben, S. Z.) schreiben, dass die

> »primären Motivationen auf bewussten oder unbewussten Gefühlszuständen fußen; diese wiederum sind mit verschiedenen Formen von Diskrepanz und Kongruenz zwischen den Repräsentanzen assoziiert. Das Ziel allen Ich-Funktionierens liegt in der Verminderung bewusster oder unbewusster Diskrepanz der Repräsentanzen, um dadurch einen Gefühlszustand des Wohlbefindens zu erlangen oder zu erhalten«.

Diese Streben nach Wohlbefinden wird vom Streben nach Lust bei Triebbefriedigungen unterschieden (1967a; 1967b; J. Sandler 1960b; 1972; 1985). Es
wäre so zentral, dass im Konflikt »das Bedürfnis, den Zustand des Wohlbefindens ... zu wahren, dem Verlangen nach sinnlicher Lust vorgezogen werden
kann« (Joffe u. J. Sandler 1967b).

Im Hinblick auf die Objektbeziehungen wird das Konzept der »Wert-Be-
setzung« (1967b) eingeführt. Gemeint ist damit der »feeling state with which a
particular mental representation is invested and which is a measure ... of its
positive or negative attractiveness, of ... the pressure which motivates one to-
wards it« (J. Sandler 1985). Es wären diese »affektiven Werte ... die allen Repräsentanzen ihre besondere Bedeutung für das Ich geben« (Joffe u. J. Sandler
1967b).

Kommentar

Auch J. Sandlers Konzept, in dem wie bei Ch. Brenner die Rolle physiologischer Körperprozesse im affektiven Erleben nicht erörtert wird, eröffnet keine
Perspektive, die weit über die Freudschen Auffassungen hinausführt. Das Konzept der »value cathexis« (J. Sandler 1985), in dem ein Objekt durch die Verbindung seiner Repräsentanz mit »feeling-states« (1972; s. auch Joffe u. J. Sandler 1967b; J. Sandler 1978) eine besondere Bedeutung für das Subjekt gewinnt,
ist jedenfalls nicht neu. Der Sache nach nimmt es Freud (1926d, 168) in folgender Formulierung vorweg: »Mit der Erfahrung, dass ein äußeres, durch Wahrnehmung erfassbares Objekt der an die Geburt mahnenden gefährlichen Situation ein Ende machen kann, verschiebt sich nun der Inhalt der Gefahr von der
ökonomischen Situation auf seine Bedingungen, den Objektverlust«. Und als
»Wert« oder »Bedeutendsein« (Morris 1964, VIII), als »affektive« oder »emotive«
Bedeutung des Referenten eines sprachlichen Zeichens für das Subjekt findet
sich dieser Sachverhalt dem Begriff nach schon vor über 70 Jahren bei C.K.
Ogden u. I.A. Richards (1923). Auch lässt J. Sandler offen, wie die Beziehung
von Objekt- und/oder Selbstrepräsentanz und »feeling state« repräsentiert ist.
Problematischer aber als der fehlende Hinweis auf Vergangenes in den eigenen
Überlegungen sind die folgenden Punkte:
- Im Wesentlichen schreibt J. Sandler den Gefühlen die motivationale
  Funktion zu, die bei Freud den Trieben zukommt. Zwar würden auch
  die Triebe »exert their effect through changes in feelings« (J. Sandler
  1972, Kursivierungen aufgehoben, S. Z.). Aber Triebe und ihre Abkömmlinge sind im Verständnis von J. Sandler (1972) lediglich »explanatory constructs«. Es sind Denkmöglichkeiten, von denen man nicht sagen könne, ob sie im Untersuchungsgegenstand überhaupt vorliegen,
  denn

»neither the analyst nor the patient ever actually knows what goes on beneath the surface material brought by the patient. It can be *conceived*[43], but not *perceived*« (J. Sandler u. A. Sandler 1987, Kursivierungen, S. Z.).

- Wohl auch weil Gefühle wahrnehmbar sind, sollte nach Auffassung von J. Sandler (1978) eine »psychoanalytische Psychologie der Motivation, die auf die Regulierung von Gefühlszuständen bezogen ist ... an die Stelle der Psychologie treten, die sich auf das Konzept der Triebabfuhr gründet«. Indem J. Sandler nur sinnliche Erkenntnis gelten lässt, verpflichtet er sich auf die Oberflächengestalt seines Untersuchungsgegenstandes[44]. Er kann dessen Verhältnisse nurmehr so auf den Begriff bringen, wie sie in Wirklichkeit erscheinen, aber nicht, wie sie in Wirklichkeit sind.

- Ebenso wie unklar bleibt, wie in der Bildung eines Affektäquivalents[45] der seelische Inhalt des Affekts aus dem Bewusstsein verschwindet, ebenso bleibt der Status der unbewussten Gefühle nebulös. Unterstellt man, dass J. Sandler mit Freud unbewusste Gefühle nicht als wirkliche, sondern als mögliche Gefühle versteht, können unbewusste Gefühle jedenfalls nicht als Motive wirksam werden. Nimmt man hinzu, dass J. Sandler (J. Sandler u. A. Sandler 1987) analog den Trieben auch das Unbewusste lediglich als ein »theoretical construct« sieht, für das dieselbe Formulierung gilt – »We can *conceive* of the contents of the past unconscious but we cannot *perceive* them« –, gibt es die unbewussten Gefühle des Subjekts und deren motivationale Qualität mit Sicherheit nur im Kopf des Untersuchers. Ob sie auch im Subjekt vorhanden sind, bleibt jedenfalls offen.

- Wie bei seinen Vorgängern bleibt auch bei J. Sandler unklar, worin die unterschiedlichen Intensitäten der Affekte gründen.

- Auf der Repräsentanzebene definiert J. Sandler Wohlbefinden als erlebnismäßigen Ausdruck einer Kongruenz von aktueller und idealer Selbst-

---

[43] »Conceive« ist als »sich vorstellen, meinen, ersinnen« zu übersetzen (Schöffler-Weis 1954, 89). Ähnliche Ausdrucksweisen sind: »to form an idea, a plan etc. in the mind; to imagine« (Hornby 1995, 227).

[44] Im Grunde verpflichtet sich J. Sandler (1972; s. auch 1990) einem agnostischen Konstruktivismus. Er schreibt: »I should like to emphasize that although physical events may give rise to various types of subjective experience (ultimately via processes in the nervous system), all the apparatus [der seelische Apparat] can ›know‹ are the contents of subjective experience. This applies even in regard to the ›real world‹, which is never known *in itself* – only experiential representations are known ... Even the ›purest‹ scientist, with the most sophisticated instruments, is working with experiential reflections of reality«.

[45] Wie Schur (1955a) geben auch J. Sandler u. Joffe (1960), in deren Arbeit dieses Konzept erscheint, nicht an, dass es sich bereits bei Freud (1895b, 319f) findet und insbesondere von Fenichel (1945a) ausgearbeitet wurde.

repräsentanz und sämtliche Unlustgefühle als Ausdruck einer Diskrepanz beider Selbstrepräsentanzformen. Da er offen lässt, welche Repräsentanzen bei besonderen unlustvollen Gefühlen wie Schmerz, Hilflosigkeit oder Angst zueinander in Beziehung stehen, bleibt deren inhaltliche Bestimmung auf dieser Ebene offen. Unter Verlust ihrer Besonderheit können sie gemeinsam nur mehr negativ als »Nicht-Wohlbefinden«, als Missbehagen definiert werden.

- Wohlbefinden, das sich aus der Bewältigung von Schmerz, Unlust, Schuld und Angst generiert – alle diese Affekte werden als polarer Gegensatz des Wohlbefindens vorgestellt (1960a; 1960b, J. Sandler u. A. Sandler 1987; Joffe u. J. Sandler 1967b) –, wird nicht von dem Wohlbefinden unterschieden, welches sich im Gefolge von »lustvollen Gefühlszuständen« einstellt, welche die Triebbefriedigung begleiten (1967a; 1967b; J. Sandler 1972). Gleichgültig, ob es aus der Bewältigung verschiedener unlustvoller Gefühle oder als Endzustand nach der Triebbefriedigung entsteht, in J. Sandlers Konzept ist es immer das gleiche Wohlbefinden. Da in Wirklichkeit aber die Spezifität eines Gefühls in den Bedingungen gründet, unter denen es entsteht (S.L. Rubinstein 1946, 21f), handelt es sich jedoch nicht um ein allgemeines, sondern jedes Mal um ein ganz besonderes Wohlbefinden.

- Wahrnehmung versteht J. Sandler (1960a) als einen aktiven Vorgang, als einen »Akt der Integration«, bei dem es gelingt, in Anwendung eines »Bezugssystems« – der Repräsentanzwelt – »Sinnesempfindungen in Wahrnehmungen« umzuwandeln. Problem ist dabei, dass die Repräsentanzwelt selbst Resultat von Wahrnehmungen ist, so dass »Sinnesempfindungen« offensichtlich auch ohne vorbestehendes Bezugssystem Struktur gewinnen können.

- Ferner glaubt J. Sandler (1960a), dass von Anfang an die »Wahrnehmung im Dienste des Sicherheitsprinzips steht«, auf den »Zustand des Wohlbefindens« sich richtet, der von vornherein »als biologisches Ziel vorhanden« ist (Joffe u. J. Sandler 1967b). Der Akt der Wahrnehmung gewinnt damit eine intentionale Struktur. Das Kind beabsichtigt, durch die Wahrnehmung zu verhindern, »dass das Ich von ungeordneten Sinnesdaten überschwemmt« und bei »gelungene[r] Durchführung« in Herstellung »eines bestimmten Gefühls von Sicherheit« (Joffe u. J. Sandler 1967a) davor bewahrt wird, »von einem Trauma überwältigt zu werden« (J. Sandler 1960a). Bei der implizierten intentionalen Struktur des Wahrnehmungsaktes müsste also schon das neugeborene Kind über ein Bewusstsein des besonderen drohenden Traumas und dessen Bedingung wie auch des besonderen Mittels – der Wahrnehmung – verfügen, mit dem diese Bedingung suspendiert werden kann. Ein derart differenzier-

tes Bewusstsein wird aber – zu Recht – von J. Sandler selbst bestritten. Er
schreibt, dass

> »in the beginning the child will have two great classes of subjective ex-
> perience – those experiences which are pleasant ... and associated with sa-
> fety ... and those which are unpleasant ... and painful«,

d. h. was vorliegt, ist lediglich »the divison of the child's world ... into
pleasure and unpleasure« (J. Sandler u. A. Sandler 1978, Kursivierung
aufgehoben, S. Z.).

- Wie Ch. Brenner belässt es auch J. Sandler bei der bloßen Behauptung,
  dass Lust und Unlust auf vorsprachlichem Entwicklungsstand erlebt
  werden können. J. Sandler geht in dieser Hinsicht noch über Ch. Brenner
  hinaus. Er ist der Ansicht, »there are [more] feelings before language«
  und »that the child can differentiate feelings subjectively very much ear-
  lier than he can put names to them«. Dazu gehörten bspw. die »Schmerz-
  empfindungen«, die das Neugeborene von »den Gefühlen der Unlust
  aufgrund von Triebhunger ... unterscheiden kann« (Joffe u. J. Sandler
  1967b). J. Sandler begründet dies damit, »dass das Neugeborene, wenn es
  verletzt wird, anders schreit, als wenn es hungrig ist« (1967b). Abgesehen
  davon, dass Hunger kein Triebbedürfnis darstellt, der Schluss von einem
  differenten Schreien auf ein differentes Erleben ist ein reduktiver, logisch
  nicht zwingender und kann ein differenziertes Erleben allein nicht begründen.

Otto Kernberg

Kernberg (1982) legt seiner Auffassung der Affekte die von Psychologen (z. B.
Izard 1978) vertretene Behauptung zugrunde, dass es »inborn affective patterns« gebe, welche »with their behavioral, communicative, and physiological
manifestations« der Umwelt – insbesondere der Mutter – von Anbeginn an die
kindlichen Bedürfnisse signalisierten. Dementsprechend versteht er Affekte als
»angeborene Dispositionen für eine subjektive Erfahrung in der Dimension
von Lust und Unlust« (Kernberg 1976b, 106) und diskutiert sie vor allem im
Hinblick auf die Objektbeziehungen und den Trieb. Affekte würden »gleichzeitig mit angeborenen Verhaltensmustern aktiviert, die reziproke (bemutternde)
Reaktionen aus der Umgebung hervorrufen« und die Produkte dieser Aktivie-
rungen würden als »Einheit[en]« in ein »affektive[s] Gedächtnis« eingetragen,
die »Selbstkomponenten, Objektkomponenten und den Affektzustand« enthiel-
ten (1976b, 107). Diese Einheiten sollen sich der »affektiven« Integration von
»Wahrnehmungen affektiver, physiologischer, verhaltensmäßiger und umge-
bungsbedingter Veränderungen« verdanken (1976b, 86). Darüber hinaus wird
den

»Affektdispositionen ... die wichtige strukturierende Funktion« zugeschrieben, »ursprünglich ›nur gute‹ von ›nur bösen‹ internalisierten Objektbeziehungen zu trennen und die spezifischen Interaktionen zwischen Selbst und Objekt zu färben, die in diesen verinnerlichten Selbst- und Objektvorstellungen repräsentiert sind« (1976b, 91).

Die dispositionell vorgegebenen Affekte differenzierten sich dann »im Kontext der Differenzierung der internalisierten Objektbeziehungen« in der Entwicklung weiter (1976b, 107).

In der Diskussion der Frage, wie Triebe und Affekte zusammenhängen, spricht Kernberg (1976b; 1982) den Affekten die motivationale Kraft zu, die er den Trieben abspricht. Kernberg (1976b, 86) sieht die »primären Motivationssysteme« nicht in den Trieben, sondern in den »Affektdispositionen«. »Freuds *Triebe*« hält Kernberg (1976b, 88) für ein sekundäres Gebilde. Die Triebe bildeten sich

> »aus partiellen, diskontinuierlichen ›Instinkt‹-Komponenten (wie frühen spezifischen Wahrnehmungen, Affektzuständen und angeborenen Verhaltensmustern), die in der elementaren ›Umgebung‹ der Mutter-Kind-Beziehung ›freigesetzt‹ werden« (1976b, 88).

Sie konstituierten sich aus diesen »Bausteinen«, aus »lustvollen affektbestimmten Einheiten« und aus »unlustvollen affektbestimmten Einheiten«[46]. Diese entwickelten sich »allmählich zu den libidinös besetzten und den aggressiv besetzten Konstellationen psychischer Triebsysteme weiter, d. h. zu Libido bzw. Aggression als den beiden stärksten psychischen Trieben« (1976b, 87).

Kommentar

Auch an diesen wesentlichen Positionen der Kernbergschen Auffassung der Affekte ist Mehreres problematisch.

- Ohne zu fragen, wie es möglich ist, wird auch von Kernberg dem Neugeborenen einfach unterstellt, dass es in der Lage ist, qualitativ differenzierte Affekte zu erleben.
- Die Annahme, dass das Neugeborene über »inborn affective patterns« verfüge, die dem Gegenüber differenzierte Auskunft über das Innenleben des Kindes und dessen Bedürfnisse geben und die Kernberg (1982) unter Berufung auf die psychologischen Untersuchungen und Überlegungen von Izard (1978) vorträgt, ist keineswegs so unstrittig, wie Kernberg vorgibt. Jedenfalls ist in einer Vielzahl von Untersuchungen mit guten Gründen bezweifelt worden, ob von einem beobachtbaren Verhalten auf das Innenleben der Person geschlossen werden kann (z. B. Russell 1994; 1995; weit. Lit. s. Zepf 1997b; s. auch Kap. 6).

---

[46] Diese Auffassung wird sechs Jahre später wiederholt: »Affects ... are the building blocks or constituents of drives ...« (Kernberg 1982).

- Offen bleibt, wie sich die Objektbeziehungen für das Kind differenzieren sollen, wie diese Differenzierung zu einer Differenzierung der Affekte führt und wie die durch positive und negative Affekte aufgetrennten internalisierten Objektbeziehungen wieder vereinheitlicht werden.

- Wie schon in der Kernbergschen Konzeptualisierung des Narzissmus sind auch in seinem Affektkonzept die Zusammenhänge, in denen einzelne Aussagen stehen, widersprüchlich. Auch bei längerem Nachdenken kann ihr Aussagewert nicht ermittelt werden. Bspw. wird zugleich behauptet, dass die Affektdispositionen die internalisierten Objektbeziehungen integrieren (Kernberg 1976b, 86, 108) und dass die »internalisierten Objektbeziehungen ein integrierendes System für ... Affektdispositionen« konstituieren (1976b, 84f). Auch ist die Annahme, dass das Neugeborene über qualitativ differente Affektdispositionen verfügt, logisch nicht konsistent mit der These, dass

  > »Affekte ... Entwicklungsreihen subjektiver Erfahrungen [konstituieren], die von den primären undifferenzierten Zuständen von Unlust und Lust ausgehen« (1976b, 94),

  dass also die Affekte nicht primär vorhanden sind, sondern sich erst aus einer undifferenzierten Lust-Unlustmatrix entwickeln[47]. Ebenso widerspricht die These, dass Affekte die Motive für das Verhalten sind, der gleichfalls von Kernberg (1982, Kursivierungen, S. Z.) vertretenen Ansicht, dass es eine »central biological function« der »inborn affective patterns« wäre, »to signal to the environment (the mothering person) the *infant's needs ...*«. Hier haben jedenfalls die »affective patterns« keine motivationale Qualität. Sie sind vielmehr bloße Mittel, deren Einsatz von den Bedürfnissen motiviert wird. Diese These steht auch in Widerspruch zu der Auffassung, welche »eine entscheidende Funktion« der »Affekte« darin sieht, »die vorherrschende Qualität libidinöser, aggressiver oder libidinös-aggressiver Motivationssysteme [zu] *signalisieren*« (1976b, 113, Kursivierung, S. Z.)[48].

---

[47] Desgl. auch Milton Klein u. Tribich (1981): »It is difficult to understand how these affect dispositions can be conceived of as ›primary motivational systems‹ when in fact they come into existence as a result of the human organism's interaction with its environment and the quality of that interaction then determines the affect disposition aroused«.

[48] Auch 1982 besteht dieser Widerspruch noch. Einmal heißt es, »affects are the primary motivational system« und zum anderen wird der Libido und der Aggression motivationale Qualität zugesprochen, welche durch die Affekte lediglich ausgedrückt wird: »Libido and aggression ... become hierarchically supraordinated motivational systems which express themselves in a multitude of differentiated affect dispositions under different circumstances« (Kernberg 1982).

- Ohne sich mit der Auffassung Freuds auch nur beiläufig auseinander zusetzen, dass Hassen und »Lieben« »nicht nur eines, sondern dreier Gegensätze[49] fähig« sind (Freud 1915c, 226), wird von Kernberg (1976b, 88) einfach behauptet, er habe mit der Auffassung, dass »Liebe und Hass ... die hauptsächlichen Organisatoren der Gesamtheit der Triebe als allgemeiner intrapsychischer Motivationssysteme« sind, »die dualistische Triebtheorie Freuds« u. a. auch deshalb »neu ... formulier[t]« (Kernberg 1976b, 85), weil auch ihr jener Gegensatz innewohne, den Freud in jede seiner dualistischen Triebkonzeptionen eingetragen hat.

- Könnte man diesen Mangel noch nachsehen, so ist es mit dem folgenden anders. Kernberg (1976b, 88) behauptet weiter, dass Liebe und Hass schon in »ihren Vorläufer[n] und frühesten Äußerungen ... durch ... primitive[.] Affektdispositionen repräsentiert« werden[50]. Soll diese Behauptung substanziiert sein, muss unterstellt werden können, dass am Beginn des extrauterinen Lebens auch Affektdispositionen vorliegen, welche als Vorläufer von Liebe und Hass angesehen werden können. Folgt man den Vermutungen der psychologischen Affektforschung, die Kernberg (1982) als empirische Tatsachen präsentiert und auf die er sich beruft, finden sich diese Dispositionen jedoch nicht[51].

- Wie Ch. Brenner lehnt Kernberg (1976b, 94) die »Existenz ›reiner‹ Affekte ohne jede kognitive Implikation« ab und sieht seine Auffassung durch die Äußerung Engels (1963, 269) bestätigt, dass auch die »ursprünglichen undifferenzierten Affekte ... Sättigung oder Bedürfnis, Lust oder Unlust an[zeigen]«. Der Hinweis auf G.L. Engel suggeriert eine Übereinstimmung, die nicht besteht. Die Kategorien »Sättigung« und »Bedürfnis« beziehen sich bei G.L. Engel lediglich auf objektive und nicht auf subjektiv existente Sachverhalte[52].

- Die Probleme der Intensitätsvariation und der unbewussten Affekte werden nicht erörtert.

---

[49] »[L]ieben – hassen«, »lieben – geliebt werden«, hassen – gehasst werden und »lieben und hassen [setzen sich] zusammengenommen dem Zustand der Indifferenz oder Gleichgültigkeit entgegen« (Freud 1915c, 226).

[50] Dieselbe Position wird von Kernberg auch 1982 vertreten: »Love and hate ... become stable intrapsychic structures, in genetic continuity through various developmental stages ...«.

[51] Izard (1977, 79), ein Gewährsmann von Kernberg (1982), unterscheidet 10 sog. »Primäraffekte«: Interesse-Erregung, Freude, Überraschung, Zorn, Ekel, Kummer-Schmerz, Geringschätzung, Angst, Scham und Schuld.

[52] Bspw. führt in der Sicht von G.L. Engel (1962, 63, s. auch 158f) eine objektive »Störung des dynamischen ›steady state‹« subjektiv zum Auftreten von »»Unlust«« und das »Genährt- und Befriedigtwerden« zum Auftreten von »Lust«.

- Geht man davon aus, dass es in Kernbergs Konzept keine unbewussten Affekte gibt, dann kann es auch keine unbewussten Motive mehr geben. Abwehr kann sich nurmehr an den Erscheinungsformen der Affekte, an deren – wie Kernberg (1976b, 94) schreibt – »kognitiven Implikationen«, an den Objektbeziehungen, aber nicht mehr an den Affekten selbst abspielen. Da Abwehroperationen damit zwar ihr Ziel »an dem Vorstellungsanteil«, aber nicht mehr »das eigentliche Ziel der Verdrängung« – »die Unterdrückung der Affektentwicklung« (Freud 1915e, 277) – erreichen können, folgt daraus, dass sie immer in einer »missglückte[n] Verdrängung« (1915d, 256) enden. Eine derartige Einschränkung der Abwehrvorgänge widerspricht nicht nur der Auffassung Freuds, sondern auch ganz entschieden der klinischen Erfahrung.
- Schließlich wohnt in Freuds Auffassung eine motivationale Qualität der körperlichen Faktizität der Triebe inne und nicht ihren »psychischen Repräsentanz[en]«, den »Affekte[n]« oder den »Vorstellungen« (1915d, 255). Ich will nochmals daran erinnern, dass in es Freuds Auffassung (1915d, 255) die an den Vorstellungen »haftende[.] Triebenergie« ist, »welche als Affekte der Empfindung bemerkbar werden«. Wenn man diese Auffassung des Verhältnisses von Trieb und Affekt umkehrt, macht man die Wirklichkeit – die Körperlichkeit der Triebe – in konstruktivistischer Manier zu einer Kopfgeburt, zu einer Erscheinungsform der Art und Weise, in der sie erlebt wird[53].

Rainer Krause

Obwohl das Affektkonzept von Krause mehr von einem psychologischen, als von einem psychoanalytischen Interesse getragen ist, will ich dieses Konzept vor allem deshalb noch kommentieren, weil es gleichwohl in Psychoanalytikerkreisen des deutschen Sprachraums relativ breit und wohlwollend aufgenommen wurde und wird.

Wie Kernberg geht auch Krause (1998a, 28, Kursivierungen aufgehoben, S. Z.) von angeborenen, kulturinvarianten »»Primäraffekten«« aus, zu denen »Freude, Trauer, Wut, Ekel, Überraschung, Furcht, Verachtung« gehörten. Diesen Affekten wohne von vornherein »propositionale Struktur« dergestalt inne, dass ihre Äußerungsformen dem jeweils Anderen die mit ihm gewünschte oder nicht gewünschte Interaktion anzeigen bzw. ihn darüber informierten, welches Interaktionsverhalten gleich folgen wird (1998a, 38). Diese propositionale Struktur

---

[53] Die Aussage von Ch. Brenner (1976b, zit. n. Milton Klein u. Tribich 1981), im Vergleich mit den Konzepten anderer Objektbeziehungstheoretikern sei das Kernbergsche »by far the most logical, the most understandable, and the most scientifically conscientious«, ist nicht nachzuvollziehen.

der Affekte sei ebenso phylogenetisch verankert wie ihr »Wahrnehmungsmodus
in unserem Erkenntnisprozess phylogenetisch fest eingebaut« sei (1997, 134).
Auf der Grundlage dieser Primäraffekte bilde sich ein Affektsystem, das Krause
(1998a, 27) in sechs Subsysteme unterteilt. Die Subsysteme nennt er »Module«,
»um deutlich zu machen, dass die Subsysteme weitgehend unabhängig funktionieren können«. Diese »Module« sind

»1. Eine expressive Komponente in der Körperperipherie mit Gesichtsaus-
    drücken und Vokalisierungen in der Stimme.
 2. Eine physiologische Komponente der Aktivierung bzw. Desaktivierung des
    autonomen und endokrinen Systems, die eine innere und äußere Hand-
    lungsbereitschaft herstellt.
 3. Eine motivationale Komponente mit Verhaltensbahnungen in der Skelett-
    muskulatur und der Körperhaltung, die mit dem expressiven Signalanteil
    nicht deckungsgleich ist.
 4. Die Wahrnehmung der körperlichen Korrelate.
 5. Eine sprachliche Benennung und damit implizite Bewertung der wahrge-
    nommenen Bedeutung sowie der körperlichen Komponenten, sofern sie
    registriert werden.
 6. Eine bewusste Wahrnehmung des Affekts als inneres Bild und als spezi-
    fische situative Bedeutung der Welt und der Objekte« (1998a, 27).

Im Hinblick auf diese Module werden Affekte und Gefühle dahingehend unterschieden, dass sich der Begriff »Affekt« auf »die körperlichen Reaktionen ohne
bewusste Repräsentanz und Erleben derselben ... (Modul 1 bis 3)« und der Begriff »Gefühl« auf »das bewusste Wahrnehmen und/oder Erleben der situativen
Bedeutungsstruktur sowie des autonomen Anteils ... (Modul 1 bis 4)« bezieht
(1998a, 28).

Das Freudsche Affektverständnis wird ebenso verabschiedet wie sein Triebverständnis. Freud habe die Affekte »ausschließlich als Folge einer Disregulati-
on der Triebe gesehen«, sie nicht als »Handlungsziele« begriffen und ihnen
»keine primäre Zeichenfunktion zugesprochen« (1998a, 25). Zwar habe Freud
später »Angst als Folge eines kognitiven Urteilsaktes« verstanden (1998a, 26).
Ihm sei jedoch entgangen, dass schon »in jeder spezifischen Emotion eine spezifische kognitive Struktur enthalten ist« (1998a, 40). Die damit verbundene
»Negierung des sozialen Anteils« der Affekte kennzeichne auch sein Triebverständnis (1998a, 26), das mit folgenden Argumenten zurückgewiesen wird. In
physiologischer Hinsicht liege ihm das nicht haltbare Reflexmodell zugrunde, in
psychologischer Hinsicht könne man aus »psychologischen Entitäten – die körperlichen Verursachungsquellen« – nicht »ableiten«, die von Freud behauptete
Verbindung von Unlust mit Erregungssteigerung und Lust mit Erregungsmin-
derung träfe nicht zu, eine »psychologieimmanente kausale Herleitung der
Triebphantasien« sei »nicht möglich« (1998a, 15) und eine Definition der Triebe
von ihren Zielen her sei eine »tautologische Vorgehensweise«, die »keinen Er-
klärungswert« besitze.

An die Stelle der Triebe setzt Krause (1998a, 42) »biologisch geprägte[.] Motivationssysteme«. Diese entwickelten sich und machten »sich als Aufträge an das Verhalten bemerkbar«. So sei »die Funktion des ersten Motivationsauftrages ... gute, zärtliche, fürsorgliche, freundschaftliche Beziehungen zu den Mitmenschen herzustellen«. Trete »die innere Forderung nach Eigenständigkeit, Autonomie, Individuation und Selbstbehauptung in den Vordergrund, wird ›Macht‹ das hauptsächlich angestrebte Ziel« und die später hinzukommenden »spezifische[n] sexuelle[n] Bedürfnisse« weckten »die sexuelle Neugier, die Schau- und Zeigelust«, regten »zu sexuellen Phantasien und Spielen« an (1998a, 43). Den Triebbegriff reserviert Krause (1998a, 50) für die »*terminale Handlung*«, die »im Organisationsrahmen der Motivsysteme ganz unten angesiedelt ist«, so dass bspw. eine »sexuelle ›consumatory action‹ wie das ›Aufreiten‹ ... der Autonomie und Machtregulierung dienen [würde]«.

Die »Affekte« versteht Krause (1998a, 49) als die »psychischen Repräsentanzen von hierarchisch organisierten, aus dem Körperinnern und durch externe Reize aktivierbaren zielorientierten Motivationssystemen«, welche

> »die Objektbeziehungen, aber auch andere nicht soziale Handlungen in motivspezifischer Weise« [steuern]. Sie bieten eine spezifische protokognitive Wahrnehmung der Subjekt-Objektbeziehungen und eine spezifische Bedeutungsstruktur sowie rudimentäre Programme an, durch welche die physiologischen, kognitiven, motorischen und motivationalen Ressourcen für eine spezifische Handlung bereitgestellt werden. Gleichzeitig wird der Handlungspartner informiert, was wahrscheinlich als nächstes geschehen wird«.

Abwehrvorgänge verschiedenster Art veränderten die »Modularitätsstruktur der Affekte« und führten so zu einer »Affektabwehr«(1998a, 248). Sie können bspw. »Abweichungen zwischen dem Modul 1 und 2 (Ausdruck und Physiologie)«, »Abweichungen der Zusammenhänge zwischen den Modulen 2 (Physiologie), Wahrnehmung derselben ... und Situationswahrnehmung ...« zur Folge haben oder bewirken, dass – im Falle der »Konversion« –

> »Situationswahrnehmung ... und willkürmotorisches System ... dadurch verkoppelt [werden], dass eine unbewusste Situationswahrnehmung im willkürlichen System mehr oder weniger symbolisch verschlüsselt dargestellt wird«,

zur

> »Verhinderung eigener Gefühle« die »körperlichen Module« eines anderen übernommen werden oder ein »konfliktaktivierender Affekt ... durch die Mobilisierung eines anderen in allen Modulen an der Entwicklung gehemmt [wird]«.

Um bspw. »eine Überschwemmung mit als pathogen erlebten Schamgefühlen zu vermeiden, innervieren die betreffenden Personen fortlaufend mit der Schamreaktion unvereinbare Körperpositionen. Sie innervieren z. B. eine Art chronische dauerhafte Triumph oder Stolzhaltung ...« (1998a, 245f).

Kommentar

Auf eine weitere Darstellung der Krauseschen Überlegungen will ich verzichten. Die zentralen Probleme, die in seinem Konzept enthalten sind, liegen offen genug, und diese Probleme werden auch in seinem Versuch, verschiedene Krankheitsbilder im Rahmen seines Affektsystems zu diskutieren, keiner Lösung zugeführt. Zunächst ist jedoch darauf hinzuweisen, dass Krauses Abweisung des Freudschen Affekt- und Triebverständnisses auf einer sehr brüchigen und kaum haltbaren sachlichen Basis steht. Er begründet sie lediglich mit einigen wenigen Zitaten aus dem »Entwurf einer Psychologie« (1950c), von dem Freud »nichts ... zur Kenntnis der sogenannten Nachwelt kommen lassen« wollte (Brief vom 3.01.1937 an Marie Bonaparte, Masson 1985, XIX; s. auch Kap. 12), Arbeiten von 1924 (b), 1926 (a) und vor allem aus »Triebe und Triebschicksale (1915c), einer Fußnote aus das »Unbewusste« (1915e) und einem Hinweis auf den Todestrieb. Gewiss, das Reflexmodell, das Freud (1920g, 60) als »*Nirwanaprinzip*« oder als »Konstanzprinzip« (1923b, 275) fasst, kann nicht aufrechterhalten werden (s. Kap. 12). Daraus folgt jedoch nicht, dass auch das Konzept der Triebe aufzugeben ist. Krause entgeht, dass in der These Freuds, Triebe und Triebrepräsentanzen entstehen in Anlehnung an die Befriedigung der sog. »großen Körperbedürfnisse«, keineswegs deren sozialen Anteil negiert, sondern im Gegenteil als ihr essentieller Bestandteil reklamiert wird (s. Kap. 19), und dass die Phantasien, die Triebrepräsentanzen nicht aus der Biologie, sondern aus der Interaktion geboren werden (s. Kap. 1). Und im Argument, Freud habe Affekte nicht als Handlungsziele begriffen, wird etwa die Aussage überlesen, »dass unsere gesamte Seelentätigkeit darauf gerichtet ist, Lust zu erwerben und Unlust zu vermeiden«, wobei die

> »Aufgabe, Unlust zu verhüten ... sich ... fast gleichwertig neben die des Lustgewinns« stellt und sich das »Endziel der seelischen Tätigkeit ... qualitativ als Streben nach Lustgewinn und Unlustvermeidung beschreiben lässt« (1916-17a, 390; 1920g, 3; s. Kap. 4).

Auch die Ansicht, »Lust« generiere sich aus der »Vermeidung von Unlust« (Krause 1998a, 12), kann Freud ebenso wenig durchgängig unterstellt werden wie die Auffassung, Lust sei an eine Reizminderung und Unlust an eine Reizsteigerung gebunden (s. Kap. 4). Auch wenn es zutrifft, dass Freud den kommunikativen Aspekt der Affekte nicht systematisch verfolgt[54], die These, er habe ihn nicht beachtet, ist ebenfalls nicht in der Sache begründet. Freud (1890a, 293f, Kursivierungen, S. Z.; s. auch 1905c, 220; 1911b, 233) schreibt u. a.:

> »Fast alle seelischen Zustände eines Menschen äußern sich in den Spannungen und Erschlaffungen seiner *Gesichtsmuskeln*, in der Einstellung seiner Augen, der Blutfüllung seiner Haut, der *Inanspruchnahme seines Stimmapparates* und in der Haltung seiner Glieder, vor allem der Hände. Diese körperlichen Veränderungen ...

---

[54] Vermutlich tat er dies nicht, weil sich im psychoanalytischen Setting das mimische Verhalten des Analysanden dem Analytiker weitgehend entzieht.

dienen dem Anderen als verlässliche Zeichen, aus denen man auf die seelischen Vorgänge schließen kann und denen man mehr vertraut, als den etwa gleichzeitigen absichtlichen Äußerungen in Worten ... Bei gewissen Seelenzuständen, die man ›Affekte‹ heißt, ist die Mitbeteiligung des Körpers ... augenfällig ... Es ist allgemein bekannt, welch außerordentliche Veränderungen im *Gesichtsausdruck*, im Blutumlauf ... in den Erregungszuständen der willkürlichen Muskulatur, unter dem Einfluss z. B. der Furcht, des Zornes, des seelischen Schmerzes, des geschlechtlichen Entzückens zustande kommen«.

Des Weiteren ist die Signalangst nicht »Folge eines kognitiven Urteilsaktes« (Krause 1998a, 26), sondern hat – wie bereits dargestellt – selbst eine kognitive Struktur und eine soziale Dimension[55]. Ebenso ist der Vorwurf, Freuds »Triebklassifikation anhand von Zielen« sei tautologisch (1998a, 15), nicht in der von Krause vorgetragenen generellen Form aufrechtzuerhalten. Er trifft zwar auf die Lehre vom Todestrieb, nicht aber für die sexuellen Triebe zu, wie sie in der Anlehnungsthese konzipiert sind. Tautologisch wäre sie, wenn Freud auch in dieser Konzeption analog seiner Todestrieblehre verführe und ein beobachtbares Ereignis (wie den Tod) als Ziel eines besonderen Triebes unterstellte. Nach dieser These entstehen jedoch die sexuellen Triebe und Repräsentanzen durch die Art der Befriedigung und er sieht in den manifesten Zielen, die mit dem Verhalten später verfolgt werden und deren Erreichen sich im Verhalten darstellt, andere und zwar jene sexuelle Bedürfnisse und Ziele wirksam, die im Akt der Befriedigung hergestellt wurden.

Tautologisch ist hingegen die Argumentationsweise Krauses. Er schließt aus der Beobachtung »gute[r], zärtliche[r], fürsorgliche[r], freundschaftliche[r] Beziehungen zu den Mitmenschen«, dass es den Motivationsauftrag gibt, »anhängliche, zärtliche, freundschaftliche Beziehungen zu Artgenossen« herzustellen (1998a, 42f). Da er die Motivsysteme in der Biologie verankert, aus »psychologischen Entitäten« auf die »körperlichen Verursachungsquellen« (1998a, 15) schließt, verfängt er sich ferner in derselben Kritik, die er meint, an Freud üben zu können.

Außer dieser tautologischen Vorgehensweise sind seiner Konzeption noch weitere Probleme und Widersprüche inhärent:

---

[55] Es ist nicht nachzuvollziehen, wie Krause (1998a, 26) zum Urteil kommt, bei Freud finde sich »auf der Ebene der Metatheorie« – gemeint ist die Metapsychologie – »die Negierung des sozialen Anteils« der Affekte. Bspw. thematisiert Freud (z. B. 1896b, 389; 1912-13a, 24, 86; 1916-17g, 438; 1916-17a, 408; 1918b, 79; 1926d, 157, 170, 198; 1933a, 68, 85, 88) die Angst in unterschiedlichen Schaffensphasen nicht nur als eine neurotische, sondern ebenso auch als eine »reale« und »soziale« und Gay (1998, Kursivierung, S. Z.) hat in einem Spiegelartikel mit folgendem Freud-Zitat eben die soziale Dimension der Affekte auch der fachfremden Öffentlichkeit zugänglich gemacht: »»Die Psychoanalyse hat zwar die individuelle Psyche zum Objekt genommen, aber bei der Erforschung derselben konnten ihr die *affektiven Grundlagen* für das Verhältnis des einzelnen zur Gesellschaft nicht entgehen««.

- Die Motivationssysteme wie die Primäraffekte (und deren Wahrnehmungsmodus) werden in der Biologie lokalisiert, womit bereits die Biologie als beseelt unterstellt wird. Die »propositionalen«, der Bindungsre-
gelung dienenden »Strukturen« der »Primäraffekte« des Einzelnen gewinnen dadurch den Status von Erscheinungsform eines Abstraktums
ebenso wie seine konkreten Bedürfnisse[56]. In der Formulierung jedenfalls, dass bei einer Störung »[e]ine sexuelle ›consumatory action‹ wie das
›Aufreiten‹ ... der Autonomie und Machtregulierung dienen [würde] und
keineswegs der Bindung« (1998a, 50), steht die sexuelle Befriedigung sowohl bei einer Störung wie im Normalfall im Dienste eines der Biologie
inhärenten Abstraktums, der »Autonomie und Machtregulierung« bzw.
dem Bedürfnis nach »Bindung«[57].
- Die Beziehung zwischen Affekten und Motiven ist widersprüchlich konzipiert. Einerseits sind »Affekte ... die *psychischen Repräsentanzen*[58] von ...
Motivationssystem« (1998a, 49, Kursivierungen, S. Z.), andererseits werden sie in der Formulierung, dass sie eine je »spezifische« propositionale
Struktur besitzen, »in der es ein Selbst, ein Objekt und *eine gewünschte Interaktion* zwischen dem Selbst und dem Objekt gibt« (1997, 62, Kursivierungen, S. Z.), selbst als Motive ausgewiesen.

---

[56] In unterschiedlichen Ausformungen haben diese hegelianischen Kopfgeburten, die
falschen Konkretionen des Abstrakten, denen eine Verwechslung realer Prozesse mit
ihrem Erkenntnisprozess zugrunde liegt (s. Kap. 17), eine ebensolche Tradition wie die
Kritik, die an ihnen geübt wird. Bspw. habe ich bei der Diskussion des Balintschen
Narzissmuskonzeptes vor 15 Jahren (Zepf 1985, 23; s. auch Kap. 4) darauf aufmerksam
gemacht, J. Sandler et al. (1971, 36) haben am Beispiel des Wiederholungszwanges vor
29 Jahren auf die Neigung der Psychoanalytiker hingewiesen, beschreibenden Begriffen
den Status intentionaler Erklärungen zu verleihen und Thomä (1963/64) hat in seiner
Erörterung der Schultz-Henckeschen (1951) Antriebslehre bereits vor 35 Jahren derartige Reifizierungen von Abstrakta kritisiert. Auch Schultz-Hencke (1951, 28f) verabschiedet sich von der psychoanalytischen Trieblehre und unterstellt ein »allgemeinstes,
kategoriales Erleben von Antriebs-, von Bedürfnischarakter«, das als »kategoriales Erleben ... allem Weiteren voraus[geht] ... alles Speziellere umgreift«, so dass z. B. »die orale
Zuwendung zur Welt eine Spezialform der kaptativen dar[stellt]« (1951, 26) und »die
kategoriale Bedürfnishaltung des Retentiven ... den Spezialfall des Anal-Retentiven mit
umgreift« (1951, 31). In diesem Zusammenhang wendet Thomä (1963/64) gegen das
retentive Erleben bündig ein: »Die kategoriale Verbindung des Analen mit dem Retentiven kann natürlich nicht vergessen lassen, dass der Säugling weder nach dieser Kategorie lebt noch sie erlebt, sondern den Stuhlgang unter sich lässt«.

[57] Damit wird natürlich nicht bestritten, dass eine sexuelle Handlung im Dienste anderen *konkreter* Bedürfnisse stehen kann (s. insbesondere das »Konzept der Funktionslust«
in Kap. 4, sowie die Kap. 8 und 11).

[58] Im Rahmen der Terminologie von Krause könnten allerdings nicht den Affekte,
sondern nur den Gefühlen der Status psychischer Repräsentanzen zugesprochen werden.

- Werden die Affekte als Motive begriffen, können sie nicht, zugleich den Status von Handlungs*zielen* haben und wenn sie als Repräsentanzen gelten, können sie Handlungsziele lediglich repräsentieren.
- Wie bereits bei der Diskussion des Kernbergschen Konzepts bemerkt, ist die Annahme dieser »Primäraffekte« empirisch keineswegs so abgesichert, wie Krause vorgibt (s. Kap. 6).
- Wie andere Autoren lässt auch Krause die Frage unbeantwortet, welche Bedingungen für die Intensitätsvariationen der Affekte verantwortlich sind.
- Ganz problematisch ist jedoch der Versuch, die Abwehrvorgänge in die »Modularitätsstruktur der Affekte« zu integrieren. Wenn die beschriebenen Abweichungen im Zusammenwirken der Module irgendeinen Erkenntniswert haben sollen, muss begriffen sein, *wie* die Module miteinander interagieren, welchen relativen Stellenwert sie im Erleben der Gefühle einnehmen und wie seelische Operationen, die sich auf seelische Inhalte beziehen, auf dieses, im Wesentlichen in körperlichen Kategorien gedachte Modulsystem einwirken können. Bis auf die Feststellung, dass es »unklar« ist, »[wie] die Wahrnehmung [der] körperlichen Prozesse ... zustande kommt« (1997, 62), finden sich jedoch keine Aussagen, welche über das »Wie« Auskunft geben. Bleiben Antworten auf diese Fragen offen, bleibt aber gänzlich unklar, wie seelische Operationen auf der Repräsentanzebene »zu Abweichungen zwischen dem Modul 1 und 2 (Ausdruck und Physiologie)« bzw. zu »Abweichungen der Zusammenhänge zwischen ... Physiologie, Wahrnehmung derselben ... und Situationswahrnehmung ...« führen können, wie »eine unbewusste Situationswahrnehmung im willkürlichen System mehr oder weniger symbolisch verschlüsselt dargestellt« werden kann, wie die »körperlichen Module« eines anderen übernommen werden oder wie ein »konfliktaktivierender Affekt ... durch die Mobilisierung eines anderen in allen Modulen an der Entwicklung gehemmt« werden kann (1998a, 248)[59]. Die für diese »Affektersetzung« in Anspruch genommene Innervierung (1998a, 243) ist jedenfalls keine seelische, sondern eine körperliche Operation.
- Die begriffliche Trennung von »Gefühl« und »Affekt« als unbewusstes Gefühl verbleibt damit im Deskriptiven. Die Frage, wie welche seelischen Operationen aus Gefühlen Affekte werden lassen bzw. verhindern, dass aus Affekten Gefühle werden, bleibt ohne Antwort. Aus psychoanalytischer Sicht können somit dieser Umbenennung auch keine

---

[59] Solange man nicht weiß, wie Wasserstoff und Chlor in der Salzsäure miteinander verbunden sind, kann man auch nicht begründen, warum sich die Salzsäure durch eine Elektrolyse in H^+ und Cl^- aufspaltet.

substanziellen Erkenntnisse über den Status unbewusster Affekte entnommen werden, die über die bisherigen Vermutungen hinausgehen.

• Die verwendeten Begriffe liegen auf dem Niveau empirischer Verallgemeinerungen. Die verallgemeinerten Sachverhalte gehen nicht in Aussagen ein, die ihre inneren Zusammenhänge abbildeten, so dass die Begriffe lediglich »Tatsachen« anhäufen. Aber – ich habe dies eingangs bereits erwähnt – »eine Anhäufung von Tatsachen ist so wenig Wissenschaft, wie ein Steinhaufen ein Haus ist« (Poincaré 1906, 143).

Iréne Matthis

Matthis (2000a) versucht in ihrer Arbeit, die auf großes Interesse stieß und vom 26.04. - 08.06.2000 im Internet diskutiert wurde, die Affekte metapsychologisch einzuordnen. Ausgangspunkt ihrer Überlegungen ist eine »»second epistemology‹, which Freud most succinctly presented in *An Outline of Psycho-Analysis*« (2000a). Im Gegensatz zu seiner ersten Epistemologie, in der »body and soul, as well as time and space are different (ontological) elements ... beyond consciousness« (2000a), würde Freud in der zweiten Epistemologie behaupten,

> »that body and soul, as well as time and space are categories established by consciousness; they are notions or concepts, which we have created to make the world comprehensible. Neither body nor soul exists as such, beyond consciousness; they exist as such for consciousness, i.e. they belong to the class of perceptions of which we can become conscious. The soma in this model is then what can be perceived through our external senses. It can also be confirmed by a third-person evaluation. The psyche, on the other hand, is what, for us, is given meaning in a subjective, first-person perspective. Psychically meaningful constructions of the grounds for our acts ... can thus be looked upon as one kind of a map that we project over a territory, that, in itself, is unknowable« (2000a).

Zur Begründung argumentiert Matthis (2000a), dass Freud

> »[i]n the first hypothesis ... takes as his starting point the universally shared experience of consciousness, but then he goes on to proclaim that neither psychoanalysis nor psychology can limit themselves to this domain since that would leave only conscious acts such as perceptions, feelings, though processes and volition to be investigated. But as we well know, conscious processes are not unbroken chains, complete in themselves. They leave gaps *en route*, which makes it necessary to postulate that there is another layer that we assume is constituted of physical and somatic processes that are concomitant with the psychical sequences but, in contrast to these, are continues and more complete«.

Aus diesem Umstand folgere Freud (1940a, 80, Kursivierungen von Matthis), dass es

> »dann natürlich nahe [liegt], in der Psychologie den Akzent auf diese somatischen Vorgänge zu legen, in ihnen das eigentlich Psychische anzuerkennen und für die bewussten Vorgänge eine andere Würdigung zu suchen. Dagegen sträuben sich die meisten Philosophen sowie viele andere und erklären, ein unbewusst Psychisches für einen Widersinn.

Gerade dies ist es, was die Psychoanalyse tun muss und dies ist *ihre zweite funda-*
mentale Annahme. Sie erklärt die vorgeblichen somatischen Begleitvorgänge für das eigentliche
Psychische, sieht dabei zunächst von der Qualität des Bewusstseins ab … Während
man in der Bewusstseins-Psychologie nie über jene lückenhaften, offenbar von
anderswo abhängigen Reihen hinauskam, hat die andere Auffassung, das Psychische sei an sich unbewusst, gestattet, die Psychologie zu einer Naturwissenschaft
wie jede andere auszugestalten. Die Vorgänge, mit denen sie sich beschäftigt,
sind an sich ebenso unerkennbar wie die anderer Wissenschaften, der chemischen oder physikalischen, aber es ist möglich die Gesetze festzustellen, denen
sie gehorchen, ihre gegenseitigen Beziehungen und Abhängigkeiten über weite
Strecken lückenlos zu verfolgen, also das, was man als Verständnis des betreffenden Gebiets von Naturerscheinungen bezeichnete«.

Auf dieser, in ihrer Sicht mit Freud begründeten epistemischen Basis definiert
und differenziert Matthis die Gefühle, Emotionen und Affekte. Das Konzept
des Affekts beziehe sich auf »an affective matrix linked to a predisposition of
the bodily systems to react in a certain way to internal or external stimuli«
(2000a), eine affektive Matrix, die in strukturellem Sinne unbewusst sei:

> »In the *structural* sense we are dealing with *the unconscious*, i. e. a noun, which has
> substantial impact. The ›concomitant, somatic phenomena‹ that Freud writes
> about in *An Outline of Psychoanalysis* are naturally what constitutes this uncon-
> scious – the ›truly psychical‹. The unconscious in this sense cannot, by definition,
> become conscious« (2000a).

Diese prinzipiell unbewusste Körperlichkeit könnte entweder in Form von »af-
fectequivalents« (2000a) als physische Phänomene – psychosomatische Symptome oder körperliche Krankheiten – oder in der Gestalt von Gefühle oder
Emotionen als psychische Ereignisse wahrgenommen und bewusst werden. Die
in Form von Gefühlen und Emotionen wahrgenommene Affekte werden in
folgender Weise unterschieden:

> »Affective phenomena to which we have conscious access we will refer to as
> feelings; affective manifestations to which we do not have direct conscious ac-
> cess, but which can be interfered from behavioural clues, we will name emo-
> tions. In other words, they are ›feeling-like‹ sensations of movements within
> ourselves that we can name neither accurately as this nor rationally discard as
> not being a feeling. Emotions then require some kind of working through in a
> symbolizing process where bodily affective reactions are transformed into what
> we recognize as feelings« (2000a).

Von dem strukturell Unbewussten unterscheidet Matthis das dynamisch Unbewusste. Das strukturelle Unbewusste könne

> »attract mental processes that are conscious or could become conscious, such as,
> for example, images and ideas related to different personal experiences. This is
> what we usually talk about as the process of repression to the unconscious. This
> replaced material, which is related to the *dimension of meaning* in a person's life,
> constitutes the unconscious in the third, *dynamic* sense« (2000a).

In diesem dynamische Sinne würden »feelings and emotions« unbewusst, wenn
der ihnen zugehörige »ideational content of the conscious act … repressed« und
»the embodied emotional reactions, perhaps related to that memory … sup-

pressed« würde (2000a). Die »potentiality« der »affective matrix ... to react in a certain way« (2000a) bliebe dabei erhalten.

Kommentar

Wie in den anderen Versuchen, das Problem der Affekte einer Lösung näher zu bringen, weist auch das Konzept von Matthis einige Leerstellen auf. Dabei ist nicht nur der Rekurs auf Freud, sondern noch einiges mehr widersprüchlich und problematisch.

- Die Auffassung, dass Gefühle die bewusste Form der Wahrnehmung von der als körperlich gedachten affektiven Matrix darstellen, führt zwingend zu der Annahme, dass ihre jeweilige erlebnismäßige Spezifität in der Besonderheit der körperlichen Prozesse gründet. Wie man jedoch inzwischen weiß und sich auch unter den psychoanalytischen Affekttheoretiker herum gesprochen haben sollte, ist diese erstmals von W. James (1909, 396) vorgetragene These empirisch nicht so substantiiert, dass sie heute noch aufrechterhalten werden kann (s. Kap. 6).
- Es bleibt gänzlich offen, in welchen Prozessen die unterschiedlichen Intensitäten der »feelings« gründen.
- Zwar lässt Matthis das Verhältnis von Trieb und Affekt unerörtert. Es scheint aber, als würde sie in den »basic processes« der affektiven Matrix das primäre Motivationssystem sehen. Sie schreibt:
  »I would like to suggest that the directional impetus of a feeling or an emotion, or the intentional aim of it ... is a residue of those unconscious, basic processes that in Freud's second hypothesis constitute the truly psychical or the structural unconscious« (2000a).
- Wie J. Sandler, Kernberg und Krause fällt damit auch sie auf einen Freud vor 1905 zurück.
- Matthis übersieht, dass mit der Einführung der Strukturtheorie der Begriff »Unbewusst« seinen Status als Substantiv, das er in der topographischen Theorie hatte, verliert. Gliederte die topographische Theorie die seelischen Inhalte nach ihrer Zugänglichkeit zum Bewusstsein, werden sie in der Strukturtheorie in Ich, Es und Über-Ich gegliedert, wodurch sich die Kategorien »Bewusst«, »Vorbewusst« und »Unbewusst«, wie Beres (1962) anmerkt, von Substantiva in Adjektiva wandeln. Nicht nur die verdrängten Triebwünsche, sondern auch Teile des Über-Ichs und bestimmte Ich-Funktionen wie die der Abwehr können nun unbewusst ablaufen bzw. unbewusst sein (Freud 1915e, 291; 1920g, 18; 1923b, 244; 1933a, 75f; 1939a, 202f).
- Das strukturell Unbewusste wird explizit im Körper lokalisiert. Da ihre Theorie aber nurmehr den Körper als Ort kennt, der im Subjekt außerhalb seines Bewusstseins liegt, wird nicht nur das strukturelle, sondern

implizit auch das dynamische [und das deskriptiv] Unbewusste als ein körperliches begriffen. Bleibt man im Verständnis Freuds, folgt daraus, dass jede Art von Abwehr, in der bewusste seelische Inhalte in unbewusste transferiert werden, zu einem Konversionssymptom führen muss. So ist Matthis (2000a) auch der Ansicht, dass

> »all bodily symptoms (signs of disorder or illness) carry meaning – in the same way that dream images do. And just as it usually the case with dreams, the signification of a specific somatic symptom is unconscious«.

- Wie die kumulierte klinische Erfahrung jedoch zeigt, kann weder davon die Rede sein, dass jede Abwehroperation in einem Konversionssymptom endet, noch dass jedem körperlichen Symptom eine unbewusste Bedeutung innewohnt.

- Des Weiteren wird mit der Verortung des Unbewussten im Körperlichen die Psychoanalyse als eine »psychische[.] Wissenschaft« aufgegeben und – im Gegensatz zu Freud (1940a, 81) – als eine biologische Wissenschaft reklamiert.

- Matthis ist der Ansicht, dass den »basic processes« eine gattungsgeschichtlich »mnemic trace« innewohne, welche das Verhalten bestimme:

  > »The conscious volition ... is not the ›real‹ instigator of action – as we intuitively tend to believe – but can only affect its course and influence its forcefulness, as it where, when the action is already on its way to being realized« (2000a).

- Die Handlungen selbst gründeten in

  > »a kind a of mnemic trace from an evolutionary history in which external conditions had required a particular form of action from the organism; or rather, in which those individuals prone to reacting in a particular way were the ones to survive« (2000a).

- Mit der unhaltbaren These, dass sich menschliches Verhalten über gattungsgeschichtlich erworbene Erinnerungsspuren tradiert, welche die Ontogenese dem Wesen nach bestimmen (s. Kap. 11), wird das menschliche Wesen als ein gattungsgeschichtliches und unhistorisches ausgewiesen. In der Frühgeschichte der Menschheit entstanden[60], bleibt es sich ein für allemal gleich. Entwicklungen können sich nurmehr an den Erscheinungen des menschlichen Wesens abspielen.

- Innerhalb der Matthisschen Epistemologie kann nicht mehr entschieden werden, ob es ein Bewusstsein, auf das sie ihre ganzen epistemischen Überlegungen zentriert, überhaupt gibt. Das Bewusstsein wird als »an agency in our mind« (2000a) verstanden, welches nur erlaube, uns der sinnlichen Wahrnehmungen, jedoch nicht der Dinge, die wir wahrnehmen, bewusst zu werden. Die Kategorien, die wir auf der Grundlage die-

---

[60] Wobei natürlich eine Antwort auf die Frage nötig wäre, wann diese Frühgeschichte endete, bzw. ab wann die » mnemic trace[s]« unveränderbar sein sollen.

ser bewusst gewordenen Wahrnehmungen bildeten – bspw. »Seele« und »Körper« – hätten kein, vom Bewusstsein unabhängiges empirisches Substrat[61]. Da aber auch die Kategorien »Bewusstsein« und »Unbewusstes« nicht empirische Verallgemeinerungen sinnlicher Wahrnehmungen, sondern abstrakt-theoretische Konzepte sind, »which we have created to make the world comprehensible« (2000a) und die somit auch zu einer »kind of a map« gehören, »that we project over a territory, that, in itself, is unknowable« (2000a), kann man in dieser Epistemologie natürlich auch nicht wissen, ob es überhaupt ein Bewusstsein und ein Unbewusstes gibt.

- Nicht konsistent mit ihrer Epistemologie ist auch die Auffassung, »someone else« könne uns durch die Wahrnehmung von »bodily signs« darüber informieren, dass bei uns ein Affekt in Form einer Emotion vorliegt, welche wir »therefore not ›feel‹« (2000a). Wenn nichts außerhalb und alles nur für das eigene Bewusstsein existiert, kann eine andere Person überhaupt nicht wahrnehmen, was in uns vorgeht. Ebenso wenig kann auch unsere Wahrnehmung des eigenen oder eines fremden Körpers »be confirmed by a third-person evaluation« (2000a).

- Matthis lässt hier eine Epistemologie wieder aufleben, deren kennzeichnendes Merkmal ein prinzipieller Agnostizismus ist. Sie geht auf Bischof Berkeley (1709) zurück, der seinerzeit bei der Kritik des repräsentationistischen Realismus die Anschauung vertrat, die sinnlichen Daten seien die einzigen Objekte der Erkenntnis. Er fasste die Eigenschaften einheitlicher Objekte als besondere Objekte oder Dinge auf und setzte die Empfindung oder Wahrnehmung dieser Eigenschaften an deren Stelle. Empfunden wird die Empfindung und wahrgenommen wird die Wahrnehmung. So sind »die Objekte des Sehens und des Tastens ... zwei gesonderte Dinge« (1709, 27) und die einheitlichen Objekte sind eine Produkt des »Geistes«, die »sich nicht außerhalb des Geistes oder irgendwie entfernt von ihm befinden oder zu befinden scheinen« (1709, 51). »Geht man von der Prämisse aus«, merkte S.L. Rubinstein (1959, 30f) an,

  »dass einheitliche Objekte rein subjektive (wenn auch in unserem Bewusstsein durch äußere Einwirkung hervorgerufene Zustände) sind, so sind tatsächlich alle Versuche vergeblich, aus der Sphäre der subjektiven Welt, der Welt der Ideen, des Bewusstseins in die Welt der realen ... Dinge zu gelangen ... Die wirkliche Erkenntnis der Dinge wird unmöglich«.

- Nur im Rahmen ihrer eigenen Epistemologie ist nachzuvollziehen, wie Matthis zu der Auffassung gelangt, Freud sei in seinen letzten Jahren in epistemischer Hinsicht zu einem Berkeleyianer geworden. In ihrer Per-

---

[61] »Neither body nor soul«, heißt es bei Matthis (2000a), »exists as such, beyond consciousness«.

spektive ist es jedenfalls gänzlich ungewiss, ob es die Auffassungen Freuds wirklich gibt. Ihre Aussagen über dessen Auffassungen können sich somit auch nicht auf Freud, sondern nurmehr auf den von ihr konstruierten beziehen und d. h., dass nicht der wirkliche, sondern der von ihr konstruierte Freud ist zu einem Berkelyaner geworden.

- Der wirkliche Freud, gegenüber dem die Matthissche Epistemologie gleichgültig ist, dachte anders. Weder lässt sich diese Epistemologie, noch lässt sich die Ansicht, dass in Freuds Auffassung das Unbewusste als das ›eigentlich Psychische‹ körperlich ist, dem Zitat entnehmen, welches Matthis als Beleg anführt. Zurecht merkt Len Klein (ref. von Frayn 2000) in der Internet-Diskussion der Arbeit von Matthis an, dass Freud in dem von Matthis angezogenen Zitat »from an anti-psychoanalytical point of view« argumentiere,

   »and not his own. Arguing from anti-psychoanalytical views, Freud reasons that if one holds that only consciousness is psychical, then the process that completes the gaps in consciousness must be somatic an unconscious. Klein believes that Matthis does so because she wants us to believe that Freud is saying that unconscious processes are somatic ... He feels that she [has] presented the somatic unconscious as a replacement for Freud's discovery of the psychical unconscious, and [she has] even tried to make it seem as though Freud agrees with [her]«.

- In ihrer Zitierweise unterschlägt Matthis genau die Passagen, aus denen hervorgeht, dass Freud gerade nicht die Bedingung teilt, unter welcher das Unbewusste als körperlich aufgefasst werden muss. Der richtige Wortlaut, mit dem Freud (1940a, 79f, Kursivierungen, S. Z.) seine, von Matthis zitierte Argumentation einleitet, lautet:

   »Vielen innerhalb wie außerhalb der Wissenschaft genügt es anzunehmen, das Bewusstsein sei allein das Psychische und dann bleibt in der Psychologie nichts anderes zu tun, als innerhalb der psychischen Phänomenologie Wahrnehmungen, Gefühle, Denkvorgänge und Willensakte zu unterscheiden. Diese bewussten Denkvorgänge bilden aber nach allgemeiner Übereinstimmung keine lückenlosen, in sich abgeschlossenen Reihen, so dass nichts anderes übrig bliebe als physische oder somatische Begleitvorgänge des Psychischen anzunehmen, denen man eine größere Vollständigkeit als den psychischen Reihen zugestehen muss, da einige von ihnen bewusste Parallelvorgänge haben, andere nicht«.

- Als Leerstelle bleibt ferner der Verweis auf Lipps offen. Nach der Anmerkung, dass die Psychoanalyse »zunächst von der Qualität des Bewusstseins ab[sieht]«, fährt Freud (1940a, 80) fort:

   »Sie ist dabei nicht alleine. Manche Denker, wie z. B. Th. Lipps haben dasselbe in den nämlichen Worten geäußert und das allgemeine Ungenügen an der gebräuchlichen Auffassung des Psychischen hat zur Folge gehabt, dass ein Begriff des Unbewussten immer dringlicher Annahme ins psychologische Denken verlangte, obwohl in so unbestimmter und unfassbarer Weise, dass er keinen Einfluss auf die Wissenschaft gewinnen konnte«.

- Aus dem Hinweis auf Lipps, der in einem deskriptiven Sinn als einer der ersten die Existenz unbewusster seelischer Vorgänge neben den bewussten behauptete, geht relativ eindeutig hervor, dass für Freud das Unbewusste seelischer Natur ist. Wiederum unter Hinweis auf Lipps schreibt er auch in der Traumdeutung (1900a, 616f, Kursivierungen, S. Z.):

  »Auch nur eine einzige verständnisvolle Beobachtung des Seelenlebens des Neurotikers, eine einzige Traumanalyse, muss ... die unerschütterliche Überzeugung aufdrängen, dass die kompliziertesten und korrektesten Denkvorgänge, denen man doch den Namen *psychischer Vorgänge* nicht versagen wird, vorfallen können, *ohne* dass *das Bewusstsein* der Person zu erregen* ... Das Unbewusste muss nach dem Ausdrucke von Lipps als allgemeine Basis des psychischen Lebens angenommen werden. Das Unbewusste ist der größere Kreis, der den kleineren des Bewusstseins in sich einschließt: alles Bewusste hat eine unbewusste Vorstufe, während das *Unbewusste* auf dieser Stufe stehen bleiben und doch *den vollen Wert einer psychischen Leistung* beanspruchen kann«.

- Auch im Zitat, das Matthis heran zieht, heißt es nicht, dass das Unbewusste körperlich, sondern das es *vorgeblich* körperlich ist. Freud wählt diese Formulierung, weil das Unbewusste von der damaligen akademischen Psychologie, welche ausschließlich dem Bewusstsein eine psychische Qualität zusprach, nur für körperlich gehalten werden konnte[62], er aber anderer Ansicht ist. Auch bleiben die unbewussten Prozesse der Erkenntnis nicht verschlossen. Es ist möglich, heißt es in der von Matthis (2000a) zitierten Textstelle, »die Gesetze festzustellen, denen sie gehorchen, ihre gegenseitigen Beziehungen und Abhängigkeiten über weite Strecken lückenlos zu verfolgen« (Freud 1940a, 80). Zwar sind diese, in theoretischen Begriffen formulierten Gesetze auch für Freud »a kind of map« (Matthis 2000a). Seine begriffliche Landkarte enthält aber Erkenntnisse und diese Erkenntnis werden in seinem Verständnis nicht *auf* das Unbekannte projiziert. Vielmehr wird in Konfrontation *mit* dem Unbekannten geprüft, inwieweit das bisher Unbekannte in den begrifflich gefassten Erkenntnissen richtig oder falsch erkannt worden ist. »Wahrheit«, um die es in der Erkenntnis seiner Ansicht nach immer geht, schreibt Freud (1933a, 184) sechs Jahre vor seinem Tod, »heißen wir [die] Übereinstimmung [des] wissenschaftlichen Denken[s] ... mit der realen Außenwelt«, welche in der Psychoanalyse die »psychische Realität« (1916-17a, 383) des behandelten Subjekts ist.

- Tuckett (2000), damaliger chief-editor des *Internatioanl Journal of Psychoanalysis*, begründet die Auswahl der Matthisschen Arbeit für die Internet-Diskussion damit, dass

  »[i]n this impressively argued ›Sketch for a metapsychology of affect‹ Iréne Matthis ... return[s] to the question of mind-body relationships and to

---

[62] Ch. Brenner (1980) hat darauf hingewiesen. Näheres dazu in Kap. 12.

the essence of what constitutes affect and psychic life. Combining classic Freudian metapsychology with recent work in neuroscience, Matthis sets out her conception of an embodied affective matrix, whose ultimate location is within the synaptic networks of the nervous system ... Matthis returns us to a Freudian model in which there is no disembodied consciousness, except as a wish or a defence, and all bodily signs and symptoms create a demand for representational work and carry deep meaning. This conceptualisation has wide implications for those seeking to detach psychoanalytic psychology from the body or the Freudian theory of the Triebe«.

• Diese Begründung ist nicht haltbar. Es wird weder »impressively« argumentiert, noch wird die »classic Freudian metapsychology with recent work in neuroscience« verbunden. Matthis' These, das Unbewusste sei körperlicher Natur, liegt im Jenseits der Freudschen Metapsychologie. Mit ihr wiederholt Matthis lediglich die Ansicht einiger psychoanalytisch informierter Neurowissenschaftler aus einer anderen Perspektive. Ferner wird jede Diskussion ihrer Auffassungen unmöglich, wenn man sich die Matthissche Epistemologie zu Eigen macht. Da Matthis und ihre Auffassungen außerhalb des Bewusstseins der möglichen Diskutanten liegen, können sie von ihnen nur für ihr eigenes Bewusstsein konstruiert werden. Diskutiert werden können somit nicht die Auffassungen von Matthis. Ein jeder kann vielmehr nur mit sich selbst diskutieren, denn auch die jeweiligen Konstrukte und Bemerkungen der Diskutanten müssen wiederum erst von den anderen für ihr eigenes Bewusstsein konstruiert werden. So verwundert es auch nicht, dass Matthis (2000b) in ihrer abschließenden Stellungnahme vom 30.05.00 zur Diskussion ihrer Arbeit die kritischen Diskussionsbeiträge für ihr Bewusstsein so konstruiert, dass ihre Aussagen durch sie nicht in Frage gestellt werden.

Zusammenfassung

Es bedarf wenig Mühe, um festzustellen, dass die Fragen, die an Freuds Konzeptualisierungen der Affekte zu stellen sind, von den nachfolgenden Autoren nicht beantwortet wurden. Bis auf E. Jacobson und Kernberg behaupten alle Autoren die Existenz unbewusster Affekte, ohne jedoch die Probleme zu lösen, die mit diesem Konzept verbunden sind.

Sowohl die Frage, wovon die Intensität eines erlebten Affekts abhängt als auch die Beziehungen zwischen Vorstellung, Affekt und Trieb konnten nicht weiter aufgeklärt werden. Die abfuhr- und/oder spannungstheoretische Betrachtung der Affekte, wie sie von Brierley, E. Jacobson, Fenichel, D. Rapaport und Schur weitergeführt wurde, kann nicht das gesamte Spektrum der Affekte erfassen und führt in Widersprüche mit anderen zentralen psychoanalytischen Konzepten. J. Sandler und Kernberg lösen die Affekte von den Trieben ab,

drehen das Verhältnis von Wesen und Erscheinung in dem Sinne um, dass sie
die verhaltensbestimmenden Motive in den Affekten und nicht in den Triebwünschen sehen und fallen damit – wie auch Matthis – hinter einen Freud aus
dem Jahre 1905 zurück[63]. Krause wiederum suspendiert den Freudschen Triebbegriff und die physiologische Seite der Affekte wird entweder fälschlicherweise
– von Fenichel, E. Jacobson, D. Rapaport, Matthis und tendenziell auch Schur –
für die Erlebnisqualität des Affekts, insbesondere der Angst, verantwortlich
gemacht, oder – von Brierley, D. Rapaport, Ch. Brenner und J. Sandler vernachlässigt.

Und auch die Konzepte, welche die Freudschen Überlegungen präzisieren,
differenzieren und teilweise auch einer berechtigten Korrektur unterziehen,
transportieren die Probleme, welche dem Freudschen Systematisierungsversuch
anhaften, weiter und fügen neue hinzu. Die von Matthis vertretene und Freud
fälschlicherweise unterstellte Epistemologie führt in einen Agnostizismus, die
Ich-Begriffe von Brierley, E. Jacobson und Kernberg sind systematisch nicht
mehr zu verorten und der Schurschen Unterscheidung von regressiver Einschätzung und regressiver Reaktion wird u. a. zur Frage, wie hierbei Primär-
und Sekundärvorgang zusammenwirken. Die Unterscheidung von Lust und
Wohlbefinden durch J. Sandler und die Annahme von ihm, Brierley, Fenichel,
E. Jacobson und Ch. Brenner, dass das Neugeborene Unlust und nicht Angst
erlebt, nennt nicht die Bedingungen welche diese Annahme impliziert, sondern
setzt – wie die These der »Primäraffekte« (Kernberg, Krause) – mit der empirisch keineswegs abgesicherten Annahme angeborener Affekte einfach voraus,
dass das Neugeborene bereits qualitativ differente Gefühle erleben kann. Das
Konzept der Wertbesetzung von J. Sandler wiederum klärt nicht darüber auf,
wie sich die Verbindung von Objekt und Affekt auf der Repräsentanzebene
herstellt und das von Freud eingeführte und in der Nachfolge auch von Fenichel, Schur und J. Sandler vorgetragene Konzept des Affektäquivalents belässt
als Frage, was der seelische Inhalt eines Affekts eigentlich ist, wie er aus dem
Bewusstsein eliminiert wird und wie sich das Affektäquivalent im Bewusstsein
präsentiert.

Zusammengefasst sind in der Entwicklung einer psychoanalytischen Affekttheorie unverändert folgende Fragen zu beantworten:

- Welche Voraussetzungen erlauben die Annahme eines qualifizierten Er-
  lebens auf vorsprachlichem Entwicklungsstand?
- Welche Funktion kommt im Erleben der Affekte den physiologischen
  Prozessen zu?
- Welche seelischen Umstände nehmen Einfluss auf die Intensität der er-
  lebten Affekte?

---

[63] Sowohl J. Sandler, Kernberg, Krause und Matthis unterlassen es, auf das frühe, af-
fektbezogene Konfliktverständnis Freuds zu verweisen.

- Welche Aspekte der Triebe bringen sich in den Affekten und in den Vorstellungen zur Darstellung?
- Wie kommen die Wertbesetzungen zustande, wie stellen sie sich auf der Repräsentanzebene dar und was bildet sich in ihnen ab?
- Wie fügen sich unbewusste Affekte in die Konzeption des Bewusstseins und des Unbewussten ein?
- Wie stellt sich die Beziehung von Affekt und Vorstellung auf der Repräsentanzebene dar und was geschieht dort bei einer falschen Verknüpfung oder Transposition der Affekte, der Affektisolierung und der Bildung eines Affektäquivalents?

Weil sie die umfassenste ist, will ich im folgenden Kapitel mit der ersten Frage beginnen. Wenn »es zum Wesen eines Gefühls gehört ... dass es verspürt, also dem Bewusstsein bekannt« ist (1915e, 276) und Bewusstsein zwingend an Begriffe gebunden ist, müssen für ein qualifiziertes vorsprachliches Erleben Affekte vorausgesetzt werden, die eine begriffsanaloge Struktur aufweisen, in denen das Identische der verschiedenen Affekte konzeptualisiert ist. Denn das etwas, das erlebt wird, kann erst dann als »Fall von«, als Fall des Identischen ausgewiesen werden und Bewusstsein gewinnen. Zu einem besonderen Fall des identischen Affekts wird der erlebte Affekt durch die Verschiedenheit im Identischen, durch die Erkenntnis der Bedingungen, in denen er subjektiv gründet, eine Erkenntnis, die sich über die begrifflich gefassten Interaktionsformen vermittelt. Die erste Frage also lautet, wie ist diese begriffsanaloge Struktur beschaffen und wie bildet sie sich? Ihr folgt die Frage nach dem Status, den die körperlichen Empfindungen in dieser Struktur einnehmen. Dabei ist allerdings schon jetzt klar, dass mit der Abweisung der energetischen Argumentation die Spannungssteigerung und die Entspannung nicht mehr als Erkenntnisgegenstände der Lust bzw. der Unlust angesehen werden können, deren Beziehung Freud im Lust-Unlust-Prinzip beschreibt[64]. Obgleich er sich uneins ist, ob es Spannungssteigerung bzw. -abnahme oder deren Rhythmen sind, die sich in Lust- oder Unlustgefühlen abbilden und er auch nicht angeben kann, »auf welchem Wege und mit Hilfe welcher sensiblen Endorgane [die] Wahrnehmungen ... der Schwankungen der Bedürfnisspannung der Triebe ... als Empfindungen der

---

[64] Schon früher haben Kanzer u. Eidelberg (1960) darauf hingewiesen, dass »the experience of pleasure and unpleasure by the ego [should] be distinguished semantically from the economic concept embodied in the term ›pleasure principle‹. Ebenso betont D. Rapaport (1967, 876) diese Trennung: »[T]he referent of the concept pain is the accumulation of cathexis (which may, but need not, to be accompanied by a subjective experience of unpleasure), that of pleasure the discharge of cathexis (which may, but need not, to be accompanied by a subjective experience of pleasure). Once this is grasped, Freud's theory is freed of misconceptions ...«. Desgl auch Ducey u. Galinski (1973): »[T]he affect of pleasure or unpleasure need not coincide with the homeostatic pleasure or tension-connected unpleasure afforded by an action«.

Reihe Lust-Unlust bewusst werden« (1940a, 128), die Beziehung zwischen körperlichen Sensationen und den Affekten der Lust und Unlust hat er zeitlebens
als eine kognitive betrachtet, die so nicht aufrechterhalten werden kann. Nicht
nur, dass besondere Affekte unabhängig sind von einer besonderen Physiologie, ihre Qualität ist auch unabhängig von Reizquantitäten und oder deren
rhythmischen Veränderungen. Allenfalls kann die Physiologie für ihre Intensität
verantwortlich gemacht werden.

Im Anschluss daran werden die Fragen behandelt, in welcher Beziehung
diese Struktur zu den Trieben steht und wodurch sich der Gegenstand, der in
den Affekten erkannt wird, von jenem unterscheidet, der über die Begriffe Bewusstsein gewinnt. Begriffe und Affekte sind offensichtlich selbstproduzierte
Erkenntnismittel der Praxis, sowohl für die »Realität der Außenwelt« (1939a,
181) wie auch für die innere, »psychischen Realität« (1900a, 625). Nachdem diese allgemeinen Fragen beantwortet sind, können die drei restlichen Fragen verfolgt werden. Die unbewussten Affekte, ihre falsche Verknüpfung oder
Transposition, die Affektisolierung und die Bildung von Affektäquivalenten
werden im Kap. 8, das von Abwehr und Ersatzbildungen handelt, untersucht
werden.

6

Das Affektkonzept in der Theorie der Interaktionsformen

Ich will zunächst im Zusammenhang Begriffe wie »Symbol«, »Zeichen«, »Bedeutung« etc. definieren, die in meiner Argumentation einen zentralen Stellenwert einnehmen. Dies ist deshalb notwendig, weil diese Begriffe eine lange Tradition haben und von verschiedenen Autoren in ganz unterschiedlicher Weise benutzt wurden und werden. Ich will nicht in eine detaillierte und kritische begriffsgeschichtliche Debatte eintreten, sondern in negativer Abgrenzung von der eigenen einige differente Positionen benennen.

Begriffsklärungen

Zunächst der Begriff des »Symbols«. Obwohl Freud meint: »Wir haben die Symbolik nicht erfunden, sondern sie ist eine ganz allgemeine, uralte Betätigung der Phantasie« (Nunberg u. E. Federn 1967, 45)[1], reservierte (und reserviert) die Psychoanalyse den Symbolbegriff mehrheitlich für die mystifizierte Darstellung unbewusster Inhalte im Bewusstsein. Entsprechend der Feststellung von E. Jones (1916, 116), dass »[o]nly what is repressed is symbolised« und »only what is repressed needs to be symbolised«, wäre nicht nur der manifeste Trauminhalt ein Symbol des latenten, sondern auch ein Pferd wäre ein Symbol, wenn sich in ihm – wie bei der Pferdephobie des kleinen Hans – eine unbewusst gewordene Beziehung (hier zum Vater) bewusstseinskonform zur Darstellung bringt. Cassirer (1953, 5) dagegen betrachtet das Symbol generell als Resultat menschlicher Erkenntnistätigkeit. Er versteht

---

[1] So merken Nunberg u. E. Federn (1962, 303 Fn 8) an: »Freud war der Ansicht, das Symbolproblem sei kein eigentlich psychoanalytisches. Die Psychoanalyse macht bloß von den Symbolen Gebrauch, um gewisse unbewusste psychische Vorgänge zu deuten«.

»[u]nter einer symbolischen Form« jede Aktivität »des Geistes ... durch welche[.] ein geistiger Bedeutungsgehalt an ein konkretes sinnliches Zeichen geknüpft und diesem Zeichen innerlich zugeeignet wird« (1965, 175).

Desgleichen S.K. Langer (1942, 49): »Die Bildung von Symbolen ist eine ebenso ursprüngliche Tätigkeit des Menschen wie Essen, Schauen und Sichbewegen. Sie ist der fundamentale, niemals stillstehende Prozess des Geistes«. C.K. Ogden u. I.A. Richards (1923, 32) verstehen unter Symbol »jene Zeichen, die die Menschen benutzen, um miteinander in Kommunikation zu treten« und für Peirce (1940, 104) und G.A. Miller (1951, 5) wird ein Zeichen zum Symbol aufgrund der konventionellen Natur seiner Beziehung zum Bezeichneten. Für Morris (1946, 23ff) wiederum ist »ein Symbol ein Zeichen ... das als Ersatz für irgendein anderes Zeichen, mit dem es synonym ist, fungiert« und »alle Zeichen, die keine Symbole sind«, werden als »Signale« angesehen, für Bühler (1934, 28) ist das »Sprachzeichen ... ein Symbol kraft seiner Zuordnung zu Gegenständen und Sachverhalten«, die Äußerung ist ein »Symptom« für die »Innerlichkeit« des Sprechers, ein »Symbol« des gemeinten Sachverhaltes und ein »Signal« für den Hörer, während bei Werner u. Kaplan (1963, 15f) das Wort ein Symbol ist, das den Begriff des Gegenstandes, auf den es sich bezieht, symbolisiert.

Keine dieser Definition deckt sich vollständig mit den Begriffen, wie ich sie verwende. Dies gilt vor allem für den Symbolbegriff. Er hat eine gemeinsame Schnittmenge mit dem Lorenzerschen Symbolverständnis, ist damit aber nicht identisch. Das Symbol gründet in der Auffassung Lorenzers (1972, 105f) in der Verbindung von Worten und Interaktionsformen, deren neurophysiologische »Grundlage ... die engrammatisch fixierte Beziehungsstruktur [von] Lautengramm« und den »sensorischen Engramme[n] der Interaktionsformen« ist. Ich unterstelle diese »engrammatisch fixierte Beziehungsstruktur«, verstehe aber das Symbol allgemein als ein Gebilde, das sich in Zeichen und in eine Struktur gliedert. Diese Struktur ist das Resultat eines Abstraktionsprozesses und weist eine Intension und eine Extension auf. Handelt es sich um sprachliche Zeichen, ist diese Struktur ein Begriff[2], in dessen Umfang die Interaktionsformen und die Vorstellungen der phantasierten oder der realen Objekte der gegenständlichen Außenwelt und ihre Eigenschaften liegen. Das Zeichen bedeutet den Begriff und die Verbindung beider, das Symbol, bedeutet die Gegebenheiten, die im Begriff ideell abgebildet sind.

Der Begriff der »Bedeutung« wird in dreifacher Weise verwendet: Zum einen als *Bedeutung der Zeichen* für die Beziehung zwischen Zeichen und begrifflicher Struktur. Ullmann (1957, 64f, Kursivierung aufgehoben, S. Z.), der das

---

2 Schon D. Rapaport (1951, 210, Fn 17) schien das von E. Jones (1916) kodifizierte psychoanalytische Symbolverständnis als »to be too narrow«, und meinte später, dass »any symbolization ... in a sense, conceptualization« ist (D. Rapaport et al. 1968, 189).

Saussuresche »signifiant« »Name« und die begriffliche Vorstellung »Sinn« nennt, verwendet den Bedeutungsbegriff in derselben Weise, in der er auch schon von Ach (1921)[3]. In dieser Beziehung wird zwischen konnotativer und denotativer Bedeutung eines Zeichens unterschieden. »Konnotation« und »Denotation« sind Termini, die von J. S. Mill (1843) eingeführt wurden. Bei Mill denotiert ein Wort wie z. B. »weiß« alle weißen Dinge und konnotiert das Weißsein dieser Dinge. Ich verwende beide Begriffe für die Beziehung zwischen sprachlichem Zeichen und Vorstellungen. Die Vorstellungen der Objekte Hund, Tisch oder Haus etwa, die im Umfang ihrer Begriffe liegen, konstituieren die denotativen Bedeutungen der sprachlichen Zeichen »Hund«, »Tisch« und »Haus«, während die vorgestellten Beziehungen, die Interaktionsformen eines Subjekts mit diesen Objekten, die ebenfalls dem Umfang dieser Begriffe angehören, deren konnotative Bedeutung ausmachen. Die extensionalen Bestimmungen eines Begriffs gliedern sich in konnotative und denotative, wobei der konnotative Bedeutungsraum sprachlicher Zeichen immer ein Teil ihres denotativen ist.

Unterschieden wird zwischen Denotation und Konnotation einerseits und Referent andererseits. Diese Unterscheidung ist wichtig, weil es sprachliche Zeichen – wie etwa das Wort »Einhorn« – gibt, die einen Begriff mit einem Konnotations- und Denotationsraum bedeuten – es gibt Vorstellungen von Einhörnern und man kann mit ihnen in der Phantasie interagieren –, aber selbst auf keinen realen Gegenstand verweisen. Während Denotation und Konnotation die Extensionen eines Begriffs in der Beziehung zum sprachlichen Zeichen differenzieren – die Extensionen sind dessen Konnotate bzw. Denotate –, werden die Objekte als »Referenten« bezeichnet, auf die sich die sprachlichen Zeichen über den Begriff vermittelt beziehen. Referenten liegen außerhalb der Begriffe und können in den Begriffen abgebildet werden. Die sigmatische Beziehung zwischen sprachlichem Zeichen und Referent wird »referieren« genannt. Teilweise stimmt dies mit den Auffassungen von C.K. Ogden u. I.A. Richards (1923) und Searle (1969, 77) überein, wonach »alles, worauf man referiert, existieren muss«. Während aber C.K. Ogden u. I.A. Richards (1923, 19) den Terminus »Referent« nur für ein Objekt oder einen Sachverhalt reservieren, der außerhalb der Subjekte liegt, wird dieser Terminus auch für mentale Erzeugnisse verwendet werden.

Zum zweiten wird »Bedeutung« als *Bedeutung des Begriffs* für die Beziehung Begriff und Referent, für die Beziehung Symbol und Symbolisiertes und zum dritten für die Beziehung verwendet, in der das Symbolisierte zum Subjekt

---

[3] Wir wollen, schrieb Ach (1921, 335f), »unter Begriff zunächst die Wortbedeutung verstehen, die signifikante Beziehung eines Wortes oder eines Zeichens ... Diese Definition des Begriffs als der Wortbedeutung ...«. Desgl. auch Heidbreder (1946): »Ein Begriff ist hier als ein logisches Construktum definiert, das durch Zeichen ... von Situation zu Situation übertragbar und von Mensch zu Mensch mitteilbar ist«.

steht, d. h. für die *Bedeutung des Referenten* eines Zeichens für das Subjekt. In diesem Zusammenhang wird der Bedeutungsbegriff im Sinne der sog. »*emotiven*« oder »*affektiven*« Bedeutung von C.K. Ogden u. I.A. Richards (1923, 233, Kursivierung, S. Z.) benutzt, auf den sich J. Sandler (Joffe u. J. Sandler 1967b) mit dem Begriff der »Wertbesetzung« implizit bezieht. Dieser Gebrauch ist identisch mit einer von Morris (1964, VIII) vorgeschlagenen Verwendung des Bedeutungsbegriffs, die sich auf das »Bedeutendsein« des Gegenstandes für das Subjekt bezieht, der sprachlich bezeichnet wird[4]. Ich fasse die drei Relationen, in denen ich den Bedeutungsbegriff verwende, in einem Schema (3):

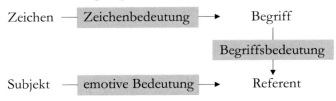

Schema 3: Verwendung des Begriffs der »Bedeutung«[5]

Die Begriffe »Prädikator« und »Zeichen« werden synonym benutzt und in »Zeichen(Prädikator)gestalt« und »Zeichen(Prädikator)exemplar« differenziert. Als »type« und »token« wurde diese Unterscheidung von Peirce (1931-58, 4.532, 2.245) in die Semantik eingeführt. Eine Zeichengestalt ist generell eine Abstraktionsklasse und die Zeichenexemplare sind die Elemente dieser Abstraktionsklasse. Insofern weist die Beziehung zwischen Zeichengestalt und Zeichenexemplar eine gewisse Parallele zu der auf, die zwischen den Objekten und ihren begrifflichen Abbildern besteht. Auch das begriffliche Abbild erfasst eine Klasse äquivalenter Objekte, es ist eine Abstraktionsklasse der abgebildeten Objekte und es ist – wie die Zeichengestalt – kein materielles, sondern ein ideelles Gebilde. Die Beziehung zwischen Objekt und begrifflichem Abbild ist wie die zwischen Zeichengestalt und Zeichenexemplar ein Subsumieren eines Elements unter eine Klasse (Klaus 1962, 59).

Als ein Schema, in dem sich die Struktur äquivalenter Zeichenexemplare darstellt, erlaubt die Zeichengestalt, einzelne Zeichenexemplare als bedeutungsvolle Informationsträger zu erkennen und zu produzieren. Im Falle der Sprache figurieren die Wortvorstellungen als Zeichengestalten. Ihre materielle Grundlage sind die »Lautengramme« (Lorenzer 1972, 105), die zentralnervösen Zusammenschaltungen der sensomotorischen Impulse der gehörten, gesprochenen und geschriebenen Worte. Da die Beziehung zwischen den Lautengram-

---

4 Morris (1964, VII) wendet den Bedeutungsbegriff auch noch auf die Beziehung Zeichen und Bezeichnetes an, wobei allerdings in seiner Konzeption das Bezeichnete kein Begriff, sondern ein Gegenstand ist.

5 Aus Zepf (1997b, 35).

men und den Interaktionsengrammen, dem materiellen Substrat der Interaktionsformen, die in den Extensionen der Begriffe enthalten sind, ebenfalls engrammatisch fixiert ist, erlauben die sprachlichen Zeichen und die Begriffe sich gegenseitig hervorzurufen. Diese Auffassung wird von Ullmann (1957, 65) geteilt: »Wenn der Namen ›Tisch‹ fällt, denkt man auch an einen Tisch; wenn man an einen Tisch denkt, wird man, wenn nötig, auch den Namen aussprechen«. Die geschriebenen, gesprochenen, gehörten oder gelesenen Worte werden als Zeichenexemplare, als verschiedene Realisationen ihrer jeweiligen Zeichengestalt verstanden. Auch die Zeichenexemplare bedeuten den Begriff des Gegenstandes, auf den sie sich beziehen und symbolisieren gemeinsam mit dem Begriff diesen Gegenstand.

Zeichen werden als »Repräsentationszeichen« und nicht als »Anzeichen«, als Signale, verstanden. Diese Unterscheidung wird von Klaus (1962, 87ff) und Peirce (1940, 104) favorisiert[6]. Im Unterschied zu deren Auffassungen wird der Signalbegriff nur auf bewusstlose Lebensformen bezogen, bei denen sich das Leben in bedingt-reflektorischen Zusammenhängen bewegt. Zwischen Repräsentationszeichen und Signalen bestehen einige Gemeinsamkeiten. Signale und Repräsentationszeichen gliedern sich in Gestalten und Exemplare und Signal- wie Repräsentationszeichenexemplare sind materielle Gebilde, die auf etwas verweisen, das außerhalb von ihnen liegt. Ihre Verschiedenheit liegt darin, dass Signale in einer bedingt-reflektorischen Beziehung zu dem stehen, was sie signalisieren, während die Repräsentationszeichen in keiner bedingt-reflektorischen oder »kausalen« Beziehung zu dem Objekt stehen, auf das sie sich in sigmatischer Hinsicht beziehen. Ich kann mir einen Hut vorstellen, wenn ich ein anderes Wort als »Hut« – etwa »chapeau« – benutze und die Buchstabenfolge »H«, »u« und »t«, das Zeichen »Hut«, wird ebenso wenig durch den Gegenstand Hut hervorgebracht, wie das französische Zeichen »chapeau«. Die sprachlichen Zeichen sind im Hinblick auf den Gegenstand, den sie bezeichnen, arbiträr. Repräsentationszeichen haben im Objekt nur die Quelle ihrer Bedeutung. Signale lösen ferner Verhalten aus, ohne dass das, worauf sie verweisen, bewusst wird. Während Signale keine Bedeutung haben, sondern unbedingte Reflexe auslösen, läuft das Verhalten, welches durch Repräsentationszeichenexemplare ausgelöst wird, immer über deren Bedeutung, über das begriffliche Abbild, das mit ihnen im Empfänger des Exemplars verbunden ist. Ein gesprochenes Wort hat nicht – wie etwa bei Bühler (1934, 28) und J. Lyons (1977, 49ff) – den Status eines Signals; es wird ausschließlich als materielles Exemplar einer Zeichengestalt betrachtet. Außerdem lassen sich Exemplare von Repräsentationszeichen vom Subjekt willkürlich herstellen, wenn das, was sie in sigmatischer Hinsicht bezeichnen, nicht vorliegt. Für Signale gilt das nicht.

---

6 Diese Unterscheidung steht in der Tradition von Husserl (1901, 22-25).

Die Begriffe »Syntax«, »Pragmatik«, »Sigmatik« und »Semantik«, die Disziplinen der Semiotik bezeichnen, werden in den Klausschen (1962) Bestimmungen verwendet (s. auch Carnap 1942, 9). Im vorliegenden Text nehmen sie auf
folgende Relationen Bezug: Die Syntax bezeichnet und untersucht die Beziehung der Zeichen untereinander, die Pragmatik bezeichnet und untersucht die
Beziehung zwischen den Zeichen und ihren Benutzern (Gesellschaft, Menschen), die Sigmatik bezeichnet und untersucht die Beziehung zwischen Zeichen und den Objekten (Gegenstände, Eigenschaften, Beziehungen) und die
Semantik bezeichnet und untersucht die Beziehung zwischen den Zeichen und
den begrifflichen Abbildern der Objekte. Klaus (1962, 57) stellt die Relationen,
in denen die Sprache von den Disziplinen der Semiotik untersucht werden, in
einem übersichtlichen Schema (4) dar, das ich in geringfügig modifizierter Weise
übernehme:

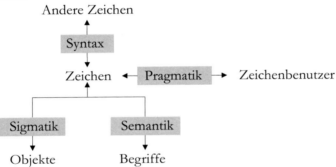

Schema 4: Disziplinen der Semiotik (modifiziert nach Klaus 1962, 57)[7]

Unter Einbeziehung einer Analyse der Relation zwischen Objekten und ihrer
begrifflichen Abbildung, die nicht in den Bereich der Semiotik, sondern in den
der Erkenntnistheorie fällt, werden im Folgenden die Zeichensysteme im Wesentlichen in semantischer und pragmatischer Hinsicht betrachtet.

Die Begriffe »Gefühl«, »Affekt« und »Emotion« werden im Schrifttum unterschiedlich verwendet. Ich verwende den Gefühlsbegriff als Oberbegriff für
Affekte und Emotionen. Beide werden erlebt und anhand eines Kriteriums unterschieden, welches ich der Gefühlstheorie von Heller (1981) entnehme. In
ihrer Theorie bedürfen Affekte für ihre Auslösung der realen Anwesenheit eines Reizes. Dieser Reiz ist insofern relativ unspezifisch, als bestimmte Affekte
nicht durch einen bestimmten Reiz, sondern durch bestimmte Reizklassen hervorgerufen werden. Ein bestimmter Affekt wird nicht durch eine bestimmte
konkrete Situation, sondern durch die bestimmte Struktur ausgelöst, die verschiedenen Situationen gemeinsam ist. Im Gegensatz zu der relativen Unabhängigkeit der Affekte von der konkreten Situation, in der sie auftreten, sind Emo-

7   Aus Zepf (1997b, 37).

tionen inhaltlich immer an die spezifische Situation gebunden, in der sie entstehen. Diese Situation kann eine reale wie auch eine bloß vorgestellte sein. Emotionen sind immer

>>situative Gefühle<<, in denen >>das, weswegen wir fühlen, wem gegenüber wir fühlen etc., zum Gefühl selbst gehörig [ist] ... Der Gefühlsinhalt kann prinzipiell von dem Gefühlsauslöser und von der Gefühlsinterpretation nicht getrennt werden<< (1981, 128f, Kursivierungen aufgehoben, S. Z.).

Emotionen entwickeln sich aus Affekten, wobei Heller (1981, 153ff) die Sprache als Schrittmacher dieser Entwicklung exponiert.

Allgemeine Struktur der Affektsymbole

Aus den vielfältigen Untersuchungen der akademischen Psychologie kristallisierte sich die heute kaum noch bestrittene Einsicht heraus, dass Gefühle aus verschiedenen Komponenten bestehen (Lit. s. Scherer 1990; Krause 1997; 1998a). Gefühle haben

- ein *kognitive* Komponente, die sich darauf bezieht, dass Gefühle durch die kognitive Bewertung von Umweltereignissen entstehen (z. B. Arnold 1960; Lazarus 1968; Pekrun 1988) und dass sie die kognitiven Prozesse beeinflussen (z. B. Zajonc 1980),
- eine *körperliche* Komponente, welche auf die sichtbaren und nicht-sichtbaren vegetativen und muskulären Prozesse verweist, die mit den Gefühlen einher gehen. Mit den sichtbaren Körperprozessen ist die Ausdruckskomponente der Gefühle gemeint. Sie besagt, dass sich Gefühle bevorzugt averbal äußern, so in der Mimik, Körperhaltung, Gestik, Qualität der Stimme und anhand der sichtbaren Aspekte physiologischer Erregung wie Erröten, Blässe oder Zittern. Verbunden mit der körperlichen Komponente ist
- die *Wahrnehmung* körperlicher Prozesse (z. B. Erdmann 1983a; Izard 1977; Krause 1983; Mandler 1975; Pekrun 1988; Valins 1966). Ferner sollen die Gefühle
- eine *motivationale* Komponente besitzen (z. B. Frijda 1986; Plutchik 1980; Tomkins 1962; 1963; Krause 1997; 1998a) und schließlich gehört zu ihnen
- das *Erleben* der Gefühle, das die wahrgenommene Befindlichkeit des Subjekts umfasst. Charakterisiert ist dieses Erleben durch eine Selbstbetroffenheit. Wenn man von etwas nicht betroffen ist, hat man keine Gefühle (Ulich 1982, 31-38). Ulich (1982) sieht darin das hinreichende Bestimmungsmerkmal der Gefühle, das Heller (1981, 19) so formulierte: >>*Fühlen* heißt, *in etwas involviert zu sein*<<.

Sieht man in diesen Komponenten die integralen und unverzichtbaren Bestandteile der Gefühle, sind sie in einer psychoanalytischen Konzeption der Gefühle nicht nur zu berücksichtigen. Es ist auch das Zusammenwirken dieser Komponenten auf den Status eines begriffenen Zusammenhanges so anzuheben, dass ihr relativer Stellenwert, den sie im Erleben der Gefühle einnehmen, durchsichtig wird.

In Auseinandersetzung mit den Ergebnissen psycho- und neurophysiologischer Untersuchungen habe ich die Art und Weise des Zusammenspiels dieser Komponenten bei der Darstellung der allgemeinen, begriffsanalogen Struktur der Affekte an anderer Stelle (Zepf 1997b, Lit. s. dort) ausführlich begründet. Ich will mich hier auf das Wesentliche beschränken. Unterstellt man den vorsprachlichen Affekten eine Struktur, die den sprachlich-begrifflichen Symbolen analog ist, müssen auch für sie wie bei den sprachlichen Symbolen, wo begriffsspezifische Prädikatoren – Worte – vorliegen, affektspezifische Prädikatoren vorhanden sein. Als solche bieten sich hier die Wahrnehmungen der körperlichen Abläufe. Aus einer Vielzahl psycho- und neurophysiologischer Untersuchungen der Affekte lässt sich entnehmen, dass die körperlichen Abläufe zwar nicht – wie W. James vermutete[8] – die Affekte inhaltlich kontrollieren, dass sie und ihre Wahrnehmung aber einen unverzichtbaren Bestandteil der Affekte darstellen und dass – wie von den Worten, von denen subjektiv differenzierbare Wortvorstellungen vorliegen – auch von ihnen unterscheidbare Vorstellungen existieren.

Welchen Spezifitätsgrad die Vorstellungen der interozeptiv und propriozeptiv wahrgenommenen vegetativen Prozesse und motorischen Abläufe aufweisen, kann beim gegenwärtigen Kenntnisstand nicht sicher entschieden werden. Die anatomischen Verhältnisse lassen vermuten, dass die Wahrnehmung vegetativer Prozesse eher unspezifisch ist. Topografisch ist bekannt, dass afferente Informationen aus jedem Organsystem den Kortex erreichen (z. B. D. Adam 1967; Chernigovskiy 1967, zit. n. Vaitl 1995). Im Vergleich zu der hohen Zahl an propriozeptiven Afferenzen aus den Gelenken, Sehnen und Muskeln und der Afferenzen, die für die Exterozeption (z. B. Hören, Sehen) zur Verfügung stehen, ist jedoch die Zahl der viszeralen Afferenzen äußerst gering. An der Katze konnte Jaenig (1959) zeigen, dass nur 2% der afferenten Neurone und weniger als 5,5% der gesamten Afferenzen eindeutig als viszerale zu klassifizieren sind. Dazu kommt, dass ein Großteil dieser viszeralen Afferenzen normalerweise schweigt und nur unter ganz bestimmten Bedingungen zu »feuern« beginnt (z. B. bei einer Blasenentzündung) und ihre Aktivität sofort einstellen, sobald der Entzündungsprozess abgeklungen ist. Die Annahme, dass interozeptiv wahrgenommene Körperreize zu qualitativ undifferenzierten Vorstellungen führen, wird von den Ergebnissen der meisten empirischen

---

[8] W. James (1909, 376) hatte geschrieben: »Die hier vertretene Hypothese ... behauptet ... wir sind traurig, weil wir weinen, zornig, weil wir zuschlagen, erschrocken, weil wir zittern und dass wir nicht weinen, schlagen zu oder zittern, weil wir traurig, zornig oder erschrocken sind«.

Untersuchungen unterstützt[9]. Es ist ferner unstreitig, dass die Afferenzen, welche durch die muskulären Aktivitäten bewirkt sind, zentralnervös registriert (z. B. Rinn 1984) und in Gestalt von Vorstellungen repräsentiert werden. Die Existenz von Vorstellungen muss zwingend angenommen werden, wenn Blindgeborene in der Lage sind, sich die Positionen ihres Körpers im Raum zu vergegenwärtigen und auf Aufforderung affektive Ausdrucksmuster zu zeigen[10]. Auch die Befunde von Gidro-Frank u. Bull (1950) sowie Bull u. Gidro-Frank (1950) stützen diese Annahme. (s. auch Asendorf 1984).

Auf die Wahrnehmung und Repräsentanz körperlicher Erregungszustände nimmt Mandler (1975) mit dem Konzept des sog. »autonomen Imagery« Bezug. Mandler (1975, 133) entwickelte dieses Konzept in Auseinandersetzung mit dem Cannonschen, gegen die Gefühlstheorie von W. James vorgebrachten Argument, dass selbst in Zuständen nach Sympathektomie und Vagotomie noch emotionale Zustände beobachtet werden können, allerdings nur dann, wenn die Gefühle vorher erlebt wurden. Die genannten Untersuchungen führen ihn zu der Annahme,

> »dass sich nach ausgedehnter Erfahrung autonomer Entladung (und ihrer Wahrnehmung) autonome Imagery entwickeln kann. Es gibt keinen Grund dafür, das Phänomen der Imagery auf die visuellen oder auditiven Systeme zu beschränken. So wie ausgedehnte Erfahrungen in diesen Bereichen zu der Wahrnehmung von Objekten und Ereignissen in Abwesenheit externer Stimulation führen kann, so kann zurückliegende Erfahrung zu der Wahrnehmung autonomer Entladung in Abwesenheit aktueller Entladung führen« (Mandler 1975, 133)[11].

Obgleich manches dafür spricht, dass die Vorstellungen, zu denen die propriozeptive Rückkoppelung der verschiedenen, mit verschiedenen Gefühlen einhergehenden motorischen Efferenzen führt, schon sehr frühzeitig voneinander unterscheidbar sind, bin ich mit ihm davon ausgegangen, dass sich in ihnen nicht die besondere Art der in Interaktionsengrammen zusammengeschalteten körperlichen Abläufe, sondern nur die unterschiedlichen Intensitäten der eintreffenden intero- und propriozeptiven Impulse so abbilden, dass ihre Intensitäten vom Subjekt unterschieden werden können. Zunächst wird nur die gemeinsame Intensität der einströmenden Impulse registriert, und im Zuge der weiteren Entwicklung kann dann diese Quantität differenziert werden in solche,

---

[9]   Z. B. Patkai (1971), D.N. Stern u. Higgins (1969), Mandler et al. (1958), Mandler u. Kremen (1958), Mandler et al. 1961), R.E. Thayer (1967; 1970), Speisman et al. (1964), Frankenhaeuser et al. (1965), Erdmann (1983b), Traxel (1960).

[10]   Z. B. Charlesworth (1970), Eibl-Eibesfeldt (1973), Fraiberg (1979), T. Freedman (1964), Goodenough (1932), Mistschenka (1933), J. Thompson (1941).

[11]   Mit »autonomen Imageries« sind die Vorstellungen interozeptiv und propriozeptiv wahrgenommener körperlicher Abläufe gemeint: »Wahrnehmung autonomer Entladung in Abwesenheit aktueller Entladung« bezieht sich nicht auf die Wahrnehmung faktischer autonomer Entladung, sondern auf die (innere) Wahrnehmung des »autonomen Imagery« (Mandler 1975, 133).

die durch vegetative und die durch propriozeptive Afferenzen hervorgerufen wird, welche später wiederum selbst differenzierter wahrgenommen werden kann[12]. Diese autonomen Imageries gewinnen für die Affektsymbole jene Funktion, welche in einer differenzierten Begriffswelt den verschiedenen sprachlichen Prädikatoren zukommt. Wie die Worte nicht die Begriffe, sondern ihre sprachliche Existenzform darstellen, sind auch diese »autonomen Imageries« nicht die Affekte, sondern deren körperliche Existenzform. Bedeuten die sprachlichen Prädikatoren die Begriffe, d. h. die begriffenen Interaktionsformen, so bedeuten hier die körperlichen Prädikatoren die Affekte. Diese körperlichen Prädikatoren gliedern sich in Zeichengestalten und Zeichenexemplare. Die »autonomen Imageries« haben den Status von Zeichengestalten und die mit dem Erleben der Affekte real auftretenden Körperimpulse sind deren Exemplare. Das materielle Substrat dieser körperlichen Zeichengestalten bilden die zentralnervösen Muster der vegetativen und propriozeptive Impulse, die neokortikal eingetragen werden und deren Intensität sich in autonomen Imageries abbildet.

Mimisches Verhalten und Affekte

Es ist hier der Ort, wenigstens kurz auf die Beziehung von mimischem Verhalten und dem Erleben von Affekten einzugehen, auf deren Grundlage die heute in Mode gekommene Säuglingsbeobachtung versucht, das Innenleben des Säuglings zu erschließen. Auch die mimischen Muster, die mit den Affekten einhergehen, sind Zeichenexemplare, materielle Realisationen von Zeichengestalten, die als autonome Imageries vorliegen. Woher die Ausdrucksbewegungen stammen, ist offen. Bis auf wenige Ausnahmen (z. B. Fogel et al. 1992) wird von vielen Forschern angenommen, dass sich in der Phylogenese ein Zusammenhang zwischen bestimmten mimischen Abläufen und bestimmten Affekten hergestellt hat, genetisch verankert wurde und sich auch in der Ontogenese weitgehend ungebrochen durchsetzt[13]. Diese Annahme ist jedoch empirisch

---

[12] Dieser Argumentation liegt das Prinzip der »sparsamsten Erklärung« zugrunde, wie es von Morgan (1894, 53, Kursivierung aufgehoben, S. Z.) als »principle of parsimony« für die komparative Psychologie, Tierpsychologie und Ethologie formuliert wurde: »In no case we may interpret an action as the outcome of the exercise of a higher psychical faculty, if it can be interpreted as the outcome of the exercise of one which stands lower in the psychological scale«. Dieses Prinzip ist kein Garant für »wahre« Erkenntnisse, diszipliniert aber die gezogenen Schlüsse. Eine sorgfältige und kritische Erörterung des »principle of parsimony«, das auch als »Morgan's canon« beschrieben wird, findet sich bei Wozniak (1993, VIII-XIX).

[13] Z. B. Brown (1991), Buck (1988), Carlson u. Hatfield (1992), Ekman (1988), Fridlund et al. (1987), Frijda (1986), Izard (1977), Oster et al. (1989).

nicht so substantiiert, wie es auf den ersten Blick den Anschein haben mag. Sie verdankt sich vor allem einer Reihe ethnologischer Untersuchungen, in denen als Ergebnis behauptet wurde, dass bestimmte, fotografisch abgebildete Ausdrucksbewegungen auch von stark unterschiedlichen Kulturen (einschließlich isolierter schriftloser Kulturen) den gleichen Affekten zugeordnet werden[14]. Prinzipiell ist gegen dieses Verfahren einzuwenden, dass – wie bei vielen Beobachtungsverfahren – als Kriterium für die »Objektivität« der Interpretationen die Übereinstimmung derjenigen dient, die das Beobachtete in bestimmter Weise interpretieren. Das Ausmaß einer Übereinstimmung garantiert aber keineswegs die Objektivität der Schlussfolgerungen. Sie gibt über die Reliabilität des methodischen Verfahrens Auskunft. Die Übereinstimmung der Beobachter verschiedener Kulturen erlaubt nur die Aussage, dass von diesen Beobachtern bestimmten mimischen Gestalten bestimmte Affekte zugeschrieben werden. Keinesfalls lizenziert diese Übereinstimmung die Annahme, dass Personen, welche diese mimischen Muster zeigen, auch die Affekte erleben, die von den Beobachtern diesem Ausdruck zugeordnet werden[15].

Darüber hinaus sind die Ergebnisse keineswegs so eindeutig, dass sie die These einer transkulturellen Identität von Affekt und Affektausdruck zweifelsfrei belegen könnten. Wie vor allem Russell (1994; 1995) zeigt, ist den Untersuchungen zu entnehmen, dass sich die Beurteilung von Affektausdrücken um so mehr von der westlicher Beurteiler unterschied, je weniger in der entsprechenden Kultur westliche Einflüsse wirksam waren[16]. Die sorgfältige metho-

---

[14] Z. B. Ekman (1988), Ekman u. Friesen (1971), Ekman et al. (1969), Izard (1971).

[15] In der Diskussion des Wahrheitskriteriums der Popperschen »Basissätze« hat schon Holzkamp (1970, 91) darauf aufmerksam gemacht, dass grundsätzlich die »Übereinstimmung verschiedener Forscher zwar das *Ergebnis* der Geltung von Basissätzen sein [kann], es ... aber kaum vertretbar [ist], den Konsensus zwischen Forschern zum *Kriterium* für die Geltung von Basissätzen zu machen«. Wie man aus der sozialpsychologischen Konformitätsforschung weiß, sind Urteilsübereinstimmungen verschiedenster Art das Resultat eines Vorganges, der einer wissenschaftlichen Bedingungsanalyse schon deshalb bedarf, weil in ihn immer auch sachfremde Einflüsse eingehen.

[16] In der Untersuchung von Ekman et al. (1969) beurteilten 56% der untersuchten Einwohner von Neu Guinea, die nur über die Eingeborenensprache verfügten und weitestgehend von westlichen Einflüssen isoliert aufwuchsen, einen traurigen Ausdruck konstant als ärgerlich. Eine Metaanalyse der Ergebnisse von 31 Untersuchungen zeigte ferner einen signifikanten Einfluss der Kultur sowohl auf die Beurteilung der Gesichtsausdrücke (vor allem für Ärger, Angst und Ekel) wie auch auf ihre Unterscheidung (Russell 1994). Jedenfalls erwies sich die ökologische, interne und Konvergenz-Validität all dieser Untersuchungen als außerordentlich problematisch. Die Gesichtsausdrücke wurden mehrheitlich von High School- oder College-Studenten beurteilt und Wolfgang u. M. Cohen (1988) konnten zeigen, dass die Übereinstimmung der Beurteilungen der Probanden mit der von den Untersuchern für richtig gehaltenen von deren Bildungsstand abhing. In den meisten Untersuchungen wurde ferner das sog. »Forced

denkritische Durchsicht der vorliegenden Arbeiten führt Russell (1994) zum Schluss, dass die empirischen Befunde erlauben, die Null-Hypothese eines nicht-vorhandenen Zusammenhanges von Affekten und ihrem mimischen Ausdruck zurückzuweisen, aber nicht geeignet sind, die Hypothese eines transkulturell invarianten Zusammenhanges zwischen bestimmten Affekten und ebenso bestimmten Ausdrucksmustern zu verifizieren. Genau genommen war in den ethnologischen Arbeiten dieser Zusammenhang nicht Gegenstand der Untersuchung. Untersucht wurde vielmehr, wie auch Izard (1994) feststellt, inwieweit die semantische Attribuierung eines bestimmten mimischen Ausdrucksverhalten gegenüber verschiedenen Kulturen invariant ist, so dass die Annahme, »[t]hat faces universally express emotions remains to be tested« (Russell 1995). Wie Russell (1994) feststellt, erlauben die vorliegenden Daten noch mindestens 8 andere Interpretationen. Nicht im Einklang mit dieser Annahme steht ferner ein Befund, den W.I. Thomas schon vor fast 60 Jahren erhob. W.I. Thomas (1937, 46ff) hatte beobachtet, dass bestimmte Eingeborenenstämme (in Südamerika) ihr Glücksgefühl (»happyness«) durch Weinen ausdrücken, das in westlichen Kulturen üblicherweise als Zeichen des Unglücklichseins (»unhappyness«) betrachtet wird.

Die bisherigen empirischen Befunde können die sog. »Universalitätsthese« nicht stützen. Angesichts der Tatsache, dass Menschen ihre Affekte mimisch darstellen können, muss gleichwohl angenommen werden, dass Menschen mit der abstrakten Möglichkeit mimischer Gefühlsäußerungen geboren werden. Hinweise auf vorfindliche mimische Ausdrucksmuster finden sich in den Beo-

---

Choice«-Verfahren angewendet. Ohne die Möglichkeit, eine andere Alternative wählen zu können, wurden die Probanden instruiert, meist 6 vorgegebene Gefühlswörter – am häufigsten »sadness«, »happy«, »fear«, »surprise«, »disgust«, »anger« oder auch »contempt« – 6 Photographien von artifiziell nachgestellten Gefühlsausdrücken zuzuordnen. Untersuchungen zeigen aber, dass die einzelnen Zuordnungen immer auch von den Gesichtsausdrücken abhängig sind, die bei der Präsentation vor dem zu beurteilenden Ausdruck gezeigt werden (z. B. Manis 1967; Russell 1991; Russell u. Fehr 1987; S. Thayer 1980a; 1980b). Abhängig davon wurde der gleiche, als neutral klassifizierte Ausdruck als »happy« oder als »sad« und der Ausdruck von »contempt« als »disgust« und der von »anger« als »sadness« beurteilt. In einer anderen Untersuchung (Russell 1993) wurde 480 zufällig ausgewählten Erwachsenen eine Photographie vorgelegt, die in der Auffassung von Ekman et al. (1969) »anger« darstellen soll. Abhängig von der Liste vorgegebener Gefühlsworte (jeweils 6) wurde dieser Ausdruck mehrheitlich als »contempt«, »disgust« oder »frustration« beurteilt. Ferner weisen Fogel et al. (1992; s. auch A. Sroufe 1979, 479) darauf hin, dass das mimische Ausdrucksverhalten nie statisch ist, sondern immer eine zeitliche Dimension zeige, in einem Kontext erfolge und somit immer auch eine »sequential and context specificity« habe und dass im »Forced-choice«-Verfahren aus einem Corpus von etwa 2000 unterscheidbaren, in der Realität auftretenden mimischen Ausdrucksformen jeweils bestimmte Teilmengen durch die Anzahl der vorgegebenen Affektausdrücke und Gefühlsbegriffe als identisch gesetzt werden.

bachtungen von Blindgeborenen[17]. Jedoch kann daraus nicht mit Izard (1977) u. a. gefolgert werden, dass die Beziehungen zwischen bestimmten Ausdrucksmustern und bestimmten Affekten invariant und vorprogrammiert sind. Bei den blind geborenen Kindern ist zu bedenken, dass sie durchaus vokale Produktionen wie Lachen, Schluchzen oder Schreien, die bei bestimmten Affekten auftreten, wahrnehmen können. Diese Laute sind mit bestimmten mimischen Abläufen verbunden, so dass nicht ausgeschlossen werden kann, dass die blind geborenen Kinder eine Zuordnung mimischer Abläufe zu bestimmten Affekten bis zu einem gewissen Grade erlernen können. Untersuchungen des mimischen Ausdrucksverhaltens der Kinder liefern hierfür zumindest einige indirekte Belege. Ortega et al. (1983) verglichen mit FACS von Ekman u. Friesen (1978) die auf Videofilmen festgehaltenen spontanen und willentlichen Gefühlsausdrücke (u. a. Freude, Traurigkeit, Angst) von je 22 sehenden und von Kindern (7-13 Jahre alt), die von Geburt an blind waren. Betrachtete man das allgemeine spontane Ausdrucksverhalten unabhängig von den Affekten, dann war dessen basale Struktur in beiden Gruppen ähnlich. Bei den sehenden Kindern war aber sowohl das spontane wie das willkürliche mimische Ausdrucksverhalten trennschärfer, d. h. spezifischer für einen bestimmten Affekt als bei den blind geborenen Kindern. A. Sroufe (1979, 480), der die Reaktion von 200, 8-16 Monate alten Kindern auf Fremde untersuchte, beobachtete kaum ein klassisches Angst-Gesicht (»classic fear face«), sondern sowohl bei einem Kind, wie auch im Vergleich verschiedener Kinder ganz unterschiedliche Reaktionen wie »gaze-aversion«, »avoidance« und »distress«. Desgleichen halten Campos et al. (1983, 795) fest, dass Kinder in beträchtlichem Maße inter- und intraindividuelle Unterschiede in der Art und Intensität ihrer Reaktion auf dieselben Umweltereignisse zeigen. Ferner ließen sich die Übereinstimmungen im Erkennen von Affekten, die in Untersuchungen mit Photographien von Erwachsenengesichtern erreicht wurden, mit Aufnahmen von Kindergesichtern nicht replizieren (M.C. Jones 1931, 78; Keller u. Meyer 1982, 94).

Natürlich können diese Befunde auch darauf zurückgeführt werden, dass vorprogrammierte Ausdrucksmuster noch nicht ausreichend präzisiert waren. Gegen diese Deutung sprechen jedoch die Untersuchungen von Malatesta u. Haviland (1982) und Haviland u. Lelwica (1987). In der ersten Untersuchung fanden Malatesta u. Haviland (1982), dass sich das mimische Verhalten bei 12 Wochen alten Kindern schneller ändert als das der Mütter und dass die Mütter in den Interaktionsprozessen mit ihren Kindern eines der bei den Kindern ablaufenden mimischen Muster in individueller Weise duplizieren und festhalten, wenn es in der Auffassung der Mutter eine positive Stimmungslage signalisierte. Die Folge war, dass die Kinder im Laufe der Zeit die Wechselfrequenz ihres

---

[17] Dumas (1932), Eibl-Eibesfeldt (1973; 1984), Fraiberg (1971; 1977; 1979), Mistschenka (1933), Ortega et al. (1983), J. Thompson (1941).

Ausdrucksverhalten an die ihrer Mütter anglichen und im Alter von 6 Monaten die Muster übernommen hatten, welche von den Müttern dupliziert wurden. In einer zweiten Untersuchung (Haviland u. Lelwica 1987) boten die Mütter ihren 10 Wochen alten Kindern jeweils für 15 Sekunden bestimmte mimischen Ausdrücke (für Freude, Traurigkeit und Ärger) an, ohne dass sie auf das mimische Verhalten, mit dem die Kinder reagierten, eingingen[18]. Im wesentlichen zeigte sich, dass die Kinder im ersten Durchgang den mütterlichen Affektausdruck in einem höheren Prozentsatz als in den nachfolgenden Durchgängen wiederholten.

Die vorliegenden Befunde sprechen jedenfalls mehr für als gegen die Annahme, dass über die Zuordnung vermutlich vorfindlicher Ausdrucksmuster und deren individueller Ausprägung mit der Bildung der Affekte auch ihr wirklicher Ausdruck in der Sozialisation hergestellt wird. Sieht man davon ab, dass für sprachliche Formulierungen keine bestimmten Muster bereitliegen, entspricht dies strukturell der Bildung des sprachlichen Ausdrucks beim Erwerb von Sprache. Beim Spracherwerb organisiert das Kind im Nachsprechen seine Brabbellaute entsprechend den vorgesprochenen mütterlichen Lauten (z. B. M.M. Lewis 1970, 25-32; W. Stern u. C. Stern 1928, 151ff), hier organisiert es seine mimischen Affektausdrücke entsprechend den mütterlichen. Maratos (1973) sowie Meltzoff u. Moore (1977) berichten, dass schon 12 bis 21 Tage alte Kinder in der Lage sind, Bewegungsabläufe (etwa das Herausstrecken der Zunge, Fingerschnippen, Öffnen des Mundes) von Erwachsenen nachzuahmen und Field (1985; s. auch Field u. Walden 1982; Field et al. 1982) hat beobachtet, dass bereits 45 Stunden alte Neugeborene fröhliche, traurige und überraschte Gesichtsausdrücke Erwachsener duplizieren. Ungefähr ab dem 6. Monat scheinen die Kinder ferner die individuellen Besonderheiten des mütterlichen Gesichts zu übernehmen, etwa die besondere Art, wie die Mutter lächelt (Malatesta u. Haviland 1985; Trevarthen 1978; 1979; Uzgiris 1972)[19].

Die Befunde von Meltzoff u. Moore (1977) wurden von S. Jacobson (1979) für 6 Wochen alte Säuglinge und von Meltzoff u. Moore (1983a; 1983b) für 72 Stunden alte Neugeborene repliziert. Sie belegen, dass schon im Kindesalter gesellschaftliche, über die Eltern vermittelte Darbietungsregeln für Affekte erworben werden. Diese sog. »Pull-Faktoren« wirken darauf hin, »genau diejenigen Ausdrucksmuster (z. B. des Gesichtsausdrucks) zu erzeugen«, die im späte-

---

[18] Die Reihenfolge der mimischen Präsentationen wurde variiert, zwischen den einzelnen Präsentationen lag eine Pause von 20 Sekunden und das ganze Procedere wurde viermal wiederholt.

[19] Sowohl die Organisation der Brabbellaute im Nachsprechen wie auch die Organisation der Mimik entsprechend dem mütterlichen Ausdruck lässt sich als Resultat von Identifikationsprozessen begreifen (s. dazu Ch. Brenner 1982b, 48f; Fenichel 1945a, 59; Zepf 1985a, 72f).

ren Leben »durch sozial normierte Situationsanforderungen ... vorgegeben sind« (Scherer u. Wallbott 1990, 354; s. auch Scherer 1988). Analog dem Verfahren, in dem die Mutter mit der Einführung der Sprache die von ihr hergestellte und in das Kind eingetragene Interaktionspraxis bezeichnet und die sprachlichen Ausdrücke des Kindes korrigiert, stellt sie in der Praxis die Affekte ihres Kindes her und korrigiert und signiert durch ihre Reaktion auf das Verhalten des Kindes einen bestimmten mimischen Ablauf als Ausdruck »dieses« Affekts. Brackbill (1954) konnte an 16-20 Wochen alten Kindern eine operante Konditionierung des Lächelns nachweisen, Brooks-Gunn u. M. Lewis (1982) zeigen die Abhängigkeit der Entwicklung des frühkindlichen Lächelns und Weinens in den ersten 2 Lebensjahren von der Art und Weise, wie die Mutter darauf reagiert und Demos (1982) fand in Abhängigkeit von verschiedenen familiären Transaktionsstilen (»family transactional stiles«) eine große Variation der frühkindlichen expressiven Ausdrucksmuster. Indem die mimischen Abläufe, die als eine Art unwillkürliche Äußerung mit einem affektiven Zustand einher gehen, sozial kodiert werden, werden sie gemäß der Wirkung, die sie auf andere ausüben, umgewandelt. Durch die Bedeutung, die ihnen die Eltern zuschreiben, werden die ursprünglich reflektorischen Reaktionen zu einem semantischen Akt und zu Mitteln der Einwirkung auf andere Menschen[20].

Dass es nicht genügt, die Ausdrucksbewegungen der Affekte bloß als phylogenetische rudimentäre Gebilde aufzufassen, zeigt die Übersicht von Chevalier-Skolnikoff (1973) über die soziale Organisation nicht-menschlicher Primaten. Bei den nicht-menschlichen Primaten

> »sind der dem Kontext angemessene Gebrauch von und die Reaktion auf Formen des Gesichtsausdrucks und ihre Rolle bei der Koordination sozialer Interaktionen stark von der Erfahrung an normalen Sozialisationen abhängig«.

Die Entwicklung des Gebrauchs und des Erkennens von Gesichtsausdrücken und ihre interindividuelle Varianz sprechen auch beim Menschen für eine je sozialisationsspezifische Zuordnung und Konkretisierung möglicherweise genetisch verankerter Möglichkeiten des mimischen Ausdrucks. Menschen können

---

[20] In diesem Zusammenhang ist der Befund von Adamson et al. (1987) erwähnenswert. Diese Autoren konnten zeigen, dass Eltern die Aktivitäten von Kleinkindern öfters als bedeutungsvoll klassifizierten als eine Kontrollgruppe von Nicht-Eltern. »[M]any of the gestures which young infants emit«, schreibt Newson (1977, 57), »only have the status of communication gestures to the extent that the mother imputes that status to them« und auch Kaye (1982, 3) hält fest, dass kindliche Reaktionen dadurch zu bedeutungsvollen Gesten werden, »that parents tend to interpret [them] *as if* they were meaningful gestures« (s. auch Bruner 1982; Dunn 1982; Hinde 1976; Newson 1979, weit. Lit. s. Harding 1982). Ebenso notiert auch Cramer (1987, 1042), dass »[i]n clinical settings, as in research settings, when one pays attention to mothers' verbal reports about what they *think* of the interaction, one is always impressed by the great variation in meanings that mothers attribute to identical behaviors in infants«.

Formen des Gesichtsausdrucks als Kommunikationsmittel benutzen, aber dazu müssen sie erst im Zusammenhang mit dem Erleben von Affekten erfahren haben, wie und wann in der Gesellschaft, in der sie leben, welcher Gesichtsausdruck dem Gefühl angemessen ist. Wie die Sprache anderer Menschen, die wir verstehen können, weil wir in derselben Sprachgemeinschaft sozialisiert wurden, über gemeinsame Zeichengestalten und einen gemeinsamen Schatz ihrer gesellschaftlich verbürgten, denotativen Bedeutungen verfügen, können wir auch die körperliche Ausdrucksweise der Affekte eines Subjekts verstehen, weil wir bei aller Verschiedenheit gleichwohl auch eine gesellschaftstypische Sozialisation durchlaufen haben, welche in die individuelle Varianz des mimischen Ausdrucks allgemein-typische Ausdrucksmuster einträgt. Diese typischen Muster fand schon Davies (zit. n. S.L. Rubinstein 1946, 601) in seiner Analyse der missglückten Versuche von Landis (1924; 1929), unveränderliche, ein für allemal festliegende Ausdrucksschemata für jeden Affekt aufzuzeigen. Es zeigte sich, dass es in den verschiedenen Bewegungen, mit denen ein und derselbe Affekt auf verschiedenen Gesichtern ausgedrückt wird, einige allgemeine Tendenzen gibt. Allerdings ist das Verständnis eines mimischen Ausdrucks auf der Grundlage seiner allgemeinen Gestalt ein begrenztes. Es beschränkt sich auf die Affekte, die damit üblicherweise in unserer Gesellschaft, die nicht nur eine Sprach-, sondern auch eine Ausdrucksgemeinschaft ist, einhergehen. Ebenso wenig, wie wir der Sprache eines anderen Subjekts weder ihre privaten und schon gar nicht ihre unbewusst gewordenen konnotativen Bedeutungen, die sich seiner individuellen Lebensgeschichte verdanken, unmittelbar entnehmen können – wenn ein Subjekt etwa »meine Mutter« sagt, dann können wir dieses Wort identifizieren und wir wissen auch, auf welches Objekt es sich bezieht, aber wir kennen weder die bewusstseinsfähigen noch die unbewusst gewordenen lebensgeschichtlichen Zusammenhänge, in denen dieses Objekt vom Subjekt erlebt wurde – ebenso wenig lässt sich in einer Art Eins-zu-eins-Relation von den Invarianzen der Affektausdrücke auf das Vorliegen invarianter und interindividuell identischer Affekte schließen. Will man in empirischen Untersuchungen vom mimischen Ausdruck auf das Vorliegen bestimmter Affekte schließen, ist nicht nur zu bedenken, dass das konkrete mimische Ausdrucksverhalten bei bestimmten Affekten aus einer sozialisationstheoretisch zu ergründenden Zuordnung und individuell-spezifischer Variation bestimmter Muster resultiert. Es ist vor allem zu beachten, dass der konkrete mimische Ausdruck, die erlebte Affektqualität und ihre sprachliche Attribuierung nicht automatisch kovariieren, sondern in verschiedener Weise gegeneinander variieren können. Das Resultat der semantischen Attribuierung eines bestimmten mimischen Verhaltens der Säuglinge im Zuge einer reduktiven Schlussbildung, die sich über das allgemeine, im präsentierten mimischen Verhalten enthaltene Muster vermittelt, das den Untersuchern als allgemeiner mimischer Ausdruck

eines bestimmten Affekts gilt, sind dann Affekte, welche – weil die Besonderheiten des mimischen Ausdrucksverhaltens und der individualspezifischen
Entwicklung seines Zusammenhanges mit bestimmten Affekten nicht beachtet
wurden – möglicherweise gar nicht vorhanden sind oder die, wenn sie vorliegen,
anders erlebt werden. Die Befunde der Säuglingsbeobachtung gewinnen damit
exakt den spekulativen Charakter, welcher unter Zuhilfenahme von Stekels
(1911) Traumbuch einer psychoanalytischen Deutung der latenten, unbewussten Inhalte eines manifesten Trauminhaltes quer zur Lebensgeschichte des
Träumenden zukäme.

Affekt- und sprachsymbolisches System: Gemeinsamkeiten und Unterschiede

Was sich in den Affekten darstellt, enträtselt sich, wenn man den aktuellen Zustand genauer analysiert, über den die Affekte das Subjekt informieren. Dieser
Zustand resultiert in psychoanalytischer Sicht aus einem bestimmten, aus den
Auseinandersetzungen mit der Realität resultierenden Zusammenspiel seelischer Repräsentanzen. Da Repräsentanzen als subjektiver Niederschlag der Objektbeziehungen, als Interaktionsformen, zu lesen sind und Interaktionsformen
die Elemente abgeben, aus denen sich die Persönlichkeitsstruktur aufbaut, heißt
dies, dass sich in den Affekten das aktuelle System der Beziehungen darstellt, in
dem die vorhandenen Interaktionsformen bei einer intendierten oder durchgeführten Interaktion stehen. Die Affekte geben damit mittelbar Auskunft über
das Verhältnis, in dem eine aktualisierte oder realisierte aktive, auf die Umwelt
gerichtete bzw. von ihr ausgehende und dann passiv erfahrene Interaktionsform zur Persönlichkeitsstruktur steht. Da das vorsprachliche Subjekt aber einzelne Interaktionsformen noch nicht voneinander unterscheiden kann, sind die
Affekte nicht spezifisch für eine bestimmte Interaktionsform, sondern für
Klassen von Interaktionsformen[21].

Zwischen den begrifflich gefassten symbolischen Interaktionsformen und
Affektsymbolen bestehen folgende Gemeinsamkeiten und Unterschiede. Beide
sind »›Produkt‹ des Sozialisationsprozesses« und zugleich »›Produktionsmittel‹
im Prozess der Erkenntnisbildung und des bewussten Handelns« (Lorenzer
1977, 145f). Während durch die begriffssymbolisch gefassten Interaktionsformen die einzelnen realen Interaktionsprozesse erkannt werden, gewinnen über
die Affektsymbole die allgemeinen Beziehungen Bewusstsein, in denen besondere, aktiv intendierte oder passiv erfahrene Interaktionsprozesse zum Subjekt
stehen. Interaktionsformen werden durch ihre Verbindung mit sprachlichen
Prädikatoren zu symbolischen und begrifflich verfügbaren, Affektsymbole da-

---

[21] Ich werde dies im nachfolgenden Kapitel noch ausführlich erörtern.

gegen entstehen durch eine Verbindung der durch Interaktionsprozesse hervorgerufenen Beziehungen zwischen Interaktionsformen einerseits und körperlichen Prädikatoren andererseits. Da sich in den Affekten die »Beziehung« eines Menschen, wie S.L. Rubinstein (1946, 574) schreibt, »zu dem, was er erfährt und tut, in Form des unmittelbaren *Erlebens*« ausdrückt, stellt sich in den Affektsymbolen die »emotive Bedeutung« (C.K. Ogden u. I.A. Richards 1923, 233) der Praxis eines Menschen dar, die sie für ihn hat. Dabei gilt sowohl für die sprachlichen wie auch für die Affektsymbole, dass sie mit dem, was sie bedeuten, nicht identisch sind. Ebenso gliedern sich auch die Prädikatoren beider, die sprachlichen wie auch die körperlichen, in Zeichengestalten und Zeichenexemplare. In beiden Zeichensystemen wird ferner das Verhalten nicht durch die Zeichen, sondern durch ihre Bedeutung bestimmt.

Beide Systeme unterscheiden sich darin, dass bei der Sprache die Zeichenexemplare und das, was sie bedeuten, vom Subjekt auch dann hergestellt werden können, wenn der Gegenstand, den sie in sigmatischer Hinsicht bezeichnen, nicht vorliegt. Exemplare von körperlichen Prädikatoren lassen sich dagegen nicht unmittelbar, sondern nur mittelbar, d. h. über die Praxis herstellen, wobei freilich das, was sie bedeuten, über die Zeichengestalten antizipiert werden kann. Ihre Differenz besteht darin, dass die körperlichen Zeichenexemplare und das, was sie bedeuten, von denselben Bedingungen verursacht sind. Im Falle der Affekte ruft die Interaktion über ihr Interaktionsengramm bestimmte körperliche und seelische Zustandsveränderungen hervor, wobei die körperliche Zustandsveränderung die seelische Veränderung bedeutet und beide gemeinsam auf deren Bedingungen verweisen. Sprachliche Zeichen werden dagegen nicht von dem Objekt verursacht, das in Begriffen ideell abgebildet wird.

Eine weitere Differenz von Affektsymbolen und begrifflich-symbolischen Interaktionsformen wird sichtbar, wenn man beide im Lichte der »Theorie der Abstraktionsstufen« und der »Theorie der semantischen Stufen« betrachtet. Beide Theorien gehen davon aus, dass es in der Außenwelt Dinge, Eigenschaften, Beziehungen usw. gibt, die selbst keine sprachlichen Zeichen sind. Diese Objekte der Außenwelt bilden die sogenannte »Nullstufe«. Die Begriffe der ersten semantischen Stufe sind die Erkenntnismittel für die Objekte der Nullstufe. Begriffe und Sätze der ersten Stufe geben Sachverhalte der Nullstufe wider, wobei die »Theorie der Abstraktionsstufen« sich darauf bezieht, dass diese Begriffe auf unterschiedlichen Abstraktionsstufen liegen können. Der Begriff »Lebewesen« liegt auf einer höheren Abstraktionsstufe als die Begriffe »Tiere« und »Pflanzen«, die wiederum im Verhältnis zu den Begriffen »Säugetiere« und »Bäume« einer höheren Abstraktionsstufe angehören. Begriffstheoretisch heißt das, dass aus der Verschiedenheit der intensionalen Bestimmungen der Begriffe, die auf der niederen Abstraktionsstufe liegen, deren abstrakte Identität zur Intension des nächsthöheren Begriffs wird, dessen extensionalen Bestimmungen sich dann aus den verschiedenen intensionalen Bestimmungen der Begriffe konstituieren, die der darunter liegenden Abstraktionsstufe angehören. Voraussetzungen dieser Abstraktionsprozesse sind eine große Anzahl verschiedener sprachlicher Zeichen und die Fähigkeit, die intensionalen Bestimmungen der Begriffe miteinander zu vergleichen und in diesem Vergleich ihre Verschiedenheit und ihre Identität zu erfassen.

Die »Theorie der semantischen Stufen« dagegen unterteilt die Sprache in »Objektsprache« und »Metasprache« (Klaus 1962, 44ff; J. Lyons 1977, 24ff; Quine 1940, 23ff). Werden die Begriffe und Sätze verschiedener Abstraktionsstufen zum Untersuchungsgegenstand gemacht, ist die Sprache, in der sie formuliert sind, die Objektsprache, über die in einer Metasprache, der Sprache einer zweiten semantischen Stufe, nachgedacht wird. In den Begriffen und Sätzen der Metasprache werden dann Aussagen über die Objektsprache gemacht. Über die Sprache der zweiten Stufe wiederum kann in einer Sprache der dritten Stufe, über die dritte in einer vierten Stufe usw. nachgedacht und geredet werden, wobei jedes Mal die Begriffe der nächst höheren Stufe die Erkenntnismittel für die auf tieferer Stufe angesiedelte Sprache bilden (s. dazu Klaus 1962, 44). Der Satz etwa »Die Abbilder, auf die die sprachlichen Zeichen der Sprache der ersten semantischen Stufe verweisen, sind Begriffe«, ist ein metasprachlicher. Der Begriff des »Begriffs« liegt auf der zweiten semantischen Stufe und ist Erkenntnismittel für die semantische Beziehung »Abbilder« und »sprachliche Zeichen«.

Die Sprache erlaubt, nicht nur Gegenstände, sondern auch sich selbst zum Untersuchungsgegenstand zu machen. Die Sprache kann metasprachlich auf unterschiedlichen Abstraktionsstufen abgebildet werden. Die Individuen können die sprachlichen Zeichen und das, was sie bedeuten, voneinander abstrahieren und – etwa in einer linguistischen, syntaktischen oder semantischen Analyse der Sprache – getrennt in Augenschein nehmen, etwa ihre Unterschiede erkennen und auf unterschiedlichen Abstraktionsstufen metasprachlich darstellen. Bei Affektsymbolen hingegen ist weder eine Darstellung des Erlebten auf unterschiedlichen Abstraktionsstufen noch eine Abbildung der Affektsymbole auf einer Metaebene möglich. Einmal kann die Verschiedenheit und Identität der intensionalen Bestimmungen verschiedener Affekte nicht erfasst und somit auch nicht abstrahiert werden und zum anderen lassen sich weder die körperlichen Prädikatoren von dem, was sie bedeuten abstrahieren noch können Affekte zum Gegenstand von Affekten werden. Über Affekte lässt sich nicht »nachfühlen«, so dass für das System der Affektsymbole auch jene semantische Stufenbildung entfällt, welche in der Sprache möglich ist.

Das System der vorsprachlichen Affektsymbole ist vergleichbar mit einem Sprachsystem, das nur über eine semantische und eine Abstraktionsstufe verfügt. Die etwa unter den Worten »Haus«, »Auto« und »Apfel« gefassten Begriffe erlauben dann die bewusste Erkenntnis und Unterscheidung der auf der Nullstufe liegenden, wahrgenommenen und als Vorstellungen vorhandenen Objekte Haus, Auto und Apfel. Weil eine zweite semantische Stufe und damit auch die Erkenntnismittel für die Worte und Begriffe fehlen, können aber weder die Worte als verschiedene »Worte« bewusst und unterschieden noch können die Begriffe »Haus«, »Auto« und »Apfel« als »Begriffe« bewusst und damit auch nicht als »verschiedene Begriffe« voneinander differenziert werden. Worte und Begriffe sind hier subjektiv nur unterscheidbar durch das, was sich in den Begriffen abbildet und was durch sie bewusst wird. Übertragen auf das System der Affektsymbole heißt das, dass sie – wie die Sprachsymbole der ersten semantischen Stufe – als Erkenntnismittel für die Objekte der Nullstufe fungieren. Während aber bei den Sprachsymbolen die Erkenntnismittel der zweiten Stufe selbst wieder erkannt werden können, ist innerhalb des Systems der Affektsymbole eine Erkenntnis der Erkenntnismittel nicht möglich. Da in dieser eindimensionalen Organisation der Affektsymbole keine Erkenntnismittel für die Affekte vorliegen, können einmal auch die in ihrer Intensität verschiedenen körperlichen Prädikatoren nicht von dem, was sie bedeuten, abstrahiert und somit subjektiv auch nicht isoliert von ihrer Bedeutung differenziert werden. Zum anderen können durch die Affekte zwar die Beziehungen zwischen realisierten Interaktionen und dem vorhandenen System der Interaktionsformen, nicht aber die Affekte selbst als »Affekte« bewusst werden. Operiert man ausschließlich innerhalb dieser Organisation, dann hat man zwar verschiedene Affekte, aber man kann nicht wissen, dass man verschiedene »Affekte« hat. Ihre Verschiedenheit gründet in den wahrgenommen und abstrahierten Beziehungen der Interaktionsformen, die durch Interaktionen hervorgerufen werden.

Affekte und die Einführung von Sprache

Mit der Einführung von Sprache, welche erlaubt, einzelne Interaktionsformen und ihre Elemente zu erkennen, verändert sich der Charakter der Gefühle in der von Heller (1981) beschriebenen Weise[22]. Während in ihrer Theorie ein bestimmter Affekt nicht durch eine bestimmte konkrete Situation, sondern durch die bestimmte Struktur ausgelöst wird, die verschiedenen Situationen, verschiedenen Interaktionen, gemeinsam ist, erlaubt die Sprache zum einen, die Situationen, in denen bestimmte Gefühle auftreten, präzise zu bestimmen und zum

---

[22] Heller (1981) unterteilt die Gefühle terminologisch u. a. in »Affekte« und »Emotionen«. In ihrer Definition bedürfen Affekte für ihre Auslösung der realen Anwesenheit eines Reizes. Dieser Reiz ist insofern relativ unspezifisch, als bestimmte Affekte nicht durch einen bestimmten Reiz, sondern durch bestimmte Reizklassen hervorgerufen werden. Ein bestimmter Affekt wird nicht durch eine bestimmte konkrete Situation, sondern durch die bestimmte Struktur ausgelöst, die verschiedenen Situationen gemeinsam ist.

anderen ermöglicht sie gleichermaßen, die Interaktionsformen im Subjekt zu unterscheiden, die durch die bestimmte Situation zueinander in Beziehung gesetzt werden. Affektsymbole werden damit in verschiedene Emotionssymbole differenziert. Während sich früher in einem Affektsymbol die Beziehung abbildete, in der Affekte durch einen Eingriff von Außen gesetzt wurden, stellt sich mit der Einführung von Sprache in den Emotionssymbolen die Beziehung zwischen den lebensgeschichtlich entstandenen Interaktionsformen dar, die durch die Situation, in der die Emotion entsteht, aktualisiert werden[23]. Anders ausgedrückt: Emotionen sind das erlebnismäßige Substrat der Bedeutung, die ein Ereignis für ein Subjekt hat. Dessen »Bedeutendsein« (Morris 1964, VII), dessen »emotive Bedeutung« (C.K. Ogden u. I.A. Richards 1923, 233) für das Subjekt wird in diesem gefühlshaften Erleben erkannt.

Nun wandelt der Spracherwerb über eine sprachlich-begriffliche Abbildung der Interaktionsformen nicht nur die Affektsymbole in Emotionssymbole. Mit der Einführung der Gefühlsworte und -begriffe können auch die zu Emotionssymbolen gewordenen Affektsymbole begrifflich abgebildet – Heller (1981, 169) nennt diese eine »Koordinierung« der Emotionen [mit] emotionellen Begriffe[n]« – und zu Konnotaten sprachlicher Zeichen werden. Dabei ist eine Differenz zwischen den Interaktionsformen und den Emotionssymbolen, die im Zuge der Begriffsbildung ideell abgebildet werden, nicht zu übersehen. Während die Interaktionsformen durch die Bildung von Begriffen zu symbolischen Interaktionsformen werden, Bewusstsein gewinnen und in ihrer Besonderheit auch subjektiv kenntlich werden, kommt den Gefühlen als besondere und voneinander unterscheidbare Emotionssymbole bereits Bewusstsein zu. Diese Differenz zwischen den abzubildenden Gegenständen weist der Sprache in Bezug auf die Interaktionsformen und die Gefühle einen anderen Status zu. Während die Sprache in den symbolischen Interaktionsformen Interaktionsformen begrifflich abbildet, werden in den Gefühlsbegriffen nicht Gefühle, sondern Emotionssymbole sprachlich abgebildet. Bezogen auf die Emotionssymbole haben die Gefühlswörter und Begriffe einer Sprache den Status einer Metasprache, deren Erkenntnisobjekte nicht die Emotionen, sondern die Emotionssymbole sind.

Der Zusammenhang von Emotionssymbolen und Sprache ist der Abbildung einer Objektsprache in ihrer Metasprache analog. Ich will die meta-

---

[23] In diese Auffassung fügt sich auch die Trauerarbeit ein. In ihr wird »[j]ede einzelne der Erinnerungen und Erwartungen, in denen die Libido an das Objekt geknüpft war ... eingestellt ... und an ihr die Lösung der Libido vollzogen« (Freud 1916-17g, 430). Im dargelegten Kontext heißt dies, dass die Elemente des Systems – die Interaktionsformen, die beim Verlust des geliebten Objekts aktualisiert werden –, einzeln aufzulösen sind, womit auch die Beziehungen, in denen sie zueinander stehen und in denen die Trauer gründet, im Laufe der Zeit aufgelöst werden.

sprachliche Abbildung objektsprachlicher Inhalte zunächst nochmals begriffstheoretisch verdeutlichen. Wenn man über einen Holztisch sagt, »dieser Tisch
besteht aus einem runden Holzbrett und vier Holzbeinen«, redet man in der
Objektsprache über einen Gegenstand der sog. »Null-Stufe«. Vermittelt über
Begriffe, in deren Umfang die Vorstellungen des Gegenstandes liegen, weil sie
die intensionalen Bestimmungen dieser Begriffe in besonderer Form aufweisen,
referieren die Worte auf diesen Gegenstand. Er ist der Referent ihrer denotativen Bedeutungen. Der wahrgenommene Gegenstand wird als Fall bestimmter
Begriffe abgebildet. Sagt man hingegen »die Intension des gedanklichen Gebildes, das die Bedeutung des sprachlichen Zeichens ›Holztisch‹ ausmacht, ist
ein Holzbrett mit vier Beinen und seine Extension konstituiert sich aus runden,
dreieckigen, viereckigen etc. Holztischen«, so ist dies ein metasprachlicher Satz,
der nicht über den Holztisch, sondern über sein gedankliches Abbild Auskunft
gibt. Referenten der sprachlichen Zeichen sind Aspekte des gedanklichen Ab-
bildes, seine Intension und Extension. In der metasprachlichen Aussage werden
Aspekte des gedanklichen Gebildes als dessen intensionale und extensionale
Bestimmung abstrahiert, die in der Objektsprache noch ungeschieden nebeneinander stehen. Weil damit im gedanklichen Abbild die invarianten Merkmale
des Begriffs erkennbar werden, kann das Abbild als das eines Begriffs erkannt
werden. Die metasprachliche Fassung seiner besonderen Intension und Extension gehört in den Umfang des metasprachlichen Terminus des »Begriffs«. Dessen Extension ermöglicht dann, das gedankliche Gebilde als ein besonderes, als
das eines Holztisches zu identifizieren und seine intensionale Bestimmung erlaubt, das gedankliche Gebilde als Fall eines Begriffs zu erkennen.

Da die Beziehungen von Emotionssymbolen und Sprache denen zwischen
einer Objektsprache und ihrer Metasprache strukturell entsprechen, liegen im
Verhältnis zur Sprache der körperliche Prädikator wie auch der Beziehungscharakter eines Emotionssymbols, seine Intension und Extensionen auf der
Gegenstandsebene. Im Umfang eines einzelnen Emotionsbegriffs – etwa den
Begriffen einer bestimmten Angst oder einer bestimmten Wut – befinden sich
in metasprachlichen Begriffen die intensionale und die extensionalen Bestimmungen des bestimmten Emotionssymbols. Da sich auch die Metasprache wie
die Objektsprache in verschiedene Abstraktionsstufen gliedert, können aus den
verschiedenen einzelnen Emotionsbegriffen der gleichen Art in einen weiteren
Abstraktionsvorgang jeweils ihre identischen Momente – das Moment, das ihnen allgemein ist – in Bildung der Intension der besonderen Emotionsbegriffe
der Angst und der Wut abstrahiert werden. Ihre Extensionen bilden die verschiedenen Intensionen der einzelnen Emotionsbegriffe. Die Intensionen der
besonderen Emotionsbegriffe der Angst und der Wut kommen im Umfang des
allgemeinen Begriffs dieser Gefühle zu liegen, dessen Intension in dem Mo-

ment gründet, das als das Allgemeine aus den besonderen Intensionen der besonderen Emotionsbegriffe abstrahiert wird.

Ich stelle die metasymbolische Abbildung der Emotionssymbole auf den unterschiedlichen Abstraktionsstufen im nachfolgenden Schema (5) am Beispiel der Angst und ihres Begriffs dar.

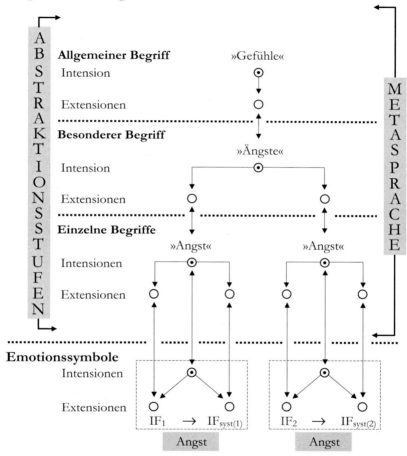

Schema 5: Metasprachliche Abbildung von Emotionssymbolen der Angst auf unterschiedlichen Abstraktionsstufen

Dieses Schema verdeutlicht, dass die einzelnen und besonderen Emotionsbegriffe sowie der allgemeine Begriff »Gefühle« im Verhältnis zu den Emotionssymbolen auf unterschiedlichen Abstraktionsstufen liegen und der Metasprache der gleichen semantischen Stufe angehören. Weil die intensionalen und extensionalen Bestimmungen der Emotionssymbole im Umfang anderer Begriffe existieren, können beide sprachlich abgebildet und benannt werden. Auf der Abstraktionsebene der »besonderen Begriffe« enthält der Begriff »Ängste« als intensionale Bestimmungsmomente diejenigen, welche gegenüber verschiedenen Angstemotionen invariant sind, ihren allgemeinen Beziehungscharakter und ihre körperliche Seite, das mit der Angst einher gehende autonome Imagery in metasprachlichen Begriffen. Ihre ebenfalls in metasprachlichen Begriffen gefassten Extensionen erlauben, ein bestimmtes Emotionssymbol der Angst zu identifizieren, die Intension dieses Emotionssymbols als eine einzelne der besonderen Intension des Begriffs »Ängste« auszuweisen und das Erleben, welches sich über das Emotionssymbol vermittelt, als einen einzelnen Fall von »Angst« zu erkennen. Das sprachliche Zeichen »Angst« bedeutet nicht die Emotion, sondern Begriffe der Angst, die auf unterschiedlichen Abstraktionsstufen liegen. Auf unterster Abstraktionsstufe sind die Konnotate dieses Zeichens die Interaktionsformen IF_1 bzw. IF_2, welche die verschiedenen konkreten Situationen kennzeichnen, in denen Angst auftritt und die verschiedenen verbegrifflichten Interaktionsformen, die in diesen verschiedenen Situationen zueinander in Beziehung gesetzt werden – dargestellt durch $IF_1 \rightarrow IF_{syst(1)}$ und $IF_2 \rightarrow IF_{syst(2)}$ – und in sigmatischer Hinsicht referiert es auf die verschiedenen Emotionssymbole.

Während also durch die Differenzierung der Interaktionsformen die Qualität des Erlebens, die Affektsymbole in Emotionssymbolen dialektisch negiert werden, wird mit der Einführung von Gefühlsworten und der Bildung von Gefühlsbegriffen, der symbolischen Form des Produkts der Differenzierung der Affektsymbole, werden die verschiedenen Emotionssymbole in der sprachlichen, metasymbolischen Form der Gefühlsbegriffe abgebildet[24]. Die Gefühlsbegriffe sind nicht die Emotionen. Sie symbolisieren vielmehr die Emotionssymbole in sprachlicher Form auf unterschiedlichen Abstraktionsebenen, während die Emotionssymbole in der Form des Erlebens die Beziehung zwischen Interaktionsprozessen und den Beziehungen zwischen den Interaktionsformen, die sich durch diese Prozesse herstellen, symbolisieren. Die emotive Bedeutung eines Sachverhaltes, die sich in den Emotionen darstellt, kann dann nicht nur erlebt, sondern auch begriffen und sprachlich begründet werden.

Mit dem Erwerb von Sprache werden die Affekte in Gestalt der Emotionen als eine Möglichkeit aufbewahrt, die sich unter bestimmten Umständen wieder verwirklichen kann. Ich will dies mit einem Beispiel illustrieren. Bei ausgebildeten Emotionen realisiert sich die Möglichkeit eines affektiven Erlebens etwa, wenn man aus irgendwelchen Gründen in späten Abendstunden in einer amerikanischen Großstadt einen Bekannten aufsuchen muss. Aufgrund der verfügbaren Erfahrungen antizipiert man, dass dies möglicherweise gefährlich ist, weil man von bewaffneten Räubern überfallen werden könnte. In dem man

---

[24] Die These Killingmos (1990), dass »the word ›anger‹ is a signifier or sign of the *experience* of anger«, ist insofern verkürzt, als das Wort »Ärger« nicht die Erfahrung von Ärger, sondern den Begriff von Ärger bedeutet.

dieses Geschehen gedanklich durchspielt, erlebt man den Signalprüfaffekt der Angst als eine vorgestellte (Signal-)Emotion. Sie ist an diese vorgestellte, konkrete Situation gebunden, die zu anderen Erfahrungen, die sich als sprachlich verfügbare Interaktionsformen niedergeschlagen haben, in Beziehung gesetzt wird. Macht man sich nun auf den Weg und wird dabei von Räubern wirklich bedroht, so behält die Angst den Status einer Emotion solange, wie die Gefahrensituation – die Interaktionsform, die sich in die Bedingungen und der daraus resultierenden Gefahr gliedert – zu dem System vorhandener Interaktionsformen – rufe ich die Polizei? Gebe ich meine Brieftasche? Wehre ich mich? Ergebe ich mich? etc. – in Beziehung gesetzt werden kann. Da die Interaktionsformen reflexiv verfügbar sind, erlaubt dieses System, sie zueinander in Beziehung zu setzen, sie gegeneinander abzuwägen und so aus einem Set möglicher Verhaltensweisen bestimmte auszuwählen, mit denen sich die Situation bewältigen lässt. Ist man etwa kundig in bestimmten Kampfsportarten, kann man seinen Erfahrungen eine bestimmte Handlungsanweisung entnehmen, die geeignet ist, die Situation konsistent mit der bisherigen Lebenspraxis zu meistern. Zu einem Affekt wird die Angst, wenn die Gefahrensituation zum System bewusster Interaktionsformen in Beziehung gesetzt wird, aber diesem System keine differenzierten Handlungsanweisungen entnommen werden können. In diesem Falle regrediert das Subjekt auf jene Form der Angstbewältigung, die vorsprachlich vorhanden war. D. h. in der vorbewussten begrifflichen Verfasstheit der Interaktionsformen werden all jene aktualisiert, mit denen sich in der Vergangenheit Angst bewältigen ließ. In veränderter Form wird hier punktuell wieder jene Situation hergestellt, die auf vorsprachlichem Entwicklungsstand die allgemeine war. Wie damals entfällt auch hier eine weitergehende subjektive Differenzierung der Interaktionsformen – im Vorbewussten bleibt sie auf jene beschränkt, mit denen Angst bewältigt werden konnte –, wobei nun aber im Unterschied zur früheren Lage eine der vergangenen Interaktionsformen – etwa die der »Flucht« – als Reaktion ausgewählt und die Gefahrensituation wie auch die Interaktionsform, zu der sie führt, noch benannt, d. h., bewusst werden kann. Auf die besondere Gefahrensituation wird nicht mehr besonders, sondern allgemein in dem Sinne reagiert, dass frühere Interaktionsformen, mit denen in anderen Situation Angst bewältigt werden konnte, auch in dieser neuen Situation angewendet werden. Diese affektive Form der Angst wie auch die Art, auf sie zu reagieren, treten auch in all den anderen Gefahrensituationen auf, für deren besondere Bewältigung sich im System der Interaktionsformen keine besonderen Handlungsanweisungen finden lassen. Die Angst gründet somit nicht in den besonderen, sondern in den allgemeinen Bedingungen, in der Struktur, die der besonderen Gefahrensituation zugrunde liegt[25].

---

[25] Wie die Erfahrung zeigt, ist es auch möglich, dass in einer Gefahrensituation überhaupt keine Angst erlebt wird. Ich will zwei Bedingungen nennen, unter denen dies

Emotionen gewinnen somit wieder eine affektive Qualität, wenn eine sprachlich, d. h., kognitiv identifizierbare vorgestellte Situation real vorhanden ist, diese Situation aber nicht mehr zu einem System differenzierter Interaktionsformen in Beziehung steht. Zwar haben die Umstände subjektiv den gleichen Spezifitätsgrad, der emotionales Erleben kennzeichnet. Da aber die Verhaltensmöglichkeiten eingeschränkt sind, resultiert daraus kein emotionales, sondern ein affektives Erleben. Die Affekte werden so zu einer möglichen Erscheinungsform der Emotionen, die sich aus ihnen entwickelt haben[26].

Mehreres wird deutlich.

• Ein Spracherwerb ohne Gefühlsworte würde zwar zu einer Differenzierung der Affektsymbole in Emotionssymbole führen, aber diese Symbole könnten nicht sprachsymbolisch abgebildet werden. In diesem Falle hätte man zwar verschiedene Emotionen, aber man wüsste nicht, um welche Emotionen es sich handelt. Die emotive Bedeutung wie auch die Orientierungsgefühle könnten zwar noch erlebt, aber nicht mehr benannt und begriffen werden. Ein Beispiel hierfür findet sich im Gefühlsleben der Tahitianer. Wie R. Levy (1973) schreibt, besitzen sie kein Wort für und somit auch keinen Begriff von Trauer (»grief«). Stirbt ein Familienangehöriger, wird zwar eine Emotion, aber keine Trauer erlebt. Die nicht identifizierbare und deshalb fremde Emotion wird vielmehr als Indikator für Kranksein betrachtet, das den Tahitianern ebenfalls als fremd gilt. Zum andern würde ein Spracherwerb, der sich ausschließlich auf Gefühlsworte beschränkt, nicht zu einer Differenzierung der Interaktionsformen führen und damit auch nicht die Affektsymbole in Emotionssymbole wandeln. Die Folge wäre, dass die Gefühle weiterhin nur

---

möglich scheint: 1. Die Bedingungen und das aus ihnen resultierende traumatische Ereignis fallen zusammen, so dass auch das Ereignis nicht antizipiert werden kann. Dies ist etwa bei einem primär zerstörenden traumatischen Ereignis der Fall, welches nicht in dem die lebenspraktischen Vorannahmen über mögliche Ereignisse enthalten ist und das deshalb die Subjekte schutzlos und unvorbereitet trifft (s. Kap. 11). 2. Die Bedingungen und das Trauma, die in der Gefahrensituation aufeinander bezogen sind, werden in einem Vorgang, den die Psychoanalyse als »Isolierung« (Freud 1926d, 150f) beschreibt – ich werde auf diese Operation später nochmals zu sprechen kommen (s. Kap. 8) –, aktiv auseinander gehalten. Es ist zu vermuten, dass eine derartige Isolierung etwa bei jenen Autounfällen eintritt, in denen keine Angst erlebt, sondern instrumentell »wie automatisch« reagiert wird. Im ersten Fall wird Angst dann erlebt, wenn versucht wird, die traumatisierende Situation nachträglich zu bewältigen und sie reflexiv zum System der Interaktionsformen in Beziehung gesetzt wird. Im zweiten Fall wiederum hängt ein späteres Erleben von Angst davon ab, ob die Isolierung durchgehalten wird oder nicht.

[26] Die Entstehung der Emotionen aus Affekten ist insofern eine dialektische Negation, als die Affekte nicht verschwinden, sondern in den Emotionen als eine Möglichkeit aufbewahrt und zu einer Form werden, in der Emotionen erscheinen können.

als Affekte existierten, sprachsymbolisch nicht abgebildet und von den Gefühlsworten nur bezeichnet werden könnten[27]. Damit würden auch die Orientierungsgefühle hinfällig. Damit Affektsymbole zu Emotionen und als besondere Emotionen auch subjektiv identifizierbar werden, ist der Erwerb einer Sprache vorauszusetzen, die sowohl über Sach- wie auch über Gefühlsbegriffe verfügt.

- Die Emotionsbegriffe – etwa Angst, Hass, Freude, Eifersucht, Ekel – enthalten die diesen Emotionen angehörenden autonomen Imageries und erlauben, nicht nur diese Emotionen, sondern in Verbindung mit anderen Begriffen sowohl deren körperliche Seite als auch die für die besondere Emotion charakteristische besondere Beziehung zwischen der Realisation besonderer Interaktionsformen und dem Gefüge der im Subjekt vorhandenen Interaktionsformen sprachlich getrennt voneinander zu erfassen und auszudrücken. Wenn man bspw. Angst hat, alleine durch den Wald zugehen, aktualisiert die Interaktionsform Allein-durch-den-Wald-gehen andere Interaktionsformen, die durch ihre Elemente innerhalb der Extension der Begriffe »Wald«, »Gehen« und »Alleinsein« liegen – etwa Überfallenwerden, Wehrlosigkeit etc. – wie auch jene, mit denen man mit zweifelhaftem Erfolg versuchte, das Alleinsein zu bewältigen. Ist dies alles dem Bewusstsein zugänglich, könnte der Betreffende sagen: »Wenn ich Angst habe, bekomme ich Herzklopfen« – und damit eine intensionale Bestimmung seines – metasprachlichen – Angstbegriffs benennen, die bei allen Angstemotionen vorliegt – und er könnte auch die äußeren und inneren Bedingungen dieser besonderen Angst in dem Satz darstellen, »ich habe Angst, alleine durch den Wald zu gehen, weil ich wehrlos bin und überfallen werden könnte und ich bei verschiedenen Versuchen, meine Angst zu bewältigen, mehrheitlich gescheitert bin«.
- Beim metasprachlichen Gebrauch eines Gefühlswortes liegen die Interaktionsformen, die als Bedingung der Emotion realisiert sein müssen, wie auch die dem Bewusstsein zugänglichen Interaktionsformen, die durch diese Realisation in eine bestimmte Beziehung zueinander gesetzt werden, in seinem konnotativen Bedeutungsraum. Im Vorgang der Konkretion kann dann die einzelne Emotion – beispielsweise Angst – metasprachlich als besonderer Fall des »Gefühls« und die konkret-einzelne Emotion über die Kenntnis der Interaktion und der durch sie bewirkten Beziehung der anderen Interaktionsformen als einzelner Fall des Besonderen – etwa der »Angst« – ausgewiesen werden. Ein einzelner Fall ist diese Angst deshalb, weil sie sich auch subjektiv der Realisierung »dieser« bestimmten und in ihrer Bestimmtheit auch begrifflich identifizierbaren

---

[27] Bei psychosomatogenen Sozialisationsprozessen wird davon noch genauer die Rede sein (Kap. 18).

Interaktionsformen verdankt, die zu einem ebenfalls subjektiv identifizierbaren System vorhandener Interaktionsformen in Beziehung steht.

- Da über die Sprache abstrakt erfahren wird, welche Emotionen in welchen Situationen vorliegen können, fügt der Spracherwerb in einem denotativen Bedeutungsraum den versprachlichten Gefühlen weitere Bedingungen ihres Entstehens hinzu. In dieses Set möglicher Emotionen wird der konnotative Bedeutungsraum, werden die Bedingungen der konkret erfahrenen eigenen Emotionen eingebracht. Sie können dann mit den möglichen Emotionen verglichen werden. Man kann sich etwa fragen: »Ist das, was ich fühle, Liebe?« Die Antwort wird dann davon abhängen, ob die Bedingungen, die vorliegen, mit denen identisch sind, die im Umfang des Begriffs der Liebe vorhanden sind. Aus dem Verhältnis von konnotativem und denotativem Bedeutungsraum der Gefühlsworte kann dann auch eine Sehnsucht nach Emotionen entstehen, die man zwar kennt, aber noch nicht erfahren hat. Entsprechend der begrifflichen Fassung ihrer Bedingungen kann man sich dann in die Situationen bringen, in denen sie auftreten können.

- Wenn man sich daran erinnert, dass Interaktionsformen nicht in der Luft hängen, sondern immer in Gestalt von Interaktionsengrammen ein zentral-nervöses Substrat aufweisen, eröffnet sich von hieraus auch einen Einblick in die Verhältnisse, in denen die Intensität von Emotionen, die Wahrnehmung des Ausmaßes der mit Gefühlen einher gehenden körperlichen Aktivierungszustände, gründet. Diese Aktivierungszustände sind abhängig von den Zielen, die sich ein Subjekt setzt, sind mithin abhängig vom System der Interaktionsformen, die in einer bestimmten Situation aktiviert werden und die über ihr materielles Substrat, über die mit ihnen aktivierten Interaktionsengramme auch in die körperliche Lage eingreifen. Nun zeigt das Beispiel, in dem man von Räubern bedroht wird, dass im Falle der erlebten Signalangst eine Reihe von Interaktionsformen mit den dazugehörigen Interaktionsengrammen aktiviert wurde. Diese Interaktionsformen richten sich aber nicht auf ein einheitliches, sondern auf unterschiedliche und teilweise auch widersprüchliche Ziele, so dass auch die Informationen, die über die ihnen entsprechenden Interaktionsengramme die körperlichen Abläufe strukturieren, unterschiedlich und widersprüchlich sein werden. Diese Unterschiede und Widersprüche wiederum führen auf der somatischen Ebene dazu, dass körperliche Prozesse nicht nur aktiviert, sondern auch gehemmt werden, so dass der körperliche Aktivierungsgrad geringer sein wird als in einer Situation, in der im Gefolge eine oder mehrere, in eine Richtung weisende Interaktionsformen zur Angstbewältigung zur Verfügung steht.

- Während sich also in den Gefühlen die Beziehung zwischen den aktualisierten Interaktionsformen auf seelischer Ebene darstellt, bildet sich diese Beziehung auf körperlicher Ebene im Aktivierungsgrad, in der Intensität wahrgenommener körperlicher Sensationen ab. Je differenzierter und widersprüchlicher dieses System ist, desto geringer wird die Intensität der Gefühle ausfallen, je undifferenzierter dieses System ist und je mehr die aktualisierten Interaktionsformen in eine Richtung weisen, desto intensiver werden die Gefühle erlebt werden.

Zusammenfassung

- Die unter den psychoanalytischen Begriffen »Libido und »Besetzung« gefassten Sachverhalte präsentieren sich im vorgestellten konzeptuellen Bezugsrahmen in Gestalt der autonomen Imageries, in denen körperliche Reize abgebildet werden. Sie sind ein Teil der Repräsentanz der Interaktion, der Interaktionsformen und auf diesen Teil, der Abbildung körperlicher Reize in der Repräsentanzwelt, nimmt der Begriff der »Besetzung« Bezug. Auf vorsprachlichem Entwicklungsstand sind diese autonomen Imageries im Wesentlichen nur quantitativ durch die unterschiedlichen Intensitäten körperlicher Reize zu unterscheiden, die in ihnen repräsentiert werden, so dass die Libido für das Subjekt lediglich in Form unspezifischer Erregungsquantitäten existiert. In den Affektsymbolen haben diese Vorstellungen der körperlichen Erregung den Status von Prädikatoren, welche auf begriffsanaloge Strukturen verweisen, die intensional durch das Auftreten, Verschwinden oder die Zerstörung von objektiv verschiedenen Interaktionsformen bestimmt sind.

- Auf die Verbindung von wahrgenommenen Intensitäten körperlicher Reize und Interaktionsformen nimmt der Begriff der »Besetzung« Bezug. Bei der Realisierung einer Interaktionsform wird nicht die Besetzung der Interaktionsform abgeführt. Abgeführt wird die körperliche Erregung, die sich in der Besetzung darstellt. Dieser Prozess, in dem mit der Abnahme der Intensität der Erregung die aktualisierte Interaktionsform verschwindet, präsentiert sich im Erleben als Lust, die in Wohlbehagen mündet. Die Affekte der Lust und des Wohlbehagens zeigen die Abnahme der körperlichen Reize, des »Betrages« an Triebspannung bei Befriedigung und die Affekte der Unlust und des Missbehagens deren Ansteigen bei ausbleibender Befriedigung an. Wie Freud (1915d, 255) beschreibt, ist es die an den Vorstellungen »haftende[.] Triebenergie ... welche als Affekte der Empfindung bemerkbar werden«.

- Mit der Begriffsbildung, welche der Spracherwerb ermöglicht, können die in autonomen Imageries abgebildeten wahrgenommenen Körperreize hinsichtlich der somatischen Quelle, von der sie ausgehen, unterschieden werden. Vermittels entsprechender Begriffe können die quantitativen und qualitativen Besonderheiten der körperlichen Reize als »sexuelle« Bewusstsein gewinnen, womit die wahrgenommene körperliche Erregung, die Freud als Libido fasst, auch subjektiv zu einer qualifizierten wird. Sie treibt das Subjekt an, die besonderen Bedingungen herzustellen, unter denen die qualifizierte Erregung wieder zum Verschwinden gebracht werden kann.

- Interaktionsformen werden mit der Begriffsbildung auf die Ebene jener ersten semantischen Stufe angehoben, auf der sich die Affektsymbole schon befinden. Durch die Verbegrifflichung der Interaktionsformen werden die Affektsymbole als Emotionssymbole in ihren Begriffen auf unterschiedlichen Abstraktionsstufen metasprachlich abgebildet.

- Mit der durch Sprache möglich gewordenen genauen Bestimmung der konkreten Situation, in der die Gefühle auftreten, wandeln sich die Affekte in Emotionen und werden zu einer ihrer möglichen Erscheinungsformen.

- Auf vorsprachlichem Entwicklungsstand *hat* man zwar in Form von Affekten qualitativ differente Gefühle. Aber erst nachdem die Affekte mit der Einführung von Sprache in Emotionen aufgehoben werden, *weiß* man auch, welche »Gefühle« man hat.

- Auch nach der dialektischen Negation der Affekte in Emotionssymbolen behalten diese den Status von Erkenntnismitteln für die Beziehung, in der ein Sachverhalt zum Subjekt steht. Darüber hinaus gewinnen die Emotionen in Gestalt von Orientierungsgefühlen noch eine weitere Erkenntnisfunktion.

- Die Extensionen eines Emotionsbegriffs sind die Konnotate des Gefühlswortes. Sie bestehen aus Interaktionsformen, welche durch Interaktionen zueinander in Beziehung gesetzt werden. Die intensionalen Bestimmungen eines Emotionsbegriffs sind Beziehungen zwischen den realisierte, passiv erfahrenen oder aktiv hergestellten Interaktionen und dem System der Interaktionsformen, die sich im Innern des Subjekts finden. Referent der Gefühlsworte sind Emotionssymbole und ihre Bedeutung sind Gefühlsbegriffe, die wiederum die Emotionssymbole bedeuten. Denotate der Gefühlsworte sind die Bedingungen von Emotionssymbolen, die über den Erwerb von Sprache abstrakt angeeignet wurden. Da sie Emotionen der Möglichkeit nach sind, haben diese Denotate noch keine Referenten. Als mögliche Emotionen können sie über die Herstellung ihrer Referenten zu wirklichen, zu erlebten Emotionen werden.

- Die Intensität von Emotionen erweist sich als abhängig vom Differenzierungsgrad und der Widerspruchsfreiheit des Systems der Interaktionsformen, die in einer Situation aktualisiert werden.

- Die Sprache ermöglicht den Subjekten, im Rahmen ihrer Syntax Interaktionsformen relativ beliebig zueinander in Beziehung zu setzen, so dass nach der Spracheinführung Emotionen nicht nur passiv erfahren, sondern auch aktiv gegenüber Gegenständen hergestellt werden können. »Relativ beliebig« ist diese aktive Gefühlsproduktion, weil sie sich innerhalb der Grenzen der möglichen Emotionen bewegen muss, welche die Sprache für bestimmte Situationen vorsieht.

Zum Schluss dieses Kapitels will ich noch anmerken, dass die von der akademischen Psychologie zusammengetragenen Komponenten in der Tat zu den integralen Bestandteilen des Bedingungsgefüges der Gefühle gehören. Ihr relativer Stellenwert schlüsselt sich wie folgt auf. Verstanden als ein *Involviertsein* in etwas, ist das Erleben hinreichende und notwendige Bedingung für das Entstehen der Gefühle zugleich. Wenn man in etwas involviert ist, treten Gefühle auf und wenn Gefühle auftreten, ist man in etwas involviert. Das heißt nicht, dass die entstehenden Gefühle immer als das identifiziert werden können, was sie sind, oder dass das Subjekt immer darüber Auskunft geben kann, in was es involviert ist bzw. was die Gefühle hervorgerufen hat.

Der *körperliche* Aspekt und die *Wahrnehmung* der körperlichen Prozesse hingegen sind lediglich eine notwendige Bedingung im Erleben der Gefühle. Wenn körperliche Prozesse vorhanden sind und wahrgenommen werden, folgt daraus noch nicht, dass Gefühle erlebt werden. Fehlen sie und sind sie auch nicht als Vorstellungen vorhanden, treten keine Gefühle auf. Dasselbe gilt auf vorsprachlicher Ebene auch für den körperlichen Ausdrucksaspekt. Liegt er nicht vor, dann sind keine Affekte vorhanden. Dies ergibt sich daraus, dass das Erleben von Affekten an das Vorhandensein körperlicher Prädikatoren gebunden ist, deren materielles Substrat als Prädikatorenexemplar an der Körperperipherie in irgendeiner Weise zur Darstellung kommt. Dem Ausdrucksverhalten kann nicht entnommen werden, welche Affekte vorliegen. Nach der Einführung von Sprache verliert der körperliche Ausdruck seinen Status als notwendige Bedingung, weil nun der körperlich-muskuläre Ausdruck von der Emotion abstrahiert und vom Subjekt getrennt von der Emotion behandelt werden kann. Die vegetativ-viszeralen Prozesse hingegen behalten ihren Status als notwendige Bedingung einer Emotion.

Der *motivationale* Aspekt ist ein scheinbarer. Affekte und Emotionen sind keine Motive, sie repräsentieren Motive.

Der *kognitive* Aspekt ist den Gefühlen inhärent. Affekte und Emotionen sind eine Einheit von Erleben und Wissen, allerdings nicht in dem Sinne, dass hier zwei getrennte Entitäten – Affekte und Emotionen einerseits und Kognitionen andererseits – äußerlich zusammengefügt werden. Sowohl im Wissen wie auch im Erleben durchdringen sich beide. Kognitionen enthalten einen emotionalen und die Affekte und Emotionen einen kognitiven Aspekt. Im ersten Fall dominiert das Wissen, der gegenständliche Inhalt und im zweiten das Erleben, die Bedeutung, den der gegenständliche Inhalt im Laufe des Lebens für das Subjekt gewonnen hat. Heller (1981, 25) beschreibt dieses Verhältnis von Wissen und Erleben als ein Figur-Hintergrund-Verhältnis: »*Involviert* kann ich in etwas sein und in *etwas* kann ich involviert sein. In meinem Bewusstseinszentrum kann also entweder das Involviertsein selbst oder das ›Etwas‹, worin ich involviert bin, stehen. Das Gefühl (Involviertsein) kann also je nachdem, was im Zentrum steht, *Figur (figure-ground)* oder *Hintergrund* sein«. Dem »Etwas«, worin man involviert ist, kann aber erst nach der Einführung von Sprache die alleinige Aufmerksamkeit gelten. Steht bei den Affekten noch das Erleben im Vordergrund, erlaubt später die Sprache, die zu Emotionen gewordenen Affekte und die Gegenstände, denen sie gelten, voneinander zu abstrahieren, einmal die Gegenstände ins Zentrum des Bewusstseins zu rücken und weitgehend isoliert von Emotionen zu betrachten und über sie nachzudenken. Zum anderen können die Emotionen unabhängig von den aktuellen Gegenständen, auf die sie sich richten, betrachtet und nach ihren geschichtlichen Gründen befragt werden, so dass die Bedeutung, die der aktuelle Gegenstand für das Subjekt hat, historisch durchsichtig werden kann.

7

Die Bildung der Repräsentanzwelt und die Entwicklung des Erlebens

Affektsymbole sind die ersten seelischen Inhalte, die ein Erleben ermöglichen. Sie existieren nicht schon mit der Geburt, sondern müssen erst gebildet werden. Die Geburt selbst ist ein Vorgang, der sich weder szenisch noch
in Form von Affektsymbolen in die Repräsentanzwelt einträgt. Der Satz Freuds
(1926d, 165), dass die »Geburt ... noch keinen psychischen Inhalt [hat]«, der
sich explizit nur darauf bezieht, dass die Geburt subjektiv nicht als Trennung
von der Mutter erfahren wird, ist zu radikalisieren[1]. Daraus folgt nicht, dass al-

---

[1] Ich habe in diesem Zusammenhang in anderen Arbeiten (z. B. Zepf 1985a) mehrfach darauf hingewiesen, dass Freud (1926d, 167 einerseits von der »*Urangst* der Geburt« redet und im »*Geburtsakt ... das erste Angsterlebnis* ...« sieht (1900a, 406), dass es ihm
(1926d, 166, 168) aber andererseits »nicht glaubhaft [ist], dass das Kind andere als taktile und Allgemeinsensationen vom Geburtsvorgang bewahrt hat« und er ausdrücklich
anmerkt, dass das Kind »[m]ehr als diese Kennzeichnung der Gefahr ... von seiner Geburt nicht bewahrt zu haben [braucht]«. Dieser Widerspruch zwischen seinen Bestimmungen dessen, was bei der Geburt erfahren wird, würde sich auflösen, habe ich argumentiert, wenn man annimmt, dass Freud die Geburtssituation zugleich von außen und
aus der Sicht des Neugeborenen beschreibt. Aus der Sicht von außen würden die dabei
auftretenden Reizgrößen aufgrund theoretischer Vorannahmen und adultomorphistisch
als angstvoll klassifiziert, während es sich aus der Perspektive des Neugeborenen betrachtet nur um Reizgrößen, um körperliche Abläufe, handele. Dieser Versuch, den
Widerspruch zu lösen, kann nicht aufrechterhalten werden. Die Aussage, in der von
»taktilen und Allgemeinsensationen« der Rede ist, richtet sich lediglich gegen die Annahme Ranks, »das Kind habe bestimmte Sinneseindrücke, insbesondere visueller Art,
bei seiner Geburt empfangen« (1926d, 166) und die zweite Bemerkung sieht als »Kennzeichnung der Gefahr« das »Anwachsen der Erledigung heischenden Reizgrößen«, die –
so wird ausdrücklich angemerkt zur »Angstreaktion« führt (1926d, 168). Auch wenn
Freud die Geburt aus der Perspektive des Neugeborenen betrachtet, nimmt er an, dass
Angst erlebt wird. Dafür sprechen neben den vielfältigen Äußerungen, wo er von einem
Angst*erleben* bei der Geburt spricht, insbesondere auch zwei weitere Textstellen. In der
einen wird die Macduff-These (s. Fn 9, 153) mit der Annahme revidiert, dass »die Disposition zur Wiederholung des ersten Angstzustandes ... durch die Reihe unzählbarer

les, was intrauterin und im Geburtsvorgang passiert, am kindlichen Organismus spurlos vorbeiläuft. Indem sich im Geburtsvorgang die mütterliche Herzfrequenz erhöht, die Fruchtblase springt, der Uterus sich zusammenzieht und das Kind durch das Becken ans Tageslicht gebracht wird, verändern sich die intero-, proprio- und exterozeptiven Impulse qualitativ und gewinnen – im Vergleich zur Ausgangslage – eine ungeheure Intensität. Angesichts der Tatsache, dass das Gehirn eines Embryos bereits ab der 7. Woche in der Lage ist, Impulse auszusenden und über den Hirnstamm (als Eins-zu-eins-Reaktionen) und das limbische System (als komplexere Programme) die Tätigkeit anderer Organe zu koordinieren (Flanagan 1974, 50), spricht jedenfalls nichts gegen die Annahme, dass die im Geburtsakt auftretenden Reize aus dem Körperinnern und der Außenwelt – etwa in Gestalt visueller, auditiver und taktiler Reize – registriert und in Form eines Engramms körperlich eingeschrieben werden und – trotz noch nicht vollständig myelinisierter Großhirnrinde – mehr oder weniger diffus neokortikal abgebildet werden können. Die Neugeborenen, hält Flanagan (1974, 97) fest, registrieren nicht nur qualitätslose Reize, sondern Geräusche – etwa das Schreien –, Kälte – die Außentemperatur liegt weit unterhalb der 31° C, die in der Gebärmutter herrschten – und »wenn die Augen noch nicht scharf sehen können, so nehmen sie doch das Licht schon wahr«[2].

Generationen dem Organismus so gründlich einverleibt [ist], dass ein einzelnes Individuum dem Angstaffekt nicht entgehen kann, auch wenn es ... den Geburtsakt selbst ... nicht erfahren hat« (1916-17a, 412), so dass, wie er in der anderen Passage hinzufügt, die Angst wie auch andere Affekte als »Reproduktionen alter, lebenswichtiger, eventuell vorindividueller Ereignisse« anzusehen sind (1926d, 163).

[2]   Auch wenn sich der Geburtsvorgang in Gestalt eines körperlichen Engramms in die Subjekte einträgt, folgt daraus nicht, dass sie sich an ihre Geburt – wie etwa in der sog. »Primärtherapie« behauptet wird – erinnern können. Die Erinnerung ist eine besondere Form der Reproduktion, in der das reproduzierte Bild, das aus der Vergangenheit auftaucht, auf die Vergangenheit bezogen werden kann. Sie setzt das voraus, was bei der Geburt noch nicht vorlag: Bewusstsein. Möglich ist aber, dass diese körperliche Erinnerungsspur durch eine Zunahme bestimmter situativer Reize wieder evoziert und die allgemeinen Sensationen des Geburtsvorganges, wenn auch nicht in der ursprünglichen, so doch in einer anderen Form erlebt werden können. So steht bei den sog. »primärtherapeutischen« Verfahren am Beginn eine Reizsteigerung. In der Methode des »Rebirthing« nach L.R. Orr (1977) werden die Probanden zunächst in Hyperventilationszustände versetzt oder Reizen mit einer bestimmten Frequenz ausgesetzt. Janov (zit. n. Orban 1980) benutzte dazu ein Stroboskop, welches mit 2 Hertz (2 Blitzen/Sek.) arbeitet. Dieser Takt führt zum Auftreten der Delta-Welle im EEG, die man üblicherweise nur bei Kleinstkindern oder bei Erwachsenen im Tiefschlaf (Stadium 4) findet. Die aktualisierte Erinnerungsspur, der Schaltkreis von äußeren Reizen und körperlichen Reaktionen, trifft auf ein sprachsymbolisches System, das sich später gebildet hat und wird mit den darin enthaltenen begrifflichen Erkenntnismitteln ins Bewusstsein eingelassen. Zu diesen Erkenntnismitteln gehört auch ein allgemeines Wissen über den Geburtsvorgang, so dass die Geburt nun in Begriffen erlebt wird, die ihr lebensgeschichtlich nicht

Was sich mit der Geburt einstellt und registriert wird, ist demnach eine Störung der homöostatischen Ausgangslage, die nicht aus psychologischen, sondern aus biologischen Gründen zu beseitigen ist. Das erste Verhalten des Neugeborenen lässt sich nur in biologischen Begriffen fassen. Es ist als zielgerichtet und nicht zielintentional[3], d. h., nicht durch Unlust motiviert zu begreifen. Die organismischen Aktivitäten, die sich entfalten, sind kausal angetrieben von der, durch die Geburt gestörten biologischen Homöostase und – wie bei jedem anderen Organismus auch – funktional darauf angelegt, diese Störung zu beheben. Die Aktivitäten des Neugeborenen werden sich darauf richten, aus der Fülle der auf ihn einströmenden proprio- und exterozeptiven Impulse, in denen sich ihm die Interaktion mit der Umwelt darstellt, diejenigen zu registrieren, die für die Minimierung der interozeptiven Reize, d. h. die für das Wiedererreichen der von einem bestimmten Soll-Wert abweichenden homöostatischen Ausgangslage wesentlich werden. Es bilden sich hier neurophysiologische Spuren, in denen bestimmte intero-, proprio- und exterozeptive Reize sowie motorische Impulse miteinander in Verbindung gebracht werden. Sie entstehen in einem aktiven Findungsprozess aus verschiedenen »hypothetischen« Modellen, in denen zunächst versuchsweise verschiedene situativ vorhandene Reize zusammengeschaltet werden. Wie bei jedem anderen Lebewesen wird auch hier unter Kontrolle der Lebenspraxis, der »Reafferenz« (Holst u. Mittelstaedt 1950) der damit erzielten Effekte, zunehmend jene Verbindung herausgearbeitet, in der die Informationen gespeichert sind, welche für einen bestimmten Effekt, dem Wiedererreichen der körperlichen Homöostase, unabdingbar wurden (vgl. Klaus 1972, 31ff, 145; S.L. Rubinstein 1957, 67f, 124f).

Mit den postnatal einsetzenden Interaktionen wird der bei der Geburt aufgetretene und engrammatisch registrierte körperliche Aktivierungszustand, der mit noch undifferenzierten Sinneseindrücken verbunden ist, zugleich differenziert und rückgängig gemacht. Nach abgeschlossener Interaktion fällt das Neugeborene in den Schlaf zurück. Die senso-motorischen Abläufe, die bestimmten sensorischen Reize (visuelle, auditive, taktile, olfaktorische etc.) und motorischen Impulse, die in diesen Interaktionen auftreten, werden zusammenge-

---

zugehören (s. Zepf 1994c). Nimmt man hinzu, dass die verfügbare Begrifflichkeit immer eine neurotisch verzerrte ist, werden in den Schilderungen der Patienten nicht das Erleben ihrer Geburt, sondern im Gewande ihrer Schilderung immer auch Teile ihrer unbewusst gewordenen, subjektiv erlebten Lebensgeschichte mystifiziert zur Darstellung gebracht.

[3]   Diese Unterscheidung geht auf Nagel (1977; s. auch Dretske 1988, 117ff; v. Wright (1968) zurück. Bei der Diskussion der Bindungstheorie werde ich auf diese Unterscheidung noch genauer zu sprechen kommen.

schaltet und als »Erinnerungsspuren« (Freud 1933a, 82; 1900a, 543) neuronal gespeichert[4].

Mit Lorenzer habe ich diese neurophysiologischen Spuren realen Interagierens als »Interaktionsengramme« bezeichnet. Sie sind zu verstehen als bedingt-reflektorische Zusammenschaltungen bestimmter afferenter Reize mit bestimmten efferenten Impulsen, die sich aus der Vielfalt situativer Reize und möglicher Impulse deshalb herauskristallisieren, weil sie bei einem bestimmten Interagieren notwendig zu berücksichtigen sind. Da die Interaktionen das bei der Geburt noch unstrukturierte Zusammenspiel der körperlichen Abläufe aufeinander abstimmen, liegen entsprechend der Verschiedenheit der Interaktionsengramme auch differente, in Körperengrammen gefasste körperliche Abläufe vor. Entstanden aus vergangenem realem Interagieren stellen sie ein neurophysiologisches Modell des künftigen Interagierens dar, welches immer wieder durch praktische, am Erfolg und Misserfolg orientierte Erfahrung korrigiert wird (z. B. Anochin 1967, 95)[5] und zu einer Veränderung und zunehmenden Strukturierung des Zusammenspiels körperlicher Abläufe führt.

Wie bei den höherentwickelten Tieren, die über eine sog. »perzeptive[.] Psyche« (Leontjew 1959, 142) verfügen, werden auch vom Säugling die Informationen, die in den Reizen, die aus den Sensoren stammen, kodiert und in Interaktionsengrammen zusammengeschaltet sind, in Bildung »sinnlicher Vorstellungen« (Leontjew 1959, 146)[6] wieder in bestimmter Weise dekodiert. Analog den

---

4 »Neuronal gespeichert« heißt, dass die durch äußere Reize bewirkten Zustandsveränderungen der Distanz- und Kontaktsensoren, die sich an der Körperoberfläche befinden, über Aktionspotentiale der Nervenfasern in das ZNS transportiert werden und dort durch eine Veränderung der chemischen und/oder elektrischen Eigenschaften der Synapsen, den Verbindungsstellen zwischen den Neuronen, eine »dynamisches Engramm« (R.F. Schmidt 1979, 315) hinterlassen.

5 Diese Auffassung stimmt mit der grundlegenden Einsicht in die Funktion des Gedächtnisses überein (z. B. Sereda 1970, 288). Das Gedächtnis ist nicht auf Vergangenes, sondern auf die Zukunft gerichtet. Das Einprägen des Gegenwärtigen wäre sinnlos, würde es sich nicht auf Künftiges beziehen. Die Bekräftigung von Aktionen durch ihr erfolgreiches Ergebnis ist eine Wahrscheinlichkeitsprognose dafür, dass sie für das Erreichen eines bestimmten Zieles nützlich sein können. Aus unbedingt-reflektorisch ablaufenden Körperprozessen werden hier durch die Lebenspraxis des Kindes bestimmte Sequenzen herausgesondert und in eine neue, bedingt-reflektorische Verbindung, in ein neues »funktionales System« (Leontjew 1959, 240) integriert, dem die Wahrscheinlichkeit innewohnt, dass es mit ihm besser als mit dem vorhergehenden System möglich ist, eine Störung der körperlichen Ausgangslage zu beseitigen und die gerade deshalb beibehalten werden.

6 Dass menschliche Neugeborene nicht auf Reize reagieren, sondern gegenständlich wahrnehmen und Vorstellungen bilden, zeigen etwa die Untersuchungen zur sog. »kreuzmodalen Wahrnehmung«. Gemeint ist damit ein Prozess in dem verschiedene Sinnesmodalitäten (Sehen, Hören, Fühlen) miteinander koordiniert werden. Auf diese Weise nehmen wir, wenn wir sehen und tasten, einheitliche und nicht verschiedene Ob-

Tieren, wo »die Gegenstände, die es widerspiegelt, nicht von seiner Beziehung zu ihnen getrennt« sind (Leontjew 1959, 162), werden auch bei noch sprachlosen Säuglingen die Objekte, die an den Interaktionsprozessen beteiligt sind, nicht als selbständige Entitäten, sondern in funktionaler, d. h., in der Hinsicht abgebildet, in der sie zu ihnen, zu ihrer aktuellen Bedürfnislage stehen. Was sich bei fortschreitender Entwicklung durch die Dekodierung verschiedener Interaktionsengramme – der aktualisierten[7] Erinnerungsspuren – bildet, sind seelische Repräsentanzen der verschiedenen Interaktionen, sind Vorstellungen von Handlungsvollzügen mit den Objekten, sind verschiedene Interaktionsformen.

In Lorenzers Theorie konstituiert sich mit dieser Bildung einer Repräsentanzwelt in Gestalt von Interaktionsformen ein Erleben. Auch er geht davon aus, dass Erleben an die Existenz von Symbolen gebunden ist und sucht das vorsprachliche Erleben mit dem Begriff der »sinnlich-symbolischen Interaktionsformen« zu fassen. Ihre Bildung und Funktion erläutert Lorenzer (1981,

---

jekte wahr. Diese innersensorische Koordination funktioniert bereits wenige Tage nach der Geburt. Gibt man etwa 20 Tage alten Säuglingen einen Schnuller mit Noppen zum Saugen und zeigt ihnen hinterher die Bilder von zwei Schnullern – der eine mit Noppen, der andere ohne –, so blicken sie länger den genoppten Schnuller an. Sie stellen eine Verbindung her zwischen dem, was sie im Mund gefühlt haben und dem, was sie sehen. Natürlich ist dabei sichergestellt, dass sie den Schnuller, an dem sie saugten, nicht sehen konnten (Meltzoff u. Borton 1979). Dass sich die Vorstellungen nicht auf isolierte Objekte, sondern auf Handlungsvollzüge beziehen, zeigt eines der bestuntersuchten Phänomene der Säuglingspsychologie, der sog. A-B-Irrtum. Dieses Phänomen wurde zuerst von Piaget (1937, 57) an der 10 Monate alten Jacqueline beobachtet und ist inzwischen in vielfältigen Variationen untersucht worden (z. B. Butterworth 1977; Willatts 1979; Überblick bei P. Harris 1987). Nach neueren Untersuchungen tritt dieses Phänomen schon ab dem 5. Monat auf (Baillargeon 1987). Jacqueline hielt einen Spielzeugpapagei, Piaget nahm ihn ihr weg und versteckte ihn zunächst zweimal nacheinander unter einer Matratze zur Linken des Kindes an einer Stelle A. Beide Male suchte das Mädchen sofort danach und zog ihn hervor. Bei dritten Mal führte Piaget langsam den Papagei vor den Augen des Mädchens an die entsprechende Stelle rechts unter der Matratze zu B. Das Kind sah aufmerksam zu und in dem Moment, wo der Papagei rechts (bei B) verschwand, drehte es sich nach links und sucht bei A. Dieser Irrtum belegt, dass sich die Objektvorstellung nicht auf ein isoliertes, sondern auf ein Objekt als Teil eines Handlungsvollzuges bezieht. Sieht das Kind das Objekt nicht mehr, sucht es nach ihm dort, wo die Suchhandlung beim letzten Mal erfolgreich war. Selbst die visuelle Wahrnehmung, dass das Objekt links verschwunden ist, kann dagegen nichts ausrichten. Dies ändert sich erst nachdem Spracherwerb. Jetzt sucht das Kind gleich dort, wo es den Gegenstand zuletzt verschwinden sieht und nicht mehr dort, wo es ihn beim ersten Mal gefunden hat. »Der Gegenstand«, schreiben Ginsburg u. Opper (1969, 84), »ist nicht mehr an eine praktische Situation gebunden ... sondern hat eine eigene Permanenz gewonnen«.

[7] Der Begriff der »Aktualisierung« wird im Sinne von J. Sandler u. A. Sandler (1978; s. auch Boesky 1982) als »simply ›a making actual‹« verwendet. Neurophysiologisches verweist er auf die Aktivierung dynamischer Engramme (R.F. Schmidt 1979, 315).

155) mit einem Spiel, das Freud (1920g, 12) von seinem 1½ Jahre alten Enkel, Ernst Halberstadt[8], berichtet, welches dieser in Abwesenheit seiner Mutter spielt:

> »Das Kind hatte eine Holzspule, die mit einem Bindfaden umwickelt war. Es fiel ihm nie ein, sie zum Beispiel am Boden hinter sich herzuziehen, also Wagen mit ihr zu spielen, sondern es warf die am Faden gehaltene Spule mit großem Geschick über den Rand seines verhängten Bettchens, so dass sie darin verschwand, sagte dazu sein bedeutungsvolles o–o–o–o und zog dann die Spule am Faden wieder aus dem Bettchen heraus, begrüßte aber deren Erscheinen jetzt mit einem freudigen ›Da‹«.

Freuds (1920g, 13) Deutung ist, dass das Kind das »Verschwinden und Wiederkommen [der Mutter] mit den ihm erreichbaren Gegenständen selbst in Szene setzte« und das Verschwinden der Mutter rückgängig macht, indem er sie in Gestalt der Garnrolle wieder herbeizitiert[9].

---

[8] Ernst Halberstadt, der sich später Ernest Freud nannte, ist der 1914 geborene Sohn von Freuds Tochter Sophie. Er wurde später Psychoanalytiker, Lehranalytiker und Supervisor an der Hampstead Child-Therapy Clinic und identifizierte sich im Urteil von Ch. Brenner (1997) in seiner beruflichen Tätigkeit vor allem »with children who were traumatised by unexpected, early separations from their mothers throughout his life as he tried to work through the untimely death of his own mother«. Sophie wurde 1893 geboren, hatte 1913 Max Halberstadt geheiratet und war sieben Jahre später an einer Lungenentzündung verstorben.

[9] Im Einvernehmen mit Freuds (1920g, 13) Deutung wird diese Szene vielfach auch von anderen Autoren als eine positiv gewendete, symbolische Darstellung des Verschwinden und Wiederkommen der Mutter verstanden (z. B. Aberbach 1987; Alexander 1958; J.A. Friedman 1992; Medici De Steiner 1993). Dieser Ansicht sind auch Ph. Tyson u. R.L. Tyson 1997, 186). Nach ihrer Ansicht handelt es sich hier um »eine frühe Form primärprozesshafter Organisation«, wobei die »Verbindung zwischen Symbol und dessen, was symbolisiert wird, nicht bewusst ist« (Ph. Tyson u. R.L. Tyson, 1997, 185). Dabei beziehen sie sich auf Ferenczi (1913b) und E. Jones (1916), die, wie sie schreiben, zwischen »symbolischer Repräsentanz« und »symbolischer Gleichsetzung« unterschieden haben, und wobei im »Falle symbolischer Gleichsetzung ... Symbol und symbolisierter Inhalte als identisch erlebt [werden]«. Aber in der Auffassung Ferenczis stellt sich mit der Gleichsetzung nicht schon das Symbol her. Die »Gleichsetzung«, sagt er, »ist aber noch nicht Symbolik. Erst von dem Moment an, wo ... das wichtigere Glied des Gleichnisses verdrängt wird, gelangt das ... früher unwichtigere Glied zur affektiven ›Überbedeutung‹ und wird ein Symbol des Verdrängten« (Ferenczi 1913b, 104). Und auch bei E. Jones (1916, 139) bezieht sich ein »symbolic equivalent« nicht auf ein fertiges Symbol, sondern auf den Prozess, der zu einem Symbol führt: »In so far as the secondary idea B receives its meaning from a primary idea A, with which it has been identified, it functions as what may be called a symbolic equivalent of A. At this stage, however, it does not yet constitute a symbol of A, until it replaces A as a substitute in a context where A would logically appear« (1916, 139). In anderen Worten: In Jones (1916) Verständnis ist ein »symbol ... the conscious half of another half, the truly important one, the unconscious image or fantasy« (Fossi 1985). Diese Auffassung ist problematisch. Argumentiert man innerhalb des Symbolverständnisses von E. Jones (1916, 116), nachdem nur das Verdrängte einer Symbolisierung bedarf, kann ferner –

Lorenzer (1981, 159f) ist der Ansicht, dass Freud mit diesem Spiel exemplarisch den Vorgang der Bildung sinnlich-symbolischer Interaktionsformen trifft. Im Spiel mit der Garnrolle werde »eine sinnlich-unmittelbare Interaktion ... durch eine andere sinnlich-unmittelbare Interaktion ersetzt«, womit die szenische Gestalt, in der die Mutter weggeht und wiederkommt, sinnlich symbolisiert werde: »Das Kind symbolisiert das Fortgehen und Wiederkommen der Mutter mit Hilfe der an einem Faden gebundenen Garnrolle als sinnlich greifbare Inszenierung«. Diese Auffassung ist aber aus mehreren Gründen problematisch. Zunächst bleibt offen, was hier der Prädikator des Symbols ist. Man könnte meinen, dass Lorenzer hierfür die Garnrolle in Anspruch nimmt. So heißt es:

»Indem das Kind mit der Garnrolle spielt ... verleiht es dem Holzgegenstand eine Bedeutung: ... die Bedeutung ›Abschiedssituation‹ und ›Situation des Wiederkommens‹ des dyadischen Partners« (1981, 159),

und wie die »Sprachzeichen ›draußen‹« die sprachsymbolischen Interaktionsformen als Bedeutung tragen, so sind für die sinnlich-symbolischen Interaktionsformen die Gegenstände »draußen« deren Bedeutungsträger (1981, 159f). Aber zugleich gilt, dass weder die Garnrolle noch die Mutter auf dieser Stufe isoliert und von anderen Gegenständen abgrenzbar erfahren werden können – im Lorenzerschen Modell wird das Interaktionsspiel von Mutter und Kind erst auf dem Niveau symbolischer Interaktionsformen über inhaltlich ausgewiesene und extensional eingegrenzte sprachliche Gebilde in ein kindliches Subjekt und in eine Welt distinkter Objekte auseinandergelegt –, so dass die Vorstellung der Garnrolle auch nicht als Prädikator des Symbols fungieren kann. Die Prädikatorenfrage bleibt somit offen.

Wenn ferner Symbole wie Begriffe strukturiert und auch die sinnlich-symbolischen Interaktionsformen »Resultate eines Erkenntnisprozesses« (1970a, 52) sein sollen, wäre das »Spiel mit der Garnrolle« als Intension und das »Weggehen und Wiederkommen der Mutter« als Extension des Symbols anzusehen. Es müsste demnach ein Abstraktionsprozess vorausgegangen sein, der erlauben würde, im Spiel mit der Garnrolle das Weggehen und Wiederkommen der Mutter zu erleben. Wie dieser Prozess sich in der Bildung sinnlich-symbolischer Interaktionsformen vollziehen soll, bleibt ebenfalls ungeklärt.

Da ferner »Symbole ... nicht Stellvertretung ihrer Gegenstände, sondern Vehikel für die *Vorstellung* von Gegenständen« sind (S.K. Langer 1942, 69, Kursivierung, S. Z.), müsste der Enkel Freuds auch in der Lage sein, Symbol und Symbolisiertes voneinander zu unterscheiden. Sonst wäre es ihm nicht möglich, im Spiel mit der Garnrolle nicht das Spiel mit der Garnrolle, sondern das Weg-

---

wie bspw. H.P. Blum (1978) zurecht einwendet – die abwesende Mutter deshalb nicht durch das Garnrollenspiel symbolisiert sein, weil ein Symbol generell eine »substitute mental ›presence‹, for what is repressed, and not merely absent in external reality« ist.

gehen und Wiederkommen der Mutter zu erleben. Das sprach- und damit auch begriffslose Kind ist aber noch nicht in der Lage, Interaktionsformen voneinander zu unterscheiden.

Man würde allerdings Lorenzers Auffassung nicht gerecht, unterstellte man, dass in seiner Sicht Freuds Enkel im Spiel mit der Garnrolle das Weggehen und Wiederkommen seiner Mutter erlebt. Ausdrücklich hält Lorenzer (1981, 159) fest: »Es wäre voreilig zu sagen, die Garnrolle symbolisiere die Mutter, denn natürlich wird die Mutter auf dieser Stufe nicht als isolierter Gegenstand erfahren« und wendet die bereits erwähnte Formulierung, dass das Spiel mit der Holzspule die »Bedeutung ›Abschiedssituation‹ und ›Situation des Wiederkommens‹ des dyadischen Partners gewinnt«, gegen die Annahme, dass dieses Spiel »die Bedeutung ›fortgehende Mutter‹ und die Bedeutung ›wiederkommende Mutter‹« erhält (1981, 159). Der Mutter wird der Status eines isolierten Objekts abgesprochen, sie wird zu einem dyadischen Partner unter vielen.

In Lorenzers Konzeption symbolisiert also das Symbol nicht isolierte Szenen mit der Mutter, sondern die allgemeine Situation von Abschied und Wiederkommen[10]. Unter Einbeziehung der Überlegungen zum anschaulich-bildhaften Denken (s. Kap. 3) könnte man also das Spiel mit der Garnrolle als ein ikonisches Zeichen von subjektiv nicht unterscheidbaren Szenen des Abschieds und Wiederkommens ansehen, das diese Szenen veränderter Form – es wurde im Unterschied zu ihnen aktiv hergestellt – darstellt und zugleich bezeichnet. Im Einvernehmen mit V.H. Rosen (1958) und Bruner (1964) hätte sich dann zwar nicht Erleben, aber doch das erste sekundärprozesshafte Denken konstituiert, das sich nach Ansicht dieser Autoren in Bildern vollzieht.

So betont auch Lorenzer (1981, 158) im Einvernehmen mit Freud (1920g, 13) den »Schritt von der Passivität zur Aktivität, vom Dominiertwerden durch die Mutter zur eigenständigen Selbstverfügung«, der im Spiel mit der Garnrolle vollzogen wird. Es scheint also, als könnte diese Argumentation die Annahme erlauben, dass der Enkel Freuds mit dem Garnrollenspiel auch ein Bewusstsein der Situation des Abschieds und des Wiederkommens generieren kann. Mit Schmid-Noer (2000) könnte man diese These noch mit der Annahme unterstützen, dass Freuds Enkel bereits in der Lage ist, die beiden Position, zwischen den sich sein Spiel bewegt, sprachlich mit »o–o–o–o« bzw. »Da« zu prädizieren, bei ihm somit, wie Schmid-Noerr (2000) glaubt, bereits eine »Verflechtung von sprachlicher und gegenständlicher Bedeutungsgebung« vorliegt, »o–o–o–o« bzw. »Da« also bereits auf Begriffe verweisen, auf den des »Verschwinden« bzw. auf des »Wiedererscheinens von etwas«.

Dieser Annahme steht jedoch Zweierlei entgegen. Zum einen kann auf der Ebene des affektsymbolischen Denkens, auf dem der Enkel Freuds operiert,

---

[10] Allerdings ist diese Position nicht eindeutig, denn es heißt auch: »Die handhabbare Garnrolle wird ... auch als reale Mutter ... erlebt« (Lorenzer 1981, 159).

der Selbstanteil kognitiv noch nicht erkannt, sondern nur affektiv differenziert werden. Wie dargestellt, wird in Affekten nicht eine Interaktionsform oder ein Teil von ihr, sondern lediglich ihre bzw. seine emotive Bedeutung, d. h. die Beziehung erkannt, in der die Interaktionsform oder ein Teil von ihr zum Subjekt steht. Da sich in der Perspektive von Freuds Enkel das Spiel mit der Garnrolle in kognitiver Hinsicht nicht von dem unterscheidet, was es bezeichnet, kann es somit auch nicht als ikonisches Zeichen angesehen werden, das die allgemeine Situation des Abschieds und Wiederkommens prädizierten würde. Zum anderen prädizieren die Prädikatoren »o–o–o–o« und »»Da«« auf diesem Entwicklungsstand nicht, wie etwa Schmid-Noerr (2000) meint, erste Begriffe. Aus der Fähigkeit, sprachliche oder sprachähnliche Laute produzieren zu können, lässt sich jedenfalls bei einem 1½ Jahre alten Kind nicht zwingend schließen, dass es bereits über intensional ausgewiesene und extensional eingegrenzte Begriffe verfügt[11].

Gegen diese Annahme spricht auch, dass seit Wygotski (1934) bekannt ist, dass in der Entwicklung das Benutzen von Worten der Verwendung von vollwertigen Begriffen weit vorausgeht. So zeigt bspw. schon Wygotski (1934, 199ff), dass Worte anfänglich und über längere Zeit nicht Begriffe bedeuten, sondern in kognitiver Hinsicht lediglich auf synkretisch zusammengefasste Gegenstände, sozusagen auf einen je »»zusammenhanglosen Zusammenhang«« (1934, 120) referieren. S.L. Rubinstein (1946, 489) illustriert dies am Beispiel einer Reihe von Veränderungen, die das Wort »ma« bei einem Kind durchmachte:

> »Mit diesem Wort bezeichnete das Kind anfangs seine Amme, dann übertrug es ... dieses Wort auf eine Nähmaschine der Amme, von dieser ... auf die Drehorgel, von dieser wiederum ... auf einen Affen ... und schließlich auf den eigenen Gummiaffen«.

Mithin stehen Worte mit dem Spracherwerb nicht sofort in einer bedeutungsvollen, semantischen, sondern zunächst nur in einer sigmatischen und darüber hinaus noch inkonstanten Beziehung zur wahrgenommenen gegenständlichen Welt[12].

Genau besehen ist diese sigmatische Beziehung zu den Gegenständen in doppeltem Sinne, weil Worten anfänglich noch keine gegenstandsbezogene Bedeutung und auch noch nicht eine spezifische, sondern lediglich eine allgemeine Gefühlsbedeutung zukommt (Wygotski 1934, 101). D. h., der Zusammenhang

---

11 Im Alter von siebzehn Monaten verfügen Kinder im Durchschnitt lediglich über 20-30 (A.E. Bernstein u. Blacher 1967) und im Alter von knapp zwanzig Monaten über 50 verschiedene Wörter (Nelson 1973, 16).

12 Und weil »Wörter des Kindes ... in ihrer dinglichen Bezogenheit mit denen des Erwachsenen zusammenfallen« (Wygotski 1934, 145) können, lässt sich »infolge dieser äußerlichen Ähnlichkeit bei oberflächlicher Betrachtung das Vorhandensein echter Begriffe bereits in einem sehr frühen Alter vortäuschen« (1934, 115).

von Worten und gegenständlicher Welt ist nicht begrifflich, sondern über verschiedene affektive Zustandsbilder vermittelt, die mit diesen Worten einhergehen[13]. Da nun das anschaulich-bildhafte Denken an Begriffe gebunden ist, diese aber noch nicht vorhanden sind, kann in dieser Form auch noch nicht gedacht werden.

Vorsprachliches Erleben kann mit der Annahme sinnlich-symbolischer Interaktionsformen« nicht begründet werden. Als psychische Inhalte sind die Interaktionsformen zwar im Subjekt vorhanden. Die Bildung von Interaktionsformen schafft aber nicht schon die begriffsanalogen Strukturen, über welche diese Interaktionsformen subjektiv verfügbar werden können. Von einem Subjekt kann hier noch nicht die Rede sein, so dass sich der Umgang mit diesen Inhalten auch noch nicht in psychoanalytischen Begriffen erfassen lässt.

Dies gilt auch für den Begriff des »Primärvorgangs«. Freud (1915e, 286) beschreibt mit diesem Begriff eine Denkmodalität mit folgenden Eigenschaften: Im Vergleich zum Sekundärvorgang gibt es in dieser Art des Denkens, in der »eine weit größere Beweglichkeit der Besetzungsintensitäten« herrscht (1915e, 285), »keine Negation, keinen Zweifel, keine Grade von Sicherheit«, »Gegensätze [werden] nicht auseinandergehalten, sondern wie identisch behandelt« und »[d]ie entscheidenden Regeln der Logik haben keine Geltung ... Strebungen mit entgegengesetzten Zielen bestehen nebeneinander, ohne dass ein Bedürfnis nach deren Abgleichung sich regte« (1940a, 91) und er nimmt an, dass die Denkvorgänge des Neugeborenen sich durch eben diese Eigenschaften auszeichnen: »Die Primärvorgänge sind ... die zeitlich früheren, zu Anfang des Seelenlebens gibt es keine anderen ...« (1920g, 68; Laplanche u. Pontalis 1967, 399). Wenn aber Denken an begriffliche Strukturen gebunden ist – auf sprachlicher Ebne sind sprachliche Begriffe dessen Mittel und Resultate (S.L. Rubinstein 1958, 28f) –, kann von einem präverbalen, dem Primärvorgang unterliegenden Denken erst gesprochen werden, wenn dessen Mittel – begriffsanaloge Strukturen – gebildet wurden.

Der Primärvorgang kann sich somit erst mit der Bildung von Affektsymbolen im Neugeborenen herstellen. Auch wenn Freud Lust und Unlust nicht als begriffsanaloge Strukturen begreift, auch in seinem Verständnis ist der Primärvorgang an sie gebunden. Offensichtlich weil auch in seiner Sicht eine Gleichsetzung des Verschiedenen impliziert, dass das Verschiedene hinsichtlich eines Aspekts als identisch erlebt werden muss, schreibt Freud (1913c, 286), dass im Primärvorgang die »Lust-Unlustregulierung« dominiert. D. Rapaport (1959) stellt deren Beziehung zu den primärprozesshaften Denkvorgängen her. Diese

---

[13] Denselben Sachverhalt formulierte schon Meumann (1902, 156) vor über 100 Jahren: »Die ersten Wortbedeutungen des Kindes sind ausschließlich emotioneller oder volitionaler Natur«. Wie ich noch zeigen werde, bedeuten Worte erst später spezifische Affektsymbole.

werden automatisch durch die Lust-Unlustentbindung reguliert und ihre operativen Maßnahmen, die »synkreten Mechanismen« der Verschiebung, Verdichtung, Ersetzung etc., sind »Ausdruck« einer »Äquivalenz«, die der Lustgewinnung und Unlustvermeidung dient (1959, 34). Die Identität der Vorstellungen, der Interaktionsformen, gründet in Freuds Sicht somit für das Subjekt darin, dass sie sich gleichermaßen als taugliche Mittel der Lustgewinnung und Unlustvermeidung erweisen.

Mit der Bildung der ersten Interaktionsformen befindet sich das Neugeborene aber zunächst noch immer in jener Entwicklungsphase, auf der es »noch ... keine psychischen Funktionen [hat], seien sie bewusst oder unbewusst« (R.A. Spitz 1965, 24) und auch noch nicht über »emotions« and affects« verfügt (1960), sondern in ihm lediglich ein »Wechsel von Erregung und Entspannung« vorliegt (Fenichel 1945a, 54)[14]. Wenn das Kind in der Lage sein soll, aus der Fülle situativer Reize jene zu abstrahieren[15] und engrammatisch zu registrieren, welche ein Störung der biologischen Homöostase wieder beseitigen können, muss zwingend angenommen werden, dass nicht nur dieser Wechsel von Erregung und Entspannung, sondern auch eine weitere Erregungssteigerung vom kindlichen Organismus wahrgenommen wird. Eine quantitative Zunahme der Erregung, die in der Ausgangslage vorliegt, muss deshalb wahrgenommen werden können, weil der kindliche Organismus sonst nicht imstande wäre, sein versuchsweise hergestelltes inneres, neurophysiologisches Modell durch Misserfolge zu korrigieren.

Auf der Repräsentanzebene werden die wahrgenommenen körperlichen Erregungszustände in Gestalt sog. »autonomer Imageries« abgebildet. Dabei ist davon auszugehen, dass die in verschiedenen Engrammen aufeinander bezogenen unterschiedlichen körperlichen Funktionsabläufe nicht in ihrer objektiven Verschiedenheit, sondern nur in ihrer Intensität wahrgenommen werden und innerhalb der Interaktionsformen als autonome Imageries vorhanden sind.

---

[14] Auch Ramzy u. Wallerstein (1958) schreiben: »[O]ne should not speak, for instance, of birth anxiety ... but rather of diffuse and undifferentiated states of excitation and tension of the entire psychobiological organism at birth«. Benjamin (1961) und Emde et al. (1976) teilen diese Ansicht.

[15] »Die Differenzierung [der Umwelt]«, schreibt S.L. Rubinstein (1957, 126f), »erfolgt durch die Verknüpfung des entsprechenden Reizes mit der Antworttätigkeit des Organismus« und nennt das Herausheben bestimmter Reize im Handeln die »erste, elementare Form der Abstraktion«. Sie besteht darin, »dass von bestimmten Eigenschaften des sinnlich wahrgenommenen Gegenstandes abgesehen wird und andere dafür hervorgehoben werden«. Ihr »liegt die Tatsache zugrunde, dass sich manche Eigenschaften des Wahrgenommenen als ›starke‹ Reize erweisen« werden, weil sie »biologisch am bedeutsamsten sind«.

Die Entwicklung der Affektsymbole

Wenn man das Innenleben des kindlichen Organismus betrachtet, kann davon ausgegangen werden, dass sich das »undifferenzierte[.] Empfinden ... von ›Erleichterung‹ und ›Spannungserhöhung«« (Fenichel 1937a, 33), die Wahrnehmung körperlicher Erregung und Entspannung, über die Veränderungen einer aktualisierten Interaktionsform vermittelt. Im Zustand körperlicher Erregung liegt eine Interaktionsform vor, welche mit der Entspannung, die durch eine formgerechte Antwort der Umwelt bewirkt wird, wieder verschwindet und die bei wieder ausgeglichener Homöostase schließlich verschwunden ist. Die aktualisierte Interaktionsform und ihre Veränderungen haben hier den Status von inneren Signalen, welche dem kindlichen Organismus über eine Veränderung der autonomen Imageries seine körperliche Lage – Erregung, den Prozess der Entspannung und den Zustand des Entspanntseins – signalisieren. Ich stelle die Veränderungen einer Interaktionsform und des autonomen Imagery in einem Schema (6) dar:

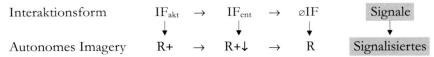

Interaktionsform IF_{akt} → IF_{ent} → $\varnothing IF$ Signale

Autonomes Imagery $R+$ → $R+\downarrow$ → R Signalisiertes

Schema 6: Repräsentanzwelt und wahrgenommene Reizintensitäten

Was sich so bildet, ist ein den animalischen Lebensformen analoges Signalsystem, welches die aus biologischen Gründen notwendige aktive, zielgerichtete Anpassung an variable Umweltbedingungen ermöglicht. Schema (6) ist in folgender Weise zu lesen. Gesehen aus der Perspektive des Subjekts bedingt die Aktualisierung, d. h. das Vorhandensein einer Interaktionsform (IF_{akt}) das Ansteigen körperlicher Reize und signalisiert diese ($R+$), der Prozess, in dem sie verschwindet (IF_{ent}), signalisiert eine Minderung der angestiegenen Reize ($R+\downarrow$) und die verschwundene Interaktionsform ($\varnothing IF$) verweist auf Reize (R), deren Intensität geringer ist, als dies bei IF_{akt} der Fall war.

Die aktualisierten objektiv verschiedenen Interaktionsformen, die zur Beseitigung der gestörten homöostatischen Lage in Auseinandersetzung mit der Außenwelt gebildet wurden, können jedoch subjektiv noch nicht unterschieden werden. Subjektiv können ihre objektiven Besonderheiten nur im Allgemeinen, in ihrer allgemeinen Verlaufsform abgebildet werden. Unabhängig davon, welche Interaktionsform aktualisiert ist, wird sich die besondere, der jeweils aktualisierten Interaktionsform entsprechende Antwort der Außenwelt, die objektive Bedürfnisbefriedigung, im kindlichen Organismus in dieser allgemeinen Veränderung darstellen. Freud (1900a, 571) beschreibt diesen Verlauf, der sich bei einer – objektiven – Bedürfnisbefriedigung auf der Repräsentanzebene einstellt, unter dem Titel einer inneren »Wahrnehmungsidentität« im Zuge einer »halluzinatorischen Wunscherfüllung«: Hier ist das

»Wiedererscheinen der Wahrnehmung ... die Wunscherfüllung und die volle Besetzung der Wahrnehmung von der Bedürfniserregung her der kürzeste Weg zur
Wunscherfüllung. Es hindert uns nichts, einen primitiven Zustand des psychischen Apparates anzunehmen, in dem dieser Weg wirklich so begangen wird,
das Wünschen also in ein Halluzinieren ausläuft. Diese erste psychische Tätigkeit zielt also auf eine Wahrnehmungsidentität, nämlich auf eine Wiederholung
jener Wahrnehmung, welche mit der Befriedigung des Bedürfnisses verknüpft
ist«.

Aus der Sicht des Kindes bezieht sich hier »Wiedererscheinen der Wahrnehmung« nicht auf einen Gegenstand, der ihm äußerlich ist, sondern auf das Wiederauftreten des Prozesses, in dem eine aktualisierte Interaktionsform verschwindet[16]. Unter der Bedingung, dass die Umwelt zeit- und formgerecht entsprechend der aktualisierten Interaktionsform antwortet, wird vom kindlichen
Organismus zwar nicht das bloße Bild, die innerpsychische Wiederholung der
»Wahrnehmung, welche mit der Bedürfnisbefriedigung verknüpft war«, sondern
jene allgemeine Wahrnehmung, welche mit der Befriedigung verschiedener Bedürfnis verknüpft war, als Bedürfnisbefriedigung gelesen.

Auch wenn sich auf diesem Entwicklungsstand dem Neugeborenen der Unterschied von Vorstellung, der Interaktionsform und dem praktischem Handeln, der Interaktion, ebenso entzieht[17] wie die Besonderheiten der verschiedenen aktualisierten Interaktionsformen und es ihm nur möglich ist, einen Zustand, in dem eine – gleich welche – Interaktionsform aktualisiert ist, von einen
Prozess, in dem sie entaktualisiert wird und von einem Zustand zu unterscheiden, in dem sie wieder verschwunden ist, so sind mit dieser wahrnehmbaren

---

[16] Auch bei Freud (1915c, 227) kennzeichnet die halluzinatorische Wunscherfüllung
nicht die objektive Lage, sondern die kindliche Situation bei real stattfindender Befriedigung, eine Situation, in der die »Außenwelt ... nicht mit Interesse (allgemein gesprochen) besetzt und für die Befriedigung gleichgültig« ist. Ihr ist nicht, wie etwa Bleuler
(zit. n. Wygotski 1934, 27f) argumentierte, die Behauptung implizit, dass das Neugeborene »einen eingebildeten Apfel über einen wirklichen Apfel« stellt. Freud (1911b, 232)
selbst greift den Einwand Bleulers auf und hält mit folgendem Argument dagegen: »Es
ist mit Recht eingewendet worden, dass eine solche Organisation, die ... die Realität der
Außenwelt vernachlässigt, sich nicht die kürzeste Zeit am Leben erhalten könnte. Die
Verwendung einer derartigen Fiktion rechtfertigt sich aber durch die Bemerkung, dass
der Säugling, wenn man nur die Mutterpflege hinzunimmt, ein solches psychisches System nahezu realisiert«. Wie dem Hinweis auf die »Mutterpflege« zu entnehmen ist,
meint auch bei Freud eine halluzinatorische Befriedigung nicht das Weghalluzinieren
eines Bedürfnisses beim Ausbleiben faktischer Befriedigung. Vielmehr setzt diese Operation auch bei ihm die faktische Befriedigung voraus.

[17] Mahler et al. (1980, 59) beschreiben mit dem zunächst in den Wachzeiten deutlich
überwiegenden »schlafähnlichen Zustande« die von ihnen sog. normale autistische Phase: »Sie erinnern an jenen Urzustand der Libidoverteilung während des intrauterinen
Lebens, der in seiner selbstgenügsamen, halluzinatorischen Wuncherfüllung dem Bild
eines geschlossenen monadischen Systems ähnelt«

allgemeinen Veränderung verschiedener Interaktionsformen[18] dennoch alle Bedingungen gegeben, die es dem Neugeborenen ermöglichen, in der Bildung begriffsanaloger Strukturen im Verschiedenen das Identische zu abstrahieren und damit ein qualitativ bestimmtes Erleben herzustellen. In wechselseitiger Opposition zueinander lassen sich die Zustände, in denen eine Interaktionsform aktualisiert (IF_{akt}) oder verschwunden ($\varnothing IF$) ist und der Prozess, in denen sie verschwindet (IF_{ent}), aus dem Zusammenhang abstrahieren, in denen sie stehen.

IF_{akt} und $\varnothing IF$ sind darin identisch, dass sie auf einander bezogen sind und diese Bezogenheit, die sich in IF_{ent} darstellt, wird abstrahiert. Damit dies möglich ist, muss natürlich zugleich die Verschiedenheit des Identischen, müssen die unterschiedlichen Positionen, die IF_{akt} und $\varnothing IF$ in dieser Beziehung einnehmen, erfahren werden können. D. h., ihre unterschiedliche Position muss abstrahiert worden sein. In Polarität zueinander werden IF_{akt} und $\varnothing IF$ als das Identische aus ihren Stellungen zu IF_{ent} und $\varnothing IF$ bzw. zu IF_{ent} und IF_{akt} abstrahiert und damit subjektiv zur Bedingung von $IF_{ent} \rightarrow \varnothing IF$ bzw. zum Resultat von $IF_{akt} \rightarrow IF_{ent}$. Da Abstraktionen immer auf das verweisen, woraus sie abstrahiert wurden, bildet das, wovon abstrahiert wurde, die extensionale Bestimmung der abstrahierten Intensionen. Zum Umfang von IF_{ent} gehören die Beziehung $IF_{akt} \rightarrow \varnothing IF$ – sie weist IF_{ent} als Folge von IF_{akt} und als Bedingung für $\varnothing IF$ aus, zum Umfang von $\varnothing IF$ gehört die Beziehung $IF_{akt} \rightarrow IF_{ent}$, die $\varnothing IF$ als Folge von IF_{akt} und IF_{ent} ausweist und zum Umfang von $IF_{akt} \rightarrow$ gehört die Beziehung von $IF_{ent} \rightarrow \varnothing IF$, die IF_{akt} als Bedingung für $IF_{ent} \rightarrow \varnothing IF$ kenntlich werden lässt.

Betrachtet man diese sich bildenden begriffsanalogen Strukturen im Rahmen des Freudschen Lust-Prinzips, ist man zunächst geneigt, die erlebnismäßige Qualität der Strukturen, die mit einer Triebbefriedigung einher gehen – der Prozess, in dem eine Interaktionsform entaktualisiert wird und der Zustand, in dem sie verschwunden ist – als »Vorlust« und »Endlust« zu identifizieren. Als »Vorlust« gilt Freud (1905d, 110) »die Spannung der sexuellen Erregtheit«. Sie verdankt sich einer »Erregung erogener Zonen« der Partialtriebe (1905d, 112) und führt zur »Endlust«, die »ihrer Intensität nach die höchste« ist und sich über eine »Entleerung der Sexualstoffe« vermittelt. Damit aber wird die »Endlust« dezidiert »an Bedingungen geknüpft, die erst mit der Pubertät eingetreten sind« (1905d, 112), so dass sie auch auf vorsprachlichem Entwicklungsstand

---

[18] Man kann sich diese Unterscheidung der beiden Zustände und des Prozesses, der sie verbindet, auch so vorstellen: Wenn unterschiedliche Gegenstände mit verschiedenen Etiketten – runde, viereckige und dreieckige – beklebt sind, die verschiedene Farben tragen und man farbenblind ist, kann man zwar die verschiedenen Gegenstände, deren Etikett die gleiche Form hat, nicht voneinander unterscheiden. Gleichwohl aber ist man in der Lage, Gegenstandsklassen durch die Form ihrer Etiketten voneinander abzugrenzen.

noch nicht erlebt werden kann. Das Nämliche trifft auch für die Freudsche Bestimmung der »Vorlust« zu. Sie resultiert in seiner Auffassung aus einem Mechanismus, in dem die Lust, die vermittels einer, durch »Berührung« erregten erogene Zone hervorgerufen wird, »nach einem Mehr von Lust verlangt« (1905d, 112). Wenn nun der Sexualspannung »nicht gestattet wird, weitere Lust herbeizuführen«, gehe sie »bald in deutlichste Unlust über[.]« (1905d, 111). Da somit nur ein Vermeiden dieser Unlust eine »Vorlust« garantiert, das Vermeiden der Unlust aber an die »Endlust« gebunden ist, setzt das Erleben einer »Vorlust« das der »Endlust« zwingend voraus. In ähnlicher Weise argumentiert auch Fenichel (1945a, 28):

> »Die Lust sexueller Erregungen, die sogenannte Vorlust, wird sofort zur Unlust, wenn die Hoffnung auf Abfuhr in einer unmittelbar folgenden Endlust schwindet. Der Lustcharakter der Vorlust ist eng verbunden mit der psychischen Antizipation der Endlust«.

Abgesehen davon, dass sich auf dem Stadium der halluzinatorischen Befriedigung die begriffsanaloge Struktur des Unlustaffekts noch gar nicht gebildet hat, können in dieser Konzeption sowohl die »Endlust« als auch die »Vorlust« erst mit der Pubertät erfahren werden. Beide können somit auch nicht die erlebnismäßige Qualität der bei einer halluzinatorischen Triebbefriedigung erlebten Affekte bezeichnen.

Von welcher Erlebnisqualität diese begriffsanalogen Strukturen sind, haben vor allem die Überlegungen der Arbeitsgruppe um J. Sandler kenntlich gemacht. Diese Autoren zeigen – ich habe darauf hingewiesen –, dass Freud nicht zwischen der Lust, die mit der befriedigenden Triebhandlung einher geht und dem Zustand der Befriedigung, der ihr folgt, unterschieden hat. Der Befriedigungszustand ist

> »ein Zustand körperlichen Wohlbefindens ... in dem das Kind sich dann befindet, wenn seine Triebbedürfnisse befriedigt sind (im Unterschied zur Lustempfindung während der Befriedigung)« (Joffe u. J. Sandler 1967b).

Im Kontext dieser Überlegungen stellt sich der mit der befriedigenden Triebhandlung einher gehende Prozess, in dem eine Interaktionsform entaktualisiert wird, als intensionale Bestimmung der *Lust* und ihr Verschwinden aus der Repräsentanzwelt, das dem Befriedigungszustand korrespondiert, als Intension des *Wohlbehagens*[19] dar. Die aktualisierte Interaktionsform kann dann als Intension eines Gefühls angesehen werden, das als *Bedürfnis* erfahren und in dem das antizipiert wird, woraus es abstrahiert wurde und in dem seine extensionale Bestimmung gründet, nämlich die Beziehung *Lust → Wohlbehagen*. In analoger Weise wird dann in der *Lust* die Beziehung *Bedürfnis → Wohlbehagen* und im *Wohlbe-*

---

19 Aus bestimmten Gründen, die später deutlich werden, ziehe ich es vor, den Gefühlszustand, welcher der Triebbefriedigung folgt, nicht als »Wohl*befinden*«, sondern als »Wohl*behagen*« zu bezeichnen und den Begriff »Wohl*befinden*« für den Zustand zu reservieren, der einer Aktivität folgt, welche der Unlustvermeidung dient (s. Kap. 8).

hagen die Beziehung *Bedürfnis → Lust* erlebt. Als Prädikatoren lassen sich die damit verbundenen, in verschiedenen autonomen Imageries gefassten unterschiedlichen Reizintensitäten auffassen. Beim Bedürfnisgefühl findet sich eine Reizsteigerung, die im Prozess der Befriedigung, die mit Lust einher geht, abnimmt und im Zustand des Wohlbehagens[20] liegt eine geringere Reizintensität als beim Bedürfnisgefühl vor.

---

[20] Ich habe hier eine Korrektur meiner früher vertretenen Auffassungen einzutragen. Mit der Aufhebung der Körperspannung in lustvollem Interagieren wird zugleich wieder jener bedürfnislose Zustand hergestellt, den verschiedene Autoren (z. B. M. Balint, Ferenczi, Grunberger) und auch Freud (1921c, 146) mit seinem Konzept eines »absolut selbstgenügsamen Narzissmus« mehr oder weniger explizit als Ziel definieren, auf den sich die narzisstische Bedürftigkeit eines Individuums richtet: ein Zustand, der sich auf der Repräsentanzebene als »Wohlbefinden« präsentiert, welcher der intrauterinen Ungeschiedenheit von Bedarf und Bedarfsstillung entspricht und in dem »der früheste Zustand des Sich-eins-Fühlens mit der Mutter vorübergehend wiedererlangt« ist (Joffe u. J. Sandler 1967b). Ich selbst bin dieser Auffassung gefolgt (Zepf 1985a) und habe in der narzisstischen Bedürftigkeit die Versuche gesehen, jenen bedürfnislosen Zustand unter veränderten Bedingungen wieder zu erreichen. Ich schlug vor, den Narzissmus als Folge eines traumatischen, zum Erleben von Unlust führenden Eingriffs von Außen, wie er sich erstmalig mit der Geburt einstellt, zu lesen. Diese Annahme ist aber nicht haltbar, weil – wie bereits dargestellt – die intrauterine Situation psychisch nicht eingetragen ist und auch im Geburtsvorgang keine Unlust erlebt wird. Aus der Perspektive des Subjekts betrachtet kann die narzisstische Bedürftigkeit nicht mit dieser Unlust begründet werden und im Wohlbehagen kann sich keine Wiederholung der intrauterinen Situation in veränderter Form darstellen. Zwar ist der Zustand des Wohlbehagens mit der intrauterinen, homöostatischen Ausgangslage abstrakt insofern identisch, als beide Mal keine Bedürfnisse vorliegen. Konkret aber ist er davon verschieden. Würde man gleichwohl daran festhalten, dass sich in der Sehnsucht nach diesem Wohlbehagen die Sehnsucht nach etwas anderem verbirgt und zur Darstellung bringt, könnte für dieses Andere bestenfalls die homöostatische Ausgangslage in Anspruch genommen werden. Dann wäre allerdings das zielintentionale Verhalten nur ein Duplikat des zielgerichteten. Die Biologie würde den Inhalt und das in der Lebenspraxis Hergestellte lediglich dessen Form bestimmen. Von dieser Sichtweise haben wir uns bereits bei der Triebdiskussion verabschiedet und von ihr müssen wir uns auch jetzt verabschieden. Triebe wurden der Form nach als biologisch und dem Inhalt nach als sozial, als hergestellt, begriffen und die Logik erfordert, dass auch die narzisstische Bedürftigkeit nicht außerhalb, sondern innerhalb dieser Bestimmung begriffen wird. Was für die Triebbedürftigkeit gilt, muss auch für die narzisstische gelten. Auch sie muss der Form nach biologisch und dem Inhalt nach in ihren Gründen und Zielen als sozial, als hergestellt aufgefasst werden. Wenn Wohlbehagen aus narzisstischen Gründen intendiert werden soll, müsste es zuerst in der Bewältigung von Unlust erfahren worden sein und sich gebildet haben. Hier aber wird es gebildet und erfahren im Akt der Bildung und Befriedigung der Triebbedürfnisse. Das Wohlbehagen ist objektiv Folge der Triebbefriedigung und weder objektiv noch subjektiv resultiert es aus der Bewältigung von Unlust. Subjektiv ist es nichts anderes als Folge der Lust.

Bereits mit der Bildung dieser Affektsymbole als erste Formen des Erlebens gliedert sich das Seelenleben in Bewusstsein, Vorbewusstes und Unbewusstes. Wie bei der Sprache die vorbewusste Vorstellungswelt begrifflich strukturiert ist und Bewusstsein sich mit der Verbindung von Begriffen und sprachlichen Zeichen herstellt, ist hier die vorbewusste Vorstellungswelt affektsymbolisch verfasst und führt zum Bewusstsein in Form des Erlebens durch die Verbindung der Affektsymbole mit ihren körperlichen Prädikatoren. Während sich allerdings unter sprachtheoretischem Aspekt das Unbewusste aus Klischees im Zuge einer semantischen Verschiebung konstituiert, in falschen Begriffen gefasst wird und im Bewusstsein unter falschen Zeichen erscheint, konstituiert sich hier das Unbewusste nicht aus der Abwehr verfallenen, sondern aus Interaktionsformen, die zwar in ihrer Besonderheit registriert wurden, deren Besonderheiten sich aber dem sich bildenden Subjekt auf diesem Entwicklungsstand noch entziehen. Sie bleiben für ihn aufs Allgemeine, auf ihren gemeinsamen Ablauf, auf Bedürfnis, Lust und Wohlbehagen reduziert. Ich stelle diesen Sachverhalt in folgendem Schema (7) dar.

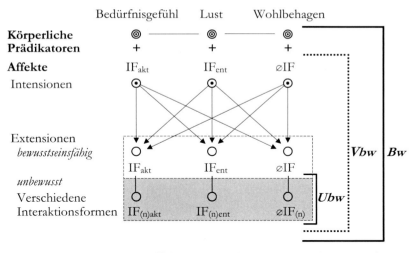

Schema 7: Vorsprachliche, affekttheoretische Konzeptualisierung des Bewussten (*Bw*), Vorbewussten (*Vbw*) und Unbewussten (*Ubw*)

In der extrauterinen Sozialisation ist es allerdings eher die Ausnahme als die Regel, dass jede aktualisierte Interaktionsform eine zeit- und formgerechte Antwort findet. Antwortet die mütterliche Figur ihrem Neugeborenen, das sich auf dem Stadium der halluzinatorischen Wunscherfüllung befindet, nicht zeit- und entsprechend seiner aktualisierten Interaktionsform, läuft in ihm ein Prozess ab, in dem die aktualisierte Interaktionsform in die Bestandteile zerbricht[21], aus denen sie sich aufgebaut hat, und der in einen Zustand führt, in dem sie vernichtet ist und in dem die bei der Geburt erfahrenen undifferenzierten Körpersensationen wieder auftreten. Strukturell entspricht dieser Prozess demjenigen, in dem die Affekte der Lust und des Wohlbehagens gebildet werden, so dass auch aus diesem Verlauf über Abstraktionen begriffsanaloge Strukturen gebildet werden können. Als Intensionen dieser Gebilde kann der Prozess des Zerbrechens aus der Beziehung von aktualisierter und vernichteter Interaktionsform und die vernichtete Interaktionsform kann aus der Beziehung zwischen ihrer Aktualisierung und dem Prozess ihres Zerbrechens abstrahiert werden.

Fragt man nach der Qualität der sich in diesem Verlauf bildenden Affekte, kann wie bei den »positiven« Gefühlen der Lust und des Wohlbehagens auch hier zwischen einem Prozess- und einem Zustandsaffekt unterschieden werden. Auch hier gibt es einen Prozess, den des Zerbrechens einer Interaktionsform. Da er objektiv Folge einer Triebfrustration ist, kann er als intensionale Bestimmung des Affekts angesehen werden, der als *Unlust* bezeichnet wird. Prädikator dieses Affekts ist eine Zunahme der Reizintensitäten, die über diejenige hinausreicht, die mit dem Bedürfnisgefühl einhergehen. Diese Unlust ist von jener zu unterscheiden, die in dem Zustand auftritt, den die Frustration einer Triebhandlung nach sich zieht. Da sie dem Wohlbehagen polar entgegengesetzt ist, liegt es nahe, diese Unlust als *Missbehagen* zu beschreiben. Als Prädikator dieses Affekts ist eine Reizüberflutung anzusehen, die sich am Ende des Prozesses der Reizsteigerung einstellt. Beim Ausbleiben einer form- und zeitgerechten Antwort der Umwelt auf die aktualisierte Interaktionsform wird dann in der *Unlust* der Ablauf *Bedürfnis → Missbehagen* und im *Missbehagen* der Ablauf *Bedürfnis → Unlust* erlebt werden.

Tritt nun eine Interaktionsform auf, ist sie ein Fall des Bedürfnisses, in dem sie als Bedingung sowohl ihres Verschwindens, der Lust, wie auch ihrer Zerstörung, der Unlust, erlebt wird. Da das Bedürfnis auch zur Extension von Lust und Wohlbehagen gehört, kann ihr Verschwinden – der Ablauf Bedürfnis →

---

[21] Das Zerbrechen einer aktualisierten Interaktionsform geht natürlich nicht unmittelbar mit einer Auflösung ihrer Erinnerungsspur einher. Interaktionsform und Erinnerungsspur sind auseinander zu halten. Ich erinnere an die Freudsche (1915e, 300) Formulierung, dass »die *Sachvorstellung*«, die wir uns als Interaktionsform erläutert haben, »in der Besetzung ... nicht der direkten Sacherinnerungsbilder«, sondern der »von ihnen abgeleitete[n] Erinnerungsspuren besteht«, die schon Freud als neuronale Bahnungen verstand (vgl. auch 1925a). Eine Interaktionsform entsteht durch die Dekodierung einer aktualisierten Erinnerungsspur, in der ihr neurophysiologisches Substrat – das Interaktionsengramm – gespeichert ist. So wie die Bildung dieser Spur ein mehrfaches und relativ gleichartiges, erfolgreiches Interagieren über die Zeit hinweg voraussetzt, so setzt auch die Auflösung dieser Spur ein mehrfach misslungenes Interagieren voraus.

Wohlbehagen – über die Abstraktion Lust und ihr Verschwundensein – der Ablauf Bedürfnis → Lust – über die Abstraktion Wohlbehagen antizipiert werden. Dasselbe gilt natürlich auch für den Prozess, in dem die Interaktionsform zerstört und vernichtet wird. Mit dem Auftreten einer Interaktionsform, eines Bedürfnisses, werden mithin Lust und Wohlbehagen bzw. Unlust und Missbehagen antizipiert. Wird die Interaktionsform entaktualisiert, dann wird diese Beziehung als Fall von Lust erlebt. Ist die Interaktionsform verschwunden, dann ist dies ein Fall von Wohlbehagen, in dem das Resultat des Ablaufes Bedürfnis → Lust seinen erlebnismäßigen Ausdruck findet[22]. Wird dagegen die Interaktionsform zerstört, dann wird diese Beziehung als Fall von Unlust erlebt. Ist die Interaktionsform vernichtet, dann ist dies ein Fall von Missbehagen, in dem das Resultat des Ablaufes Bedürfnis → Unlust erlebt wird.

Die Begründung des Primärvorgangs mit einer freien Verschieblichkeit der Libido erweist sich hier als eine Mystifikation des affektsymbolischen Denkens, dem sich die Besonderheiten der Interaktionsformen entziehen. Wie von Freud für die »Primärvorgänge« beschrieben sind im Verhältnis zu den begriffssymbolischen die affektsymbolischen Denkprozesse »die zeitlich früheren, zu Anfang des Seelenlebens gibt es keine anderen ...« (1920g, 68). Im Hinblick auf die Interaktionsformen besteht eine »Widerspruchslosigkeit«, es gibt bei ihnen auch »keine Negation, keinen Zweifel, keine Grade von Sicherheit« und Verschiedenes »wie identisch behandelt«. Für dieses Denken haben »[d]ie entscheidenden Regeln der Logik[23] ... keine Geltung« (1940a, 91), es dominiert vielmehr in Form der »Lust-Unlustregulierung« (1915e, 286) eine Affektlogik, d. h., die Denkvorgänge werden durch die Ziele der Lustgewinnung und der Unlustvermeidung reguliert (D. Rapaport 1959, 34), es findet sich – auf der Stufe der halluzinatorischen Wunscherfüllung – eine »Ersetzung der äußeren Realität durch die psychische« und auch das Kriterium, dass im Primärvorgang »nur mehr oder weniger stark besetzte Inhalte« (19913d, 285) vorliegen, findet sich entmystifiziert in Gestalt der körperlichen Prädikatoren in den Affektsymbolen wieder.

---

[22] Zur Klärung will ich dieses Erleben, in dem sich das Bedürfnis über Lust in Wohlbehagen wandelt, an einem Beispiel auf begrifflicher Ebene darstellen, der Reifung einer befruchteten Eizelle zu einen Embryo. Der Begriff »Reifung« enthält als extensionale Bestimmungen die Vorstellungen der befruchteten Eizelle und des Embryos und drückt deren Beziehung aus, der Begriff »Embryo« ist extensional durch die befruchtete Eizelle und deren Reifung bestimmt und artikuliert deren Beziehung, d. h. die Position des Embryos in Relation zur Reifung, während Reifung und Embryo den Begriff der »befruchteten Eizelle« extensional bestimmen, in welchem ihre Beziehung erkannt wird.

[23] »Regeln der Logik« meint »die logischen *Denk*gesetze« (Freud 1933a, 80, Kursivierung, S. Z.).

Was sich jedoch im affektsymbolischen Denken nicht wiederfindet ist die von Freud (1915e, 286 für den Primärvorgang behauptete »Zeitlosigkeit«. Freud (1933a, 80) meint damit

- dass sich im Primärvorgang »keine Anerkennung eines zeitlichen Ablaufs« findet,
- dass »Eindrücke, die durch Verdrängung in das Es versenkt worden sind« und
- dass »Wunschregungen, die das Es nie überschritten haben ... keine Veränderung ... durch den Zeitablauf« erfahren.

Die erste Behauptung steht in Widerspruch zur Aussage, dass im Primärvorgang »Wunschregungen« der »Lust-Unlustregulierung« (1915e, 286) unterliegen. Denn einer Wunschregung wohnt immer ein antizipiertes Resultat inne, ein zeitliche Abfolge von einem Stadium zu einem anderen, in dem die Lust erfahren wird, die auf dem vorausgehenden Stadium nicht vorhanden war. Diesem Aspekt wird in der vorliegenden Fassung des affektsymbolischen Denkens Rechnung getragen.

Während die zweite Behauptung, die im momentanen Diskussionszusammenhang keine Rolle spielt, nicht bestritten wird, ist die dritte nicht haltbar. Sie verweist auf die Annahme eines phylogenetischen Erbes, das Freud als das nie zu Bewusstsein kommende Urverdrängte konzipierte. Diese Annahme ist zu verabschieden. Von beiden Behauptungen wird in Kap. 8 bzw. Kap. 11 noch ausführlich die Rede sein.

Zusammenfassung

Ich will das bisher Diskutierte kurz zusammenfassen, die begriffsanaloge Struktur des Bedürfnisses, der Lust und Unlust, des Wohlbehagens und Missbehagens im Vergleich mit der Struktur sprachlicher Begriffe präzisieren und dessen Konsequenzen darstellen.

- Die ersten Phasen der ontogenetischen Entwicklung sind nur in biologischen Kategorien zu beschreiben. Erst mit der Entstehung von Affekten konstituiert sich das menschliche Individuum als ein intentional handelndes Subjekt, das auch in psychologischen Begriffen dargestellt werden kann.
- Diese Affekte sind Affektsymbole. Sie weisen eine begriffsanaloge Struktur auf, haben Prädikatoren, eine intensionale und extensionale Bestimmung. Prädikatoren sind wahrgenommene unterschiedliche Reizintensitäten aus dem Körperinnern, ihre Extensionen sind bestimmte und allgemeine Existenzweisen verschiedener Interaktionsformen, ihre Intensionen sind die Beziehungen zwischen den besonderen Veränderungen konkret-einzelner Interaktionsformen. Wie auf der 1. semanti-

schen Stufe einer Sprache, wo die Extensionen der Begriffe auf der Ebene der wahrnehmbaren Vorstellungen (als Resultat der wahrgenommenen Objekte) liegen, sind auch die extensionalen Bestimmungen der Affektsymbole auf der Ebene der wahrgenommenen Repräsentanzen angesiedelt. Als ihr Identisches werden ihre Beziehungen in den Prädikatoren – den wahrgenommenen und in differenten »autonomen Imageries« gefassten unterschiedlichen Reizintensitäten – auf den »Affekt« gebracht.

- Innerhalb der Sprachsymbole bedeuten deren sprachliche Prädikatoren ihre Begriffe. Bei den Affektsymbolen bedeuten die Variationen der Reizintensitäten deren begriffsanaloge Strukturen. Zentralnervös in autonomen Imageries abgebildet wandeln sich die körperlichen Sensationen vom Signalisierten in Zeichen, die den Status von Zeichengestalten haben, welche erlauben, die konkret auftretenden Reizintensitäten als »Fall von«, als ein Exemplar dieser Zeichengestalt, auszuweisen.

- Wie für die Bildung der sprachlichen gilt auch für die Affektsymbole, dass eine wahrnehmbare Verschiedenheit der Prädikatoren Voraussetzung der Abstraktionsprozesse ist. Bei der Sprachbildung ist es die Verschiedenheit der sprachlichen Laute, bei der Bildung der Gefühle ist auf diesem Entwicklungsstand die wahrnehmbare Differenz der Intensität der körperlichen Reize Voraussetzung der Abstraktionsprozesse. Während vermittels des metasprachliche Gefüges der Sprache die Wortvorstellungen in ihrer Verschiedenheit subjektiv verfügbar werden, bleibt im Falle der Bildung der Gefühlssymbole die Verschiedenheit der »autonomen Imageries« außerhalb des Erlebens. Eingang in das Erleben finden die differenten Intensitäten nur gemeinsam mit dem, was sie bedeuten. Wie bei einer Sprache, die sich nur auf der ersten semantischen Stufe bewegt, das Subjekt Wort und Vorstellung nicht voneinander abstrahieren und getrennt betrachten kann, gilt auch hier, dass weder unterschiedliche Reizintensitäten noch Veränderungen der aktualisierten Interaktionsform getrennt voneinander erlebt werden. Nicht die einzelnen Aspekte, die das Erleben der Affekte konstituieren, dringen ins Bewusstsein ein. Was erlebt wird, ist ihre Verbindung mit Interaktionsformen, sind Affekte.

- Bei Begriffen werden die Vorstellungen der Objekte, die im Umfang eines Begriffs liegen, durch die Verwendung der intensionalen Bestimmungen anderer Begriffe erkannt. Bspw. werden in der Erkenntnis, dass Äpfel auf Bäumen wachsen, extensionale Bestimmungen des »Apfel«-Begriffs durch die Begriffe »wachsen« und »Baum« erfasst. Bei einem Affekt werden andere Affekte für die Erkenntnis der Repräsentanzen benutzt, die innerhalb seines Umfanges liegen. Im Falle der Lust sind

Wohlbehagen und das Bedürfnis Erkenntnismittel der extensionalen Bestimmungen dieses Affekts, der Konnotate – der aktualisierten und der verschwundenen Interaktionsform – seines körperlichen Prädikators. Subjektiv ist die Lust Folge des Bedürfnisses und führt in Wohlbehagen.

- In einem Affektsymbol wird jeweils die Beziehung zwischen anderen Affekten erlebt, in welcher die emotive Bedeutung des Gegenstandes erkannt wird[24]. Zwei Affektarten sind zu unterscheiden. Es gibt Affektsymbole, welche die Veränderung einer Interaktionsform begleiten – die Affektsymbole der Lust und Unlust – und es gibt Affektsymbole, die am Beginn und am Ende dieser Veränderung stehen – das Bedürfnis und die Affektsymbole des Wohlbehagens bzw. Missbehagens.

- Die Bildung von Interaktionsformen erfolgt bereits mit der Geburt und führt objektiv zu spezifischen Triebbedürfnissen des Säuglings nach den sinnlichen Kontakten, die sich im befriedigenden Zusammenspiel mit der Mutter ergaben und ergeben. Die objektive Verschiedenheit dieser Interaktionsformen entzieht sich jedoch dem sich bildenden Subjekt. Der Säugling *hat* verschiedene Vorstellungen, verschiedene Interaktionsformen, aber er kann *nicht erkennen*, dass sie verschieden sind. Ihre Besonderheit verschwindet für ihn noch in der Allgemeinheit von Affektsymbolen[25], die Verschiedenheit der Triebwünsche ist subjektiv nicht verfügbar. Daraus folgt, dass zwischen der *subjektiv verfügbaren* und der *objektiv vorhandenen Repräsentanzwelt* zu unterscheiden ist.

- Mit der Bildung von Affektsymbolen gliedert sich das Erleben bereits in Bewusstsein, Vorbewusstes und Unbewusstes. Die vorbewusste Vorstellungswelt ist affektiv verfasst, bringt die allgemeine Verlaufsform objek-

---

[24] Auch Killingmo (1990) betrachtet die Affekte als ein semantisches System. Er schreibt: »Even if not taking a definite stand on the question of a universal connexion between certain patterns of intonation and certain patterns of affect, linguists and infant research workers seem to agree that intonation always expresses affective states. It may be conceived of as an archaic language consisting of emotional experiences tied to acoustic images and muscular tone. In this preverbal language, intonation, among other expressive means, serves as signifier and affective states as the signified«. Er lässt allerdings offen, wie sich die Affekte bilden, wie die »signifier« vom kindlichen Subjekt unterschieden werden können, wie sich die Beziehung zwischen dem »signifier« und den Affekten herstellt und worauf die Affekte referieren.

[25] Auch die Aktivitäten, welche der Unlustvermeidung dienen, können nicht voneinander unterschieden werden. Zurecht schreiben Mahler et al. (1980, 62): »Die Wirkung der Pflegeleistungen seiner [des Neugeborenen] Mutter bei der Verminderung der vom Bedürfnis = Hunger erzeugten Qualen kann nicht isoliert werden und ebenso wenig kann sie der Säugling von seinen eigenen spannungsvermindernden Bemühungen unterscheiden, etwa Urinieren, Defäzieren, Husten, Niesen, Spucken, Aufstoßen, Erbrechen – allen Möglichkeiten also, durch die sich der Säugling von unlustvollen Spannungen zu befreien sucht«.

tiv verschiedener Interaktionsformen zur Darstellung und führt zum Bewusstsein in Form des Erlebens durch die Verbindung dieser Verlaufsform mit ihren körperlichen Prädikatoren. Das Unbewusste konstituiert sich aus den verschiedenen Interaktionsformen, die zwar in ihrer Besonderheit registriert werden, deren Besonderheiten sich aber dem sich bildenden Subjekt auf diesem Entwicklungsstand noch entziehen und im Allgemeinen, in ihren gemeinsamen, als Bedürfnis, Lust bzw. Unlust und Wohlbehagen bzw. Missbehagen erlebten Ablauf verschwinden.

- Wie von Freud für die »Primärvorgänge« beschrieben sind im Verhältnis zu den begriffssymbolischen die affektsymbolischen Denkprozesse »die zeitlich früheren, zu Anfang des Seelenlebens gibt es keine anderen ...« (1920g, 68). Allerdings ist seine libidotheoretische Begründung des Primärvorgangs nicht zu halten. Die freien Verschieblichkeit der Libido enträtselt sich als affektsymbolisches Denkens, dem sich die Besonderheit der Interaktionsformen noch entzieht.

Der Ursprung des Narzissmus

Mit der Problematisierung der halluzinatorischen Wuuscherfüllung eröffnet sich auch ein Einblick in die Geburtsstätte des Narzissmus. Präzisiert man die Freudsche Auffassung des Narzissmus und generalisiert sie dahingehend, dass die narzisstische Bedürftigkeit immer aus einer Triebfrustration resultiert, folgt, dass diese Bedürftigkeit erstmalig auftritt, wenn sich die halluzinatorische Form der Triebbefriedigung »als untüchtig [erweist], das Aufhören des Bedürfnisses, also die mit der Befriedigung verbundene Lust, herbeizuführen« (Freud 1900a, 604). Hierin gründen die ersten Erfahrungen von Unlust, in welcher der Ablauf, der von dem Bedürfnisgefühl zum Missbehagen führt, erlebt wird. Unlust ist der Ursprung des narzisstischen Bedürfnisses der Unlustvermeidung, so dass nicht nur die Triebbedürfnisse, sondern auch die narzisstische Bedürftigkeit vorsprachlich auf der Repräsentanzebene in Form von Affekten existiert. Während sich der Triebwunsch auf einen Affektzustand richtet, gründet die narzisstische Bedürftigkeit darin.

Die aus dem Affekt der Unlust geborene und auf die Vermeidung dieses Affekts sich richtende narzisstische Bedürftigkeit gerät zwangsläufig in Widerspruch zur Triebbedürftigkeit. Seine narzisstische Bedürftigkeit zwingt das Neugeborene, die Bedingung abzuschaffen, in der in seinem Erleben die der Triebfrustration folgende Unlust gründet. Diese Bedingung aber – die sich als Bedürfnisgefühl präsentierende aktualisierte Interaktionsform –, die aus seiner Sicht für die Unlust verantwortlich ist, ist zugleich diejenige, die zur Lust führt. Deshalb muss aus Gründen der triebhaften Bedürftigkeit an ihr festgehalten.

Würde das Neugeborene sie abschaffen, müsste es auf die Lust verzichten, würde es sie beibehalten, müsste es Unlust ertragen und zwar in gehörigem Maße, denn es ist sicherlich unstreitig, dass die extrauterine Sozialisation nicht mit einer Art Dauertropfsituation vergleichbar ist, in der jede aktualisierte Interaktionsform eine zeit- und formgerechte Antwort findet. Eine Lösung dieses Widerspruchs setzt demnach voraus, dass beiden Bestrebungen genüge getan wird, dass das Bedürfnisgefühl zugleich abgeschafft und aufrechterhalten wird. Die einzige Möglichkeit, welche dem Neugeborenen zur Lösung dieser widersprüchlichen Anforderungen offen steht, liegt darin, die intensionale Bestimmung des Bedürfnisgefühls zu verändern. Das bloße Bild – die aktualisierte Interaktionsform – wandelt sich in eine Vorstellung, die nun auch subjektiv auf ein »Außen« verweist. Indem das ehemalige Bedürfnisgefühl zu einem anderen wird, wird es zugleich abgeschafft und erhalten.

Aus dieser kognitiven Differenzierung, mit der die objektive Trennung von Innen und Außen subjektiv eingeholt wird, folgt jedoch nicht, dass damit das Außen als ein vom kindlichen Subjekt abgetrennter Gegenstand erkannt wird. Dies würde sprachliche Begriffe voraussetzen. Hier vermittelt sich diese Unterscheidung über Affekte in denen immer nur die »Beziehung« eines Menschen, wie S.L. Rubinstein (1946, 574) schreibt, »zu dem, was er erfährt«, erkannt wird. Während das, was zwischen dem Subjekt und seinen Objekten geschieht, zunächst noch relativ undifferenziert in protosymbolische Interaktionsformen abgebildet und im Handeln erkannt wird und – später – in sprachsymbolischen Interaktionsformen auch in seinen Elementen gegliedert bewusst wahrgenommen werden kann, gewinnt in Gestalt der Affekte die Beziehung Bewusstsein, in denen das, was geschieht, zum Subjekt steht. In Form der Affekte wird diese Beziehung ins Bewusstsein eingelassen, in der sich das Außen zum Subjekt, zu seinem Bedürfnisgefühl befindet. Erkenntnisgegenstand ist nicht das Außen, sondern dessen sog. »emotive Bedeutung« (C.K. Ogden u. I.A. Richards 1923, 233), das »Bedeutendsein« (Morris 1964, VII) des Außen, das in der Form des unmittelbaren Erlebens erkannt wird.

Das Erleben des Zustandes, in dem Innen und Außen getrennt sind, unterscheidet sich von jenem, auf dem sie noch ungeschieden sind, durch drei Kriterien. Zum einen fand innerhalb des Primärvorganges, der das Erleben reguliert, eine Entwicklung statt. Die Denkvorgänge werden weiterhin durch die Ziele der Lustgewinnung und der Unlustvermeidung reguliert. Aber von seinen Merkmale, die ich angeführt habe, wurde eines außer Kraft gesetzt: Die »Ersetzung der äußeren Realität durch die psychische« (Freud 1915e, 286). Dadurch sind zweitens die Affekte qualitativ andere geworden. Weil mit der Trennung von Innen und Außen die Interaktionsformen subjektiv auf etwas ihnen Äußerliches verweisen, ändern sich auch die bisherigen intensionalen und extensionalen Bestimmungen der Affekte. Die Affekte sind nur noch formal mit

denen identisch, die auf dem vorgängigen Stadium der halluzinatorischen Triebbefriedigung erlebt wurden, qualitativ aber andere geworden. Lust und Wohlbehagen etwa, die für ihr Erleben etwas Äußerliches bedürfen, sind andere Affekte als diejenigen, die von Äußerlichem unabhängig sind[26]. Und drittens stellt
sich die »emotive Bedeutung« des Außen nicht nur in den Affekten der Lust
und des Wohlbehagens, sondern ebenso auch in denen der Unlust und des
Missbehagens dar. Auch die Trennung von Innen und Außen kann das Auftreten von Unlust nicht verhindern. Die »emotive Bedeutung« des Außen bildet
sich subjektiv in einer bestimmten Relation von Lust und Unlust ab. Dass das
Außen dem Neugeborenen äußerlich ist, erlebt es durch Affekte, die sich qualitativ von den früher erlebten unterscheiden und anhand einer Differenz, nämlich dadurch, dass die Lust/Unlust-Relation bei der Trennung von Innen und
Außen günstiger ist als sie es auf der Ebene der halluzinatorischen Wunscherfüllung war. Wäre sie nicht günstiger, hätte es für das Neugeborene auch keinen
Anlass gegeben, die halluzinatorische Wunscherfüllung zu verlassen und seine
Repräsentanzwelt zu verändern.

Ich will kurz erwähnen, dass auch Freud die Frage diskutiert, welche Kriterien das kindliche Subjekt in die Lage versetzen, seine innere, in Repräsentanzen
sich gliedernde psychische von der »Realität der Außenwelt« (Freud 1939a, 181)
zu unterscheiden. Bis auf den »Entwurf einer Psychologie« (1950c) hat er sich
dazu allerdings nicht weiter systematisch geäußert. Auch hierin beschreibt er
zunächst die halluzinatorische Wunscherfüllung. Reize aus dem Körperinnern
des Säuglings würden dessen Psi-System in einen Spannungszustand versetzen,
welchen der Säugling zunächst durch innere Veränderungen (Schreien, Gefä-
ßinnervationen) zu beseitigen versuche. Die motorische Abfuhr würde aber
keinen anhaltenden, entlastenden Erfolg bringen, denn der Spannungszustand
wäre erst durch einen Eingriff von außen bzw. durch eine spezifische Veränderung der Außenwelt (Nahrungszufuhr etc.) aufzuheben. Würde nun etwa die

---

[26] Mit dieser Veränderung der intensionalen Bestimmungen der Affekte werden auch
die Prädikatoren, die Körperengramme, andere. Waren die Interaktions- und damit die
Körperengramme der ersten Interaktionsformen noch relativ undifferenziert, werden
beim Einüben weiterer Interaktionsformen die Engramme des bisherigen Interagierens
notwendig problematisiert. Die Frustration der jeweils aktualisierten Interaktionsform
führt notwendig zu einer Differenzierung ihres Engramms. Damit verbunden erfahren
auch die Reizkonfigurationen der Körperengramme eine zunehmende innere Differenzierung, so dass angenommen werden kann, dass auf diesem Entwicklungsstand die
vegetativen und proprioceptiven Reize zunehmend soweit an Spezifität gewinnen, dass
die Empfindungen, zu denen sie führen, subjektiv unterschieden werden. In die quantitative Differenz der Prädikatoren wird eine qualitative Differenz eingetragen. Die Prädikatoren werden nun sowohl durch eine gleichartige als auch durch unterschiedliche
Intensitätsveränderungen der vegetativen und proprioceptiven Impulse voneinander
unterscheidbar.

Außenwelt in Gestalt der Mutter entsprechend dem sich im Spannungszustand darstellenden physiologischen Bedarf antworten, so komme es zum Befriedigungserlebnis, welches für den Säugling nicht folgenlos bliebe:

> »1. Es wird dauernde Abfuhr geleistet und damit dem Drang ... eine Ende gemacht, 2. es entsteht ... die Besetzung eines Neurons (oder mehrerer), die der Wahrnehmung eines Objekts entsprechen, 3. es kommen an anderen Stellen ... die Abfuhrnachrichten von der ausgelösten Reflexbewegung, die sich an die spezifische Aktion anschließt. Zwischen diesen Besetzungen und den Kern-Neuronen bildet sich eine Bahnung. Die Reflexabfuhrnachrichten kommen dadurch zustande, dass jede Bewegung durch ihre Nebenfolgen Anlass zu neuen sensiblen Erregungen (von Haut und Muskeln) wird, die im Psi ein Bewegungsbild ergeben« (1950c, 326, Kursivierungen aufgehoben, S. Z.).

Die befriedigende Interaktion mit der Mutter hinterließe so eine psychische Mikrostruktur, in der Objektbild, Bewegungsbild und endogener Reizzustand über das Befriedigungserlebnis miteinander verbunden wären:

> »Es entsteht also durch das Befriedigungserlebnis eine Bahnung zwischen zwei Erinnerungsbilder und den Kernneuronen, die im Zustand des Dranges besetzt werden ... Mit dem Wiederauftreten des Drang- oder Wunschzustandes geht nun die Besetzung auch auf die beiden Erinnerungen über und belebt sie. Zunächst wird wohl das objektive Erinnerungsbild von der Wunschbelebung betroffen« (1950c, 327, Kursivierungen aufgehoben, S. Z.).

Antwortet die Mutter formgerecht, ergebe »diese Wunschbelebung dasselbe ... wie die Wahrnehmung, nämlich eine Halluzination« (1950c, 327). Antwortet sie nicht oder nicht-formgerecht, gerate das Psi-System in Hilflosigkeit, »wenn es im Wunschzustande die Objekt-Erinnerung neu besetzt und dann Abfuhr ergehen lässt, wo dann die Befriedigung ausbleiben muss, weil das Objekt nicht real, sondern nur in der Phantasie-Vorstellung vorhanden ist« (1950c, 332). Wie nun die Trennung von Vorstellung und Wahrnehmung innerpsychisch verläuft, darüber entwickelt Freud folgende Ansicht. Zunächst sei das Psi-System außerstande, beide zu unterscheiden. Es bedürfe von anderswoher eines Kriteriums, eines sog. »Realitätszeichens«, um Wahrnehmung und Vorstellung auseinanderhalten zu können. Dieses Kriterium sieht Freud in einer quantitativ unterschiedlichen Besetzung beider. Voraussetzung für die verschiedenen Besetzungsintensitäten sei »eine Hemmung durch das Ich, die zu einer quantitativ geringeren Besetzung der Vorstellungsinhalte gegenüber den Wahrnehmungsinhalten« (1950c, 333) führe. Findet

> »Wunschbesetzung unter Hemmung statt ... so ist ein quantitativer Fall denkbar, dass die Wunschbesetzung, als nicht intensiv genug, keine Qualitätszeichen ergibt, während die äußere Wahrnehmung es ergeben würde ... Es ist ... die Ich-Hemmung, welche ein Kriterium zur Unterscheidung zwischen Wahrnehmung und Erinnerung ermöglicht« (1950c, 333).

Die Unterscheidung zwischen Wahrnehmung und Erinnerung bzw. Vorstellung wird aber zum Problem, wenn man sich vergegenwärtigt, dass der Säugling zunächst psychisch ausschließlich auf der Ebene des Primärvorganges operiert. Auch Freud (1950c, 332f) sieht dieses Problem: »Wird das Wunschobjekt ausgiebig besetzt, so dass es halluziniert belebt wird, so erfolgt auch dasselbe Abfuhr- oder Realitätszeichen wie bei äußerer Wahrnehmung. Für diesen Fall versagt das Kriterium«. Zur Trennung von Innen und Außen setzt Freud bereits die Organisation eines Ich mit bestimmten Funktionen – wie etwa die der Besetzungshemmung – voraus. Woran sich aber dann dieses Ich orientiert, wenn es die Besetzung der Vorstellung geringer als die der Wahrnehmung ausfallen lässt, bleibt offen. Im Grunde kann das von Freud vorausgesetzte Ich diese Funktion nur dann ausüben, wenn es a priori über ein Unterscheidungskriterium zwischen Innen und Außen verfügt, nachdem es die Besetzungsvorgänge hemmt. Mit diesen Überlegungen kann nicht einsichtig gemacht werden, wie es im Subjekt zu einer Trennung von innerer und äußerer Realität kommt. Einmal wird in ihnen das Resultat eines Entwicklungsprozesses bereits als dessen Voraussetzung genommen und zum anderen wird das Problem – entsprechend der damaligen Orientierung Freuds – als ein neurophysiologisches verfolgt. Da aber neurophysiologische Abläufe nur das materielle Substrat und nicht die Quelle psychischer Prozesse sind, lässt sich die Frage, wie sich die äußere Realität in der subjektiven Repräsentanzwelt darstellt, neurophysiologisch nicht beantworten. Das Problem ist allerdings auch kein ausschließlich psychologisches, sondern vielmehr zunächst ein erkenntnistheoretisch zu lösendes. Denn die subjektive Trennung von Innen und Außen setzt Abstraktionen, d. h begriffsanaloge Strukturen voraus, welche erst erlauben, Interaktionsformen von Interaktion zu unterscheiden.

Das Außen wird natürlich auch vom Neugeborenen wahrgenommen, wenn kein Bedürfnis aktualisiert ist. P.H. Wolff (1959) hat diesen Zustand als »alert inactivity« beschrieben. In diesem Zustand schläft das Kind nicht und befindet sich nicht unter dem Druck einer Bedürfnisspannung, deren Bewältigung ein Wechselspiel mit der Außenwelt verlangen würde. Gleichwohl sucht es nach Sinnesreizen. Dieser »Reizhunger« ist nicht, wie etwa G.L. Engel (1962, 46) meinte, biologisch[27], sondern intentional, d. h., darin begründet, dass sich das Außen in lustvollen und unlustvollen Affekten repräsentiert. Mit der Wahrnehmung des Außen tritt seine Vorstellung auf, womit diese beiden Erfahrungen als mögliche aktualisiert werden. Beide Erfahrungen führen zu dem, was man als *Neugier* oder *Interesse* bezeichnen kann. Genauer: Die Beziehung dieser beiden Erfahrungen führt zum Auftreten dieses Interesses. Würde die Außenwelt immer nur zur Lust führen, hätte das Kind keinen Grund gehabt, die halluzina-

---

[27] G.L. Engel (1962, 46) ist der Ansicht, »dass das Nervensystem selbst als eine für seine Arbeiten und seine Entwicklung notwendige Bedingung Anregung verlangt und sucht«.

torische Form der Befriedigung zu verlassen; würde die Außenwelt nur zu Unlust führen, würde sich das Kind von ihr abwenden[28].

Die Trennung von Innen und Außen und ihr In-Beziehung-Setzen wird notwendig, weil auf dem Stadium der halluzinatorischen Wunscherfüllung Unlust nicht vermieden werden kann. Der Entschluss des »psychische[n] Apparat[s], sich ... die realen Verhältnisse vorzustellen« (Freud 1911b, 231; vgl. auch 1900a, 572), weil wegen des »Ausbleibens der erwarteten Befriedigung [der] Versuch der Befriedigung auf halluzinatorischem Wege aufgegeben« werden muss, erweist sich als Resultat eines Widerspruchs[29] von triebbestimmter und narzisstischer Bedürftigkeit. Das Verhältnis beider ist ein dialektisch widersprüchliches, in dem das Streben nach Lust die dominierende Seite darstellt. Die narzisstische Bedürftigkeit wird aus der Triebfrustration geboren und zielt drauf ab, die Bedingung ihres Entstehens und damit sich selbst zu suspendieren.

Die triebhafte und die narzisstische Bedürftigkeit schließen sich nicht nur wechselseitig aus – wenn Lust bzw. Unlust erlebt wird, wird keine Unlust bzw. Lust erfahren –, in der Entwicklung setzen sie sich auch wechselseitig voraus[30].

---

[28] Diese Begründung des Interesses deckt sich mit einer Vielzahl wahrnehmungspsychologischer Experimente (z. B. Haaf u. Bell 1967). Nach den Daten von Emde (1980) wird ein Interesse an der Außenwelt von den Eltern bei Kindern im Alter von 2½ Monaten registriert. Es erwächst aus der Frage, ob das Außen zu Lust oder zu Unlust führt und ist angetrieben vom Bestreben, in der Außenwelt Bedingungen zu finden, die das Auftreten von Unlust verhindern oder doch minimieren. Dieses Interesse tritt auf, wenn die Interaktionsformen nicht aus inneren Gründen, sondern durch die Wahrnehmung aktualisiert werden, d. h., wenn kein Bedürfnis vorhanden ist. Tritt das Außen unter dieser Bedingung auf, wird es als Fall einer Interaktionsform wahrgenommen, auf das sich das Interesse richtet.

[29] Dieser Widerspruch zwischen narzisstischer und triebhafter Bedürftigkeit besteht nicht, wie ich früher angenommen haben, darin, dass das kindliche Subjekt einerseits an den Bedingungen festhalten möchte, die aus seiner Sicht das Erleben von Lust garantieren und andererseits die Bedingungen, die zur Unlust führen deshalb abschaffen will, weil es in den bedürfnislosen intrauterinen Zustand unter veränderten Bedingungen wieder zurückkehren möchte. Vielmehr wird versucht, die Bedingung der Unlust abzuschaffen, um die Bedingungen einer lustvollen Triebbefriedigung zu optimieren.

[30] Die subjektiven Erlebnisformen der Triebbefriedigung und der narzisstischen Bedürftigkeit durchdringen sich auch in folgendem Sinne. Wenn in der Befriedigung der narzisstischen Bedürftigkeit die Bedingungen der Unlust außer Kraft gesetzt werden, wird damit zugleich auch das Auftreten der Lust gesichert, so dass einerseits in der narzisstischen Bedürftigkeit die triebhafte erscheint. Da die Unlustvermeidung im Wesentlichen bloßes Mittel ist, das lustvolle Erfahrungen garantieren soll, bestimmt das Streben nach Lust das Wesen der Unlustvermeidung. Anders ausgedrückt, die Unlustvermeidung ist angetrieben vom Ziel, Lust zu gewinnen, so dass sich im Streben nach lustvoller Befriedigung ein anderer Inhalt in der narzisstischen Form der Unlustvermeidung durchsetzt. Andererseits erscheint auch die narzisstische Befriedigung in

Ohne das Streben nach Lust würde das Bild abgeschafft, die Entwicklung somit rückgängig gemacht und ohne das Bestreben, Unlust zu vermeiden, würde daran festgehalten werden, womit die weitere Entwicklung sistieren würde. Es ist genau dieser Widerspruch, der die Entwicklung subjektiv vorantreibt, denn was für den Schritt gilt, der über die halluzinatorische Wunscherfüllung hinausführt, hat auch für alle weiteren Entwicklungsschritte des Erlebens Gültigkeit[31].

Ich will diese analytisch unterscheidbaren, aber sich in der wirklichen Entwicklung natürlich überlappenden Schritte kurz skizzieren (s. dazu Zepf 1997b). Indem nach dem Verlassen der halluzinatorischen Wunscherfüllung das Bedürfnisgefühl auf etwas Äußerliches verweist, wird nicht nur der mögliche Ablauf von Lust → Wohlbehagen, sondern auch von Unlust → Missbehagen in Abhängigkeit vom Äußeren antizipiert und erlebbar. Dies ruft erneut die narzisstische Bedürftigkeit mit dem Ziel auf den Plan, das Außen, das als Bedin-

---

Gestalt der triebhaften. So versucht das Subjekt in seiner triebhaften Bedürftigkeit die Bedingungen einzulösen, unter denen Lust erfahren wird. Gelingt dies, dann verhindert es zugleich, dass die Bedingungen auftreten können, unter denen Unlust, d. h., eine narzisstische Bedürftigkeit auftritt. In der Triebbefriedigung, in der Lust, erscheint so die narzisstische Befriedigung, wobei allerdings das Streben nach Lust nicht vom Bestreben angetrieben ist, Unlust zu vermeiden. Obwohl in der triebhaften die narzisstische Befriedigung erscheint, so ist die Qualität der Lust jedoch nicht durch die Abwesenheit von Unlust bestimmt.

[31] Es eröffnet sich hier eine Einsicht in das Verhältnis von kausal verursachtem, zielgerichtetem Verhalten und intentional begründetem Handeln, das vom Erleben motiviert ist und sich auf ein bestimmtes Erleben richtet. Indem durch die organismischen Aktivitäten in Gestalt von Interaktionsformen die Bedingungen gespeichert werden, die zur Wiederherstellung der körperlichen Homöostase führen, schaffen sie zugleich die Bedingungen für die Bildung von Affektsymbolen und damit die Voraussetzungen für zielintentionales Handeln. Zunächst ist das zielintentionale Handeln nur die Form, in der das kausal bewirkte zielgerichtete Verhalten subjektiv erscheint. Beide haben noch die gleiche Struktur. So wie es ohne eine gestörte Homöostase ihre Wiederherstellung nicht geben könnte, ebenso ist auch das Bedürfnis subjektiv die notwendige Bedingung der Lust und des Wohlbehagens. Ohne ein Bedürfnis könnten beide nicht auftreten. Das Bedürfnis ist aber ebenso die notwendige Bedingung der Unlust und des Missbehagens, die das Neugeborene somit antreiben, diese notwendige Bedingung zu verändern. Unlust und Missbehagen sind aber keine Ursache, sondern ein Motiv, das die Absicht begründet, die bisherige Bedingung zu spezifizieren, unter der die kausalen Zusammenhänge wirksam wurden. Die Entwicklungsaktivität, als deren Resultat die Interaktionsform auf ein Außen verweist, ist somit nicht kausal verursacht, sondern intentional begründet. Diese Intentionalität resultiert aus den kausalen Zusammenhängen. Sie sind Bedingung für die Intentionalität. Aber mit der Entwicklung ändert sich dieses Verhältnis von Intentionalität und Kausalität. Von dem Moment an, wo es dem Kind gelingt, die Bedingungen für bestimmte kausale Zusammenhänge selbst herzustellen, wird die Kausalität zur Erscheinungsform seiner Intentionalität. Wie bei jeder Form von intentionalem Handeln hat hier das Kind im Rahmen seiner Möglichkeiten ausgewählt, welche kausalen Zusammenhänge von ihm in Anspruch genommen werden.

gung der Unlust erscheint, abzuschaffen. Wie vordem das bloße Bild, ist aber auch hier das Außen subjektiv zugleich die Bedingung der Lust, so dass daran auch festgehalten werden muss. Der Widerspruch zwischen diesen beiden Bestrebungen wird dadurch gelöst, dass die subjektive Form, in der die Triebbefriedigung existiert, liquidiert wird und zugleich erhalten bleibt, in dem sie dahingehend verändert wird, dass das Außen in einen Selbst- und in einen Objektanteil der Interaktion aufgegliedert wird. Was dem Kind diesen Objektanteil der Interaktion kenntlich macht, ist die Erfahrung von Unlust bei seiner Abwesenheit.

In das subjektive Außen wird eine Differenzierung von eigenen und objektabhängigen Aktivitäten eingetragen, die man sich in folgender Weise vorstellen kann. Ist ein Bedürfnis aktualisiert, werden bei einer Abwesenheit des bedürfnisbefriedigenden Objekts zunächst wieder jene Anteile der aktualisierten Interaktionsform realisiert, die objektunabhängig sind. Resultat ist eine Teilentaktualisierung der Interaktionsform. Die Realisierung dieses Anteils verzögert den Anstieg der Unlust und zwingt deshalb die Aufmerksamkeit des Subjekts auf sich. Weil er sich nicht realisieren ließ, bleibt aber ihr objektbezogener Anteil bestehen. Im Versuch, einen weiteren Anstieg der Unlust zu vermeiden, regrediert das Kind auf seine vorgängige Entwicklungsstufe der »halluzinatorischen Wunscherfüllung« und versucht, den übrig gebliebenen Anteil seiner Vorstellung, seiner in Wirklichkeit auf ein Außen verweisenden Interaktionsform selbst als Außen zu lesen. D. h., es versucht unter Rückgriff auf die Art des Primärvorganges, bei dem noch die äußere Realität durch die psychische ersetzt war, die Bedürfnisspannung wegzuhalluzinieren, indem es das Fehlende, das Lust und Wohlbehagen vermittelt, herbeihalluziniert.

Dieses Herbeihalluzinieren erweist sich natürlich als ein untaugliches Mittel der Bewältigung der Unlust. Es macht aber den Objektanteil der aktualisierten Interaktionsform kenntlich und zeigt dem Kind an, dass der Lustgewinn äußerlicher Aktivitäten bedarf und dass Unlust dann auftritt, wenn diese fehlen. Damit differenziert sich die subjektiv verfügbare Repräsentanzwelt. Die auf das Außen verweisende Interaktionsformen gliedern sich in einen Objekt- und einen Selbstanteil auf. Beide müssen realisiert werden, wenn Lust und Wohlbehagen erreicht werden sollen. Etwa: Ein Bedürfnis nach der Objektwelt liegt vor, in Realisierung des Selbstanteils schreit der Säugling und macht Saugbewegungen, die Mutter kommt und legt ihn an die Brust. Entspricht die mütterliche Antwort der objektiv bestimmten Interaktionsform, ist eine Entaktualisierung des Selbstanteils – der Säugling hört auf zu schreien – die Folge, der über eine lustvolle Entaktualisierung des Objektanteils – der Säugling nuckelt an der Brust – in einen Zustand des Wohlbehagens führt. Wird der Selbstanteil realisiert und bleibt das Objekt abwesend, zerbricht sowohl der Selbstanteil als auch der antizipierte Objektanteil. Seine Vernichtung ist die Folge.

Auch hier entstehen neue Affekte. Die Entaktualisierung des Selbstanteils wird abstrahiert und zur Intension eines Affekts des *Gelingens*, in dem die Beziehung zwischen dem Bedürfnis und einer qualitativ veränderten *Lust* erlebt wird. Sie wird nun in Abhängigkeit vom Affekt des Gelingens erfahren. Die in der Lust erfahrene Beziehung Bedürfnis → Wohlbehagen gibt über die Anwesenheit des Objekts Auskunft, so dass der Affekt des Gelingens anzeigt, dass es gelungen ist, durch eigene Aktivitäten die Anwesenheit des Objekts zu erreichen. Seine Zerstörung wird zur intensionalen Bestimmung eines Affekts des *Misslingens*, in dem sich die Beziehung Bedürfnis → Unlust darstellt. Das Nämliche gilt für das *Wohlbehagen*, in dem die Beziehung Bedürfnis → Lust erlebt wird. Korrespondierend zum Affekt des Gelingens wird das Zerbrechen des Selbstanteils aus der Beziehung Bedürfnis → Unlust abstrahiert und zur Intension eines Affekts des *Misslingens*. Da in der Unlust die Beziehung Bedürfnis → Missbehagen erlebt wird, in der sich die Abwesenheit des Objekts im kindlichen Erleben zur Darstellung bringt, informiert dieser Affekt darüber, dass es misslungen ist, die Anwesenheit des Objekts zu erreichen. Im Erleben des Kindes ist die Handlung durch das Bedürfnis bedingt. Über den Affekt des Gelingens führt sie zur Lust oder über den des Misslingens zu einem Affekt, in welchem die Unlust in einer, durch die Bedingungen ihres Entstehens spezifizierten Form erlebt wird.

Folgt man den Überlegungen Freuds, ist das Bedingungsgefüge, unter dem Unlust hier auftritt, strukturell identisch mit jenem, das er für das Auftreten eines psychischen *Schmerzes* reklamiert. Weil der Säugling

> »das zeitweilige Vermissen und den dauernden Verlust noch nicht unterscheiden« kann, ist für ihn die »Situation, in der er die Mutter vermisst ... infolge seines Missverständnisses keine Gefahrsituation, sondern eine traumatische ...« (Freud 1926d, 203).

Diese Situation unterscheidet sich von der der Geburt dadurch, dass »[d]amals ... kein Objekt vorhanden« war, das aber jetzt für den Säugling existiert und »[a]uf diese Neuerung ist die Reaktion des Schmerzes zu beziehen«, so dass gilt: »Der Schmerz ist also die eigentliche Reaktion auf den Objektverlust ...« (1926d, 203). Diese Sachlage liegt hier vor. In der Form des *Schmerzes* wird die Unlust aus der Beziehung Bedürfnis → Missbehagen abstrahiert, so dass in diesem Affekt die Abwesenheit des Objekts erfahren wird, gleichgültig, ob in dieser Situation ein Bedürfnis vorliegt oder nicht. Während im ersten Fall Schmerz vorliegt, wird im zweiten wird Schmerz antizipiert.

Weil das Missbehagen subjektiv in der Abwesenheit des Objekts gründet, verändert es sich ebenfalls qualitativ. Es ist extensional durch die Beziehung Bedürfnis → Schmerz bestimmt und kann als *Kummer* verstanden werden. Das *Bedürfnis* verweist nun über die Affekte Lust und Wohlbehagen bzw. Schmerz und Kummer auf die Anwesenheit oder Abwesenheit des Objekts, wird aus den Beziehungen Lust → Wohlbehagen und Schmerz → Kummer abstrahiert und das Objekt stellt sich subjektiv in der Relation dieser Abläufe dar. Die Beziehung zwischen den eigenen und den Aktivitäten des Objekts repräsentiert sich in der Relation der Abläufe Gelingen → Lust → Wohlbehagen und Misslingen → Schmerz → Kummer.

Das Entstehen von Aggressionen

Diese Darstellung ist nicht ganz vollständig. Da die Abwesenheit von Schmerz und der Affekt des Gelingens subjektiv an die Anwesenheit des Objekts gebunden sind, wird der Säugling einmal versuchen, beim Auftreten des Affekts des Misslingens, welcher den drohenden Schmerz signalisiert, in verstärkter Realisierung des Selbstanteils die Anwesenheit des Objekts doch noch zu erreichen. Im Versuch, den Schmerz zu verhindern, wird der Säugling etwa in verstärktem Maße schreien. Durch diese verstärkte Aktivität wird das weitere Zerbrechen der aktualisierten Interaktionsform – und damit eine Steigerung des Schmerzes – verhindert. Sie zwingt die Aufmerksamkeit des Säuglings auf sich und wird repräsentiert. Kommt das Objekt, werden der verstärkte Selbstanteil und der vom Zerbrechen bedrohte Objektanteil der Interaktionsform entaktualisiert. Wird durch die verstärkte Aktivität die Anwesenheit des Objekts nicht erreicht, zerbrechen beide. Der verstärkte Selbstanteil, seine Entaktualisierung und sein Zerbrechen werden aus den Abläufen abstrahiert und zur intensionalen Bestimmung der Affekte der Wut, des Erzwingens und des Vernichtetwerdens. In der Wut werden die Beziehungen drohender Schmerz → Erzwingen bzw. drohender Schmerz → Vernichtetwerden erfahren. In dieser Wut erlebt das Neugeborene seine verstärkte Aktivität als eine, welche mittelbar durch Misslingen und unmittelbar durch den drohenden Schmerz hervorgerufen wird und zu den Affekten des Erzwingens bzw. Vernichtetwerdens führen kann. Seine Aktivitäten lassen sich als eine erste aggressive Handlung interpretieren[32]. Der Affekt des Erzwingens ist extensional durch die Beziehung Wut → Lust bestimmt und im Affekt des Vernichtetwerdens wird die Beziehung Wut → Schmerz erfahren. Damit verändern sich die extensionalen Bestimmungen des Misslingens und der Vorstellung der Objektwelt. Im Misslingen wird die Beziehung Bedürfnis → Schmerz → Wut erfahren und zum Erleben der Beziehung von eigenen und den Aktivitäten des Objekts kommt noch die Beziehung der

---

[32] In ähnlicher Weise schreibt Gillespie (1971): »Let us assume a primary undifferentiated state at birth, dominated by primary-process functioning. The neonate certainly has a number of automatic homeostatic mechanisms; and some of them, such as crying, are adapted to bring about homeostasis through the intermediary of another person ... When the homeostasis is not achieved the crying will be intensified and will take on what we tend to interpret as an angry or aggressive quality«.

Affekte Misslingen → Wut → Erzwingen → Lust und Misslingen → Wut → Vernichtetwerden → Schmerz hinzu[33].

Die Entstehung dieser aggressiven Äußerungen ist identisch mit jener, auf die Freud in zwei Textstellen verweist, in denen – ohne Rekurs auf den Todestrieb – von Aggressionen die Rede ist. In der einen heißt es: »Das Ich hasst, verabscheut, verfolgt mit Zerstörungsabsichten alle Objekte, die ihm zur Quelle von Unlustempfindungen werden, gleichgültig, ob sie ihm eine Versagung sexueller Befriedigung oder die Befriedigung von Selbsterhaltungstrieben bedeuten« (1915c, 230). Und in der anderen wendet er gegen die Lehre, »dass jede Art von Versagung, jede verhinderte Triebbefriedigung eine Steigerung des Schuldgefühls zur Folge habe«, ein: »Ich glaube, man schafft sich eine große theoretische Erleichterung, wenn man das nur von den aggressiven Trieben gelten lässt«. Die

> »Verhinderung der erotischen Befriedigung [ruft] ein Stück Aggressionsneigung gegen die Person hervor[.], welche die Befriedigung stört und ... diese Aggression selbst [muss] wieder unterdrückt werden ... [wandelt] sich in Schuldgefühle um[.], indem sie ... dem Über-Ich zugeschoben wird« (1930a, 498).

Auch wenn in der zweiten Formulierung noch von aggressiven Trieben gesprochen wird, so ist doch beiden Äußerungen die Annahme implizit, dass Aggressionen durch Versagungen der Befriedigung von Triebwünschen hervorgerufen werden. Es liegt kein Aggressionstrieb vor, sondern lediglich die Fähigkeit zu Aggressionen, eine Möglichkeit, die zu ihrer Verwirklichung dieser Versagungen bedarf.

Von verschiedenen Autoren wird diese Ansicht vertreten. J. Sandler (zit. n. Lussier 1972) begreift die Aggression ebenso als eine angeborene Möglichkeit, als »the capacity to be aggressive‹ as a given, inherited by the species«, welche »the ego in relation to its attempts to avoid unpleasure and pain« realisiere und

---

[33] Über das erste Auftreten von Kummer/Traurigkeit, Schmerz und Wut/Ärger finden sich in der Literatur folgende Angaben: Der Gesichtsausdruck des Kummers findet sich nach Izard u. Dougherty (1982) bereits im ersten Monat, nach Malatesta u. Haviland (1982) und Gaensbauer (1982) im dritten, nach Sullivan u. M. Lewis (1989) im vierten Monat und nach A. Sroufe (weariness) (zit. n. Izard u. Büchler 1979, 454) mit 4½ Monaten. Izard et al. (1983; 1987) haben das Auftreten von Schmerz und Ärger während Impfungen untersucht. Sie stellten fest, dass der Ausdruck von Ärger oder Wut frühestens mit zwei Monaten auftritt und mit sechs Monaten deutlich zunimmt. Vor zwei Monaten gab es nur Schmerzreaktionen. Malatesta (1985) beobachtete den Ausdruck von Ärger bei drei Monate alten Kindern, wenn die Mutter nach einer kurzen Trennung das Kind nicht hoch nahm. Ebenso stellte Gaensbauer (1982) bei Kindern im Alter von 3½ Monaten den Ausdruck von Ärger fest. Sternberg et al. (1983) wiederum fanden, dass der Ausdruck von Ärger erst bei sieben Monate alten Kindern zuverlässig in bestimmten Situationen (dem Wegnehmen eines Biskuits) auftritt. Dornes (1993, 120) schließt aus den vorliegenden Untersuchungen, dass Kummer und Ärger vermutlich mit drei bis vier Monaten auftreten.

fügt an, dass »[a]nything experienced as unpleasurable mobilizes this capacity to attack«. Auch Fenichel (1945a, 90f) hält dafür, dass die »Aggressivität ursprünglich kein selbständiges Triebziel [ist], das eine Kategorie von Trieben im Gegensatz zu anderen unterscheidet, sondern eher eine Verhaltensweise, mit der bestimmte Triebziele spontan oder als Antwort auf Frustrationen verfolgt werden«. Fonagy et al. (1993) sehen »aggression as a defense against threats to the psychological self« und für Gillespie (1971), Buie et al. (1983) und S.J. Meissner et al. (1987) ist sie vom Bestreben motiviert, Hindernisse zu überwinden. Desgleichen schreibt L. Stone (1971), dass

> »[u]nlike sex, in itself a primary and powerful motivating force, aggression is ... usually clearly and extrinsically motivated ... Aggression is often integrated with basic and unequivocal instincts ... and ... it may bear a clearly instrumental or implementing relation to them. In this sense ... it often serves as an important ego function«.

Zwar folgt aus diesen Auffassungen nicht die von Dollard et. al. (1939, 1) vorgetragene Annahme, dass »the existence of frustration always leads to some form of aggression«. Sie decken sich aber mit der anderen Seite ihrer These, in welcher die Frustration nicht als eine hinreichende, sondern als eine notwendige Bedingung der Aggression begriffen wird, nämlich dass »aggressive behaviour always presupposes the existence of frustration« (1939, 1).

Das Entstehen der Angst

Im Falle von Schmerz und Kummer sind, wie Freud (1925h, 14) »als Bedingung für die Einsetzung des Realitätsprinzips« schreibt, die »Objekte verlorengegangen ... die einst reale Befriedigung gebracht hatten«. Aus der Perspektive des Kindes betrachtet kann jedoch von Objekten noch nicht die Rede sein, denn die Aufdifferenzierung der Außenwelt in einen Selbst- und in einen Objektanteil führt lediglich zu einer noch undifferenzierten und noch nicht zu einer subjektiven Objektwelt im Sinne distinkter und voneinander abgrenzbarer Objekte. Auf der Ebene der Wahrnehmung bedeutet diese Differenzierung lediglich, dass die vormals unstrukturierten Wahrnehmungsperzepte subjektiv eine Struktur gewinnen. R.A. Spitz (1954, 25) beschreibt dies unter dem Titel der Entwicklung der »Vorstufe des Objekts«. Gemeint ist damit, dass der Säugling zunächst Gegenstände nicht voneinander unterscheiden kann, dann aber auf eine spezifische Reizkonfiguration, die »sich aus Stirn, Nasen und Augenpartie zusammen[setzt]«, reagiert (1954, 26). Diese Gestalt ist objektiv »ein Teil des mütterlichen Gesichts« und »leitet sich von ihm ab«, bleibt aber nicht auf das mütterliche Gesicht beschränkt (1954, 28). Wie das sog. »Dreimonats-Lächeln« zeigt, wird diese »bevorzugte Gestalt« auf menschliche Gesichter generalisiert, denn »[n]icht nur die Mutter, sondern jede beliebige Person kann das Lächeln auslösen, wenn sie die Bedingungen erfüllt, die die bevorzugte Gestalt des Signals vorschreibt« (1954, 26).

Mit dem Auftreten neuer Affekte gewinnen wiederum die bisherigen Affekte eine andere Qualität. Ihre intensionalen und extensionalen Bestimmungen werden andere. Die Interaktionsformen, die sich verändert haben, enthalten einen Selbstanteil und verweisen gemeinsam auf die Objektwelt und Folge des Bedürfnisses sind die Affekte des Gelingens oder des Misslingens, ihre Folge (und Bedingung) sind entweder Lust oder Schmerz, aus denen Wohlbehagen oder Kummer folgt, in denen die Anwesenheit oder Abwesenheit der Objektwelt erlebt wird[34]. Über eine Differenzierung und qualitative Veränderung der Affekte hat sich aus der Außenwelt die personale Objektwelt heraus gegliedert. Auch die Interaktionsformen mit der Außenwelt verändern sich. Auch sie haben nun einen Selbstanteil, verweisen aber gemeinsam auf eine apersonale Außen- und nicht auf die personale Objektwelt. Die Lust und Unlust bzw. das Wohlbehagen und Missbehagen, in denen die Interaktionen mit der Außenwelt erfahren werden, unterscheiden sich von der Lust und dem Schmerz bzw. dem Wohlbehagen und dem Kummer, in denen die Interaktionen mit der Objektwelt erlebt werden. Sie haben eine andere intensionale und extensionale Bestimmung. In der Lust wird bspw. die Beziehung zwischen Gelingen und diesem intensional anders bestimmten Wohlbehagen erlebt.

---

[34] Mit diesem Differenzierungsprozess auf der Ebene der Repräsentanzen geht eine weitere Differenzierung der Empfindungen einher, die aus den Körperprozessen resultieren. Es lässt sich beim gegenwärtigen Kenntnisstand nicht sicher entscheiden, auf welcher Grundlage diese Differenzierung erfolgt. Die Annahme, dass diese Differenzierung in einer qualitativen Besonderung der vegetativen (und propriozeptiven) Empfindungen gründet, lässt sich aber mit der gegenwärtigen Befundlage nicht validieren und würde auch Morgans (1894, 53) »principle of parsimony« widersprechen. Deshalb ist anzunehmen, dass im Vergleich zum vorhergehenden Entwicklungsstand nur die Intensität der vegetativen und propriozeptiven Impulse differenzierter wahrgenommen wird. Diese Annahme impliziert in der Tat eine geringere psychische Fähigkeit als die einer qualitativen Differenzierung vegetativer Impulse. Trifft diese Annahme zu, dann wird das Bedürfnis, die Vorstellung der Objektwelt, durch angestiegene vegetative Impulse prädiziert, der Handlungsimpuls, die Vorstellung des Selbstanteils, durch noch weiter angestiegene vegetative Reize. Beim Gelingen liegen die beim Handlungsimpuls angestiegenen vegetativen Reize vor, zu denen ein Anstieg mit nachfolgendem Abfall der propriozeptiven Impulse hinzukommt, beim Misslingen gewinnen die vegetativen Reize an Intensität und die propriozeptiven Impulse bleiben bestehen. Im Schmerz steigt die Intensität der vegetativen Reize noch weiter an und auch die Intensität der propriozeptiven Impulse nimmt zu und beim Kummer liegt eine Überflutung mit vegetativen und propriozeptiven Reizen vor. Die Lust wiederum geht mit einer Abnahme der angestiegenen vegetativen und einer Zu- und Abnahme der propriozeptiven Reize einher. Beim Wohlbehagen liegen noch vegetative Reize vor, deren Intensität aber geringer ist als die, welche das Bedürfnis prädiziert.

Mit der Bildung dieses subjektiv strukturierten exterozeptiven Reizkomplexes entwickelt sich ein weiteres Zustandsgefühl, nämlich der Affekt der *Angst* vor der Abwesenheit des Objekts, genauer: der personalen Objektwelt[35]. Diese Angst entwickelt sich in dem von Freud angegebenen Bedingungsgefüge, das er allerdings nicht aus der Sicht des Kindes, sondern von Außen beschreibt. In ihm ist nicht von der Objektwelt, sondern vom Objekt die Rede. Angst tritt auf, wenn aufgrund äußerer Bedingungen die innere Gefahr, das »Anwachsen der Erledigung heischenden Reizgrößen« (Freud 1926d, 159), der Möglichkeit nach droht. In dieser »Gefahrsituation« (1926d, 203) befindet sich das Neugeborene, wenn kein Bedürfnis, keine Interaktionsform, aktualisiert ist und die Objektwelt nicht wahrgenommen wird. Würde »er in diesem Moment ein Bedürfnis verspür[en], würde sich diese Situation in eine »traumatische« ändern, so dass die

> »erste Angstbedingung, die das Ich [der Neugeborene] selbst einführt ... die des Wahrnehmungsverlustes [wird], die der des Objektverlustes gleichgestellt« ist (1926d, 203).

Der Verlust der Wahrnehmung der spezifischen Reizkonfiguration ist gleichbedeutend mit dem Verlust der personalen Objektwelt und die Angst erwächst aus der Erfahrung der Folgen, die bei einem vorhandenen Bedürfnis auftreten, wenn die personale Objektwelt nicht vorhanden ist.

Mit der Differenzierung des Außen in einen Selbstanteil, eine apersonale Außen- und personale Objektwelt wird die Unterscheidung von innerer und äußerer, sie bedingender Gefahr möglich. Im kindlichen Subjekt bilden sich in unterschiedlichen Affekten die Selbstanteile und die Anteile der Interaktionen ab, die entweder auf die Objekt- oder auf die Außenwelt bezogen sind. Mit dem Wahrnehmungsverlust der personalen Objektwelt erübrigt sich auf der Wahrnehmungsebene eine apersonale Außenwelt, auf die sich in diesem Moment keine Interaktionsformen richten. Ihre Vorstellung wird zur derjenigen, durch welche die Vorstellung der Objektwelt bestimmt ist, wenn die personale Objektwelt nicht vorhanden ist. Während vormals durch die Aktualisierung einer Interaktionsform unlustvolle Abläufe als Möglichkeit evoziert wurden, wird nun durch die Vorstellung der Außenwelt Schmerz als Möglichkeit evoziert, der auf die Wirklichkeit des Ablaufes Bedürfnis → Misslingen → Schmerz → Kummer verweist. Diese Beziehung zwischen Möglichkeit und Wirklichkeit, zwischen möglichem Schmerz und diesem antizipierten wirklichen Ablauf, wird im kindlichen Erleben durch die apersonale Außenwelt hervorgerufen, in der

---

[35] A. Sroufe (zit. n. Izard u. Büchler 1979, 454) lokalisiert den Zeitpunkt, um den eine Ängstlichkeit erstmals auftritt, um 3 - 4½ Monate. R.A. Spitz (1954, 50) beschreibt diese Angst als Unlust: Nach »dem dritten Lebensmonat äußert das Kind Unlust, wenn der menschliche Partner es verlässt. Aber genau so, wie das Kind nur dem menschlichen Gesicht zulächelt, während ihm Dinge gleichgültig sind, zeigt es zu diesem Zeitpunkt auch keine Unlust, wenn ihm ein Spielzeug weggenommen wird. Nur wenn sein menschlicher Partner es verlässt, beginnt es zu weinen«.

die personale Objektwelt abwesend ist. Sie ist die Bedingung dieses Ablaufes, so dass ihre Vorstellung zur intensionalen und diese Beziehung zur extensionalen Bestimmung des Angstaffekts werden. »Der Schmerz ist ... die eigentliche Reaktion auf den Objektverlust«, heißt es bei Freud (1926d, 203f) und »die Angst [ist] die auf die Gefahr, welche dieser Verlust mit sich bringt ...«[36].

Mit dem Erleben von Angst wird auch Erleben von *Freude* möglich. Im alltäglichen Sprachgebrauch wird Freude auf Situationen angewandt, in denen auch das Gegenteil von dem hätte eintreten können, was gewünscht wurde und was eingetreten ist[37]. Freude bezeichnet einen Zustand, der erlebt wird, wenn etwas Gewünschtes eingetreten und etwas Befürchtetes nicht eingetreten ist oder nicht mehr eintreten kann, so dass zu ihrem Erleben nicht nur ein Überraschungsmoment gehört, sondern auch, dass die Angstbedingungen – die Bedingungen, unter denen das Befürchtete eintreten, d. h., Unlust erlebt werden könnte – suspendiert sind, weil das Gewünschte eingetreten ist. Gemünzt auf das heranwachsende Kind heißt das, dass es Freude erleben kann, wenn es die Objektwelt wahrnimmt. Damit ist seine Angstbedingung, die Abwesenheit der personalen Objektwelt, außer Kraft gesetzt. Das Entscheidende ist ein Wandel von der Außen- in die personale Objektwelt. Tritt dieser Wandel ein, wandelt sich die Angst vor dem Auftreten unlustvoller Affekte in ein mögliches Auftreten von Lust und Wohlbehagen bei der Aktualisierung eines Bedürfnisses. Dieser Wechsel der Vorstellung der Außen- in die Objektwelt ist die Intension der Freude[38], ihre Extension liegt im Wechsel des möglichen Ablaufes Bedürfnis → Misslingen → Schmerz → Kummer in die mögliche Abfolge Bedürfnis → Gelingen → Lust → Wohlbehagen. Wie die Angst ist auch die Freude ein Signalaffekt. Informierte jene, dass unlustvolle Affekte drohen, so gibt die Freude Auskunft, dass die durch die Angst signalisierten Affekte nicht mehr drohen und bei einem Bedürfnis Lust und Wohlbehagen wieder möglich werden[39].

---

[36] Prädikator der Angst, die unter dieser Bedingung auftritt, ist ein Anstieg vegetativer und propriozeptiver Impulse, die sich den Ausdrucksbewegungen verdanken und die sich in ihrer Intensität von denen unterscheiden, die bei Wut oder Schmerz auftreten. Gespeichert als autonomes Imagery ist dieser Anstieg eine Zeichengestalt, welche die Intension der Angst – das Fehlen der Objektwelt – bedeutet. Mit der Wahrnehmung der Außenwelt gewinnen sie den Status eines Zeichenexemplars.

[37] Etwa: Ich freue mich, dass die Wahrheit gesiegt hat, dass Du mich besuchst, dass Du den Unfall überlebt hast, dass ich das Examen bestanden habe, dass ich das und das geschafft habe etc.

[38] Sie wird bei einem, der Angst entsprechenden propriozeptivem Input durch eine Abnahme der bei der Angst angestiegenen vegetativen Reize prädiziert. Diese Abnahme bedeutet, dass die Objektwelt nicht mehr abwesend, sondern anwesend ist.

[39] Nimmt man das »Dreimonatslächeln« als Ausdruck für das Erleben von Freude, dann ist davon auszugehen, dass dieser Signalaffekt nach neueren Untersuchungen be-

Weitere Differenzierung der verfügbaren Repräsentanzwelt

Während sich vordem das bloße Bild in eine Vorstellung wandelte, ist nun die Vorstellung in einen Selbst- und in einen Anteil differenziert, der sich auf diese Objektwelt bezieht. Über unlustvolle Erfahrungen haben sich aus dem Interaktionsspiel zwei gegeneinander abgrenzbare Pole herausgebildet, die jeweils eine kollektive Identität aufweisen[40]. Die Pole sind voneinander abgegrenzt, aber in sich noch nicht differenziert. Diese kollektive Identität der beiden Pole besteht darin, dass der eine Pol die Lust bewirkt, die im anderen erfahren wird. Da aber auch mit dieser kognitiven Differenzierung das Auftreten von Unlust nicht verhindert werden kann, gliedern sich zunächst die beiden Pole in je zwei auf, die ebenfalls eine kollektive, nun aber besondere Identität aufweisen. Da die Einheitlichkeit der Pole auf beiden Seiten gewahrt bleibt, bestehen sie auf dem äußeren Pol darin, dass er sowohl Lust als auch Unlust bereiten kann. Im Erleben des Kindes entspricht dies einer gleichermaßen einheitlichen, aber doppelpoligen, durch Lust oder Unlust gekennzeichneten jeweils kollektiven eigenen Identität, die auf die des äußeren Pols bezogen ist. Somit sieht sich auch hier das Kind aufgefordert, den äußeren Pol, die personale Objektwelt, zugleich zu beseitigen und daran festzuhalten. Wie bei der Problematisierung der bloßen Trennung von Interaktionsform und Interaktion, wird das Kind auch hier versuchen, das Auftreten von Unlust dadurch zu verhindern, dass es das Fehlende selbst herstellt. Eine Regression auf die Entwicklungsstufe der halluzinatorischen Wunscherfüllung scheidet aus, weil sich das bloße Herbeihalluzinieren des Fehlenden bereits als untauglich erwiesen hat, unlustvolle Affekte zu verhindern. Aufgrund seiner bisherigen Entwicklung ist das Kind zu einer anderen und praktischen Lösung, d. h. dazu aufgefordert, die Bedingungen für lustvolles Interagieren in der Realität selbst herzustellen.

Auch dieser Versuch führt zu einer Veränderung in der Repräsentanzwelt. Ist etwa in Gestalt einer objektiv bestimmten Interaktionsform die Interaktionssequenz »Schreien → Aus-dem-Bettchen → An-die-Brust → Nuckeln« aktualisiert, wird das Kind zunächst schreien. Wird es von der Mutter aus dem Bett genommen, aber nicht an die Brust, sondern etwa zum Wickeln auf eine Kommode gelegt und gestreichelt, wird zwar ein Teil der Vorstellung der personalen Objektwelt – hier »Aus dem Bettchen Nehmen« – entaktualisiert, ein anderer Teil – die Bereitstellung der Brust – bleibt aber bestehen. Auf Seiten des Subjektes wiederum verschwindet die Repräsentanz des sensomotorischen Ablaufs

reits etwa um den 2-3 Monat erlebt werden kann (Emde u. Harmon 1972; Izard u. Büchler 1979, 454; Emde 1980, weit. Lit. s. Dornes 1993, 116f).

[40] Kollektive Identität meint, dass im Identischen das Verschiedene nicht erkannt werden kann (s. dazu S.L. Rubinstein 1946, 489).

des Schreiens, während die des Nuckelns erhalten bleibt. Zwar tritt in diesem Ablauf auch Unlust auf. Das heißt aber nicht, dass damit auch die Vorstellungen der mütterlichen Brust und des Nuckelns sofort und in Gänze zerbrechen. Zum einen antwortet die Mutter zu anderen Zeitpunkten entsprechend der aktualisierten Interaktionsform und zum anderen kann der sensomotorische Ablauf des Nuckelns auch an einem Schnuller realisiert werden. Resultat ist eine Differenzierung der personalen Objektwelt in Funktionen, die man als instrumentelle und triebbefriedigende beschreiben kann, der auf Seiten des Subjekts eine Differenzierung des Selbstanteils der Interaktionsform in Triebvollzugs- und gleichfalls Instrumentalhandlungen[41] entspricht.

Formal ist der Begriff der Instrumentalhandlungen mit dem psychoanalytischen Ich-Begriff in der Fassung von H. Hartmann (1964, 13) identisch, der das »Ich« ausschließlich durch seine Funktionen definiert: Das Ich ist »ein Teilgebiet der Persönlichkeit und durch seine Funktionen bestimmt«. Der Begriff der »Instrumentalhandlung« wiederum stammt vermutlich von D. Rapaport (1959, 33, Kursivierungen aufgehoben, S. Z.), der zwar nicht die Instrumentalhandlungen selbst, aber doch »die Funktionen, die den ... Instrumentalhandlungen zu Grunde liegen«, als »Ich-Funktionen« begreift, »die auf der Suche nach dem [befriedigenden] Triebobjekt« gebildet und eingesetzt werden[42].

Die Ich-Funktionen des Subjekts sowie die instrumentellen Aktivitäten der Objektwelt, die sich im Zusammenspiel von formgerechten und nicht ganz formgerechten mütterlichen Antworten herausdifferenzieren, qualifizieren sich für das Subjekt als notwendige, aber keineswegs hinreichende Bedingungen für die Realisation der Triebvollzugshandlungen. Laufen die instrumentellen sensomotorischen Programme ab, heißt dies noch nicht, dass auch die antizipierte Triebvollzugshandlung realisiert werden kann. Laufen sie jedoch nicht ab, wird auch die triebbestimmte Interaktionsform nicht mehr realisiert werden können. Zum anderen werden in diesem Prozess einerseits verschiedene instrumentelle Interaktionsformen zur einer triebbestimmten – etwa dann, wenn die Mutter das Kind nicht aus dem Bett nimmt, aber seinen Kopf hebt und ihm einen Schnuller in den Mund gibt – und andererseits verschiedene triebbestimmte Interaktionsformen zu einer instrumentellen in Beziehung gesetzt. Dies geschieht

---

41 Mit 3½ Monaten können Säuglinge bestimmte Äußerungen wie Schreien instrumentell einsetzen und die Lautstärke regulieren, je nachdem, ob jemand kommt oder nicht (Malatesta u. Haviland 1982; 1985).

42 Bei H. Hartmann und auch in anderen Konzeptualisierungen des psychoanalytischen Gegenstandes bleibt allerdings offen, wie dieses kategorial gefasste »Teilgebiet« des Subjekts im Subjekt, d. h. in seiner Repräsentanzwelt, existiert und wodurch es sich aus dessen Sicht von anderen Teilgebieten unterscheidet. Mit der inhaltlichen Gleichsetzung von instrumentellen Aktivitäten und Ich-Funktionen lassen sich Ich-Funktionen in der Repräsentanzwelt auffinden und von Triebwünschen und Triebvollzugshandlungen auch subjektiv unterscheiden. Weiteres dazu in Kap. 9.

etwa auch bei der Bildung neuer triebbestimmter Interaktionsformen, bspw. sensorischer Kontaktwünsche, die sich dann herstellen können, wenn die Mutter das Kind aus dem Bett nimmt, auf die Wickelkommode legt und streichelt. Allerdings entspricht diese objektive Sachlage noch nicht der subjektiven. Subjektiv sind verschiedene instrumentelle Interaktionsformen hinsichtlich ihres gemeinsamen Merkmals als notwendige Bedingung der Lust ebenso identisch, wie die verschiedenen triebbestimmten unter dem Merkmal, dass sie unter der Voraussetzung instrumenteller Aktivitäten und der Anwesenheit der triebbefriedigenden Funktion der personalen Objektwelt zu einer lustvollen Entspannung führen. Das Subjekt kann zwar zwischen der Besonderheit der Instrumental- und der Triebvollzugshandlung auf seiner und zwischen den instrumentellen und triebbefriedigenden Aktivitäten auf der Seite der personalen Objektwelt, nicht jedoch zwischen verschiedenen triebferneren und triebnäheren Interaktionsformen im einzelnen unterscheiden. Im jeweils identischen Besonderen kann noch nicht das verschiedene Einzelne ausgemacht werden.

Allerdings kann das Kind auf der Grundlage dieser Unterscheidung bereits versuchen, durch den Einsatz seiner Ich-Funktionen die Bedingungen für die in seiner triebbestimmten Interaktionsform antizipierten sensorischen Kontakten und motorischen Aktivitäten selbst herzustellen. Gelingt es, durch eigene Instrumentalhandlungen die personale Objektwelt entweder direkt oder über ihre instrumentellen Aktivitäten zur Bereitstellung ihrer triebbefriedigenden Funktionen zu bewegen, vermittelt sich dem Kind darüber die Erfahrung, dass es selbst in der Lage ist, die sich in seinem Bedürfnisgefühl darstellenden Spannungszustände lustvoll zu bewältigen.

Erikson (1950, 241f) hat dieses Kriterium als »Vertrauen« beschrieben. Vertrauen bedeutet, »dass man ... der Fähigkeit der eigenen Organe trauen kann, mit dringenden Bedürfnissen fertig zu werden«. Dieses Vertrauen in die »eigenen Organe« als Mittel der Triebbefriedigung, die sich als instrumentelle Interaktionsformen, als Ich-Funktionen enträtseln, steht selbstredend in Abhängigkeit vom mütterlichen Interaktionsverhalten. Die Tauglichkeit der eigenen Mittel hängt davon ab, inwieweit die Objektwelt die antizipierten sensomotorischen Reizkomplexe auch ermöglicht. Erweisen sich die instrumentellen Interaktionsformen als tauglich, kann der sich entwickelnde Säugling auch darauf vertrauen, durch ihren Einsatz selbst fähig zu sein, seine Bedürfnisse in lustvollem Interagieren zu befriedigen.

Das kindliche Dilemma zwischen Triebbedürftigkeit, welche zum festhalten an der personalen Objektwelt zwingt und seiner narzisstischen Bedürftigkeit, welche zu ihrer Beseitigung auffordert, wird so gelöst, dass die bestehende personale Objektwelt abgeschafft und in einer veränderten, sich nun in instrumentelle und triebbefriedigende Funktionen gliedernden Form beibehalten wird. Damit ändern sich auch die kognitiven Ziele der Triebwünsche. Sie orientieren das Subjekt nicht mehr auf »Interaktion entsprechend einer aktualisierten allgemeinen Interaktionsform«, sondern auf den »sensorischen Kontakt und die motorische Aktivität entsprechend den in einer besonderen Interaktionsform antizipierten und durch die personale Objektwelt ermöglichten«. Da nun die Unlust mit einem Versagen der eigenen, ebenfalls in einer besonderen Interaktionsform abgebildeten Instrumentalhandlungen einhergeht, wird nun das Subjekt aus Gründen seiner narzisstischen Bedürftigkeit angetrieben, seine instrumentellen Aktivitäten zu verbessern.

Interaktionsformen, Affekte und Sprache

All diese Entwicklungsschritte lassen sich als Bewegungs- und Lösungsformen des Widerspruchs zwischen narzisstischer und triebhafter Bedürftigkeit interpretieren. Sie werden realisiert, weil auf ihnen die Relation von lustvollen und unlustvollen Erfahrungen günstiger ist als auf der je vorhergehenden Stufe. Auch der Spracherwerb gründet in diesem Widerspruch. Andernorts (Zepf 1985a, 72ff) habe ich darauf hingewiesen, dass in den bisherigen Theorien über den kindlichen Spracherwerb die Frage immer unbeantwortet blieb, warum das Kind überhaupt Sprache erwirbt. Auch in der Lorenzerschen Theorie bleibt diese Frage offen. So geben die Konzepte der Prädikation und Regulation keine Auskunft darüber, warum das Kind bestimmte Worte bestimmten sensomotorischen Abläufen zu- und abspricht. Prädikation und Regulation sind ein abstraktes, d. h. ein Vermögen der Möglichkeit nach der menschlichen Sprache, sie klären aber nicht schon über die Gründe auf, warum das Kind diese Möglichkeiten nutzt. Im dargelegten Kontext werden diese Gründe sichtbar. Das Kind nutzt diese Möglichkeiten der Sprache, weil aus Gründen der Unlustvermeidung nun eine subjektive Unterscheidung objektiv verschiedener Interaktionsformen notwendig wird. »Notwendig« beschreibt diesen Sachverhalt korrekt. Es gilt, durch den Erwerb von Sprache die »Not« zum Besseren zu »wenden«.

Weil die subjektive, affektive Aufgliederung der Repräsentanzwelt in eigene und objektgebundene instrumentelle und triebbestimmte bzw. triebbefriedigende Aktivitäten keine ausschließlich lustvolle Existenz garantiert – auch eine Verbesserung der Ich-Funktionen kann Unlust nicht verhindern –, muss diese Aufgliederung einerseits abgeschafft werden. Andrerseits aber führt diese Aufgliederung auch zum Erleben von Lust, so dass an dieser Aufgliederung zugleich festgehalten werden muss. Der Widerspruch zwischen Abschaffen und Festhalten dieser Aufgliederung kann mithin nur durch eine Operation gelöst werden, in der sie zugleich abgeschafft und beibehalten, d. h. in der sie mit dem Resultat verändert wird, dass nun die besonderen Bedingungen der Unlust subjektiv insoweit kenntlich werden, dass Unlust der Möglichkeit nach besser als vorher verhindert werden kann. Genau dies erlauben die durch die Sprache möglich gewordene Bildung von Begriffen. Die Prozesse der Prädikation, Regulation, Intensions- und Extensionsbildung werden aus Gründen der narzisstischen Bedürftigkeit notwendig und erlauben, über die Bildung sprachbegrifflich gefasster instrumenteller und triebbestimmter Interaktionsformen auch eine subjektive Differenzierung der besonderen Bedingungen sowohl der Lust wie auch der Unlust.

Das heißt natürlich nicht, dass sich bereits mit dem Erlernen der ersten Worte die affektsymbolische Gliederung des Innenlebens in eine sprachbegrifflich strukturierte wandelt. Diese Veränderung ist vielmehr als ein Prozess anzusehen, in dem zu Beginn Affektsymbolen – und damit auch den Beziehungen, die in ihnen abgebildet sind –, Worte zu- und abgesprochen werden. Die Folge ist, dass die Worte noch nicht Gegenstände, sondern lediglich die affektive Lagen prädizieren, zu den Interaktionen mit Objekten führen.

Dabei werden die ersten Worte eines Kindes noch nicht je spezifischen affektiven Lagen zugeordnet. Dieser Sachverhalt liegt dem bereits erwähnten »zusammenhanglosen Zusammenhang« von Gegenständen zugrunde, auf den nach Ansicht von Wygotski (1934, 120) die ersten Worte des Kindes verweisen. Der Zusammenhang erscheint deshalb als zusammenhangslos, weil auf diesem Entwicklungsstand das Kind noch nicht in der Lage ist, Aspekte der Gegenstände kognitiv zu differenzieren und seine Worte noch nicht spezifische, sondern affektive Lagen überhaupt bezeichnen. Diese Situation liegt etwa dem von Wygotski (1934, 139) geschilderten Verhalten des Sohnes von Idelberger (1903) zugrunde: Das

> »Kind bezeichnet am 251. Tag mit dem Wort ›wau-wau‹ eine auf der Anrichte stehende, ein kleines Mädchen darstellende Porzellanfigur, mit der es gerne spielt. Am 307. Tag bezeichnet das Kind mit ›wau-wau‹ einen Hund, der draußen bellt, die Bildnisse der Großeltern, sein Spielzeugpferdchen und die Wanduhr; am 332. Tag eine Pelzboa mit einem Hundekopf und eine Boa ohne Hundekopf ... Am 334. Tag erhält dieselbe Bezeichnung ein piepsendes Gummimännchens ... «.

In diesem Beispiel bezeichnet »wau-wau« nicht eine spezifische, sondern noch die verschiedenen affektiven Lagen, die mit der Wahrnehmung verschiedener Gegenstände einhergehen. Der Zusammenhang von Worten und Gegenständen ist hier noch nicht durch ein besonderes Affektsymbol, sondern durch verschiedene Affektsymbole vermittelt[43].

---

[43] W. Stern (1928) spricht in diesem Zusammenhang von einer »affektiven ... Bedeutung früher Sprachäußerungen« und macht dies am sogenannten »gegensinnige[n] Wortgebrauch« der Kinder dieser Altersstufe deutlich: »In den frühen Stadien der Kindersprache kommt es nicht selten vor, dass ein Wort, welches den einen Pol eines Gegensatzpaares darstellt, bald in seiner richtigen, bald in der polar entgegengesetzten Bedeutung gebraucht wird; zuweilen werden auch die beiden Gegensatzausdrücke miteinander vertauscht. Vor allem werden von diesen Irrungen betroffen: Richtungsausdrücke ... und Temperaturausdrücke: ›heiß‹ und ›kalt‹ werden verwechselt«. Dies deshalb, weil

Im Lichte der Regulation, dem Zu- und Absprechen von Worten betrachtet, erweist sich dieser inkonstante Gebrauch der Sprache als abhängig vom aktiven Wortschatz. Je mehr es jedenfalls möglich ist, andere Worte dem von einem Wort Bezeichneten und dieses Wort dem von anderen Worten Bezeichneten abzusprechen, desto konstanter werden die Beziehungen zwischen einem Wort und dem von ihm Bezeichneten ausfallen. Der Zeitraum, in dem das Kind in dem von Wygotski angeführten Beispiel »wau-wau« in unterschiedlichen Zusammenhängen verwendete, liegt zwischen 8 und 11 Monaten. In diesem Alter verfügen Kinder im Durchschnitt lediglich über 3 - 5 Worte der Sprache (z. B. Klann-Delius 1999; Reinmann 1996; S.L. Rubinstein 1946, 534), so dass dank des zu geringen Wortschatzes über das regulative Vermögen der Sprache auch noch keine konstante Beziehung zwischen Bezeichnetem und Bezeichnendem hergestellt werden kann.

Mit der Einführung weiterer Worte und der dadurch verbesserten Möglichkeit, durch das Absprechen einer Vielzahl von Worten die Beziehung zwischen einem Sachverhalt und dem ihm zugesprochenen Wort vermehrt negativ einzugrenzen und so eindeutiger und konstanter zu gestalten, ändert sich diese Situation. Denn durch diese regulativen Vorgänge setzt der von Werner u. Kaplan (1963, 99) »process of differentiation and specification« ein, »whereby a vocal form, first global and non-specific, becomes increasingly ... used to refer to a delimited and circumscribed content«. Von »Anzeichen« mit Signalcharakter werden Worte dadurch zu »Repräsentationszeichen« (Klaus 1962, 87ff). Allerdings werden auch diese Worte zunächst nicht bestimmten Interaktionsformen – und schon gar nicht Vorstellungen bestimmter Objekte – und auch nicht bestimmten Affektsymbolen, sondern der Abfolge bestimmter affektiver Lagen zu- und einer anderen Abfolge bestimmter affektiver Lagen abgesprochen. Ohne dass die Affekte ihren körperlichen Prädikator verlieren, werden mit diesen Worten affektsymbolische Sequenzen prädiziert, die Interaktionen mit Objekten im Subjekt hervorrufen. Ich nenne einige Beispiele für die scheinbar gegenstandsbezogene Verwendung sprachlicher Zeichen, die jedoch durch die

---

sich die Worte »heiß« und »kalt« auf dasselbe unlustvolle Gefühl beziehen: »Das Wort heiß drückt zunächst nur den unangenehmen Chock aus, der bei plötzlicher Berührung mit einer unangenehmen Temperatur erfolgt« und dies »gilt natürlich ebenso für ... zu kalte Reize« (1928). R.A. Spitz (1958) ist ebenfalls der Ansicht, dass die ersten Worte – er nennt sie »«global words ... or need words« – auf unterschiedliche affektive Lagen verweisen: »The first word of the child, like ›Mama‹, expresses, according to the situation, ›I hurt‹; or in another situation, ›I am glad to see you‹, or ›I am pleased‹, or ›I am hungry‹, ›I am uncomfortable‹, etc.«. Desgl. auch F. Busch (1989): »The word ›mommy‹ ... comes to mean ›I want mommy‹, ›Where are you, mommy?‹, ›Mommy, I'm so glad to see you‹, etc.«. Auch Werner u. Kaplan (1963, 141) teilen diese Auffassung: »[M]any of the early vocables ... reflect the child's attitudes, states, reactions, etc. They are, in effect, *predicates of the situation*«.

Abfolge spezifischer Affektsymbole vermittelt ist. So berichten W. Stern u. C. Stern (1928, 26, 188) von ihrer Tochter Hilde (1;7), die es liebte, an den Nasen ihrer Eltern zu zupfen, Nasen und auch Stiefelspitzen »*nase*« nannte, als sie die »Zupfmöglichkeit« auch an den Stiefelspitzen entdeckte, und Segerstedt (1947, 44) berichtet von einem sechzehn Monate alten Kind,

> »das alles, was es zum Munde führen und essen konnte, ›kaka‹ (Kuchen) nannte. Alles andere Essbare war ›mat‹ (Essen). Hier lag nun keine äußere Ähnlichkeit vor, denn Kaka konnte ebenso gut ein Keks, wie eine Beere, ein Apfel oder ein Stückchen Zucker sein ... ein Butterbrot, das zuerst ›mat‹ ... gewesen war, [wurde] zu ›kaka‹ sobald das Kind es selbst anfassen und zum Munde führen konnte«.

Weitere Beispiele dieser Art geben Sherif (1958) und S.L. Rubinstein (1946; s. auch E. Clark (1973, 79-83) und Szagun (1980, 114):

> »Ein einjähriges Baby, namens Cindy, benutzte das Wort ›Mama‹, um jeden damit zu bezeichnen, der es pflegte oder sich um es kümmerte. Sogar sein dreijähriges Brüderchen und fünfjähriges Schwesterchen wurden ›Mama‹ genannt« (Sherif 1958, 53).

> »Die kleine Ljolja (1.5) wirft einen Apfel in die Höhe und fängt ihn wieder auf. Auf die Frage der Mutter: ›Womit spielst du?‹ antwortet sie: ›Mit einem Ball‹. Dann wirft sie ebenso ein Tuch in die Höhe und fängt es wieder auf; auf die Frage der Mutter antwortet sie aufs Neue: ›Mit einem Ball‹« (S.L. Rubinstein (1946, 488).

Diesen und anderen Beispielen ist gemein, dass das kindliche Individuum die Objekte unter dem Namen der Affektsymbole rubriziert, zu denen die Interaktionen mit ihm führen[44]. So erhält etwa im Beispiel Ljoljas der Ablauf der Affektsymbole Gelingen → Lust → Wohlbehagen den Prädikator »Ball«. Die gegenstandsbezogene Beziehung zwischen dem Allgemeinen und Einzelnen entzieht sich noch Ljolas Erkenntnis. Die ersten Verallgemeinerungen erlauben jedenfalls keineswegs den Schluss, dass das Kind aus seiner gegenständlichen Umwelt schon das Allgemeine als das im Verschiedenen Identische bewusst herausheben würde. Wie die Verwandlung des Butterbrotes im Beispiel von Segerstedt (1947, 44) zeigt, wird zwar aufgrund differenter, »kaka« und »mat« benannter Abläufe von Affektsymbolen einerseits zwischen »kaka«- und »mat«- Interaktionen mit Objekten unterschieden, ohne dass allerdings die konkrete Identität eines Objektes als zugleich »kaka« und »mat« schon erfasst wäre. An-

---

[44] So waren auch W. Stern u. C. Stern (1928, 183; Kursivierung, S. Z.) der Ansicht, dass in diesem gegenstandsbezogenen Bedeutungswandel der »frühesten Worte häufig die volitional-affektive Komponente das Bindeglied zwischen den wechselnden Bedeutungen darstellt«. Sie erläutern dies u. a. am Beispiel ihrer Tochter, bei welcher das Wort »buä ... der *gleichartige* Überraschungsaffekt die verschiedenen Anwendungen ermöglichte«. Ein weiteres Beispiel hierfür findet sich bei Jespersen (1925, 94), in welchem ein Kind »das Wort ›Pferd‹« sowohl auf Pferd als auf eine »Porzellankuh« anwendet, weil es das Wort »mit dem Vergnügen, welches ihm die Beschäftigung mit dem Spielzeug bereitet ... verknüpft«.

dererseits werden in den Beispielen von S.L. Rubinstein (1946, 488) und Sherif (1958, 53) Objekte faktisch gleichgesetzt, ohne dass die Unterschiede zwischen den mit ihnen interagierten Interaktionsformen bereits ausgemacht würden. Die konkrete Besonderheit des Objektes, die mit ihm realisierbaren objektiv besonderen Interaktionsformen, können subjektiv weder als besondere Interaktionsformen noch als Besonderheit des Objektes ausgemacht werden. Unter Vernachlässigung ihrer konkreten Einmaligkeit sind auf diesem Entwicklungsstand Objekte und Interaktionsformen gleichermaßen funktionalisiert. S.L. Rubinstein (1946, 488) beschreibt diesen Sachverhalt so:

> »Die Gegenstände, die in der unmittelbaren Erfahrung des Kindes dieselbe Funktion in bezug auf seine Bedürfnisse erfüllen und die gleiche Verwendung gestatten, haben für das Kind ein- und dieselbe Bedeutung. Der Begriff wird zunächst vorwiegend durch die äußeren funktionellen Merkmale des Gegenstandes bestimmt ...«.

D. h., Interaktionsformen und Objekte werden unter Vernachlässigung ihrer Verschiedenheit im Hinblick auf die mit ihnen einher gehenden und sprachlich benannten Affektsymbole noch als identisch aufgefasst[45].

Auch diese Etappe der Sprachentwicklung, die konstante Verbindung von sprachlichen Zeichen und Affektsymbolen, schafft mithin noch keine Begriffe. Es werden noch keine Gegenstandsmerkmale abstrahiert, so dass das Identische noch mit dem Verschiedenen verschmolzen bleibt. Die Zuweisung sprachlicher Zeichen schafft aber die Voraussetzung für die Auflösung der subjektiven Einheit des Identischen und Verschiedenen, die aus Gründen der Unlustvermeidung notwendig wird.

Mit der weiteren Einführung von Sprache gewinnt zunächst das affektive Erleben an Spezifität. Sind etwa im Beispiel Ljoljas nicht nur das Wort »Ball«, sondern auch die Worte »Apfel« und »Tuch« im Hochwerfen und in anderen Interaktionen mit diesen Objekten dem Ablauf der Affektsymbole Gelingen → Lust → Wohlbehagen zugesprochen worden, der mit diesen Interaktionen einher ging, ändert sich die Lage. Während im Beispiel von Segerstedt (1947, 44) die Sequenzen verschiedener Affektsymbole unterschiedlich prädiziert sind, wird hier derselbe Ablauf unterschiedlich bezeichnet. Im Vorgang des Zu- und wechselseitigen Absprechens dieser Worte gliedert sich der Ablauf der Affektsymbole Gelingen → Lust → Wohlbehagen in verschiedene und subjektiv unterscheidbare Sequenzen der gleichen Affektsymbole auf. Dabei bleibt die Sprache den affektiven Sequenzen nicht äußerlich. Vielmehr werden die Worte – hier »Ball«, »Apfel«, »Tuch« – über ihre Lautengramme[46] in die Sequenzen der Af-

---

[45] Wygotski (1934, 120) nimmt dies in der Formulierung vorweg, dass hier noch »die Tendenz des Kindes« besteht, »den Mangel an objektivem Zusammenhang durch ein Übermaß an subjektivem zu ersetzen ...«.

[46] Dadurch verändern sich natürlich auch die körperlichen Prädikatoren der einzelnen Affektsymbole.

fektsymbole eingebunden, die im Hochwerfen stattfinden. Da Affekte qualitativ durch die Beziehungen bestimmt sind, in denen sie in diesem Ablauf stehen, und sich die einzelnen Sequenzen durch ihre sprachlichen Prädikatoren von einander unterscheiden lassen, gewinnen auch die einzelnen Affektsymbole eine erlebnismäßige Qualität, die für diesen Ablauf spezifisch ist.

D. h., mittels der sprachlichen Prädikation werden aus dem allgemeinen Ablauf dieser Affektsymbole besondere Sequenzen, die sich nun auch von anders prädizierten Sequenzen derselben Affektsymbole unterscheiden und auch unterscheiden lassen, herausgehoben. Aber auch daraus folgt noch nicht, dass einzelne, in Interaktionsformen registrierte Interaktionen bereits in ihrer jeweiligen Besonderheit in diesen Abläufen abgebildet werden. So wie in Segerstedts (1947, 44) Beispiel das Kind mittels der unterschiedlichen Prädizierung verschiedener affektiver Abläufe zwischen »kaka«- und »mat«-Interaktionen mit Objekten, aber nicht zwischen objektiv verschiedenen Interaktionen differenzieren kann, die zu den mit »kaka« bzw. »mat« bezeichneten Sequenzen von Affektsymbolen führen, wird Ljolja mit der differenten Prädizierung des gleichen Ablaufes zwar in die Lage versetzt, das Hochwerfen eines Balles von dem Hochwerfen eines Tuches zu unterscheiden. Aber Ljolja könnte auf diesem Entwicklungsstand das Hochwerfen eines Balles oder eines Tuches nicht von einem anderen Umgang mit ihnen abgrenzen, sofern auch diese Interaktionen mit der als »Ball«, bzw. »Tuch« prädizierten Sequenz Gelingen → Lust → Wohlbehagen einher gehen.

Aus den Intensionen der Affektsymbole, die bisher sämtliche objektiv verschiedene Interaktionsformen unter sich subsumierten, werden mit der Einführung von Sprache insofern je besondere, als sich die Affektsymbole nun auf Klassen von Interaktionsformen beziehen. Die Folge ist, dass sich die Interaktionsformen, die innerhalb einer Klasse liegen, einer subjektiven Unterscheidung entziehen, während Interaktionsformen, die in verschiedenen Klassen liegen, subjektiv voneinander unterschieden werden können.

Da die Besonderheit einer Klasse durch den Ablauf der Affektsymbole bestimmt wird, welcher mittels des Prädikators subjektiv kenntlich wurde, folgt daraus auch, dass Interaktionsformen, welche mit identisch prädizierten, aber differenten Sequenzen einher gehen, nicht in einer, sondern in verschiedenen Klassen liegen. Sofern bspw. »Ball« die Sequenzen Gelingen → Lust → Wohlbehagen als auch Misslingen → Unlust → Missbehagen prädiziert, wird damit noch keine Identität im Verschiedenen geschaffen. »Ball« bezeichnet noch nicht das Identische in den Sequenzen Gelingen → Lust → Wohlbehagen und Misslingen → Unlust → Missbehagen. Die Interaktionsformen, deren Realisierungen zu diesen Sequenzen führen, liegen vielmehr in verschiedenen Klassen und werden somit auch als verschieden erlebt.

Diese Sachlage entspricht bei Wygotski die dem synkretischen Denken nachfolgende Stufe des komplexen Denkens. Dieses ist dadurch charakterisiert, dass es »bereits ein zusammenhängendes und zugleich objektives Denken« (Wygotski, 1934, 123) ist: Die auf dieser Stufe erfolgenden

> »Verallgemeinerungen ... stellen ihrer Struktur nach Komplexe einzelner konkreter Gegenstände oder Dinge dar, die nicht mehr nur aufgrund subjektiver Beziehungen vereinigt worden sind, sondern *auf Grund der tatsächlich zwischen diesen Gegenständen bestehenden, objektiven Beziehungen«* (1934, 123).

Über die sprachlichen Zeichen, die bestimmten Ereignissen, die für die Eltern Objekte oder Szenen und für das Kind Befindlichkeiten sind, zugesprochen werden, stellen sich die »*zwischen diesen Gegenständen bestehenden, objektiven Beziehungen*« in demselben affektsymbolischen Ablauf dar, den Interaktionen mit ihnen hervorrufen. Wygotski (1934, 124) bringt das in der Formulierung zum Ausdruck,

> »dass jedes von einem verallgemeinerten Begriff erfasste Einzelding in diese Verallgemeinerung aufgrund einer vollkommenen Identität mit allen anderen Dingen einbezogen wird. Alle Elemente sind hier mit dem Ganzen und miteinander ... *durch eine Beziehung ein und desselben Typus* verbunden«.

Der Wortgebrauch, in dessen Zusammenhang Wygotski das Denken in Komplexen diskutiert, funktioniere nach dem Prinzip des Familiennamens, der unter sich Heterogenes hinsichtlich einer affektiven Zusammengehörigkeit subsumiert. Diese Zusammengehörigkeit verschiedener Elemente bezieht sich auf die noch ungeschiedene Einheit der beschriebenen Gegenstandsklassen, die alle diejenigen Interaktionsformen mit Tuch, Ball o. ä. zusammenfasst und mittels eines Wortes insgesamt verfügbar macht, die in dieselbe Affektkonstellation führen. Die Bezeichnungsrelation ist konstant geworden und es verhält sich ganz regelmäßig nach Maßgabe der Aufgliederung, die es vorgenommen hat. Nur vom Stand des elaborierten begrifflichen Denkens der Erwachsenen aus betrachtet ist der Komplex die Einheit der »verschiedenartigsten faktischen Beziehungen, die oft nichts miteinander gemeinsam haben« (1934, 124), und erscheinen die kindlichen Verallgemeinerungen willkürlich.

Von diesem Standpunkt des erwachsenen Denkens aus erläutert Wygotski das auf dieser Stufe vorherrschende Verhältnis des Allgemeinen und Besonderen. Charakteristisch für den Komplex, schreibt Wygotski (1934, 128), ist, dass in ihm – im Unterschied und Gegensatz zum vollwertigen Begriff – die hierarchische Staffelung der Merkmale der vereinigten Elemente fehle[47]: »Alle Merkmale sind in ihrer Bedeutung grundsätzlich gleich«. Das abstrahierte Merkmal, das allen in ihm assoziierten Elementen zukommt und welches die Intension

---

[47]W. Stern u. C. Stern (1928, 145, 186) nennen diese Begriffe »*Schein-* oder *Pseudobegriffe*« insofern, als auf diesem Entwicklungsstand das Kind noch nicht in der Lage ist, Worte »mit demselben fest umgrenzten konstanten und durch bestimmte Merkmale umschriebenen Begriffsinhalt [zu] verbinden«

des gleichsam über seinen Elementen stehenden Begriffs ausmacht, gibt es im Komplex noch nicht. Das, was die Elemente eines Komplexes vereinigt, existiert nicht als Abstraktum, sondern ist der identische affektsymbolische Ablauf, der mit den verschiedenen Elementen verbunden.

>>Um das Verhältnis des einzelnen Elements zum ganzen Komplex zu charakterisieren, könnten wir sagen, dass das konkrete Element als anschauliche Einheit mit allen faktischen Merkmalen und Verbindungen in den Komplex eingeht. Der Komplex steht im Gegensatz zum Begriff nicht über seinen Elementen. Diese Verschmelzung des Allgemeinen und des Besonderen, des Komplexes und des Elementes ... bildet den wesentlichsten Zug des komplexen Denkens ...<< (1934, 129).

Damit ist gemeint, dass die Worte >>Tuch<<, >>Ball<<, >>mat<< oder >>kaka<< subjektiv noch nicht auf Objekte oder Ereignisse verweisen, die unabhängig wären von der affektiven Lage, in der sich das Kind gerade befindet. Über diese kann eine gegenständliche Repräsentanz der aus der Sicht der Erwachsenen schon prädizierten Gegenstände noch nicht emporgehoben werden. Wie es dazu kommen kann, d. h. wie die Grenzen der affektsymbolisch vermittelten Gegenstandsklassen überwunden werden hin zu dem, was Wygotski (1934, 109) als >>echtes begriffliches Denken<< bezeichnet hat, vermittelt sich über die kindlichen Spielhandlungen.

Auch wenn auf der Gegenstandsseite innerhalb der Klassen Identisches und Verschiedenes noch ineinander liegen, so verbessert sich durch das Zu- und Absprechen von Worten zu bestimmten Abfolgen affektiver Lagen doch die Möglichkeit, Unlust zu vermeiden bzw. zu bewältigen. Denn während auf vorsprachlichem Entwicklungsstand die Abfolgen bestimmter Affektsymbole zwar antizipiert, aber das Antizipierte nicht verändert werden konnten, erlaubt das Zu- und Absprechen von Worten zu bestimmten Abfolgen affektiver Lagen – im Verhältnis zu den körperlichen Prädikatoren einzelner Affekte stellen sie Metaprädikatoren dar – nun auch, differenten Sequenzen aktiv zueinander in Beziehung zu setzen. Im Spiel mit der Holzspule (Freud 1920g, 12f) findet sich ein gutes Beispiel für die damit verbesserte Möglichkeit, Unlust zu bewältigen und auch zu vermeiden. Das reale Verlassenwerden des Enkel Freuds von seiner Mutter, das er nicht verhindern konnte, stellt sich in ihm in dem affektsymbolischen Ablauf Misslingen → Schmerz → Kummer dar, der im Spiel um die ebenfalls affektsymbolische Sequenz Gelingen → Lust → Wohlbehagen ergänzt wird. Wie das Beispiel zeigt, haben beide Abfolgen offensichtlich unterschiedliche Prädikatoren. Die Sequenz Misslingen → Schmerz → Kummer, in der sich das Werfen der an einem Faden befestigten Holzspule über den verhängten Bettrand repräsentiert, ist mit >>o-o-o-o<< und die Sequenz Gelingen → Lust → Wohlbehagen, in der das Herausziehen der Spule aus dem Bettchen darstellt, mit >>Da<< prädiziert, und genau diese unterschiedlichen Prädikatoren ermöglichen dem Enkel Freuds, beide Abfolgen aktiv zueinander in Beziehung zu setzen. Diese Beziehung wird in einer Spielhandlung inszeniert, die mit dem affektsymbolischen Ablauf Misslingen → Schmerz → Kummer beginnt und mit der Sequenz Gelingen → Lust → Wohlbehagen endet[48], und die so die Unlust zumindest so lange als bewältigt erscheinen lässt, wie kein aktuelles Bedürfnis vorliegt. D.h., dass in einem praktischen, durch Versuch und Irrtum charakterisierten Findungsprozess, der dann sistiert, wenn eine der versuchten Interaktionen – hier das Spiel mit der Garnrolle – über das Affektsymbol Gelingen in die affektsymbolische Sequenz Lust → Wohlbefinden einmündet, zwei Teilhandlungen spielerisch zu einer komplexen Szene verkettet werden, über die als besondere mit dem zusammengesetzten sprachlichen Prädikator »o–o–o–o – Da« verfügt werden kann.

Dem Enkel Freuds gelingt es in der Entfaltung der eigenen Spielaktivität mit dem Gegenstand in der Tat, das vordem passiv erfahrene Schicksal der unlustvollen Situation zu wenden. Indem es *scheinbar* das Fortgehen und Wiederkommen der Mutter in der Spielhandlung des Wegwerfens und Heranziehens der Holzspule verknüpft, verbindet es in seiner subjektiven Wirklichkeit sprachlich prädizierte Sequenzen von Affektsymbolen miteinander. Als Unlustbewältigungsversuche werden diese Abläufe in einen bestimmten Zusammenhang gebracht, das Kind stellt eine Szene her, die objektiv ein Spiel mit einer Holzspule ist und subjektiv eine komplexe Verkettung von Affektsymbolen.

Dieses Spiel dient aber nicht nur der Bewältigung von Unlust. Es schafft zugleich die Voraussetzung für eine gegenstandsbezogene Begriffsbildung. In diesem Spiel hat das Kind die Sequenz Misslingen → Schmerz → Kummer, die bisher mit anderen Interaktionen verbunden war – Freud (1920g, 12) berichtet, dass das Kind öfters »alle kleinen Gegenstände, denen es habhaft wurde, weit weg von sich in eine Zimmerecke« schleuderte und diese Aktionen mit »o–o–o–o« begleitete – aus ihrem Zusammenhang herausgelöst. Dadurch, dass es den mit »o–o–o–o« bezeichneten Ablauf in einer Spielhandlung aktiv mit der Sequenz und die mit »o–o–o–o« prädizierte Sequenz Gelingen → Lust → Wohlbehagen und deren Prädikator »Da« in Beziehung setzte, wurden beide Sequenzen zum einen spezifiziert und von anderen Abläufen derselben Art unterscheidbar. So findet sich die Spezifizierung der mit »o–o–o–o« bezeichneten Sequenz in dem Sachverhalt wieder, dass, wie Freud (1920g, 13) weiter berichtet, sein Enkel danach das Verschwinden seines Spiegelbildes mit »Bebi o–o–o–o!« begleitete und so den damit verbundenen affektsymbolischen Ablauf sprachlich von dem mit »o–o–o–o – Da« bezeichneten zu unterscheiden in der Lage war. Zum anderen erscheint die Holzspule in ein und derselben Szene als verschieden, als zugleich in mit »o–o–o–o« bzw. »Da« bezeichneten affektsymbolischen Abläufen repräsentiert. So weiterer Prädikatoren zur Verfügung ste-

---

[48] Da in diesem Falle Lust und Wohlbehagen aus der Bewältigung von Unlust und Misshagen entstehen, handelt es sich – wenn man genau sein will – objektiv um eine »Funktionslust« mit nachfolgendem »Wohlbefinden«.

hen, ist damit die Voraussetzung geschaffen, aus den verschiedenen affektsymbolischen Abläufen das Identische, sozusagen einen identischen Gegenstandspol zu abstrahieren.

Von einem Gegenstands*pol* ist hier deshalb die Rede, weil die Interaktionen mit dem Gegenstand und mit dem personalen Objekt noch mit identischen affektsymbolischen Abläufen einher gehen, so dass beide anfänglich nicht unterschieden und in diesem Gegenstands*pol* als identisch erlebt werden – bspw. dann, wenn es dem Kind gelingt, seine abwesende Mutter durch eigene Aktivitäten, z. B. Schreien, wieder herbeizurufen. Aber dieser Vorgang schafft wiederum die Voraussetzung, mittels weiterer Prädikatoren und Abstraktionsprozessen in die extensionalen Bestimmungen der sich bildenden Begriffe des Gegenstandes und des personalen Objekts neben den Beziehungsaspekten, in denen sie zum Subjekt stehen, auch objektive Eigenschaften des Gegenstandes und des personalen Objekts einzutragen, so dass sich am Ende dieser Entwicklung beide affektsymbolische Sequenzen nicht mehr auf einen undifferenzierten Gegenstands*pol*, sondern auch subjektiv auf einen einheitlichen Gegenstand bzw. einheitliche Gegenstände und ein einheitliches personales Objekt bzw. einheitliche personale Objekte beziehen.

Inszenierte Spielhandlungen schaffen mithin nicht nur einen insgesamt unlustvermeidenden Verlauf der Affektsymbole, sondern auch die Möglichkeit der Bildung von gegenstandsbezogenen intensionalen und extensionalen Bestimmungen. Sie erweisen sich als ein wesentliches Medium der Bildung gegenstandsbezogener und sich vom Lustprinzip zunehmend emanzipierender Identitäten, mit denen das Realitätsprinzip in das Seelenleben Eingang findet Anders gesagt: Es ist der Zusammenhang von Affektsymbolen, Sprache und spielerischer Praxis, der das Entstehen eines gegenstandsbezogenen Bewusstseins ermöglicht.

Betrachtet man die Abstraktionsprozesse, die zu einer gegenstandsbezogenen Begriffsbildung führen, genauer, erweisen sie sich an die dazu gegenläufigen Prozess der Konkretion gebunden. Das Abstraktionsprodukt resultiert aus einem Vergleich verschiedener Interaktionsformen, in dem ein Element als das Identische aus verschiedenen Interaktionsformen abstrahiert wird. So wird bspw. »Ball« aus Hochwerfen, Zuwerfen, Weitwerfen etc. abstrahiert. Da sich das Identische aber nur in Polarität zum Verschiedenen bestimmen lässt, ist es dazu erforderlich, dass die Verschiedenheit von »Ball« im Hochwerfen, Zuwerfen, Weitwerfen erfasst werden kann. Ehe also etwa die Intension des Begriffs »Ball« gebildet werden kann, muss »Ball« nicht nur in verschiedenen Interaktionsformen – bspw. als Hochwerfen, Zuwerfen, Weitwerfen etc. – interagiert worden sein. Darüber hinaus müssen bereits eine Reihe von Abstraktionen, z. B. die Abstraktionen »Hochwerfen« und »Zuwerfen« vorliegen und über sprachlich bezeichnete Begriffe bewusst verfügbar sein. Sonst ließe sich im Akt der Konkretion der Abstraktionen »Hochwerfen« und »Zuwerfen« die Verschiedenheit des Balles, die Nicht-Identität von Hochwerfen und Zuwerfen eines Balles nicht erfassen. Da diese Konkretionen sowohl notwendige Bedingung als auch Folge analytischer Abstraktionen sind, welche sich zugleich als Folge und notwendige Bedingung der Konkretionen erweisen, können diese Vorgänge nicht nacheinander, sondern nur gleichzeitig innerhalb eines einheitlichen Prozesses statt finden, der zur Bildung gegenstandsbezogener Begriffe führt.

Im Einvernehmen mit S.L. Rubinstein (1946, 590) kann man also sagen, dass sich beim Kind ein gegenstandsbezogener

>   »Allgemeinbegriff ... herausgebildet hat ... wenn [das Kind] anfängt, ein und
>   denselben Gegenstand mit zwei Wörtern zu benennen, von denen er eine eine
>   weitere Bedeutung hat als der andere«.

D. h., erst wenn bspw. Ljolja von ihrer Mutter in verschiedenen Spielszenen – in der einen wirft sie einen Ball der Mutter zu, in der zweiten wirft sie ihn hoch und in der dritten wirft sie ein Tuch hoch – gefragt worden wäre: »Was spielst Du?« und Ljolja in der ersten Spielszene »Ball zuwerfen«, in der zweiten »Ball hochwerfen« und in der dritten »Tuch hochwerfen« geantwortet hätte, könnte man begründet auf das Vorliegen von Begriffen auf Seiten Ljoljas schließen, deren Extensionen nicht nur Affektsymbole, sondern auch gegenstandsbezogene Inhalte umfassen. In den ersten beiden Spielszenen werden Zuwerfen und Hochwerfen unter den Allgemeinbegriff »Ball« subsumiert, d. h. »Zuwerfen« und »Hochwerfen« verweisen auf dessen extensionale Bestimmungen, in der zweiten und dritten Szenen werden Ball und Tuch dem Allgemeinbegriff »Hochwerfen« untergeordnet und erweisen sich als dessen extensionale Bestimmungen.

Wie dieses fiktive Beispiel zeigen kann, wird in der Entwicklung sprachlicher Begriffe das affektsymbolische Denken[49] nicht sofort durch das sprachbegriffliche ersetzt. Beide Denkmodi operieren in der Begriffsbildung zunächst noch gemeinsam insofern, als unter demselben Namen einerseits Gegenstände aufgrund einer ihnen gemeinsamen Eigenschaft und andererseits noch aufgrund der affektsymbolischen Abläufe, in die Interaktionen mit ihnen führen, zusammengefasst werden. Hier sind die Extensionen der sich bildenden Begriffe nicht nur durch deren Intensionen, sondern zugleich auch noch durch die affektive Bedeutung bestimmt, die einige dieser Extensionen gemeinsam für das Subjekt besitzen.

In sigmatischer Hinsicht steht aber schon in dieser Übergangsphase eine Interaktionsform zu verschiedenen sprachlichen Zeichen in Beziehung und ver-

---

[49] Damit erweist sich das affektsymbolische Denken als jenes »funktionale[.] Äquivalent« des »Begriffsdenkens«, welches in der Auffassung von Wygotski (1934, 109) diesem vorausgeht und welches aus diesem Äquivalent entwickelt wird.

schiedene Interaktionsformen werden durch ein sprachliches Zeichen bezeichnet. Die Beziehung zwischen den sprachlichen Zeichen und den Interaktionsformen ist hier jedoch nicht nur begrifflich, sondern auch affektsymbolisch vermittelt. Erst am Ende dieses Prozesses ist dieser Zusammenhang nicht mehr zugleich auch affektsymbolisch bestimmt. Nun sind im extensionalen (in bezug auf sein sprachliches Zeichen konnotativen) Bedeutungsraum eines Begriffs lediglich Interaktionsformen vorhanden, welche die in der Intension des Begriffes gefasst abstrakte Identität in konkreter Form aufweisen, während eine Interaktionsform im extensionalen (in bezug auf deren sprachliche Zeichen konnotativen) Bedeutungsraum verschiedener Begriffe zu liegen kommt. Dies deshalb, weil in den Begriffen verschiedene Elemente der Interaktionsformen abgebildet sind[50].

Damit wird natürlich nicht behauptet, dass mit dem Spracherwerb im Idealfall sämtliche Interaktionsformen, die vor dem Spracherwerb vom kindlichen Subjekt gebildet wurden, als gegliederte und sprachlich verfügbare Bedeutungen in begrifflichen Symbolen in vollem Umfang ins Bewusstsein eingelassen werden. Abgesehen davon, dass Interaktionsformen sinnliche Abbilder der Interaktionen und Begriffe ideelle Abbilder der Interaktionsformen darstellen und Abbilder mit dem Abgebildeten zwar abstrakt, aber niemals konkret identisch sein können, ist dies schon deshalb nicht möglich, weil es für vorsprachliches Erleben prinzipiell keine sprachlichen Begriffe geben kann, die aus diesem Erleben entstanden sein könnten.

Allerdings verbleiben die vorsprachlich registrierten Interaktionsformen auch nicht außerhalb der Begriffe, die mit der Spracheinführung gebildet werden können. In einer besonderen Form sind auch sie in den extensionalen Bestimmungen dieser Begriffe enthalten. Diese besondere Form verdankt sich dem lebensgeschichtlichen Zusammenhang, in dem sie mit den Interaktionsformen stehen, die sich mit der Spracheinführung aus ihnen entwickelten und die über Abstraktions- und Konkretionsprozesse in der Bildung von Begriffen in deren Extensionen eingebracht werden können. Während diese Interaktionsformen mittels der intensionalen Bestimmungen ihrer Begriffe Bewusstsein gewinnen, können jene damit jedoch nicht erfasst werden. Auch wenn die begrifflichen Extensionen aufgrund des lebensgeschichtlichen Zusammenhanges auf

---

[50] Auch hierzu ein Beispiel: In der Realisation einer Interaktionsform nimmt sich ein Subjekt einen Ball und wirft ihn auf eine Wiese, in der Realisation einer anderen findet es einen Stein und wirft ihn in eine Fensterscheibe. In der ersten sind u. a. die Elemente kaufen, Ball, werfen und Wiese, in der zweiten u. a. die Elemente finden, Stein, werfen und Fensterscheibe enthalten. Liegen die entsprechenden Begriffe »kaufen«, »finden«, »Ball«, »Stein«, »werfen«, »Wiese« und »Fensterscheibe« vor, dann liegt die erste Interaktionsform im Umfang der Begriffe »kaufen«, »Ball«, »werfen«, »Wiese«, die zweite im Umfang der Begriffe »finden«, »Stein«, »werfen« und »Fensterscheibe« und beide sind im Begriffsumfang von »werfen« enthalten.

sie verweisen, bleiben sie gleichwohl unbewusst. Bewusstsein können sie nur in Mystifikationen jener Affekte gewinnen, in denen sie sich vormals abbildeten, etwa in der – subjektiven – Form von Emotionen, die sich im Gefolge einer sprachlichen Verbindung bestimmter, auf sie verweisenden extensionalen Begriffsbestimmungen[51] im Erleben einstellt.

Diese Emotionen, in denen den affektiven Abbildern vorsprachliche Interaktionsformen mystifiziert im Bewusstsein erscheinen, werden aber nicht nur passiv erlebt. Sie können im späteren Leben auch aktiv im anschaulich bildhaften Denken in Gestalt eines »präsentativen« Symbols (S.K. Langer 1942, 100f) – bspw. in einer Phantasie – und im begrifflichen Denken in der diskursiven Fassung eines präsentativen Symbols – bspw. in der Form eines Gedichtes, Novelle oder Romans – dargestellt werden.

Dasselbe gilt auch für jene Interaktionsformen, welche nicht ins Bewusstsein eingelassen werden können, weil die Sprache für sie keine Begriffe vorhält[52]. Gemeinsam mit den vorsprachlichen beschreibt Lorenzer (1972, 118) diese »damals-nicht-anerkannte Interaktionsformen«, die nicht über Sprache bewusst wurden und danach einer Verdrängung anheim fielen, als »Protosymbole«. Zum Schicksal dieser nicht in Sprache aufgenommener Interaktionsformen heißt es:

> »Da die einzelnen Interaktionsformen schon in der präverbalen Phase nicht als isolierte, keinen Zusammenhang bildende Komplexe unverbunden nebeneinander stehen, versteht es sich von selbst, dass die Protosymbole nicht einfach verschwinden, sondern im Netz ihrer Beziehungen im ›Hintergrund‹ des Bewusstseins gehalten werden. Auch streift das ›endgültige‹ Symbol keineswegs seine – genetische – Beziehung zum Protosymbol ab. Daher kommt es, dass das endgültige Symbol allemal von einem Halo von Protosymbolen umgeben ist. Eben dieser Halo macht die Grundlage des Phantasierens aus ...« (1972, 119).

Diese protosymbolischen Interaktionsformen bleiben »als Stachel des Nichtidentischen gegen das allgemein Anerkannte lebendig« (1972, 119) und können – wie auch die vorsprachlichen Interaktionsformen – als »Emotionalität« (1978, 117) in der Kunst artikuliert werden[53].

---

51 Ich will dies am Beispiel eines Raumes erläutern, der etwa als »düster«, »erhaben«, »heiter« oder »einladend« erlebt wird. In diesen Fällen können sich die begrifflich gefassten Strukturelemente eines Raumes so miteinander verbunden haben, dass ihre Verbindung u. a. auf die nicht bewusstseinsfähigen vorsprachlichen Interaktionsformen verweist, die sich nun in der Form von Emotionen als Resultat der atmosphärischen Raumwahrnehmung im Bewusstsein präsentieren.

52 »Freilich werden nicht alle Interaktionsformen sprachlich akzeptiert. Sprache bildet ja ein großartiges, streng geordnetes System von Handlungsregeln, von sozialen Normen, ein System, dem sich niemals reibungslos alle sinnlich-organismischen Verhaltensmuster einfügen lassen. Stets bleiben Erfahrungskomplexe ausgeschlossen, um als Phantasien am Rande der sozial zugelassenen Handlungssymbole ein Schattendasein zu fristen« (Lorenzer 1978, 33).

53 Eben diese Funktion, Gefühle in artikulierter Form darzustellen, hatte Susanne K. Langer (1942, 216) der Kunst im Allgemeinen und der Musik im Besonderen zugespro-

Weil Interaktionsformen sowohl in den Aspekten, in denen sie identisch, wie auch in jenen, in denen sie verschieden sind, über die durch den Spracherwerb möglich gewordene Begriffsbildung Bewusstsein gewinnen, werden sie voneinander unterscheidbar. Damit werden auch die Elemente, aus denen sich die verschiedenen Interaktionsformen zusammensetzen, subjektiv verfügbar und können in der Bildung neuer Interaktionsformen in veränderter Weise zusammengefügt werden. Diese Differenzierung der Interaktionsformen erlaubt dem Subjekt nun auch eine Differenzierung der besonderen äußeren und inneren Bedingungen, in deren Zusammenspiel lust- und unlustvolle Gefühle entstehen. Die Affektsymbole entwickeln sich in Emotionssymbole, welche in den ihnen entsprechenden Gefühlsbegriffen metasprachlich abgebildet werden. Dabei liegt den Emotionen, die sich nun bei der Realisierung einer auch subjektiv bestimmten Interaktionsform einstellen, derselbe Prozess zugrunde, dem sich auch die Affekte bei der Realisierung der allgemeinen Interaktionsform verdanken. Auch die Lust etwa, die beim Auftreten eines sexuellen Bedürfnisses antizipiert wird und den Charakter einer Emotion aufweist, gründet in der Beziehung von Bedürfnis und Wohlbehagen. Im Prozess der Entaktualisierung einer aktualisierten bestimmten Interaktionsform hat sie den Status einer Emotion, wenn in der Realisierung der Interaktionsform das sexuelle Bedürfnis befriedigt wird und wenn die Interaktionsform im Moment ihrer Realisation subjektiv noch zu anderen Interaktionsformen des Persönlichkeitsgefüges in Beziehung steht. Zu einem Affekt wird diese Lust, wenn im Moment ihrer Realisation subjektiv nur diese Interaktionsform existiert.

Nachdem durch den Spracherwerb die Diskrepanz zwischen der subjektiv verfügbaren und vorhandenen Repräsentanzwelt zunehmende aufgehoben und eine subjektive Unterscheidung objektiv verschiedener Interaktionsformen möglich wird, existiert die Triebbedürftigkeit subjektiv in besonderen und voneinander abgrenzbaren Bedürfnissen nach bestimmten sensorischen Kontakten mit bestimmten Objekten. Das identische Moment, welches die Befriedigung dieser verschiedenen Bedürfnisse als lustvoll erleben lässt – die Übereinstimmung von antizipierten und faktischen, durch bestimmte Objekte vermittelten sensorischen Kontakten –, liegt jetzt auch subjektiv im Besonderen, in der Verschiedenheit. Auch die Bedingungen, die für die Befriedigung eines bestimmten Triebwunsches einzulösen sind, lassen sich nun identifizieren als ein bestimmter Komplex instrumenteller Interaktionsformen, über die sich eine, in einer aktualisierten Interaktionsform abgebildete bestimmte Triebvollzugshandlung nach Einschätzung der Lage erreichen lässt. Die Repräsentanzen dieser Instrumentalhandlungen werden in reale, vorfindliche und ideale aufgegliedert, wobei die ideale Funktionsweise des Ich dann erreicht wird, wenn es ge-

chen: »Musik ist ebenso wenig die Ursache von Gefühlen wie deren Heilmittel. Sie ist ihr logischer Ausdruck«.

lingt, die Bedingungen für die lustvollen Triebvollzugshandlungen herzustellen. Dies führt dazu, dass die reale und ideale Repräsentanz der Ich-Funktionen identisch werden. Gelingt es nicht, erübrigt sich mit dem Auftreten von Unlust eine Diskrepanz zwischen der aktuellen und der antizipierten idealen Repräsentanz der Ich-Funktionen. Das Bestreben, Unlust zu vermeiden und damit die narzisstische Bedürftigkeit findet nun ihr allgemeines Ziel darin, jeweils eine Identität von aktuellen und idealen, für eine bestimmte Triebvollzugshandlung benötigten Ich-Funktionen herzustellen, eine Identität, die sich – Fenichel (1945a, 64) zufolge – im »Selbstgefühl«, besser: im Selbstwertgefühl – darstellt: »Gelingt es, sich von einem unangenehmen Reiz zu befreien [oder ihn zu vermeiden], so ist das Selbstgefühl wiederhergestellt«.

Zusammenfassung

Ich will die Entwicklung der Repräsentanzwelt in einigen Punkten komprimieren:

- Der logisch-historischen Rekonstruktion der Entwicklung der Repräsentanzwelt und des Erlebens liegen vier begründbare Annahmen zugrunde: Erstens, das Neugeborene versucht – wie jeder biologische Organismus – aktiv seine biologische Homöostase aufrechtzuerhalten; zweites, die Intensität körperlicher Prozesse bildet sich differenziert in Vorstellungen, den sog. »autonomen Imageries« ab; drittens, die Entwicklung des Neugeborenen ist subjektiv angetrieben vom Ziel, das Verhältnis von Lust und Unlust möglichst günstig zu gestalten und viertens, Bewusstsein und Erleben sind an Begriffe oder begriffsanaloge Strukturen gebunden.
- Die vorsprachliche Entwicklung des Seelenlebens ist eine Entwicklung der Affekte, wobei zwischen Prozess- und Zustandsaffekten unterschieden werden kann. Prozessgefühle sind Affekte, die während der Aktionen auftreten, Zustandsaffekte stehen am Beginn oder am Ende einer Aktion.
- Diese Affekte haben symbolischen Charakter. Sie weisen eine begriffsanaloge Struktur auf und bilden ein erstes, einstufiges semantisches System. In seinen Elementen, den Affektsymbolen, werden die Beziehungen zwischen Affektsymbolen erlebt, die sich in Interaktionsprozessen bilden. Geboren aus realem Interagieren werden sie zu selbstproduzierten Erkenntnismitteln dieses Interagierens, das durch sie subjektiv in instrumentelle und triebbestimmte bzw. triebbefriedigende Aktivitäten des Subjekts und der Objektwelt aufgegliedert wird. Die kognitive Differenzierung, welche von der Vermeidung von Unlust angetrieben wird, bei der halluzinatorischen Wunscherfüllung ansetzt und über eine Trennung von Innen und Außen zu einer Aufgliederung des Außen, des Selbst und

der Objektwelt führt, differenziert das semantische System der Affektsymbole, welches in Form des unmittelbaren Erlebens am Endpunkt der vorsprachlichen Entwicklung differenzierbare Verhaltensaspekte des Subjekts und der Objektwelt im Allgemeinen abbildet.

- Affektsymbole sind Voraussetzung, Mittel und Resultat eines präverbalen primärprozesshaften Denkens, das sich mit der Differenzierung der Affektsymbole weiter entwickelt. Mit der Bildung verschiedener Affektsymbole werden Außen- und Innenwelt getrennt und das anfängliche, durch Lust und Unlust hergestellte zweipolige Klassifikationssystem differenziert sich in ein Mehrklassensystem auf. Aus einer allgemeinen Lust und Unlust gliedern sich besondere Affekte heraus, in denen zunächst verschiedene Interaktionsformen und danach ihre Selbst- bzw. Objektanteile je nach ihrem gemeinsamen Verlauf auf besondere, abstrakte Identitäten gebracht und ihre besonderen Verläufe voneinander affektsymbolisch unterscheidbar werden.

- Prädikatoren der Affektsymbole sind verschiedene körperliche Abläufe, deren subjektive Wahrnehmung entlang der Intensität und qualitativen Zusammensetzung variiert. In diesem Intensitätsbegriff findet sich die als »Affektbetrag« konzipierte, der »Vorstellung anhaftenden Triebenergie« Freuds (1915d, 255, Kursivierung aufgehoben, S. Z.) in der Funktion entmystifiziert wieder, die Freud (1915e, 292, Kursivierung aufgehoben, S. Z.) in seiner energetischen Begründung des Bewusstwerdens der Sachvorstellungen ihrer »Übersetzung« mit Wortvorstellungen zuschreibt. Wie die beim Erleben eines Affekts konkret auftretenden intero- und propriozeptiven Impulse aus dem Körperinnern ein Zeichenexemplar einer Zeichengestalt sind, sind auch die körperlich-muskulären Bewegungen, in denen sich ein Affekt an der Körperperipherie für andere sichtbar darstellt, das Zeichenexemplar einer Zeichengestalt, eine sichtbare Erscheinungsform ihres Prädikators. Den körperlichen Erscheinungsformen der Affekte liegen (vermutlich) überindividuelle, phylogenetisch erworbene, allgemeine Muster zugrunde, die in der Sozialisation Affekten zugeordnet und über erworbene »Display«-Regeln konkretisiert werden, wodurch die Muster innerhalb der von ihnen vorgegebenen Grenzen eine je individuelle Form gewinnen.

- Auf vorsprachlichem Entwicklungsstand ist zwischen der verfügbaren und der objektiv vorhandenen Repräsentanzwelt zu unterscheiden. Diese Unterscheidung eröffnet einen Einblick in die Phantasien, die »von jeher unbewusst gewesen, im Unbewussten gebildet worden« sind (Freud 1908a, 193). Da die Interaktionsform, deren Veränderungen die Affekte in Abhängigkeit von der Interaktion anzeigen, zwar subjektiv eine allgemeine, objektiv aber eine besondere ist, haftet den Affektsymbolen auch der Verlauf der je besonderen Interaktionsformen als unbewusste Bedeutungen an. Im kindlichen Seelenleben existieren deren Besonderheiten als unbewusste Phantasien. Obwohl mit ihnen nicht intentional umgegangen werden kann, sind sie für das kindliche Erleben gleichwohl bestimmend. Denn die Affekte, zu denen die Veränderungen einer aktualisierten Interaktionsform führen, hängen davon ab, inwieweit das mütterliche Verhalten ihrer Besonderheit entspricht.

- Mit der Einführung von Sprache werden die ersten Worte zunächst den Abläufen von Affektsymbolen als sprachliche Prädikatoren zugesprochen. Über ihre Lautengramme sind die sprachlichen Prädikatoren in diese Abläufe einbezogen. Dadurch gewinnen diese Abläufe wie auch die in ihnen verbundenen Affektsymbole an Spezifität und das affektsymbolische System gliedert sich in weitere Klassen auf.

- Durch die Prädikation wird es möglich, Abläufe nicht nur antizipieren, sondern unterschiedliche Abläufe auch zueinander in Beziehung setzen zu können.

- Über die Bildung komplexer Begriffe, deren Extensionen sowohl intensional als auch affektsymbolisch bestimmt sind, entwickelt sich mit dem Spracherwerb die affektsymbolische Gliederung des Innenlebens in ein sprachbegrifflich strukturierte.

- In Bezug auf die Interaktionsformen liegt die erworbene Sprache auf einer ersten semantischen Stufe. Hinsichtlich der Gefühle hat sie den Status einer Metasprache. Gefühlsworte bedeuten Gefühlsbegriffe, grenzen Gefühle von anderen Gegebenheiten ab, erlauben, ein bestimmtes Gefühl zu benennen und als Fall der Gefühlsbegriffe zu erleben. Da die Sprache eine subjektive Differenzierung der objektiv verschiedenen Interaktionsformen und der Objektwelt in verschiedene und distinkte, in sich differenzierte Objekte ermöglicht[54], kann sich mit der Einführung der Sprache die verfügbare der vorhandenen Repräsentanzwelt zunehmend annähern.

- Nach dem Spracherwerb werden in den Gefühlen die Beziehungen zwischen einem Set bestimmter Interaktionsformen erlebt, die sich im Gefolge aktiv intendierter oder passiv erfahrener Interaktionsprozesse im Subjekt einstellen[55]. Mit der subjektiven Differenzierung der Interakti-

---

[54] Auf diese sprachgebundene Differenzierung der Objekte bezieht sich Greenspans (1989, 45, Übersetzung, S. Z.) Begriff der mentalen Repräsentation: »Eine mentale Repräsentation ist multisensorisch und beinhaltet Konstruktionen des Objekts aus der Perspektive aller Eigenschaften des Objekts (einschließlich der Bedeutungsebenen, die aus Erfahrungen mit dem Objekt abstrahiert sind)«.

[55] In ähnlicherweise formulierte R. Stein: Ein Affekt ist »itself a representation of a representation« (zit. n. De Folch u. Kavka 2000).

onsformen wandeln sich die Affektsymbole in Emotionssymbole. Unter
bestimmten Umständen können die Emotionssymbole wieder zu dem
werden, was sie ehemals waren. Wenn durch regressive Prozesse die subjektive Differenzierung der Interaktionsformen verloren geht und nur
noch eine Interaktionsform antizipiert werden kann, gewinnt die Emotion, die bei ihrer Realisierung auftritt, wieder eine affektive Qualität. Unter diesen Umständen wird ein Zustand erreicht, der dem vorsprachlichen Entwicklungsstand strukturell entspricht. »Strukturell« meint, dass
der regressive Zustand im Vergleich mit dem früheren nicht nur Gemeinsamkeiten, sondern auch Unterschiede aufweist. Gemeinsam ist ihnen, dass beide Male die Affekte nicht durch spezifische, sondern durch
eine Klasse realer Szenen ausgelöst werden. Der Unterschied besteht
darin, dass damals die objektiv verschiedenen und besonderen Bedingungen eines Affekts, die sich in die Repräsentanzwelt eingetragen haben, in der verfügbaren Repräsentanzwelt generell als identische und allgemeine erschienen, während bei der affektiven Form der Emotionen
punktuell die objektiv identischen und allgemeinen Bedingungen des Erlebens durch die Sprache subjektiv noch als verschiedene und besondere
erscheinen.

- Die sprachliche Aufarbeitung der Emotionssymbole, die aus Affektsymbolen entstanden sind, führt dazu, dass ihre Bedingungen in den Umfang
der Gefühlsbegriffe eingelagert werden. Im Gegensatz zu den körperlichen Prädikatoren auf vorsprachlichem Entwicklungsstand, die nur über
einen konnotativen Bedeutungshof verfügen, haben die sprachlichen
Prädikatoren der Emotionsbegriffe darüber hinaus noch einen denotativen Bedeutungsraum. Ihre Konnotate sind die Bedingungen, die begrifflich verfügbaren Interaktionsformen, aus deren Beziehungen die Emotionssymbole entstehen, ihre Referenten sind die Emotionssymbole, in
denen sich die emotive Bedeutung der Interaktionsformen und der Objekte abbildet, mit denen in der Realität oder in der Phantasie interagiert
wurde. Ihre Denotate sind die Bedingungen von Emotionssymbolen, die
zwar über Sprache angeeignet, die aber noch nicht erfahren wurden.
- Im Einvernehmen mit Freud (1915d, 255), der die »Affekte« nicht als
Triebe, sondern wie die »Vorstellung« als eine »psychische Repräsentanz«
der »Triebe« auffasst – es ist die an den Vorstellungen »haftende[.] Triebenergie ... welche als Affekte der Empfindung bemerkbar werden«
(1915d, 255) –, sind Affekte keine primären Motivationssysteme. Wie die
sprachsymbolische Fassung der Interaktionsformen sind sie durchgängig
nur die Form, in der die Triebbedürfnisse und ihre Befriedigung bzw.
Frustration zunächst auf vorsprachlichem Entwicklungsstand unter Vernachlässigung ihrer Verschiedenheit und nach der Einführung von Spra-

che in ihrer Verschiedenheit als Emotionen im Bewusstsein erscheinen. Das Nämliche trifft für die aus der Triebfrustration geborene narzisstische Bedürftigkeit zu. Sie repräsentiert sich ebenfalls in Affekten und gewinnt nach dem Erwerb von Sprache in Form von Emotionen Bewusstsein.

- Die narzisstische Bedürftigkeit zielt nicht auf die Wiederherstellung eines bedürfnislosen Zustandes, sondern prinzipiell auf die Vermeidung von Unlust. Sie greift an den – subjektiven – Bedingungen der Unlust an, verändert diese und treibt in dialektischer Verschränkung mit der Triebbedürftigkeit die Entwicklung voran. Der »Motor der Entwicklung«, der im »Wechsel von Triebbefriedigung und Versagung« besteht (Lorenzer 1972, 28), dechiffriert sich als eine dialektische Beziehung von triebbestimmter und narzisstischer Bedürftigkeit (Zepf 1997a, 43ff), in der in Gestalt des Strebens nach Lust die triebbestimmte dominiert.

- Wut, Angst und Freude entstehen mit der Differenzierung der Außenwelt in eine apersonale Außen- und personale Objektwelt und der Möglichkeit, instrumentelle Aktivitäten von Triebvollzugshandlungen zu unterscheiden. Wut ist ein Prozessaffekt, welcher mit einer verstärkten Realisierung des Selbstanteils einer aktualisierten Interaktionsform einhergeht und ist Folge ausbleibender Befriedigung. Angst und Freude haben den Charakter, den die Psychoanalyse als Signalaffekte beschreibt. Angst zeigt dem Kinde an, dass bei Abwesenheit der Objektwelt die Gefahr unlustvoller Affekte besteht, wenn es ein auf die Objektwelt gerichtetes Bedürfnis hat, Freude informiert ihn, dass die Gefahr, dass ein Bedürfnis zwangsläufig zu unlustvollen Affekten führen wird, vorüber ist.

Exkurs: Die Bindungstheorie

Zum Abschluss dieses Kapitels will ich in gebotener Kürze die Bindungstheorie betrachten, die im Zusammenhang mit der in den beiden letzten zwei Jahrzehnten in Mode gekommenen Säuglingsbeobachtung auf psychoanalytischem Terrain an Bedeutung gewann. Bereits 1971 schrieb Matte-Blanco (1971) in seiner Besprechung von Bowlbys Buch »Attachment«:

> »It can safely be said that the book represents the most serious effort ever undertaken to root psychoanalysis in contemporary psychological biology ... By giving a clear, systematic and informative account of modern ethological concepts, Attachment renders a great service to psychoanalytical thinking. The application of these notions to the concrete problems of attachment and loss present, furthermore, an example of how they may be put to use in clinical and conceptual thinking ... Its impact upon ideas regarding the psychobiological foundations of psychoanalysis is bound to be great«.

Sechzehn Jahre danach sagte Emde (1997, zit. n. Bernardi 1998) bei der Eröffnung eines Panels »Attachment«:

»[R]ecent attachment research, building on the theories of Bowlby and the research of Mary Ainsworth, and now two generations of students, has been influential in both developmental psychology and psychoanalysis«.

Weitere drei Jahre danach betont S. Seligman (2000), dass die Integration der Bindungstheorie die Psychoanalyse in all ihren Bereichen weiter entwickelt habe:

»Current attachment theory ... is a dramatic innovation with rich and varied implications for the psychoanalytic views of psychopathology, clinical technique, and therapeutic action; yet at the same time it converges with basic analytic values«.

Folgt man Mitchell (1999), gründete diese Innovation der Psychoanalyse durch die Bindungstheorie darin, dass Bowlby »was several steps ahead of his own time«.

Auch D. Diamond u. Blatt (1999; s. auch Slade 1999) stellten fest:

»Despite the controversial beginning of attachment theory within psychoanalysis, developments in both psychoanalysis and attachment theory have increasingly brought these two traditions into synchrony«.

Unter Hinweis auf verschiedene Arbeiten wird ausgeführt, dass die Synthese von Psychoanalyse und Bindungstheorie zu einem besseren Verständnis der Welt der Repräsentanzen (D. Diamond u. Blatt 1994), der affektiven Regulation (D. Silverman 1998a) und von Aspekten des therapeutischen Prozesses geführt (Dozier 1990; Dozier et al. 1993; Fonagy 1991; Holmes 1996; Farber et al. 1995) und dass die Anwendung der theoretischen Konzepte der Bindungstheorie auf klinische Phänomene das Verständnis der Ursprünge verschiedener psychopathologischer Entwicklungen substantiell vertieft habe, so der Angst (Cassidy 1995), der Depression (Blatt u. Homann 1992) und der Persönlichkeitsstörungen (Fonagy 1991; Fonagy et al. 1995; 1996, Patrick et al. 1994).

Ob diese Integration der Bindungstheorie allerdings wirklich zu einer Erneuerung der Psychoanalyse führen konnte und kann, steht in Frage. So wandte etwa Gilmore (1990) ein, die Bindungstheorie

»offers neither an alternative metapsychology nor a true developmental psychology; moreover, it fails to address the pivotal role of conflict in mental life, the cornerstone of psychoanalytic theory«,

und fügte an: »To present attachment theory as a competing psychoanalytic school can only diminish its value«. Kernberg (1976b, 122) kritisierte, dass Bowlby die »innere Welt« und »fast ganz den intrapsychischen Aufbau von Strukturen vernachlässigt, die zwischenmenschliche Konflikte reflektieren«, und Dowling (1985) fand in der »attachment theory ... no dynamic unconscious, no interplay of impulse and defense, no conflict, no compromise formation«.

Fonagy (1999b; s. auch S.A. Mitchell 1999) weist diese Kritik zurück. Er ist der Ansicht, dass auf Missverständnissen beruhte und in der Zwischenzeit hinfällig geworden wäre. Zwar konzediert Fonagy (2001, 196f), dass die Bindungstheorie »den systematischen Verzerrungen in der kindlichen Wahrnehmung der äußeren Welt« wie auch der Tatsache mehr Aufmerksamkeit schenken sollte, dass »innere Arbeitsmodelle« häufig miteinander im Konflikt stehen können, »wobei einige einen besseren Zugang zum Bewusstsein haben als andere«. Er ist jedoch der Ansicht, dass bspw. Freuds Beschreibung

> »of the ego's capacity to create defenses that organize characterological and symptomatic constructions as part of the developmental process became a cornerstone of Bowlby's trilogy« (1999b)

und – indem er sich insbesondere auf das 17. Kapitel von Bowlbys 1. Band seiner Trilogie bezieht – dass eine

> »mayor strength of attachment theory is the relative clarity with which Bowlby describes the representational system, which mediates and ensures the continuity of interpersonal behavior« (1999b).

Des Weiteren argumentiert er (2001, 167ff), dass es zwischen Bindungstheorie und Psychoanalyse in »vier wichtigen Punkten zu epistemologischen Überschneidungen« kommt. Beide Theorien nehmen an, dass soziale Wahrnehmung und soziale Erfahrung durch Erwartungen verzerrt werden, dass die ersten Lebensjahre für die Entwicklung einer Person von besonderer Wichtigkeit sind, dass die mütterliche Feinfühligkeit einer der ursächlichen Faktoren darstellt, welche die Qualität der Objektbeziehungen und damit auch der psychischen Entwicklung bestimmen, und – indem er insbesondere auf die britische Objektbeziehungsschule verweist – dass in der Zwischenzeit auch in Sicht der Psychoanalyse »die Beziehung zwischen Kind und Pflegeperson ... auf einer Art autonomem Beziehungswunsch beruht«. Ferner weist er (2001, 174ff) darauf hin, dass sich in der Auffassung beider Theorien bestimmte wichtige psychologische Funktionen im Kontext frühere Beziehungen erworben und entwickelt werden, dass für beide eine spezifische Symbolfunktion – die von ihm sog. »Mentalisierung« – eine zentrale Rolle spielt, und dass sich beide um ein Verständnis der Persönlichkeitsentwicklung und der Entwicklung psychischer Störungen bemühen.

Die kontroversen Einschätzungen der konzeptuellen Kompatibilität von Bindungstheorie und Psychoanalyse sind klärungsbedürftig. Da es in diesem Rahmen nicht möglich ist, alle verschiedenen Spielarten der Bindungstheorie mit den ebenso verschiedenen Spielarten der Psychoanalyse zu vergleichen, werde ich meinem Klärungsversuch in zweifacher Hinsicht beschränken. Auf der einen Seite werde ich mich auf die Psychoanalyse beziehen, wie sie von Freud konzeptualisiert wurde, und auf der anderen werde ich mich vor allem mit Bowlbys Grundlegung der Bindungstheorie unter der Frage auseinandersetzen, inwieweit seine grundlegenden Annahmen mit den für die Freudsche Psychoanalyse zentralen Sichtweisen kompatibel und ob sie epistemologisch haltbar sind. Bowlbys Grundlegungen sind in den nachfolgenden Spielarten seiner Theorie bisher nicht ernsthaft problematisiert, geschweige denn verändert worden. Implizit gelten sie damit auch für die neueren Versionen, so dass eine Untersuchung der Kompatibilität von Bowlbys Grundlegungen und psychoanalytischen Konzepten auch Auskunft geben kann, inwieweit diese neueren Versionen mit Freuds Psychoanalyse konsistent sind. In einem zweiten Abschnitt werde ich dann der Frage nachgehen, ob die vorgetragene Kritik berechtigt ist oder ob Fonagys Feststellung zutrifft und sich die von Gilmore (1990), Kernberg (1976) und Dowling (1985) vermissten, in der Freudschen Psychoanalyse relativ zentral stehenden Konzepte in der Bindungstheorie und ihren verschiedenen Versionen wieder finden.

Entwickelt wurde die Bindungstheorie von Bowlby (1969; 1973; 1979; 1980) vor etwa dreißig Jahren. Ihre Grundannahmen, besagen, dass menschliches wie animalisches Verhalten kausal bestimmt ist – Bowlby (1969, 93f) spricht explizit von der »Kausalorganisation von Verhalten«.und führt u. a. »Hormone, Charakteristika des Zentralnervensystems und die Umweltstimulation« an – und wie bestimmte maschinelle Systeme (1969, 52; 137) von Regelkreisen gesteuert wird. Zentrale Begriffe sind

> »die der Verhaltenssysteme und ihrer Steuerung, der Information, dessen negativen Feedback und eine verhaltensmäßige Form der Homöostase, Es wird angenommen, dass die Ausführung eines Verhaltensplans ausgelöst wird durch den Empfang gewisser Informationen (welche die Sinnesorgane entweder aus äußeren oder aus inneren Quellen oder aus einer Kombination aus beiden beziehen), dass diese gesteuert und letztlich determiniert werden durch ständigen Empfang weiterer Informationen, die ihren Ursprung im Resultat der durchgeführten Aktion haben (und auf dieselbe Weise durch die Sinnesorgane aus externen, internen oder kombinierten Quellen bezogen werden). Es wird angenommen, dass die Verhaltensprogramme selbst und die Signale, die deren Ausführung steuern, sowohl aus erlernten als auch aus nicht erlernten Komponenten bestehen« (1969, 32, Kursivierungen aufgehoben, S. Z.).

Unter der gemeinsam »biologischen Funktion ... das Überleben der Spezies (oder der Population) [zu] fördern, deren Mitglied der Organismus ist«, entwickeln sich diese Verhaltenssysteme »in einem Individuum durch die Interaktion zwischen der Ontogenese genetisch bestimmter Neigungen und der Umgebung, in der das Individuum aufwächst« (1973, 110f).

Auch das Bindungsverhalten des Neugeborenen habe diese Funktion. Im liege ein eigenständiges, evolutionsbiologisch fundiertes Verhaltenssystem zugrunde, dessen Überlebenswert Bowlby (1973, 181f) darin sieht, dass es bei Tieren und den ersten Menschen »vor Räubern oder Raubtieren« und heute den Menschen vor den Gefahren des Alltags schütze. Ausdrücklich wendet sich Bowlby (1969, 171) dabei gegen die seiner Meinung nach Freud zuzuschreibende Auffassung, dass sich das Kind an die Mutter binde, weil sie seine »physiologischen Bedürfnisse« erfülle und es die Erfahrung mache, »dass sie die Quelle der Befriedigung ist«[56]. Er argumentiert vor allem damit, dass sich Bindungen

---

[56] Bowlby (1969, 171) nennt diese Theorie »Essliebe-Theorie der Objektbeziehungen«.

an die Mütter sowohl bei Tieren als auch beim Menschen unabhängig von der Nahrungszufuhr einstellen (1969, 205).

Die Kategorie des Triebes als ein den Menschen zum Handeln antreibendes Motivationssystem wird verabschiedet. Der »Begriff Trieb«, sagt Bowlby (1969, 133), eignet sich lediglich als ein vorläufiges Hilfsmittel, das »umso weniger brauchbar wird, je besser wird die Kausalfaktoren verstehen, die das Instinkt-verhalten« – gemeint ist »das Resultat der Aktivierung von Verhaltenssystemen« – »beeinflussen«. Deshalb werde in seinen Überlegungen »weder der Begriff Instinkt ... noch der Begriff Trieb verwendet« (1969, 134). So sieht er auch im genitalen »Sexualverhalten ... ein vom Bindungsverhalten getrenntes Verhaltenssystem« (1969, 217), in dem »[h]ormonelle Zustände des Organismus und bestimmte Merkmale des Partners gemeinsam sexuelles Interesse [bewirken] und ... eine ursächliche Rolle bei der Auslösung des Sexualverhaltens« spielen (1979, 151) und dessen Überlebenswert er in der Fortpflanzung zur Arterhaltung sieht.

Wie den Trieben wird auch Bedürfnissen, Wünschen und Gefühlen eine motivationale Kraft abgesprochen. Bedürfnis ist für Bowlby (1969, 135) nur ein anderer Ausdruck für »die Notwendigkeiten der Erhaltung der Spezies«. Sie sind kein »Verhaltenssystem« und auch »nicht die Ursachen von Verhalten«. Sie »bestimmen nur die Funktion, denen Verhaltenssysteme zu dienen haben« (1969, 135). Der Begriff »Wunsch« wiederum

> »bezieht sich auf das Bewusstsein eines menschlichen Subjekts von dem gesetzten Ziel eines Verhaltenssystems oder einer Ganzheit von Verhaltenssystemen, die gerade ... aktiviert worden sind« (1969, 136).

Ebenso werden auch Gefühle als passiver Bestandteil verstanden, der sich im Prozess der Bewertung einstellt. In diesem Prozess würden die »Inputs mit Maßstäben« verglichen, »die im Organismus während der Dauer von dessen Leben entwickelt wurden«, und »gewisse[.] allgemeine[.] Verhaltensweisen anstelle von anderen ausgewählt, und zwar mit Blick auf die Resultate der vorher angestellten Vergleiche« (1969, 114; Kursivierungen aufgehoben, S. Z.), wobei ein Teil dieses Prozesses »durch Gefühlsempfindungen erfasst wird« (1969, 111).

Kommentar

Wenigstes auf einige Probleme, die Bowlbys Konzept innewohnen und die seine Einbeziehung in die Psychoanalyse fragwürdig werden lassen, will ich hinweisen.

Als Ausgangspunkt seiner Argumentation wählt Bowlby ein besonderes kybernetisches Feedback-Modell, unter welches er (1969, 52; 137) lebende wie maschinelle Systeme gleichermaßen subsumiert. Strukturell setzt er (1969, 53) dieses Feedback System einem »weiterentwickelten Zimmerthermostat[en]«

gleich. Dieser registriere nicht nur die Abnahme der Wärme, sondern schalte auch die Kühlung ein, registriere darüber hinaus die Diskrepanz zwischen Wärme und Kälte sowie die Zu- und Abnahmerate des Unterschieds, und um sicher zu gehen,

> »dass die Temperatur genau gleich bleibt, könnte die ganze Apparatur verdoppelt oder verdreifacht werden, wobei vielleicht analoge, jedoch nicht identische Vorgänge verwendet werden« (1969, 53).

Erläutert an demselben Zimmerthermostatsbeispiel hat v. Bertalanffy (1967, 117f) die generellen Charakteristika dieses Feedback-Modells so beschrieben:

> »Die minimalen Elemente eines kybernetischen Systems oder Regelkreises sind ein Sinnesorgan (›Fühler‹), das ›Reize‹ aus der Umwelt als ›Input‹ aufnimmt; von diesem Rezeptor wird eine ›Nachricht‹ zu einer Zentralstelle geleitet, die irgendwie auf sie reagiert und gewöhnlich die erhaltenen Signale verstärkt; die Zentralstelle ihrerseits übermittelt die Nachricht an ein Wirkorgan (›Stellglied‹), das schließlich auf den Reiz mit einer Antwort als ›Output‹ reagiert. Der Output aber wird durch eine Rückkopplungsschleife an den Rezeptor zurückgemeldet, der sie mit einem ›Sollwert‹ vergleicht und so reagiert, dass der Output den Sollwert erreicht bzw. sich ihm schrittweise annähert. Das ist das Prinzip des *Regelkreises*, durch den das System sich selbst steuert ... Die Tätigkeit eines kybernetischen Systems hängt von den ›Nachrichten‹ ab, die es von außerhalb erhält und die zwischen Fühler, Zentralglied und Stellglied spielen. Nachricht beruht auf Übermittelung eines Etwas, das ... für das System ›Bedeutung‹ hat. Dieses Etwas heißt ›Information‹«.

Die Identität der Charakteristika dieses Systems mit den Zentralbegriffen Bowlbys ist offenkundig. Aber dieses Feedback-Modell, das Bowlby wählt, ist kein generelles, sondern ein ganz spezieller Typ eines selbstregulierenden Systems insofern, als diese Systemtypen, wie v. Bertalanffy (1967, 120) sagt, »geschlossen‹ [sind] im Hinblick auf Austausch von Materie mit der Umgebung; sie sind ›offen‹ nur für Information«. Und er fügt an:

> »Damit fehlt dem kybernetischen Modell ein wesentliches Charakteristikum lebender Systeme, deren Bestandteil ständig in katabolischen Prozessen abgebaut und in anabolischen regeneriert werden – mit Konsequenzen für Wachstum, Entwicklung und Differenzierung«.

Das von Bowlby gewählte kybernetische Modell kann aber nicht nur, wie schon Engel (1971) mit Hinweis auf v. Bertalanffy urteilte, menschliches Verhalten nicht adäquat abbilden. Es steht auch in Widerspruch zur Psychoanalyse. Systemtheoretisch betrachtet konzeptualisiert jedenfalls die Psychoanalyse ihren Gegenstand nicht als ein geschlossenes, sondern als ein offenes System (z. B. Coburn 2000; Cooper 1987a; Hartmann 1964; Spruiell 1983).

Ebenso wie sein kybernetisches Modell dem Gegenstand nicht gerecht wird, ebenso scheitert auch sein Versuch, eine genetische Determinierung der menschlichen Verhaltenssysteme evolutionsbiologisch zu begründen. In seiner Argumentation verweist Bowlby (1969, 177ff) vor allem auf ein strukturell gleichartiges Bindungsverhalten bei Menschen und nichthumanen Primaten. Da aber strukturell gleichartige Verhaltensweisen verschiedener Spezies nicht offenbaren, ob sie aus denselben Gründen erfolgen[57], können seine vielfältigen Hinweise seine These auch nicht evolutionsbiologisch substantiieren.

Bowlby (1969, 19f) beschreibt seine wissenschaftliche Strategie wie folgt:

»Auf der Basis von Primärdaten, die aus Verhaltensbeobachtungen an Kleinkindern in genau bezeichneten Situationen bestehen, wird der Versuch gemacht, bestimmte frühe Phasen im Funktionieren der Persönlichkeit zu beschreiben und von diesen aus gewissermaßen nach vorne zu extrapolieren«.

Indem Bowlby diese, zu Freud gegenläufig angelegten Erkenntnisperspektive einnimmt – wie Bowlby (1969, 19) zurecht anmerkt, hat »Freud von einem Endpunkt aus nach rückwärts gearbeitet« und versucht, bei der Ausarbeitung seiner Lehre aus Gegenwärtigen das Vergangene zu rekonstruieren –, wird in diesem Ansatz verkannt, dass dem Verhalten von Kleinkindern prospektiv nicht entnommen werden kann, was einmal aus ihnen werden könnte. Wissenschaftliche Prognosen setzen allgemeine Gesetze voraus. Auf deren Grundlage von den Anfangsbedingungen auf ein künftiger Ereignis deduktiv geschlossen werden kann. Weil zwar auf naturwissenschaftlichem, nicht aber auf sozialwissenschaftlichem Gebiet Gesetze als allgemeingültige ausgewiesen werden können (s. Kap. 14), fehlt jedoch für eine derartige Prognose die für ihren wissenschaftlichen Status entscheidende Grundlage. Da auf sozialwissenschaftlichem Gebiet »Andeutungen auf Höher... es nur verstanden werden [können], wenn das Höhere selbst schon bekannt ist« (Marx 1857, 636)[58], können Begründungen auch nur vom bestehenden in die Vergangenheit reichen und nicht in Form wissenschaftlicher Prognose vom Bestehenden in die Zukunft weisen. D. h., aus dem Vorfindlichen kann nicht der ihm eigene Stellenwert für die Entwicklung des Künftigen, wohl aber der Stellenwert erschlossen werden, der seiner Vergangenheit in seiner Entwicklung zukam.

Bowlby (1969, 124) vertritt einerseits die Ansicht, dass »eine teleologische Theorie ... außerhalb des Bereichs der Wissenschaft« liegt, weil »sie zu der Annahme verführt, die Zukunft determiniere die Gegenwart durch ein Art finaler Kausation«. Versteckt unter dem Begriff »teleonomisch« (1969, 52; 137) argumentiert er aber andererseits selbst teleologisch. Hinsichtlich einer finalen Verursachung macht es jedenfalls keinen Unterschied, ob ich sage: »Verhaltenssysteme haben die biologische *Funktion*, das Überleben der Art zu garantieren«, oder ob ich sage: »Verhaltenssysteme haben das biologische gesetzte *Ziel*, das Überleben der Art zu garantieren«.

---

[57] Wenn bspw. Hunde bellen und Menschen sprechen, ist ihr Verhalten strukturell in dem Sinne identisch, als beide Laute produzieren. Daraus kann aber nicht gefolgert werden, dass beide Spezies dies aus demselben Grunde tun.

[58] Deshalb ist die »Anatomie des Affen« auch kein Schlüssel zum Verständnis der »Anatomie des Menschen«; vielmehr ist die »Anatomie des Menschen ein Schlüssel zum Verständnis der Anatomie des Affen« (Marx 1857, 636).

Zugunsten von Bowlby (1969, 137; 73f), der die Operationen eines jeden »lebendige[n] oder maschinelle[n] System[s]«[59] gleichermaßen als »zielgerichtet« auffasst, ließe sich nun argumentieren, dass sich teleologische Erklärungen im Falle des von ihm unterstellten, allgemeingültigen Gesetzen unterliegenden zielgerichteten Verhalten in kausale umwandeln lassen. Unter der Bedingung, dass ein Prozess in dem Sinne vollständig determiniert ist, dass jeder einzelne Schritt der Ereignisfolge zwischen Ausgangspunkt und Endzustand allgemeinen Gesetzen folgt, ist es ohne Belang, ob man den Prozess vom Beginn oder vom Ende her erklärt. Denn formallogisch sind unter dieser Bedingung teleologische und kausale Erklärungen austauschbar: Wenn das Ereignis A eine notwendige Bedingung für das spätere Ereignis B ist, kann man auch sagen, dass B die hinreichende Bedingung dafür, dass A vorlag, und wenn A eine hinreichende Bedingung für B ist, kann man genau so gut sage, dass B eine notwendige Bedingung dafür ist, dass A vorlag.

Nun können zwar die Operationen nicht-lebender Systeme und das Verhalten vieler subhumaner Lebensformen als *zielgerichtet* angesehen werden. Menschliches Verhalten hingegen ist nicht *zielgerichtet*, sondern *zielintentional*. Nagel (1977, s. auch Dretske 1988, 117ff; v. Wright 1968) unterscheidet *zielgerichtetes* und *zielintentionales* Verhalten in folgender Weise: Während dem *zielintentionalen*, menschliches Verhalten charakterisierenden Handeln keine kausalen Mechanismen, sondern Motive inhärent sind, die zumindest kognitive Vorstellungen der Ausgangslage und des angestrebten Endzustandes voraussetzen, impliziert ein zielgerichtetes, maschinelles und viele subhumane Lebensformen kennzeichnendes Verhalten keine Kognitionen und wird von einem Ausgangszustand insofern kausal bewirkt, als der Endzustand den vorausgegangenen als notwendige Bedingung voraussetzt.

Da *zielintentionales* Verhalten nicht wie immer auch gearteten allgemeingültigen Gesetzen folgt (z. B. Dretske 1988, 120; Bogatyreva u. Bogatyrev 2003), können teleologische Erklärungen dieses Verhaltens auch nicht in kausale transferiert werden[60]. Wenn also Bowlby einerseits Hormone, den Zustand des zentralen Nervensystems und Umweltreize als causa efficienz menschlicher Verhaltenssysteme anführt, und sie andererseits damit begründet, dass sie das

---

[59] Bowlby (1969, 137) präzisiert dies dahingehend, dass »zielgerichtet« für ein System – gleichgültig ob lebend oder maschinell – gilt, »das so konstruiert ist, dass es im Falle der Aktivierung in der Umwelt seiner Angepasstheit ein voraussehbares Ergebnis erzielt«. D. h. Bowlby behandelt Menschen nicht nur »as though they were animals«, wie Susanna Isaacs Elmhirst, eine Kleinianerin, feststellte (zitiert in: Grosskurth 1986, 406); er behandelt darüber hinaus Menschen und Tiere als wären sie Maschinen.

[60] Wenn ich einen Freund besuche um ihm eine Freude zu bereiten, kann daraus weder gefolgert werden, dass ich und andere Menschen immer dann, wenn wir ein Freund besuchen, dies immer aus demselben Grunde tun, noch dass wir immer dann, wenn wir einem Freund eine Freude machen wollen, ihn immer besuchen werden.

Überleben der Gattung garantieren, vermischt er in Wirklichkeit kausale mit teleologischen Erklärungen in einer Weise, die selbst dann als unwissenschaftlich zurückzuweisen ist, wenn man sie an Bowlbys eigenem epistemologischen Selbstverständnis misst.

Generell begreift Bowlby die Psychoanalyse als eine Verhaltenswissenschaft. »Die Psychoanalyse«, sagt er,

> »kann zweifellos nur dann den vollen Status einer Verhaltenswissenschaft erreichen, wenn sie zusätzlich zu ihrer traditionellen Methode die bewährten Methoden der Naturwissenschaft verwendet. Während die historische Methode immer die Grundlage des Behandlungszimmers bleiben wird (wie bei allen Zweigen der Medizin), so könnte und sollte diese für Forschungszwecke doch durch die Methode der Hypothese, der deduktiven Vorhersage und der Prüfung ergänzt werden« (1969, 24).

Auf der Grundlage der Befunde, die er mit dieser Methode an Kleinkindern gewonnen hat, stellt Bowlby die psychoanalytische Theorie der frühkindlichen Entwicklung in Gänze in Frage. Während Freud (1916-17a, 332) bspw. Sexualität und Fortpflanzung in der psychischen Entwicklung konzeptuell trennte, begrenzt Bowlby (1973, 111) das Sexualverhalten auf die Funktion der Arterhaltung in Gestalt von »Befruchtung und Fortpflanzung« (1973, 111) und schafft damit die Psychosexualität in Gänze ab. Abgesehen davon, dass er gänzlich offen lässt, welche, aus der »Beobachtungen an Kleinkindern« bestehenden »Primärdaten« (1969, 19) diese Auffassung empirisch begründen sollen, steht diese These in Widerspruch zum Sexualverhalten Homosexueller. Wie auch Bowlby (1969, 127) feststellt, fehlt bei ihnen die biologische Funktion der Fortpflanzung als gesetztes Ziel, so dass die »Aktivität des Systems überhaupt keinen Überlebenswert« (1969, 135) besitzt. Diesen Widerspruch sucht Bowlby (1969, 127) mit dem Argument aufzulösen, dass diese biologische Funktion nicht dem einzelnen Individuum, sondern der Gattung innewohne – bspw. heißt es, dass »der Bestand überleben will« (1969, 127) –, und, da die Gattung überlebt, müsse das Sexualverhalten der Mehrheit der Individuen einer Population diese biologische Funktion erfüllen.

Mit dieser Argumentation kann allerdings der Widerspruch nicht aufgelöst werden. Zum einen ist der Ausdruck »Gattung« eine Abstraktion und nur reale Individuen, die sich unter die Abstraktion »Gattung« subsumieren lassen, und nicht Abstraktionen können biologische Funktionen aufweisen. Zum anderen wird die Existenz dieser Funktion tautologisch begründet. Aus dem faktischen Überleben der Gattung schließt Bowlby auf die biologische Funktion der Arterhaltung, begründet mithin mit dem Überleben der Gattung, dass diese Funktion vorhanden ist, und erklärt dann das Überleben mit dieser Funktion[61]. Des

---

[61] Bowlbys Annahme, dass das Bindungsverhalten einen Selektionsvorteil darstelle, weil es das Überleben der Art garantiere, ist die einzige, die bisher infrage gestellt wurde. So meint Fonagy (2001, 198), dass diese Annahme nicht mit den neuesten Erkennt-

Weiteren bleibt eine Antwort auf die Frage geschuldet, welche Funktion das Sexualverhalten bei Homosexuellen, Perversen oder empfängnisverhütenden Paare erfüllt. Weil der Freudsche Triebbegriff ausgesondert wurde, kann Bowlby diese Frage nurmehr negativ, d. h. in der Form beantworten, dass diese Funktion nicht mehr dem Überleben der Gattung dient.

Auch konfrontiert Bowlby, wie bereits G.L. Engel (1971) und Anna Freud (1960) bemerkten, seine Befunde nicht mit der psychoanalytischen Theorie[62], sondern im Wesentlichen mit seiner verzerrten Rezeption. Bspw. setzt Bowlby in seiner Argumentation, mit der er eine triebunabhängige, evolutionsbiologisch angelegte Bindung des Neugeborenen an die Mutterfigur zu begründen sucht, Freuds Triebbegriff inhaltlich mit den »großen Körperbedürfnisse[n]« (Freud 1900a, 571) gleich, die Freud explizit von den Triebbedürfnissen, die sich auf sensorische Kontakte beziehen, unterscheidet (s. Kap. 2). Nimmt man hinzu, dass zum »oralen‹ Erleben« nicht nur nuckeln, sondern ebenso

> »die ontogenetisch frühesten erregungsdämpfenden Erfahrungen: Hautkontakte (Wärme ... Berührung), akustischer Kontakt (Sprache und Tonfall) und passiv beruhigendes Bewegtwerden« (Mitscherlich 1967, 32),

gehören[63], verliert auch Bowlbys evolutionsbiologische Begründung eines eigenständigen Bindungsstrebens an Gewicht. Gegen Freuds These – das Kind bindet sich an die Mutter, weil es sie als Quelle der Befriedigung seiner Bedürfnisse erfahren hat – gerichtet fundiert er seine Begründung u. a. mit Harlows Untersuchung von Rhesusaffen, in der gleich nach der Geburt die Mütter der

---

nissen der der Soziobiologie und der Verhaltensgenetik übereinstimmt. Er argumentiert, dass »nicht das ›Überleben der Art‹ ... die Entwicklung vorantreibt«; der »Motor der Evolution« sei »vielmehr das Überleben des genetischen Codes, den ein bestimmtes Individuum in sich trägt«. Aber die Änderung von »Überleben der Art« in »Überleben des genetischen Codes« beseitigt nicht den taulogischen Charakter dieser Argumentation.

[62] Fonagy (1982, Kursivierungen, S. Z.) schreibt: Eine »plausible reason for the distant relationship between empirical and theoretical studies might be *the poor knowledge of psychoanalytic theory* on the part of the investigators. Unfortunately, most validational experimental studies, whether out of over-simplification, inadequate formulation or unfamiliarity, ignore the function and falsify the content of the psychoanalytic concepts under investigation. Thus they undermine their own validity«. Offensichtlich ist dies kein Einzelfall. Von psychoanalytisch geschulten empirischen Forschern, sagt Green (2000), »kann man sagen, das viele von ihnen das durchlaufen haben, was ich einen ›Grundkurs‹ in Psychoanalyse nennen würde, der es ihnen erlaubt, sich gegenüber eventuellen Vorwürfen abzusichern, sie würden die Psychoanalyse ignorieren. Auf Kongressen habe ich viele von ihnen kennen gelernt. Das Ausmaß ihres offensichtlichen Missverständnisses dessen, was Psychoanalyse ist, war erstaunlich. Im ›Rooster‹, der Mitgliedsliste der IPV [International Psychoanalytic Association], zu stehen genügt nicht mehr«.

[63] »›Oral‹ is a single-word representation of a complex mother-child constellation« (Whitman 1963), zu der insbesondere »tactile gratification« gehört.

Affenbabys durch Modellmütter – entweder ein Drahtzylinder oder ein mit weichem Mantel bedeckten ähnlichen Zylinder – ersetzt und sie mit einer Flasche ernährt wurden, die sich in jedes dieser Drahtgestelle stecken ließ. Die Resultate erbrachten, dass die Babys sehr bald die meiste Zeit am Stoffmodell verbrachten und sich an dieses insbesondere dann anklammerten, wenn irgendwelche Gefahren drohten. Nichts spricht hier gegen die Annahme, dass sich die Affenbabys deshalb das Stoffmodell bevorzugten, weil sie von ihm nicht nur Nahrung erhielten, sondern weil im Gegensatz zum Drahtmodell noch erregungsdämpfende Hautkontakte – d. h. Befriedigungen oraler Triebbedürfnisse – möglich wurden[64]. »Harlow's findings«, hielt auch R.A. Spitz (1962, Kursivierungen, S. Z.) fest,

> »prove experimentally what I have stressed for a quarter of a century: the importance of breast feeding in establishing object relations *does not lie in the fact that it assuages hunger and thirst.* That it stimulates the primal cavity, the oral region, is also only part of its significance. As I see it, the major role of breast feeding in the establishment of object relations lies in the fact that it enforces the most consistent, *the most multiform contact with the mother's body*«.

Für Freud ist allerdings die daraus folgende Bindung an das mütterliche Objekt nicht nur Folge der Triebbefriedigungen in Form sensorischer Kontakte. Die »Objektwahl nach dem Anlehnungstypus« erfolgt seiner Ansicht nach nicht nur, weil »die Mutter« durch die durch sie ermöglichte Befriedigung »zum ersten Liebesobjekt« wird, sondern zugleich auch, weil sie – wie auch Bowlby (1973, 181f) betont – »zum ersten Schutz gegen alle die unbestimmten, in der Außenwelt drohenden Gefahren, zum ersten Angstschutz« wird (Freud 1927c, 346). So wie sich die Affenbabys an ihr mütterliches Stoffmodell anklammerten, wenn irgendwelche Gefahren drohten, ebenso wird auch von dem Zeitpunkt an, an dem ein Kind erfahren hat, »dass ein äußeres, durch Wahrnehmung erfassbares Objekt der ... gefährlichen Situation ein Ende machen kann« (1926d, 168), seine Bindung an das Objekt vom Besterben angetrieben sein, die in diesen Situationen auftretenden unlustvolle Affekte möglichst zu verhindern. Dies zeigt sich besonders, wenn beide Bestrebungen in Konflikt geraten und unter der Bedingung zu Abwehroperationen führen, »dass das Unlustmotiv eine stärkere Macht gewinnt als die Befriedigungslust« (1915d, 249). Wendet man diesen Sachverhalt objektbeziehungstheoretisch und nimmt hinzu, dass in psychoanalytischer Sicht in diesen Situationen die Realisierung eines Triebwunsches von einer äußeren Gefahr – bspw. vom Verlust des Objekts oder seiner Liebe – bedroht ist, ergibt sich jedenfalls, dass im Konflikt die Unlustvermeidung domi-

---

[64] Für die orale Phase gilt, dass »[t]he mother becomes a libidinal object of multidimensional satisfaction« (Hämäläinen 1999). »[T]he concept of the oral phase may be considered more broadly as part of a system of ›sensory-affective‹ pleasure which involves all the sensory-affective (motor) pathways ...« (Greenspan 1988; s. auch Arlow 1963; Brierley 1936; Buxbaum 1960; Erikson 1970; Gaddini 1969; Wachtel (1986a).

niert und aus diesem Grunde Triebwünsche abgewehrt werden, so dass an der Bindung festgehalten werden kann.

In Übereinstimmung mit Astley u. E. Jacobson (1970)[65], Bernardi (1998)[66] und Anna Freud (1960)[67] erweist sich so das Bindungsverhalten als eine Objektbeziehung »nach dem Anlehnungstypus« (Freud, 1914c, 154), die sowohl vom Streben nach Lust als auch von dem der Unlustvermeidung getragen ist.

Dass das von ihm als eigenständig postulierte Bindungsverhalten das Resultat von Triebbefriedigung und -frustration darstellt, entgeht Bowlby (1969, 30f) auch deshalb, weil er das Freuds Lustprinzip um den Aspekt des Erlebens verkürzt und nur auf die ökonomischen Kategorien der Erregung und Entspannung bezieht. Bei Freud hingegen ist jedoch im Zusammenhang mit dem Lustprinzip nicht nur von diesen Kategorien, sondern immer auch von Lust*empfindungen* und von Unlust*empfindungen* die Rede (s. Kap. 4).

Seine, psychoanalytische Inhalte entstellende und verkürzende Rezeption ergänzt Bowlby um das weitere Missverständnis, Psychoanalyse beziehe sich als Wissenschaft auf beobachtbares Verhalten. Bowlby jedenfalls argumentiert ausschließlich in einem verhaltenstheoretischen Bezugsrahmen und reduziert die psychischen Prozesse, die Welt der Repräsentanzen – den Gegenstand der Psychoanalyse –, entweder auf ein passives und einflussloses Epiphänomen biologischer Prozesse oder lässt sie gänzlich außer Acht lässt. Im Kapitel 17 seiner Trilogie, in dem in Sicht Fonagys (1999b) Bowlby das System der Repräsentanzen, welches die Kontinuität des zwischenmenschlichen Verhaltens vermittelt und sicher stellt, in relativer Klarheit beschreibe, lautet die entscheidende Passage: »Wie ein Kind seine ›Innenwelt‹ aufbaut« und

> »sich mit der Konstruktion seiner Arbeitsmodelle beschäftigt sind Fragen die ein Zuviel an Riesenproblemen (und Riesenkontroversen) aufwerfen, so dass es keinen Sinn hat, hier darauf einzugehen« (Bowlby 1969, 322).

Und obgleich Bowlby (1969, 220) sagt, dass er mit seiner Theorie »keineswegs die Einsichten der Psychoanalyse beeinträchtigen« möchte, fügt er hinzu: »Mit

---

[65] »Attachment« is a synonym for anaclitic which Freud offered; I propose that we adopt it« (Astley u. Jacobson 1970).

[66] »Attachment patterns show structures of rather general characterics, bound directly to aspects of the relation that, in Freudian terms, could be called anaclitic« (Bernardi 1998) .

[67] Anna Freud (1960) betont, dass das Lust-Unlustprinzip in »its metapsychological sense ... is conceived as a principle which governs all mental activity in the immature and insufficiently structured personality. Since it embraces all mental processes, the tie to the mother is governed by it as well ... It becomes evident that this latter theory is no more nor less than the classical psychoanalytic assumption of a first ›anaclitic‹ relationship to the mother, i.e., a phase in which the pleasurable sensations derived from the gratification of major needs are instrumental in determining which person in the external world is selected for libidinal cathexis«.

der systematischen Erforschung darüber ist gerade erst begonnen worden und bisher ist nur wenig zuverlässiges darüber bekannt« (1969, 323), und erklärt damit die bisherigen psychoanalytischen Einsichten in das Innenleben für irrelevant[68]. Zugleich lässt Bowlby mit dieser Aussage erkennen, dass er psychoanalytische Einsichten nicht, wie behauptet, ergänzen, sondern durch noch zu erarbeitende Erkenntnisse ersetzen will, die seiner Meinung nach wissenschaftlichen Ansprüchen genügen[69].

Da Bowlbys Wissenschaftsbegriff im Urteil eines seiner Biographen (Holmes 1993, 4) beschränkt war auf »what could be observed and measured«, und er psychoanalytische Erkenntnisse in wissenschaftlicher Hinsicht für irrelevant erachtete, wird auch verständlich, warum Bowlby (1969, 322) zur Beantwortungen der Fragen, wie diese inneren

> »Modelle konstruiert sind und Wahrnehmung und Urteilsvermögen beeinflussen, wie adäquat und wirksam sie sich für Planen erweisen, wie gültig oder verzerrt ihre Darstellungen sind und welche Bedingungen ihrer Entwicklung förderlich oder hinderlich sind«,

nicht auf die psychoanalytische Konzeptualisierungen der »intrapsychic processes involved in the development of object relations« (G.L. Engel 1971, 190) zurückgegriffen hat.

Aber selbst wenn Bowlby diese Fragen, die er für »Fragen von größter Bedeutung für das Verständnis der verschiedenen Arten und Weisen« hielt, »in denen sich das Bindungsverhalten heranwachsender Kinder organisiert« (Bowlby 1969, 322), auf der Grundlage seiner Beobachtungsdaten beantwortet, auf die ihnen zugrunde liegenden psychischen Prozesse geschlossen und sie gegen deren psychoanalytische Konzeption gewendet hätte, könnten seine Befunde die psychoanalytische Fassung der frühkindlichen Entwicklung nicht unmittelbar ernsthaft problematisieren[70]. Da Erkenntnisse methodenspezifisch sind

---

[68] So urteilte Bowlby über Anna Freud und andere Psychoanalytiker seiner Zeit: »Diese Leute haben keinen wissenschaftlichen Geist. Sie wussten nicht, was Wissenschaft ist« (zit. n. Green, 2001).

[69] So sind auch Cortina u. Marrone (2004) der Ansicht, »that the revision of psychoanalytic theory proposed by Bowlby is not just a matter of offering a slightly modified view of psychoanalysis«. Es handele sich vielmehr um einen »paradigm shift«, denn: »Attachment theory proposes a completely new framework from which to understand clinical and developmental phenomena that has traditionally been interpreted with concepts of drives, libido, cathexis, fixation, regression sublimation and so forth«. Genau besehen sei dieser Paradigmenwechsel eine Entmystifizierung vom Freuds Auffassung der Triebbestimmtheit menschlichen Verhaltens. »In his self-analysis«, so die Autoren, »Freud misconceived his need for affectional ties to his mother ... as sexual in nature«, und »Freud's interpretation of the Oedipal myth served as a ›cover story‹«, die ihm seine Bindungsbedürfnisse zu verbergen half.

[70] Dies gilt auch für die Unternehmungen, mit denen man versuchte, auf dem Wege der Säuglingsbeobachtung direktere Einblicke in das Innenleben des Säuglings bekom-

setzt dies voraus, dass die direkte Verhaltensbeobachtung als eine andere Methode, welche erlaubt, zum Innenleben des Kindes vorzudringen, theoretisch legitimiert und diese Konzeptualisierung metatheoretisch mit der psychoanalytischen Gegenstandsbestimmung vermittelt wurde, welche das sprachgebundene Verfahren der Psychoanalyse als eine dem Gegenstand adäquate methodische Vorgehensweise lizenziert[71]. Verzichtete man auf diese metatheoretische Vermittlungsarbeit, trifft Wolffs 1996; s. auch Kap. 8) Feststellung in vollem Umfang zu, nämlich dass dann »psychoanalytically informed infant observations ... essentially irrelevant for psychoanalysis as a theory of personal meanings and hidden motifs« bleiben.

Hinweise auf das Seelenleben finden sich lediglich in einigen wenigen Bemerkungen. In der einen ist von unbewussten Wünschen in dem Sinne die Rede,

> »dass in der betreffenden Person ... ein Verhaltenssystem oder eine Systemganzheit mit diesem oder jenem gesetzten Ziel aktiv ist, dass die Person sich jedoch dessen nicht bewusst ist« (1969, 136).

In einer weiteren Bemerkung wird die »Verdrängung« als »Deaktivierung eines Systems« angesehen, womit »für das Individuum bedeutsame Informationen ... systematisch von der Weiterverarbeitung ausgeschlossen« würden (1980, 91), und in einer anderen wird festgestellt, dass die biologischen Verhaltenssysteme, die

> »Umwelt- oder Organismusmodelle, die hier als notwendige Teile eines verfeinerten biologischen Steuerungssystem beschrieben werden ... in der Tat nichts anderes [sind] als die ›inneren Welten‹ der traditionellen psychoanalytischen Lehre« (1969, 87).

Da Bowlbys Sicht auf das Unbewusste, wie auch George u. Solomon (1999 zurecht urteilen, »closely the concept of the nonconscious as defined by cognitive theory« folgt, und er explizit auf den dynamischen Gesichtspunkt verzichtet – in Beschreibung seines Vorgehens erklärt Bowlby (1969, 28), dass der »dynamische und ökonomische Gesichtspunkt« außer Acht gelassen wird –, bleibt in der einen Bemerkung völlig offen, warum und wie es dazu kommt, dass ein Wunsch unbewusst bleibt.

---

men als im rekonstruktiven psychoanalytischen Verfahren (z. B. Brazelton 1982; Demos 1985; Emde 1992; Pine 1990; D.N. Stern 1988; Tronick 1981).

[71] Deshalb ist die Säuglingsbeobachtung für die Psychoanalyse auch nicht per se von Bedeutung. Green (2000) bspw. ist der Ansicht, dass Säuglingsbeobachtung keine »science«, sondern »science fiction« wäre, hält fest, dass »das spezifische Objekt der Psychoanalyse ... nicht der Säugling oder das Kind, sondern das Unbewusste« ist, und fragt: »Hat die Säuglingsforschung Beiträge zu unserem Wissen über das Unbewusste beigetragen?«. Und wenn man schon den Säugling als psychoanalytisches Objekt reklamiert, dann ist »es nicht der Säugling, sondern der Säugling im Erwachsenen«.

In den anderen Bemerkungen wiederum verkennt Bowlby, dass die innere Welt, auf die sich die Psychoanalyse fokussiert, nicht biologischer Natur ist, sondern repräsentativen Charakter hat, und dass sich Verdrängungen nicht am Schnittpunkt von Repräsentanzen und Biologie, sondern an eben diesen Repräsentanzen abspielen. »As analysts«, wendet Anna Freud (1960) gegen Bowlbys Argumentationen ein,

> »we do not deal with drive activity as such but with the mental representation of the drive ... we do not deal with happenings in the external world as such but with the form they are registered by the child«.

Angesichts der Gleichsetzung von »inneren Welten« des Subjekts und biologischen Verhaltens- und Steuerungssystemen wendet sich das Urteil S.A. Mitchells (1999), dass Bowlby »several steps ahead of his own time« war, in sein Gegenteil. Denn Bowlby fällt mit dieser Auffassung auf die akademische Psychologie vor Freud zurück. In deren Sicht war alles, was nicht bewusst ist, biologischer Natur (s. Kap. 5). Als eine eigenständige »psychische[.] Wissenschaft« (Freud 1940a, 81) wird die Psychoanalyse aufgegeben.

Man könnte nun mit Bohleber (2002) argumentieren, dass sich in der Zwischenzeit »die Bindungsforschung von der Beschreibung von Verhaltenssystemen zur Ebene der mentale Repräsentation von Bindung weiterentwickelt« habe, die nicht als bloße »Entsprechung der realen Bindungserfahrungen« verstanden würde. Vielmehr sei die »Repräsentanz des Selbst mit der Bindungsperson um die Phantasien und Wünsche über die Beziehung« erweitert worden, so dass »Repräsentanzen stets als eine Mischung von äußerer Wahrnehmung mit inneren Phantasien und Affekten« verstanden würden. Damit sei »einer der wesentlichen Kritikpunkte der Psychoanalytiker aufgenommen« worden (2002). Des Weiteren könnte man Bohlebers (2002) Feststellung noch mit dem Hinweis substantiieren, dass in der Zwischenzeit auch der Ausdruck »unbewusst« von verschiedenen Bindungstheoretikern weitaus häufiger als noch von Bowlby gebraucht wird[72]. Aber abgesehen davon, dass sich nicht genau ermitteln lässt, inwieweit sich die Verwendung dieses Begriffs von den in der Psychoanalyse als »vorbewusst« bezeichneten seelischen Inhalten unterscheidet und ob er sich auf biologische oder psychische Inhalte bezieht, weder in Bohlebers (2002) Editorial zum Psyche-Heft »Entwicklungsforschung, Bindungstheorie, Lebenszyklus« noch bei den Autoren, welche diesen Entwicklung mitmachten, ist von *in dynamischem Sinne* unbewussten Phantasien und Wünschen die Rede[73]. Im Gegenteil,

---

[72] Z. B. Blass u. Blatt (1996), Blatt u. Maroudas (1992), D. Diamond u. Blatt (1999), D. Diamond et al. (1990), Fonagy u. Target (1998), George u. Solomon (1999), Hesse u. Main (1999), K. Levy u. Blatt (1999), Main (2000), Main et al. (1985), Muscetta et al. (1999), Osofsky u. Eberhart-Wright (1988), D. Silverman (1998a; 1998b), Slade (2000).

[73] Bspw. gibt es in den vier Repräsentationssystemen, die in den von Bretherton u. Munholland (1999), Crittenden (1990), Main (1991) und L.A. Sroufe (1990; 1996) durchgeführten Neuformulierungen von Bowlbys Arbeitsmodell enthalten sind – Er-

»[t]he ›dynamic‹ or overpowering aspects that are implicit to the psychoanalytic unconscious have been removed from the attachment theory concept« schreiben die beiden Bindungstheoretiker George u. Solomon (1999). Auch findet sich keine ausführliche Debatte der Beziehung zwischen Bindungsverhalten und dem Freudschen Konzept anaklitischer Objektbeziehungen, die jenes von diesem mit guten Argumenten abgegrenzt hätte. Darüber hinaus blieb auch in den späteren bindungstheoretischen Konzepten offen, wie aus einem äußeren Konflikt – etwa ein von Bindungsobjekt frustrierter Bindungswunsch – ein innerpsychischer und Abwehrmaßnahmen bewirkender Konflikt wird. Die Autoren beziehen sich hauptsächlich auf »*Konfliktverhalten*, dem eine gleichzeitige Aktivierung inkompatibler Systeme zugrunde liegt« (Hesse u. Main 1999; George u. Solomon 1999; Main 1999; Osofsky 1995).

Aus diesem Sachverhalt zieht Ph. Tyson (2000) den Schluss, dass die »attachment theory lost the depth and complexity provided by a theory of unconscious conflict in its development into a theory more concerned with interpersonal relations than with intrapsychic dynamics«.

Auch für diese Autoren gelten mithin die eingangs zitierten Feststellungen Gilmores (1990) und Dowlings (1985), die sich explizit auf Bowlbys 1988 erschienenes Buch »Elternbindung und Persönlichkeitsentwicklung« bzw. auf die Fassungen von Bowlbys Bindungstheorie u. a. von K.S. Adam (1982), Delozier (1982), Hinde (1982), Marris (1982), Parkes (1981) beziehen. Ebenso wenig, wie in ihnen die epistemologischen Probleme gelöst wurden, die Bowlbys Bindungstheorie inhärent sind, ebenso wenig lassen sich in ihnen ein dynamisch Unbewusstes, Interaktion von Triebwünschen und Abwehr, innere Konflikte und Ersatzbildungen auffinden. Nicht nur, dass – und im Gegensatz zu Fonagys (1999b) Ansicht – in Bowlbys Theorie das Ich als eine Instanz, welche in der Entwicklung durch Abwehrprozesse Charakter und Symptome strukturiert, kein Kernstück seiner Trilogie bildet; diese Fähigkeit findet sich ebenso wenig in den später erschienenen Arbeiten von K.S. Adam (1994), Ainsworth (1991), Hinde u. Stevenson-Hinde (1990) und Parkes (1993). Um die schon früher geübte Kritik an Bowlbys Konzeptualisierungen[74] zu entkräften, reicht es auch

---

wartungen, die interaktive Eigenschaften früherer Bezugspersonen betreffen, und die im ersten Lebensjahr gebildet und weiter ausgearbeitet werden, Ereignisrepräsentationen, durch die allgemeine und spezifische bindungsrelevante Erinnerungen verschlüsselt werden und im Gedächtnis bleiben, autobiographische Erinnerungen, durch die bestimmte Ereignisse in der Vorstellung miteinander verknüpft werden, weil sie mit der fortlaufenden persönlichen Geschichte und dem sich entwickelnden Selbstverständnis in Zusammenhang stehen, und das Verstehen von psychologischen Eigenschaften anderer Menschen – keinen Platz für ein seelisches und in dynamischem Sinne Unbewusstes.

[74] Z. B. S. Brody (1981), G.L. Engel (1971), Anna Freud (1960), Hanly (1978), Kernberg (1976b, 121f), Rochlin (1971), Roiphe (1976), Schur (1960b).

nicht aus, im Rahmen der Bindungstheorie statt von »Arbeitsmodellen« (Bowlby 1969, 85ff) von »inneren Arbeitsmodellen« zu reden[75] oder Bowlbys (1980, 76) Begriffe der »Vorstellungsmodelle« oder des »Repräsentanzmodell« (1981, 429) zu betonen[76] bzw. durch den der »psychischen Repräsentanz« zu ersetzen (z. B. Blatt u. Maroudas 1992, 187; Fonagy 1999b; Hesse u. Main 2000)[77], und Bowlbys Verständnis dieser Konzepte als bloße Epiphänomene biologischer Prozesse einfach zu verschweigen[78].

Die eingangs zitierte Ansicht Fonagys (1999b), die wechselseitigen Missverständnis zwischen Bindungstheorie und Psychoanalyse hätten sich aufgelöst und deshalb sei die psychoanalytische Kritik an der Bindungstheorie überholt, wird damit fragwürdig. Jedenfalls können die Unterschiede zwischen wissenschaftlichen Disziplinen weder mit ihren Erkenntnisobjekten, noch mit ihren Erkenntniszielen, sondern nur mit ihren Methoden und der Art und Weise begründet werden, wie sie ihren Erkenntnisgegenstand konzeptualisieren. Deshalb reichen auch Argumente wie »Es ist ein grundlegender Lehrsatz beider Theorien, dass soziale Wahrnehmung und soziale Erfahrung durch – bewusste und unbewusste – Erfahrungen verzerrt werden« (2001, 167), »Psychoanalytiker wie Bindungstheoretiker ... befassen ... sich ... bevorzugt ... mit den ersten Lebensjahren, wenn sie über die Beziehung zwischen sozialer Umwelt und Persönlichkeitsentwicklung nachdenken« (2001, 168), »Sowohl in der Bindungstheorie als auch in der psychoanalytischen Theorie geht man davon aus, dass frühe Beziehungen den Kontext liefern, in dem bestimmte wichtige psychologische Funktionen erworben und entwickelt werden« (2001, 174), »Bei der Mentalisierung handelt es sich um eine spezifische Symbolfunktion, die für die psychoanalytische Theorie wie für die Bindungstheorie eine zentrale Rolle spielt« (2001, 175),

---

[75] Z. B. Ammaniti (1999), Bretherton (1985, 11; 1992, 767), K. Levy u. Blatt (1999, 546), Osofsky (1995, 354), D. Silverman (1998b, 268).

[76] Z. B. D. Diamond u. Blatt (1999, 429), George u. Solomon (1999, 663), Muscetta et al. (1999, 1151), Slade (2000).

[77] So urteilt etwa Lilleskov (1992) über die Arbeiten von Ainswoth, Cassidy, Cummings, Cicchetti, Main u. Solomon, Marvin u. Stewart, die im von M.T. Greenberg et al. (1990) herausgegebenen Sammelband »Attachment in preschool years: Theory, research, and intervention« enthalten sind: »There has necessarily been a turn to the internal world of the child by way of the concept of working models, but these and a rudimentary concept of defence have not been sufficient ... Nowhere in the book was there attention to the vicissitudes of psychosexual development and the internal turmoil generated by developmental progression. For instance, there is no mention of the conflicts regarding aggression and control brought about by changes in the anal phase nor of the anxieties characteristic of the phallic phase, especially of oedipal conflicts«.

[78] Dabei wird von prominenten Vertretern der Bindungstheorie selbst eingestanden, viele Arbeiten »reveal many unanswered questions about the nature of internal working models themselves« (D. Diamond et al. 2003).

»beide Erkenntnissystem ... steuern das gleiche ... Ziel an: ein entwicklungsorientiertes Verständnis der Persönlichkeit und psychischer Störungen« (2001, 201) nicht aus, um die wesentlichen Unterschiede zwischen Bindungstheorie und Psychoanalyse zu beseitigen. Da ferner – ich habe dies bereits in meiner Einführung in dieses Lehrbuch angemerkt – Erkenntnisse nicht in einzelnen Begriffen, sondern im systematischen Zusammenhang enthalten, in dem die Begriffe stehen, können auch Fonagys Hinweise auf Balints (1952) Konzept der »primären Liebe«, Fairbairns (1952) »object-seeking« oder Winnicotts (1965) »Ich-Bezogenheit« keine Identität von Bindungs*theorie* und psychoanalytischer *Theorie* begründen. Er verweist lediglich darauf, dass Bindungstheoretiker und diese Autoren dieselbe empirische Generalisierung verwenden. Er zeigt damit auf phänomenologischer Ebene eine Ähnlichkeit zwischen einem Konzept, welches die Bindungstheorie benutzt, und Konzepten, die von Balint, Fairbairn und Winnicott verwendet werden; keinesfalls aber führt er damit den Nachweis, dass Bindungstheorie und die Theorien dieser Autoren konzeptuell miteinander kompatibel sind.

Es ist wohl ganz unstreitig, dass in Freuds Psychoanalyse und in der Bindungstheorie etwa der Einfluss der Erwartungen auf soziale Wahrnehmung und soziale Erfahrungen, die Beziehungen zwischen sozialem Umfeld und der Persönlichkeitsentwicklung in den ersten Lebensjahren, zwischen den frühen Objektbeziehungen und der Entwicklung psychischer Funktionen, die sog. Mentalisierung, oder die Entwicklung der Persönlichkeit und der psychischen Störungen sehr verschieden konzeptualisiert sind und begriffen werden[79]. Es scheint mithin, dass sich die Ansicht Fonagys (1999b) in die zu ihr gegenläufige Einsicht wendet, nämlich dass die psychoanalytische Kritik nur hinfällig werden kann, wenn entweder die Freudsche Psychoanalyse, die Bindungstheorie oder beide missverstanden werden. Die epistemologischen und sachlichen Differenzen zwischen Bindungstheorie und Psychoanalyse können jedenfalls nur unter der Voraussetzung solcher Missverständnisse als eingeebnet angesehen werden.

Gegen Bowlby gewendet schrieb schon R.A. Spitz (1960) vor fast einem halben Jahrhundert:

»When submitting new theories we should not violate the principle of parsimony in science by offering hypotheses which in contrast to existing theory be-

---

[79] Ich will dies am Beispiel der Mentalisierung erläutern. In der Psychoanalyse erscheint die Mentalisierung – verstanden als »the capacity to think about mental states in oneself and in others« (Fonagy 2000 – im psychoanalytischen Prozess als Zusammenspiel von Übertragung, Gegenübertragung und Empathie (s. Kap. 13). Diese Konzepte stehen wiederum in Beziehung zum dynamisch Unbewussten, welches aus der Bindungstheorie ausgeschlossen ist. Wenn nun der Erkenntnisgehalt eines Begriffs eine Funktion des begrifflichen Netzwerks ist, in der steht, wird unmittelbar einsichtig, dass Mentalisierung in beiden Theorien etwas Unterschiedliches meint.

cloud the observational facts, are oversimplified, and make no contribution to the better understanding of observed phenomena«.

Und fünfunddreißig Jahre später diagnostizierte Köhler (1995, 71) »eine Unvereinbarkeit [der] Bezugssysteme« von Bindungstheorie und Psychoanalyse. Genau besehen gehören Bowlbys Überlegungen zu jenem, im Urteil von Edelman (1992, 326) die kognitive Psychologie charakterisierenden »einfältigem Behaviorismus«, der durch einen »außerordentlichen Irrtum in Bezug auf Denken, Vernunft, Sinnhaftigkeit und deren Beziehung zur Wahrnehmung« gekennzeichnet ist. Das gesamte menschliche Verhalten wird bei ihm zur Erscheinungsform eines in falscher Konkretion in die Biologie eingepflanzten Abstraktums[80]. In unterschiedlichen Ausformungen haben diese hegelianischen Kopfgeburten, die falschen Konkretionen des Abstrakten, denen eine Verwechslung realer Prozesse mit ihrem Erkenntnisprozess zugrunde liegt, eine ebensolche Tradition wie die Kritik, die an ihnen geübt wurde. Ich will sie nicht wiederholen und in diesem Zusammenhang lediglich Thomä (1963/64) zitieren, der schon vierzig Jahren gegen Schultz-Henckes Kategorie des »retentiven Antriebserleben« einwandte, »dass der Säugling weder nach Kategorien noch sie erlebt, sondern den Stuhlgang unter sich lässt«.

Wie in Balints Konzeption[81], in welcher die Triebe auf eines dem Kind von Anfang an unterstellten allgemeinen Objektverlangens reduziert werden, erscheint in Bowlbys Konzept im Bindungs- wie auch in dem der Bindung nachfolgenden Verhalten ein in der Biologie verankerter Überlebenswille der Spezies Mensch, der mit dem bisherigen faktischen Überleben dieser Spezies tautologisch begründet wird (z. B. 1969, 127)[82]. Gewiss, Bowlbys ausführliche Hinweise auf die animalischen Vorläufer menschlichen Verhaltens mögen verdienstvoll sein. Ihr gemeinsames Verständnis als zielintentional auf Arterhaltung angelegt ist epistemisch jedoch ebenso wenig haltbar wie die unmittelbare

---

[80] Mit dieser Auffassung des Menschen, die er aus seinen animalischen Vorläufern herleitet, verfällt Bowlby jener Naivität, die Engels (1873-1883, 565, Kursivierung, S. Z.) am Beispiel der Lehre Darwins erläutert: »Die ganze Darwinsche Lehre vom Kampf ums Dasein ist einfach die Übertragung der Hobbesschen Lehre vom bellum omnium contra omnes und der bürgerlichen ökonomischen von der Konkurrenz, sowie der Malthusschen Bevölkerungstheorie aus der Gesellschaft in die belebte Natur. Nachdem man dies Kunststück fertig gebracht ... ist es sehr leicht, *diese Lehren aus der Naturgeschichte wieder in die Geschichte der Gesellschaft zurückzuübertragen, und eine gar zu starke Naivität, zu behaupten, man habe damit diese Behauptungen als ewige Naturgesetze der Gesellschaft nachgewiesen«.*

[81] In völliger Verkennung der epistemologischen Problematik wird damit in Pedders (1976) Sicht die These der Balints (A. Balint u. M. Balint 1949), dass die erste »form of object relation is not linked to any of the erotogenic zones; it is not oral, oral-sucking, anal, genital, etc., love but is something on its own ...«, biologisch substantiiert.

[82] Auch frage ich mich, was der »Torschuss eines Fußballers« mit der Erhaltung der Art zu tun hat, dem nach Bowlby (1969, 75) »dasselbe Prinzip« wie dem »Herabstoßen« eines »Wanderfalken ... auf die Beute ... zugrunde liegt«.

Gleichsetzung von maschinellen Operationen, tierischem und menschlichem Verhalten ihre differentia specifica verkennt: Während die Operationen von Maschinen Gesetzen folgen, nach denen sie gebaut wurden, ist animalisches Verhalten dem Wesen nach biologisch und menschliches Verhalten sozial bestimmt.

Die angeführten Einwände, aus welchen die epistemischen Unvereinbarkeit von Psychoanalyse und Bowlbys Bindungstheorie unmittelbar hervorgeht, lassen sich ohne große Mühe schon allein einer genauen Lektüre seiner Arbeiten entnehmen. Gleichwohl haben seine Überlegungen Eingang in die Psychoanalyse gefunden. Wenn die Feststellung von Barchilon u. Kovel (1966) »[s]ince anything goes, anything is permissible« auch die gegenwärtige Lage der Psychoanalyse zutreffend charakterisiert, mag dies nicht verwundern. Aber, sagt Holt (1981), »when anything goes, nothing goes anywhere«. Bedenkt man jedenfalls, dass in psychoanalytischer Auffassung »*in der Welt der Neurosen die psychische Realität die maßgebende ist*« (Freud, 1916-17a, 383), die nicht in seelischen Repräsentanzen, sondern in deren unbewussten Inhalten gründet (s. Kap. 12), wird jedoch eine Theorie, welche genau diese unbewussten Inhalte außer Acht lässt, wohl kaum zu einem vertieften psychoanalytischen Verständnis der Welt der Repräsentanzen, der affektiven Regulation, des therapeutischen Prozesses und der Ursprünge verschiedener psychopathologischer Entwicklungen führen können. Welche zusätzlichen Erkenntnisse sollte die Psychoanalyse durch die Verbindung mit einer Theorie gewinnen, deren empirischer Gegenstand von ihr bereits konzeptualisiert wurde, die außer dem seelischen, dynamisch Unbewussten auch den Triebbegriff suspendiert – beide gehören zu ihren »Grundpfeiler« (1923a, 223) –, und in der ihre zentrale und sie charakterisierende therapeutische Zielsetzung – »die Aufdeckung des Unbewussten im Seelenleben« (1916-17a, 404) – als für das Verhalten der Menschen irrelevant gilt? Mir scheint eher, dass mit einer Vermischung bindungstheoretischer und psychoanalytischer Konzepte die »declining spiral«, in welche im Urteil von Rangell (1988) die Psychoanalyse mit ihrer Diversifizierung in eine heterogene Meinungsvielfalt eingetreten ist, noch um einige Etagen tiefer vorangetrieben wird.

2005 · 232 Seiten · Broschur
EUR (D) 19,90 · SFr 34,90
ISBN 3-89806-394-1

2004 · 231 Seiten · gebunden
EUR (D) 29,90 · SFr 52,20
ISBN 3-89806-349-6

Was ist Liebe? Was hat eine Affäre mit der eigenen Beziehung zu tun? Lohnt es sich zu kämpfen? Kann eine Therapie helfen? War die Beziehung nicht von Anfang an zum Scheitern verurteilt? Ist die Ehe gar der Friedhof jeder Liebe?

Wolfgang Hantel-Quitmann widmet sich diesen Fragen und kreiert daraus eine »Psychologie der Liebesaffären«, entwickelt an Beispielen aus der paartherapeutischen Praxis, großen Werken der Weltliteratur und den Liebesaffären berühmter Paare.

Für alle, die sich aus psychologischem, literarischem oder rein menschlichem Interesse mit dem Thema beschäftigen – bevor die nächste Liebesaffäre als Ende aller Liebe, moralisch verwerflich oder schicksalhaft missgedeutet werden könnte. Eine vergnügliche und erhellende Lektüre.

Warum fasziniert uns die romantische Liebe? Warum macht sie uns aber zugleich Angst? Mitchell befasst sich – gut lesbar und mit zahlreichen Beispielen aus seiner 30-jährigen klinischen Erfahrung – in seiner wegweisenden Studie mit dem Schicksal der romantischen Liebe im Verlauf der Zeit.

Laut gängiger Meinung ist die Liebe zerbrechlich und vergänglich. Mitchell hingegen behauptet, dass in langfristigen Beziehungen die Romantik nicht abnimmt, sondern zunehmend gefährlicher wird. Nicht Gewohnheit tötet die Liebe, sondern unsere Angst vor Abhängigkeit. Mitchell veranschaulicht das ganze Spektrum romantischer Erfahrungen und zeigt, dass die Liebe Bestand haben kann, wenn wir uns unserer eigenen selbstdestruktiven Tendenzen und tiefen Angst vor der Liebe bewusst werden.

P🖳V
Psychosozial-Verlag

Goethestr. 29 · 35390 Gießen · Tel. 06 41/ 9716903 · Fax 77742
bestellung@psychosozial-verlag.de
www.psychosozial-verlag.de

2005 · 245 Seiten · gebunden
EUR (D) 22,90 · SFr 39,90
ISBN 3-89806-451-4

2005 · 367 Seiten · gebunden
EUR (D) 36,– · SFr 62,–
ISBN 3-89806-255-4

»Fünf Geschichten in der besten Tradition von Sigmund Freud, der die Krankengeschichte zur literarischen Form der Novelle entwickelte. ... Akeret erzählt die Geschichten seiner Patienten mit ansteckender Leidenschaft für seine therapeutische Aufgabe ... . Es gelingt ihm, die Erzählung ihrer Lebensgeschichte, ... seine heutigen Eindrücke von diesen Menschen und seine eigenen Gefühle auf der Reise zu in sich geschlossenen Geschichten zu verknüpfen. ... Aus den Qualen seiner Patienten und seinen inneren Skrupeln, ob er denn eine gute Arbeit geleistet hat, ist sein Buch entstanden. ... Man liest [es] auch deswegen gern, weil Akeret ... sich nicht an starre Regeln seiner psychoanalytischen Zunft hält.«

Ulfried Geuter, Deutschlandradio Kultur

Als prominenter Vertreter der Interpersonalen Psychoanalyse beschäftigt sich Stephen Mitchell eingehend mit den verschiedenen Aspekten therapeutischen Handelns in der Psychoanalyse, wie Anonymität und Neutralität und dem Wesen analytischen Wissens und Autorität. Er erläutert eine Vielzahl unterschiedlicher Arten, über die interaktive Natur der psychoanalytischen Situation nachzudenken, und regt zur weiteren Reflexion an.

»Mir scheint, dass Mitchells herausragende Beiträge zur Psychoanalyse in diesem ungemein wichtigen Buch ihren Gipfelpunkt erreicht haben. ... [Es] ist ein wundervoll inhaltsreiches und auch recht mutiges Buch, das uns zeigt, wo wir heute in der Psychoanalyse stehen und in welche Richtung wir weitergehen müssen.«

Owen Renik, M. D., San Francisco Psychoanalytic Institute

P🔲V
Psychosozial-Verlag

Goethestr. 29 · 35390 Gießen · Tel. 0641/9716903 · Fax 77742
bestellung@psychosozial-verlag.de
www.psychosozial-verlag.de